AI시대의 근무방식과 법

2035년의 노동법을 생각하다

大內伸哉 Ouchi shinya 저
이승길 역

박영사

AI시대의 근무방식과 법
2035년의 노동법을 생각하다

인공적인 것은 싫다(인공적인 감미료는 맛이 없다). 디지털도 좋아하지 않는다
(시계는 역시 아날로그가 좋다). 이러한 자연 지향적이며 아날로그 인간형인 나 자
신도 매일 인공위성이 보낸 디지털 방송으로 텔레비전을 보고 있다. 현대 사회는
'인공' 또는 '디지털'에서 벗어나기란 어렵다.

인공지능(Artificial Intelligence=AI)이 발달하면서 노동법도 마주해야 한다고 처
음 명확하게 의식한 것은 아라이 노리코(新井紀子)의『컴퓨터가 일자리를 빼앗는다
(コンピュータが仕事を奪う)』(日本経済新聞出版社)와 에릭 브린욜프슨(Erik Brynjolfsson) /
앤드루 매카피(Andrew MacAfee) 저서의『기계와의 경쟁』(日経BP社, 2013)[1]을
마침 연속해 읽었던 때이다. 일자리가 사라져 가는 시대에서 노동법을 어떻게
구상할 수가 있을까? 이것이 위의 책 두 권을 읽은 후에 나에게 부여된 과제였
다. "AI가 일자리를 빼앗으면, 우리 노동법 전문가의 일도 없어지지 않을까?
좋다. 이 도전을 받아들이겠다." 그래서 나는 AI가 완전히 일상화될 '2035년
노동법의 모습'은 어떻게 되어 있을지를 구상하는 연구계획을 세웠다.

노동법 이외에 법학 전체를 살펴보아도 아직은 AI 문제를 정면으로 논의하는

---

1) <역자주> 본서에 의하면, 미국에서는 회계사나 세무사 등의 수요가 몇 년 사이에 약 8만 명이나
　 감소하였다고 한다.

사람은 드물다. 다만, 세상은 법학 연구자에게 (ⅰ) AI의 발달이 현행 법제도에서 어떠한 마찰을 일으킬지, (ⅱ) 이러한 경우에 법제도를 개정해야 하는지, (ⅲ) 개정을 한다면 어떻게 해야 할지라는 실무적인 논점을 요구한다. 실제로 연구자의 입장에서는 이러한 논점에 대하여 그다지 욕심을 낼 만한 연구주제가 아니다. 오히려 흥미로움을 자극하는 것은 이론적인 과제이다. AI가 우리 사회에 깊이 침투한 시대("AI시대"라고 한다)는 ICT(정보통신기술: Information and Communications Technologies)가 고도로 발달하고, 인간과 동등하거나 그 이상의 지능을 가진 인공물인 AI가 사회 구성원으로 인간과 공존하고 있다. 여기서는 아마도 새로운 사회관계를 형성하고, 이를 규율하는 법도 그 체계부터 근본적으로 변형시켜야 한다. 이러한 새로운 법체계를 구축하는 데에 적응하는 것이야말로 연구자가 해야 할 일이다.

노동법의 입장에서 보면, 우선 비평받을 수 있는 문제는 '종속노동론(從屬勞動論)'이다. 실제로 그동안에 나 자신의 연구의 관심은 대부분 '근로자의 개념' 문제였다. 노동법이 적용되는 근로자란 어디까지의 범위를 말하는 것인가. 사람들이 AI 또는 ICT를 활용하면서 보다 자유롭게 일하게 된 사회에서 노동법의 적용 대상은 종속근로자만으로 괜찮은 것인가? 오히려 발상을 완전히 바꾸어 '자영업자(비종속근로자)'야말로 노동법을 적용해야 하는 것은 아닐까? 이렇게 나의 오랫동안에 연구 관심의 흐름과 AI시대 도래의 흐름이 일치하게 되었다.

"2035년 노동법"이라는 주제로 집필하게 된 계기는 벌써 2년 전에 코분도 (弘文堂)의 시미즈 치카(清水千香) 씨와의 대화에서 나왔다. 처음에는 이 구상은 아직은 모색하는 상태였다. 하지만 그 후 신설된 코분도의 HP '코분도 스퀘어(弘文堂スクエア)' 코너에 기고할 기회를 가졌다. 먼저 에세이의 형식으로 "절망과 희망의 노동혁명(絶望と希望の労働革命)"이란 제목으로 연재를 시작하였다. 본서의 앞부분의 장은 그 당시에 일부의 에세이를 기초로 해서 썼다.

그동안 나의 환경도 변화가 있었다. 우선 2015년에 NIRA(현재의 NIRA총연)의 AI에 관한 연구 프로젝트에 참가하게 되었다. 거기에서 함께 연구하게 된 도

쿄(東京)대학교의 야나가와 노리유키(柳川範之, NIRA이사, 도쿄대학교 교수)와 앞에서 언급한 아라이 노리코(국립정보학연구소 교수)와 논의하면서 많은 자극을 받았다. 정부와의 관계에서는 후생노동성(厚生勞動省)²⁾이 개최한 "근무방식의 미래 2035∼한 사람 한 사람이 빛나기 위해서(働き方の未來2035〜一人ひとりが輝くために)"의 간담회에 참가할 기회를 얻었다.³⁾ 이 공개 간담회에서 '자영적 취업'에 대한 정책적 대응의 필요성을 주장하였다. 이것은 내가 다시금 이 주제에 대한 선명한 문제의식을 가지게 되는 좋은 계기가 되었다. 또한 (ⅰ) 내각부(內閣府)의 "인공지능과 인간사회에 관한 간담회", 총무성(總務省)의 "AI 네트워크화의 검토회의", (ⅱ) 미츠비시UFJ 리서치 & 컨설팅 "IoT(사물인터넷)·빅데이터·AI(인공지능) 등이 고용·노동에 미치는 영향에 관한 연구회"(후생노동성의 위탁 연구)에 참가할 기회가 있었다. 이러한 모임들을 통하여 AI, 로보틱스, ICT와 관련해 현재 최첨단으로 논의되고 있는 상황도 알게 되었다.

위와 같이 노동법을 전공하지 않는 사람들(특히 이과 계열의 연구자와 실무자)과도 대담을 나눌 수 있는 기회를 가졌다. 이러한 만남 속에서 'AI시대의 근무방식과 노동법'에 관심을 가진 사람이 상상보다 많다는 것을 실감하였다. 10년 후 또는 20년 후에 '일이 사라진다'는 주제로 많은 실무서가 출판되었다. 하지만, 내가 알고 있는 한 노동법이나 고용정책에 대하여 제대로 논의한 적은 없었다.

본서는 이러한 문제의식을 가지고서 출발하였다.

장래의 일은 잘 모른다. 하지만 모른다고 해서 방치하는 것이 좋을 일도 아니다. 2035년의 문제는 지금의 문제이기도 하다. 지금 시작하지 않으면 늦을 가능성도 크다. 이 책에서는 노동법이 어떻게 생겨나서, 어떻게 전개되고, 현재의 상황은 어떠한지를 명확하게 살펴보았다. 그리고 나서 향후에 노동법이 어떻게 될 지를 예상하고, 지금 노력해야 할 정책 과제를 세상에 묻고자 한다. 이 책을

2) <역자주> 우리나라의 고용노동부와 보건복지부를 합친 정부 부처.
3) <역자주> 이에 대한 결과보고서를 번역한 것은 이승길, "일하는 방식의 미래 2035(후생노동성)", 근로시간법제의 과제와 전망, 관악사, 2017, 221-257면.

계기로 'AI시대의 근무방식과 노동법의 바람직한 양상'에 대하여 논의가 활성
화된다면 더 큰 기쁨은 없을 것이다.

　　AI(인공지능: Artificial Intelligence)는 사랑이고, 아모레(amore: 이탈리아어로 '사
랑')이다. 이 주제는 우선 '아모레와 노동법'을 표방하는 내가 쓸 수밖에 없다.
이런 제멋대로의 생각으로 시작된 나의 도전을 '누님'과 같이 지원해 준 시미즈
씨에게 고마운 마음을 전하고 싶다. 그의 일이 AI에 빼앗기는 때가 가능한 한 지
연되기를 바라면서.

2016년 11월
오오우치 신야(大内伸哉)

* 본서의 제4장, 제5장, 제6장, 제7장은 과학연구비(기반연구(c)(고용유동화 정책
　에서의 새로운 노동시장법제와 사회안전망의 구축))(科研費(基盤研究(c)「雇用流
　動化政策の下での新たな労働市場法制とセーフティネットの構築」))의 지원을 받은 일부
　의 성과물이다.

AI(인공지능)시대의
한국 노동법을 생각하다.

이승길
(아주대학교 법학전문대학원 교수)

1. 최근의 경제환경 및 고용노동정책

(1) 세계경제 상황은 디지털화, 세계 무역 질서 변화, 미국 보호무역주의 강화, 중국 성장 둔화 가능성, 북한 리스크 등으로 안보, 경제, 교역에서 국제사회의 기본 틀이 무너지고 있다. 국내 경제 상황은 국내 기업 정착의 변화, 수출 성장세 둔화 가능성, 건설경기 하강 조짐, 성장 편중, 1,400조원이 넘는 가계 부채, 부진한 고용 지표 등이 줄비하다. 현재 우리나라는 저출산 및 고령화,[1] 노동력 인구가 줄어들고 있다. 이것은 경제성장의 동력이 둔화되고, 청년실업의 상처는 치유될 가능성이 적다. 정치경제적으로 압축 성장을 경험한 사회에서 갈등이 첨예하게 양극화된다. 장기 비전과 전략이 없다.

그래서 남성, 여성, 청년, 고령자, 장애인, 난치병자, 실패한 사람 등 모두에게 각자의 역할이 있어 일하는 보람과 삶의 보람을 느낄 수 있는 사회로 만들어야만 한다. 다양성이야말로 새로운 아이디어가 창출되고, 작은 성공과 혁신이 나

---

1) 급속한 고령화는 생산성 감소, 저축 감소와 경상수지 악화, 세수 감소와 사회보장 지출 증대, 그리고 재정수지 악화의 한 요인으로 작용한다고 예상할 수가 있다.

온다. 개인의 개성과 변화가 있는 생애 단계에 따른 다양한 일하는 방법이 공존·선택할 수 있는 사회를 실현한다. 사회의 큰 변화 속에서 노동법은 대변혁을 할 시기이다. 여기서 변화의 핵심은 현장 근로자의 목소리와 상응하는 기업의 태도이다. 노동법은 사람마다의 의식과 사회의 본연의 자세와 밀접하게 결부하여 동태적으로 변화하고 있다.

(2) 지난 2017년 5월 새로운 정부가 출범했다. 집권당이 바뀐 후 제20대 국회는 여대야소가 되었다. 정부는 '경제정책의 방향'을 발표하면서 '일자리 및 소득 주도 성장', '혁신성장', '공정 경제'를 3대 전략으로 제시했다. 즉 노동존중사회의 실현, 노동시장의 불평등 완화 노동정책, 포용적 노동시장, 사람 중심 일자리 등이다. 경제정책도 재분배에 중점을 두고, 이른바 '소득(임금)주도 성장'의 프레임으로 포용적 분배정책이 펴고 있다. 격차의 해소, 국민의 삶의 질을 향상을 위한 실험적인 정책이다.

여당인 더불어민주당의 공약사항2)으로는 ① 비정규직·청년·여성·대중소기업, 제조업, 서비스업 등을 대표하는 사회적 대화 추진(2018년부터 노사관계법제도 개선 추진), ② 임기내 근로시간 1800시간대 달성(근로시간 단축), ③ 최저임금 1만 원, 체불임금, 산업안전보건 등의 감독을 위한 근로감독관 증원, ④ 특수고용근로자의 노동기본권 보장, 산별교섭의 제도적 기반 마련, ⑤ 정당한 단체행동권에 대한 무분별한 손해배상, 가압류 남용 제한, ⑥ 한국형 노동회의소 설립, ⑦ 노사협의회에 비정규직 이해 대변, ⑧ 경찰, 소방관 → 직장협의회 구성 허용, ⑨ 공공부문의 비정규직의 정규직화 추진, ⑩ 도입 과정 시 사전합의가 부족했던 불합리한 지침의 폐기·보완을 통해 노사정 간 신뢰회복 도모, 사회적 대화 초석 마련(현장갈등 해소), ⑪ 공공부문 노동이사제 도입, ⑫ 상시적으로 행해지는 유해, 위험업무 사내하도급 전면 금지, ⑬ 감정근로자보호법 제정, 직장내 괴롭힘의 근로기준법 개정 등, ⑭ ILO 미비준된 핵심협약의 비준(결사의 자유 및 단결권·단체교

---

2) 2017년 더불어 민주당 정책공약집, 2017 자료 참조.

섭권 보호 – 87호 협약 및 98호 협약 비준 추진, 강제근로 – 29호 협약 및 105호 협약) 등이다.

　(3) 정부는 노동계의 요구에 대하여 도입 과정 시 사전합의가 부족했던 불합리한 지침의 폐기,3) 보완을 통해 노사정 간 신뢰의 회복, 사회적 대화의 초석을 마련하였다(현장갈등 해소). 국회에서도 다양한 정치 일정이 노동정책 추진에 영향을 미쳤다. 지방선거 및 국회의원 보궐선거(2018.6.13), 국회의 「헌법 개정 및 정치 개혁 특별위원회」의 활동(2018. 6월 말)을 통한 개헌 논의, 고용노동부장관의 교체는 입법, 제도개선 등에 한계가 있었다.

　국회의 입법 처리사항으로 경제민주화, 서민중심 경제로 비정규직 보호법안 – 2년 미만 실업자의 양산체계, 60세 정년 법제화 – 청년실업 증가 원인 제공, 세금 주도 일자리 예산의 통과, 최저임금 1만원 대선 공약(2020년 또는 2022년), 근로시간 단축 – 탄력적 근무시간제 등 통과?, 상가임대차보호법 개정안 – 통과(10년) 등이 있다. 노동법의 개정 사항으로 근로시간 단축 관련(특례제도, 특별연장근로, 중복할증 문제, 시행시기), 최저임금 산입범위 등 최저임금 제도개선(통상임금과 최저임금 산입범위 일치 포함) 및 결정기구, 감정노동 도입,4) 출퇴근재해의 도입,5) 산업안전보건법 전면 개정,6) 직장내 괴롭힘의 도입,7) 고용보험(실업급여 완화), 특수고용

---

3) 2대 지침 공식 폐기선언(2017.9.25.), 위법한 단체협약지도 변경계획시행(2017.10.30.) – 공정인사 지침, 2016년도 취업규칙 해석 및 운영지침, 불합리한 단체협약 시정지도 중단, 산재사망자 자녀우선채용 시정 유보(대법원 판결 시까지).

4) 감정노동과 관련해 고객의 폭언·폭행의 근로자 보호를 위한 법적 근거 마련(2018.4. 통과, 2018.10. 18. 시행), 주된 내용은 건강장해 예방조치, 건강장해 발생(우려) 시 사후조치, 근로자의 조치 요구권 보장 및 조치 요구 근로자에 대한 불이익 금지조치 등이 있다.

5) 산재근로자 보호의 강화 방향에서 제도의 개편으로 (i) 업무상 질병 판정시 추정의 원칙 적용(2017.9.~), (ii) 만성과로 인정기준 개선(2017.12.), (iii) 출퇴근재해 산업재해 관련 「산재보험법」 개정(2017.9. 통과, 2018.1.1. 시행).

6) 정부는 「산업안전보건법」 전부 개정하였다. 주된 내용은 高유해·위험작업 도급금지, 원청·발주자 안전보건 책임 강화, 특수고용형태종사자·배달종사자 등 안전보건 보호 대상 확대, 근로자의 작업중지 요청권 명확화, (알권리 증진) 물질안전보건자료(MSDS)에 기재하는 유해화학물질 명칭·함유량

형태종사자 및 예술인 등에 대한 고용보험 적용확대 방안(「고용보험법」 개정 추진)[8] 등이 있다.

(4) 대표적인 노동정책으로 '최저임금 1만 원 인상', '근로시간 단축', '비정규직의 정규직 전환'(비정규직 제로), 정규직 비정규직의 차별 완화, 공무원의 증원, 공공일자리의 확대, 법인세 인상,[9] 노인 기초연금 인상 등이다. 이러한 정책은 소득을 늘려서 경제를 살리겠다는 방향이다. 이미 제출된 노동법안에 대한 국회의원의 입장은 동일하지만, 접근하며 해결하는 방법이 달라졌다. 아울러 정부는 경제정책 및 노동정책이 노사 간에 유익한 점을 반드시 증명해 보이겠다며, 믿어 달라고 부탁하였다. 정부의 정책은 기형성된 가치과 신념, 이념적 지향에 따른 확증 편향이다.

경제계의 대외 경제 악화와 국내 사업환경 변화 등은 경영환경을 숨 막히게 한다. 성장과 분배는 이분법적 선택의 문제가 아니라, 보수 및 진보의 입장에서는 동전의 앞뒷면이고, 상생의 관계다. 최저임금의 과도한 인상과 주 52시간 도입으로 생산비용이 상승하면서 국내투자를 줄이고 국내 기업의 해외 이전이 확산되고 있다. 주류 경제학자들이 정부의 소득주도 성장과 친노동정책의 부작용을 충심에서 진단한다. 경제 현실이 기업 심리를 위축시키는 등 모두가 제대로 작동되지 않

비공개 시 사전승인 의무화 추진(산안법 개정안에 반영) 등이다.
7) 입법 사항으로 근로기준법에 직장내 괴롭힘 개념 및 금지, 사용자의 예방교육 및 괴롭힘 발생시 조사·조치의무, 피해·신고자에 대한 불이익 처우 금지 등을 명시하였다. 당시에는 사용자의 예방교육, 괴롭힘 발생 시 조치, 취업규칙 반영 등은 법 개정 전이라도 가이드라인 형식으로 준수 유도하고, 직장내 괴롭힘에 대응하는 방식 등에 관한 사회적 경험·사례 축적 후 중장기적으로 직장내 괴롭힘 관련 개별법의 제정을 검토하였다.
8) 고용보험법 적용 예시로서 (ⅰ) 특수고용형태종사자의 경우 고용보험위원회에서 정한 직종부터 단계적 적용(예, 산재보험 적용직종 - 보험설계사, 학습지교사 등 9개 48만 명), (ⅱ) 예술인의 경우 임금근로자나 자영업자로 가입할 수 없는 경우 가입을 허용한다(예, 문화예술용역계약 체결 예술인부터 적용).
9) 법인세 인상은 우수한 한국 기업을 해외로 내몰고, 외국 기업들을 밖으로 내쫓는 결과를 가져올 수 있다.

고 있다. 팩트는 성과없이 구호만 무성할 뿐 기업의 고용량이 줄고, 투자액이 감소하고 있다. 이젠 전반적인 노동시장 개혁, 규제 완화 등의 정책으로 전환해 기업의 투자를 활성화하고, 경제성장률을 상승시킬 필요가 있다.

2. 고용노동시장 유연화의 산적한 과제

(1) 근로시간제도의 '총량적 규제' 입법

국회에서의 정당 간에 근로시간 단축문제 등 다양한 정치 쟁점들로 '노동법 개정'은 정치 일정상 불분명하였다. 하지만, 집권 여당(물론 야당도 합의)은 주 68시간에서 52시간으로 단축하는 개정 「근로기준법」(2018.2.28. 통과, 2018.3.20. 공포)을 통과시켰다.[10) 이 법개정은 노사정위원회의 논의 및 19−20대 국회 설득, 간담회 등 현장 의견수렴 노력 등을 지속한 결과였다. 개정 이유로는 실근로시간 단축의 시대적 과제의 해결, 향후 발생할 사회적 비용을 최소화−1주당 최대근로시간이 휴일근로를 포함 52시간임을 분명화, 가산임금 중복할증률의 규정, 사실상 제한없는 근로를 허용해 초장시간 근로의 원인−근로시간 특례업종의 범위 축소 등 근로시간제도를 정비하는 것이었다.[11)

---

10) 이전에 1년 미만 근로자에게 연차휴가 부여 내용의 「근로기준법」 개정(2017.11.28. 개정·공포, 2018.5.29. 시행).

11) 주요 개정 내용은 ① 연장근로 포함 주 52시간(40+12)을 기업 규모별로 단계적으로 감축(단계적 적용 시점) ▲300인 이상: 2018.7.1(특례업종에서 제외된 21개 업종은 2019.7.1.부터 시행), ▲50−300인 미만: 2020.1.1, ▲5−50인 미만: 2021.7.1, ② 30인 미만 사업장은 2022년 말까지 근로자대표와 서면합의(사유, 기간, 대상근로자 범위 적시)를 통한 특별연장근로(1주 최대 허용 60시간) 한시적 허용(이후 재연장 여부 검토), ③ 휴일근로 할증률 명시(공포 즉시 시행): 8시간 이내 50%, 8시간 초과 100%, ④ 관공서 공휴일의 유급 휴일화, 민간기업에 2022년까지 단계적 적용, (단계적 적용시점) ▲300인 이상: 2020.1, ▲50−300인 미만: 2021.1, ▲5−50인 미만: 2022.1, ⑤ 특례업종 대폭 축소(26 → 5개), 5개 업종은 연속휴식시간 보장(최소 11시간), 5종(육상운송업, 수상운송업, 항공운송업, 기타운송서비스업, 보건업)만 유지하고, 육상운송업의 하위업종인 '노선버스업'은 특례업종에서 제외함. 탄력적근로시간제: 고용노동부장관 준비행위 '근기법 부칙' 명시(2022.12. 제도개선방안 검토의무)(제3조), 연소자근로자: 1주 소정근로 40−35시간, 1주 연장근로 6−5시간, (하위법령 개정(6.29.): 특례

'주52시간 근로'는 장시간 근로가 만연했던 우리나라에 이른바 일과 삶의 균형(워라벨)과 효율적인 근로 문화를 확산시키고 있다. 하지만 산업과 업종의 특성을 고려하지 않은 일괄적이고 획일적인 적용에 대한 우려가 현실화되고 있다. 특히 미중의 경쟁기업과 새로운 기술의 선점을 다투는 첨단분야의 IT(정보기술) 및 R&D(연구개발) 등 일부 세계적 기업이 추월 당해 갖고 있던 경쟁력을 지키기 어렵게 약화되었다. 현실에서 근로시간이 단축되면 기업은 신규채용해야 하는데 쉽지 않고, 근로자도 근무시간이 단축되면 소득이 축소된다.

하지만, 유연 근로시간제의 확대를 위해 산업구조의 고도화, 근무형태의 다양화, 근로조건의 개별화 등 환경 변화와 글로벌 경쟁에 대응하도록 재검토할 필요가 있다. 탄력적 근로시간[12]의 단위기간을 현행 2주·3개월에서 3개월(취업규칙 불이익 아님)·1년으로 연장해야 한다. 근로자 대표의 서면합의, 해당 근로자대표(부서별 등)의 협의 또는 개별근로자의 동의, 또한 합의사항의 보완으로 대상범위자의 범위(전부 또는 일부 가능), 단위기간(1년 이내에 범위로 자유롭게 설정), 근로일 및 근로시간(특정일 12시간, 특정주 52시간 초과 금지) - 기본계획 협의, 서면합의 유효기간(- 특별한 제한 없음, 자동연장조항 명시 가능)이 필요하다.[13]

업종(사회복지사업) 삭제, 관공서의 공휴일(일요일 제외) 규정 등이다.

또한, 보완대책의 마련으로 ICT업종, 계절 산업, 수출기업 중심 탄력적 근로시간제 단위기간 확대 요구 → 실태조사(2018. 하반기)→ 전문가, 노·사단체 의견수렴 등 제도개선 방안 마련 → 경제사회노동위원회의 노동시간 제도개선위원회 활동(2018.12.20. - 2019.2.19.)의 결과로서 합의안을 도출하였다. 즉 최대 6개월, 연속휴식제도(11시간), 임금보전 방안(미신고 시 과태료), 시간에 따른 단계적 적용, 후속조치 3년 등이다.

그리고 관공서 공휴일 적용의 준비행위로서 국회는 개정 근로기준법 부칙에 고용노동부장관에게 2018.12.31.까지 사업(장)의 공휴일 적용실태 조사, 그 결과를 보고한다. 나아가 인식개선 캠페인, 유연근무제·시간선택제 활용에 대한 재정지원 강화, 제도개선 등을 통해 '일·생활 균형'의 확산 추진, 근로자의 상황(육아, 돌봄, 학업 등)에 따른 근로시간단축 청구권의 부여(2018. 하반기 「남녀고용평등법」 개정안 국회에 제출).

12) 어떤 근로일의 근로시간을 연장시키는 대신 다른 근로일을 단축시킴으로써 일정기간의 평균근로시간을 법정기준 근로시간(40시간) 내로 맞는 근로시간제이다.

13) 이유로는 선진국의 입법례로서 미국/일본/프랑스 1년, 독일-6개월(노사합의로 그 이상), 계절적 요인 등 분기별 업무량 변동이 큰 업무로는 숙박시설업(콘도, 호텔 등), 오락관련 서비스(놀이공원 등),

추가해 (i) 근로시간 특례업종 및 제외업종의 '완화' - 중소기업 뿌리업종 52시간 초과 40%, 주60시간 14%, 외국인근로자 7.6시간 초과 - 국내 청년근로자 대체 곤란(?), (10개 업종) 뿌리산업, 섬유, 비금속제조, 농식품, 건설, 부품제조, 선박수리, ICT(정보통신기술), 바이오, 콘텐츠 제작, (ii) 근로시간 인가연장근로 '완화'로 산업·업종의 특성에 따라 필요한 경우(건설업의 옥외작업, ICT산업의 R&D(연구개발) 등 개발프로젝트 등), (iii) 선택적 근로시간제 - 정산시간 확대(1개월 → 1년), (iv) 재량근로시간제 대상 확대로서 전문형 재량근로시간제는 신상품/신기술의 연구개발, 정보처리시스템의 분석설계, 금융상품 개발, 증권애널리스트, 변호사, 공인회계사 등, 기획형재량근로시간제는 사업 운영사항의 기획·입안, 조사분석 업무 등이다. (v) 화이트칼라 이그젬션(근로시간 적용제도) 도입: (예) 연봉 1억 원(일본 연봉 1,075만엔),14) (vi) 공휴일 - 유급휴일화(?), 법정수당(시간외·야간·휴일) 50%(→ 25%), '주휴일의 무급화'15) 등을 들 수가 있다.

운송업(항공사등), 사업지원서비스업(여행사 등), 계절관련 제조업(빙과류/전자대품 등) 등, 중소기업의 상시구인난 - 5인 이상 초과근로 생산차질(제조업: 자동차, 1차금속, 고무제품, 섬유·제품) - 임금격차(감소율) 심화.

14) 우리나라와 비슷한 법제도를 가진 일본 근로시간제도의 개혁시기에 장시간 근로에 따른 과로 문제도 있다. 하지만 실제로는 장시간근로의 비판자들의 '위선'을 지적할 수 있다. 뛰어난 성과를 창출한 사람에 대한 칭송은 이를 창출한 근무방식도 승인하는 것에 동감하기 때문이다. 개정 근로시간제도에서는 창조적인 성과가 장시간 근로를 통하여 창출해 왔다는 사실을 직시할 필요가 있다. 4차 산업혁명시대에 일본에서 논의 차원은 우리나라보다 창의적이다.

15) 현행 근로기준법상 주 15시간 이상 근로자가 1주 개근시에 주 1회 유급휴일을 부여하고 있다(제55조, 근로기준법 시행령 제30조(휴일) 제1항)(법 제정(1953.5.10.) 시부터 규정됨(*정휴일)(1961.12.4. 개정)(주휴수당 미지급 시: 2년 이하의 징역 또는 2천만 원 이하의 벌금(양벌규정)(110조), 최저임금 미지급 시: 3년 이하의 징역 또는 2천만 원 이하의 벌금(양벌규정)). 주휴일 유급제도는 매우 진보적인 제도로 평가된다. 다만, 주휴제는 세계적으로 보편화된 제도이다.
어려운 근로자의 생활을 고려해 경제적인 손실없이 휴일을 향유할 수 있도록 하기 위한 배려였다. 입법 당시 우리나라의 열악한 근로조건을 진보하기 위한 취지였다. 사용자가 임금수준을 결정할 때 주휴일이 유급이라는 사실을 전제로 할 것이라는 점을 감안하며 근로자의 임금을 높이는 효과는 의심되는 부분도 있다. 유급휴일수당산정, 통상임금산정, 단시간근로처리, 결근자 처리 등에 있어 혼란이 일어날 수 있다. 현재로서는 후진적인 제도로 평가되고 있다.
이에 주휴일의 무급화하는 법개정 취지는 노무관리상 복잡한 문제 해결 - 주휴수당의 불확실한 변수

당면한 21세기에 급속한 고령화·저출산 추세, 생산가능인구의 감소화, 국내외 경영환경의 악화 등에서 고용사회의 미래를 예측해 볼 때에 근로시간제도의 개혁은 산업계에 엄청난 여파를 끼칠 수 있는 과제이다. 이러한 노동법 개혁에서 필요한 것은 이론적인 줄기이다. 향후 우리 경제가 경쟁력을 가지고, 노사가 소망하는 고용사회를 만들기 위한 절실한 개혁은 무엇인가라는 높은 차원에서 전문가 작업이 절실하다. 이젠 지속가능한 경영환경의 주춧돌을 정립하기 위한 내용을 담아서 근로시간제도의 개혁이 필요한 타이밍이다.[16]

(2) 최저임금의 급격한 인상의 '부작용'

노동현안으로 최저임금 산입범위 개편 및 2019년 적용 최저임금 결정, 매월 1회 이상 정기 지급하는 임금의 최저임금 산입범위 포함 등을 내용으로 최저임금법 개정안이 국회에서 의결되었다(2018.5.28, 2019.1.1. 시행).[17] 이번 법 개정은 소극적인 배제 형태에서 적극적인 규정 형태로 변경한 것이다. 소상공인은 산입범위 개정의 영향을 받지 못해, 고율 인상에 따른 부담을 그대로 안고 있다. 매월 1회 이상 정기적 지급 임금은 원칙상 최저임금에 산입, 명목, 사유 또는 산정방법 불문, 종전

를 없애고, 소정근로의 가치를 정확하게 계산해 소정근로시간의 시간당 대가로서 임금을 제대로 평가 반영하고, 주휴 목적이 휴식의 부여인데 개근-유급에 따른 성실근로에 대한 보상의 성격으로 변질된 결과를 초래하고 있다.

개정 이유로는 (ⅰ) 주휴일의 유급제도는 한국 및 대만과 터키 밖에 없다는 점, (ⅱ) 유급주휴수당으로 비교대상임금의 산정방식과 통상임금 산정방식의 혼란 발생, (ⅲ) 소정 근로에 대한 임금이 제대로 평가되지 못하고 있다는 점, (ⅳ) 유급주휴수당으로 유급휴일수당 산정(*월 소정근로시간 174시간 또는 209시간), 통상임금 산정, (초)단시간 근로처리, 결근자 처리 등에 있어 혼란이 발생한 점에 있다.

16) 이승길, "근로시간 제도개혁의 단상", 서울신문, 2017.12.24. In&Out 코너 참조.

17) 최저임금법 개정에 따른 하위법령 정비 추진(2018. 하반기)해, (ⅰ) 근로기준법의 소정근로시간 또는 소정의 근로일에 대하여 지급하는 임금 외 임금으로서 고용노동부령으로 정하는 임금(초과근로수당 등), (ⅱ) 상여금, 그 밖에 이에 준하는 것으로서 고용노동부령으로 정하는 임금(월 지급액) 중 해당 연도 최저임금 월 환산액의 25%, (ⅲ) (시행령) 주 또는 월 단위로 정해진 임금을 최저임금의 적용을 위한 시간급으로 환산할 때, 소정근로시간과 소정근로시간 외에 유급으로 처리되는 시간(주휴시간 등)을 합산한 시간으로 나누도록 한다(입법예고 2018.8.10.-9.18.).

논란이 되었던 상여금의 경우 매월 1회 이상 지급되면 최저임금에 산입, 현금성 생활보조비 및 복리후생비가 최저임금에 산입된다. 다만, 최저임금의 구체적 배제 범위는 향후 정비될 고용노동부령에 위임하고, 정기상여금과 현금성 복리후생비 중 일정 부분은 최저임금 산입범위에서 배제한 점에 유의할 필요가 있다.18)

또한 2019년 최저임금 논의 – 결정(법정심의 2018.6.28, 법정결정 2018.7.14.), 2018.7.14. 최저임금위원회에서 2019년 적용 최저임금안 8,350원(인상률 10.9%, +820원)을 의결하였다(2019년 적용 최저임금 결정·고시(2018.8.3.) – 재심의를 기각하였다. 정부가 제11대 최저임금위원회 위원 26명 신규 위촉(2018.5.14. – 임기 3년)하였다(청년유니온 근로자위원 1명, 소상공인연합회 소속 사용자위원 2명, 여성위원 7명(전대 5명)). 최저임금법이 통과되자, 양대노총의 농성, 결의 대회, 위헌 소송의 제기, 사회적 대화가 파행되었다.

2019년 최저임금이 결정되자, 2018년 2월 중소기업 CEO의 경영상황 인식 및 정책 의견 조사에 의하면, 속도 조절론이 등장해 현장 상황 고려한 최저임금 수준 결정(60.5%), 업종·지역별 차등 적용(42.9%), 결정주기 확대(29.4%), 연령대별 감액(24.4%)를 요구하였다. 그럼에도 중소기업 현장은 별다른 대응없이 감원, 고용 축소, 사업종료 등을 시행하거나, 자영업의 현장에서는 감원 – 가족경영으로 대체, 셀프기계 도입 등 방안을 고려한다고 한다. 사실 최저임금제는 16개 법률, 31개 제도와 연계(사회보장 및 보상제)되어 그 급격한 인상은 국가재정을 부담시키고 있다.

―――――――――――――――

18) 개정법에 따른 최저임금의 산입 임금 항목을 검토해 보면, 정기상여금, 현금성의 복리후생비의 경우 매월 1회 정기적으로 지급되는 임금은 최저임금에 산입할 수 있다. 1개월을 초과하는 주기로 지급하던 임금을 총액의 변동 없이 매월 지급하는 것으로 변경할 수 있다. 근로자 과반수로 조직된 노동조합(또는 노동조합이 없다면, 근로자 과반수)의 의견청취를 하고, 취업규칙을 변경할 수 있다(개정법 제6조의2), 즉 근로자대표의 동의가 필요없다. 다만, 의견을 듣지 않는 경우 500만 원 이하의 벌금형에 처한다(근로기준법 소정의 취업규칙 변경의 경우와 동일). 최저임금 결정(2018.8.5. 限) – 고용노동부령 개정 사항을 검토할 필요가 있다. 그 당시 최저임금 산정시간에 관한 판례 입장을 고용노동부가 수용 여부가 주목되었다.

최저임금의 급속한 인상으로 고용에 악영향을 미쳤다. 하지만, 최저임금 인상이 일자리 전체에 미치는 효과는 불확실하다는 견해도 있다. 하지만 현실에서는 친노동, 반기업 분위기로 기업의 투자가 줄고 있다. 원칙과 현실의 문제로 보면, 최저임금 문제는 정말 소득이 낮은 곳을 확인해 그쪽으로 혜택이 많이 돌아가는 것이 원칙이다. 하지만 영업이익율이 4%인데, 최저임금이 16.4% 오르니 영세 중소기업 및 자업업자는 어려워진 게 현실이다. 결국 최저임금 인상이 신규 채용을 줄이고 무인화 및 자동화를 가속시켜 일자리 부족 문제가 심각해질 가능성이 크다.

이에 정부는 최저임금 인상에 따른 소상공인·영세사업주의 경영상 어려움을 완화하기 위해 「소상공인·영세중소기업 지원대책」(2018년 예산 2조 9,708억 원 편성)을 마련하였다. (대상) 월 보수 190만 원 미만 노동자를 고용한 사업주(30인 미만 사업장),[19] (지원금) 근로자 1인당 월 13만 원<주40시간 미만 근로자는 근로시간 비례지급>, 사회보험료 지원과 근로장려세제(EITC) 확대 등도 병행해 소상공인과 저임금 근로자의 경제적 어려움 완화 방안을 검토하였다.[20][21] 일자리 안정자금 지급·사후관리 강화, 2019년 이후 지원방식 등 제도개선 방안을 마련하기로 하였다(2018.7). 또한 부정수급 예방 등 사후관리를 강화하기 위해 근로복지공단의 수정수급 전담팀 및 온라인 신고센터 등을 통한 모니터링, 현장 지도점검

---

19) 고용여건 개선 및 사각지대 해소를 위한 단시간근로자 지원금 인상 등 취약계층을 확대하였다 (2018.9.20.-). (현행) 원칙적으로 30인 미만 사업장 지원, (확대) 30-300인 사업장 60세 이상 고용위기지역 근로자, 30인 미만 장애인인 작업재활시설 근로자 등 증가.
20) 경제사회노동위원회의 사회안전망개선위원회는 (단기) 사회보험 대상 및 보장 확대, 대안적 급여제도 모색, (장기) 지속가능한 사회보장 시스템(실업부조 도입 및 EITC 확대) 마련. 이에 최저임금법 개정후 추가 과제로서 근로장려세제(EITC) 등 사회보장제도를 확대하고자 하였다. (ⅰ) 자영업 비중이 높은 특성상 최저임금의 급격한 인상은 사회적 부작용 야기, 저소득 계층을 대상으로 하는 정부 지원제도 정비를 적극 고려, (ⅱ) 일자리 안정자금의 지원은 한정적이며, 사업장 규모나 근로자 임금 수준, 고용형태 등 지원의 사각지대도 넓어 제도의 실효성이 낮은 상황이었다. (ⅲ) 그 밖에 기초연금 확대, 실업부조 도입 등 적극적으로 도입하고자 하였다.
21) 그 밖에 자영업자의 지원책으로 카드 수수료 인하, 임대료 인상 제한, 프랜차이즈 가맹료 개선 등을 들 수 있다.

등의 사후관리를 강화할 필요가 있다.

향후 최저임금법을 추가로 개정할 과제로서 (i) 최저임금 산정시간 문제, (ii) 주휴 수당문제(유급 또는 무급화), (iii) 개정 최저임금법의 산입범위와 통상임금 개정안 관련 문제, (iv) 최저임금 위반 벌칙 강화 — 과태료 부과(체불임금 해소 — 근로감독 강화), (v) 업종별22) · 산업별 · 지역별 · 연령별 최저임금, (vi) 최저임금의 결정체계의 이원화 문제 등이 있다.

(3) 비정규직의 '정규직화' 실현 가능성

공공부문의 비정규직의 정규직으로의 전환은 2017~2019년(3년) 연속사업의 단계별 정규직화 대상이다. 1단계로 정규직화 추진 및 2단계 정규직화 시작, 즉 1단계 추진으로 20.5만 명(2020) 대상 중 10만 명(완료, 2018.9.), 2018년까지 누적 목표 15.6만 명(87.7%), 주로 기간제의 정규직화(무기계약직)(약 67% 전환)하였다. 2단계 추진으로 상시업무 용역근로자 중심으로 공공기관의 자회사 포함해 2018년에 추진하였다. 그리고 그 효과 및 후속 논의로서 고용안정 및 복리후생수당 등 처우 개선, 전환방식(자회사)및 전환 후 처우(임금 등) 등 다양한 쟁점 존재, 월 20만 원 개선 효과, 명절휴가비(연 80만 원), 복지포인트(연 40만 원), 식대(월 13만 원), 표준인사관리규정, 비정규직 채용의 사전심사제의 운영방안을 마련해 운영하고 있다. 다만 조율할 과제가 있다.

추진한 내용으로 대통령이 주재한 「제3차 일자리위원회 회의」(2017.10.18.)에서 비정규직 문제의 종합 해결의 로드맵을 발표하였다(일자리정책 5년 로드맵 포함). 그 주된 내용으로는 사용사유제한 도입, 비정규직 차별시정제도 전면 개편, 원청의 책임 강화 등 비정규직 정책방향이 명확히 제시되었다. 그 성과로서 비용절감 목적의 외주화 확산 추세 — 비정규직의 정규직 전환 지원, 근로감독 강화 등의 효과로 정규직의 채용관행이 확산되었고, 지방관서의 비정규직 차별시정건수

---

22) (업종별 구분적용) 국가가 정하는 임금을 업종별 편차에 대한 고려 없이 획일적용 시 영세한 기업일수록 어려움 심화, 미만율도 높아짐.

가 전년대비 3배로 대폭적으로 늘어났다. 비정규직의 사회보험의 가입률 증가 등 비정규직의 처우가 개선되었다.

비정규직의 정규직화는 고용시장의 유연성을 더 떨어뜨린다. 정부의 잘못된 정책에 대한 평가에는 판박이식으로 모든 정책역량을 동원해 해소한다는 발표로 반응한다. 제대로 경제위기를 인식한다면 극복하려는 강한 정부의 의지가 필요하다. 정책 재건축 없이는 가용 정책 총동원이란 백약이 무효일 난국이다. 현실의 경제상황은 좋은 의도로 시작한 정책이라도 좋은 결과가 나오는 것은 아니다. OECD 보고서에서 한국의 포용적 성장에 대한 권고에서도 정규직의 일자리 보호 낮춤, 비정규직의 사회보험을 확대, 교육훈련을 통해 노동시장의 분절화를 타개해야 한다.[23]

정부의 향후 과제로서 비정규직 남용방지 및 처우개선을 위한 구체적인 정책 방안을 마련한 후 노·사 등 사회적 협의를 거쳐 기간제법·파견법 등의 개정을 추진한다(비정규직 정책 TF 운영). 또한 사용사유 제한방식으로 상시·지속 업무의 정규직 채용 원칙 확립을 위해 합리적 사유가 있는 경우에 기간제를 사용하도록 제도를 개선한다. 이때에 해외 입법례 및 실태조사 결과 반영, 현행 기간제법의 예외 사유 개선 등을 도모한다. 생명·안전 관련 업무는 정규직 채용원칙의 확립, 기간제·파견근로자의 사용을 금지한다(2018. 하반기). 구체적인 범위 설정 등 실태조사, 전문가의 논의, 이해관계자의 의견 수렴 등을 거쳐 추진한다. 현장의 불합리한 차별을 해소하기 위하여 제도 개선으로 정규·비정규직 간 불합리한 차별

---

23) 그 밖에 좋은 시간제 일자리와 육아지원을 통해 여성 고용을 높임, 노인기초연금을 저소득층의 목표로 절대빈곤을 탈피. 국민연금을 강화해 소득대체율 50%로 유지. 기업과 개인의 연금제도의 확대 강화, 유연한 고용과 임금제도를 확대, 평생 교육과 훈련을 통해 고령인구가 계속 일할 수 있도록 함, 법적 정년을 점진적 상승, 종국에 정년제도 폐지, 도덕적 해이가 없으면서 가계부채 문제 잘 통제, 영세기업의 수요에 따른 직업교육의 개선, 영세기업의 성장을 위해 인터넷의 활용 장려, 청년취업을 장려하는 취업지원 프로그램의 접근을 개선, 육아휴가와 시간제 등 유연한 고용기회를 장려, 경제적 수준높은 탁아/어린이 교육시설 확충, 기초연금의 자격 완화, 적정예산 확보, 수혜자가 노동 참여토록 인센티브 설계, EITC(근로장려세제, Earned income tax credit)를 자영업자를 비롯해 확대를 제언하고 있다.

에 대한 실질적인 구제를 위하여 차별시정제도의 개편을 추진한다(2018. 하반기). 또한 불법파견의 근절을 위하여 노동시장의 변화, 판례의 경향 등을 반영해 파견·도급 지침을 재정립한다(2018. 하반기). 그리고 사내하도급 근로자, 특수형태종사자에 대한 보호를 확대하기 위하여 경제사회노동위원회의 상정 등 노사 의견 수렴 후 합리적인 방안을 마련한다.

　이러한 향후 과제에 대하여, 먼저 「기간제법의 개선방안」과 관련해, 노동이동성 및 정규직 전환 가능성을 높이고, 기간제의 경우 대부분 중소기업에 근무하는 비율이 높다. 그런데, 장기적 인력운용계획을 세우기 어려운 중소영세기업의 부담을 완화하기 위하여 유럽연합 지침과 같이, 회원국은 다음 중에 하나 이상(① 기간제 계약 갱신을 정당화하는 객관적 사유, ② 연속적 기간제 계약의 총 합산 기간의 최대 한도, ③ 계약 갱신의 횟수 한도)을 도입하는 방안으로 고려할 필요가 있다. 우리나라의 실정에 맞추어 입법적 결단으로서 일본의 경우처럼 '기간 제한의 적용제외 사유'는 기업과 근로자 양측에 고용의 선택지를 크게 감소시킬 수도 있기 때문에 제한을 두지 말고,[24] '사용기간'에 대해서는 둘 이상의 기간제근로계약을 통산해 4년(2년+2년)의 범위 내 기간제근로자를 사용할 수 있다.[25] 일정한 '공백(cooling) 기간'을 둔다면 통산하지 않는 예외 규정[26] 및 기간제근로계약 당시의 근로조건(계약기간은 제외)과 동일한 근로조건으로 한하는 것을 검토할 필요가 있다.

　또한, 「파견법의 개선방안」과 관련해, (ⅰ) '대상업무'는 기업의 현실적인 요구에 대응한 고용 유동성을 확보하기 위하여 '제조업'을 포함해 '모든 업종'을 네

---

24) ILO협약 및 EU지침은 기간제 근로의 사용사유 제한은 포함되어 있지 않다. OECD 회원국 중 사용사유제한 국가로는 프랑스, 이태리, 스페인, 그리스, 핀란드, 노르웨이, 멕시코, 뉴질랜드, 터키, 스웨덴 등이 있다.
25) OECD 회원국 중 사용기간 제한 국가: 2년(스페인), 2년-4년(독일), 3년(네덜란드, 슬로바키아, 포르투갈, 이탈리아), 4년(영국, 아일랜드), 5년(일본), 미국, 캐나다, 호주, 뉴질랜드 등은 사용기간의 제한이 없다.
26) 다만, 일본의 경우에는 기간제근로계약 사이에 6개월 이상의 공백(cooling period)이 있거나 또는 기간제 근로계약이 1년 이하의 경우 그 계약기간의 2분의 1 이상의 공백이 있는 경우에는 기간의 정함이 없는 근로계약으로의 전환대상이 되지 않는다(노동계약법 제18조 제2항, 2013.4.1. 시행).

가티브·리스트화(원칙 허용·예외 불허)하여 확대해야 한다.[27] 특히, 우리 주력산업의 큰 성장동력임으로 심각한 인력난[28]을 해소해야 할 이른바 '뿌리산업'(주조, 금형, 소성가공, 용접, 표면처리, 열처리) 종사업무에 대하여 파견의 허용을 검토할 필요가 있다.[29] (ii) '파견기간'도 고용형태의 다원화를 수용하면서 인력운용의 탄력성을 제고하기 위해 파견사업주, 사용사업주, 파견근로자 3자가 합의한 경우에는 파견기간 제한의 예외로 인정하거나 고유한 기간제한 규정을 4년(2년+2년) 등으로 완화하는 법개정이 필요하다.[30] 또한, 일정한 '공백(cooling) 기간'(3개월)을 둔다면 새롭게 산정되는 방안도 검토할 필요가 있다.[31] (iii) 고령자 및 고소득 전문직의 확대와 관련해, 베이비붐 세대인 '고령자'(55세 이상)의 취업을 촉진하고, 고령자의 취업 자체가 중요한 의미를 가지므로 파견 규제를 폐지할 필요가 있다. 또한, 고소득 전문직은 고용의 질보다는 고용의 기회 제공 자체가 큰 의미를 가지

27) 제조업체의 파견과 사내도급은 일본, 독일 등 선진국에서는 보편적인 생산방식이다. 일본은 1999년에 파견 금지 업무만을 열거한 네거티브 방식(negative system)으로 파견법을 개정하였으며, 2003년에 다시 개정해 제조업무에도 파견(제조업의 해금)을 허용하였다. 한편 2012년 12월 총선에서 자민당과 공명당이 승리해 재차 정권교체로 파견법의 규제완화 방향으로 논의되었다(하마구치 게이치로, "일본의 파견법 개정 논의의 지평 변화", 국제노동브리프, 2013년 8월호, 23–32면).
28) 2012년 기준, 뿌리산업의 부족인력 규모는 약 28,000여 명으로 제조업 전체(112,000명)의 약 25%를 차지하고 있다(「파견허용업무의 합리적 조정 및 기대효과」, 2014년 고용부 연구용역).
29) 이에 대하여 사실상 제조업 전반에 파견을 허용하는 것이나 마찬가지이며, 최근 일련의 판결로 불법파견 관행에 제동이 걸린 기업들에게 면죄부를 주는 꼴이라는 비판이 있다.
30) 일본은 2003년 한층 더 완화해 단기파견의 기간 1년→3년으로 연장하였고, 파견기간이 3년이 만료된 시점에서 파견근로자와의 사용관계를 종료시키는 압박으로 작용해 실업이 발생할 수도 있다. 기업에 따라서는 장기간 파견을 해왔던 베테랑을 3년마다 교대되는 불편함이 발생하게 된다. 본래는 이것을 극복하기 위해서는 사용사업체가 직접고용을 하거나, 파견사업체가 무기고용으로 전환해 계속 고용해서 고용을 안정시키도록 연결하는 목적도 있다. 하지만 실제로는 "어느 기업에 따라서는 부담이 증가한다(대기업 인재회사)"는 견해가 강하다. 파견근로자를 보호하려는 의도가 오히려 파견근로자의 고용불안만을 야기할 수가 있다. 아베 정권은 2013년 6월에 내세운 성장전략에 파견법을 2014년 초의 통상국회에서 개정하도록 명기하고, 논의를 지원하였다. 이러한 이유로 위의 파견법 개정 최종보고는 기업에 유리한 부분이 크다고 본다.
31) 당시 2006년 정부입법안에 파견기간을 3년으로 제한하면서 휴기기간제도를 도입하려고 하였으나 국회심의 과정에서 수정되었다.

거나, 노동력에 대한 종속적 지배가 사실상 커다란 의미를 가지지 못하는 경우라
고 볼 수 있어 고소득 전문직의 재취업을 촉진하기 위해 전면 확대를 제안하고 있
다. 고소득 전문직의 범위를 논의해야 한다. (iv) 도급·파견 구별기준을 법률로
명문화는 신중히 검토할 필요가 있다. 노동시장에서 '적정한 도급방안'의 관점에서
행정지침을 검토할 필요가 있다. 국내 주요 경쟁기업에 비추어 볼 때, 오히려 정부
와 법원이 산업구조 변화를 반영해 '적법한 도급(사내하도급)을 활용하도록 하는
방안'을 강구할 필요가 있다. '사내하도급 근로자 보호법' 등 관련 법률 제정 등을
통하여 사내하도급의 활용 규제 및 활용 비용의 확대 등을 검토할 필요가 있다.[32)]

(4) 청년고용의 해소 '미비'

한국의 노동생산성은 오랜 근로시간을 일하지만 부가가치 생산이 작아서
OECD에서 바닥. 50% 정도에 불과해, 더 많은 교육훈련의 투자, 노동시장 및 상
품시장의 유연성을 도입해야 한다. 현 정부가 분배에만 편중된 비판에 대해,
OECD사무총장 Gurria는 정부는 소득격차와 성장 간에 균형을 잡는 것이 매우
중요하다고 말한다. 즉, "당신이 더 경직된 노동시장을 만들고 고임금을 유지하면
서 노동조합의 편이라면, 새로운 구직을 막는 것. 더 많은 청년이 희생될 것"이
고, "장년층은 이미 일자리 보장, 조합원으로 더 많은 보호를 받아 청년층이 고통
을 받게 된다."

세계의 경제산업구조가 정보화사회로 변화되고, 청년고용은 구조적이고 시급
한 문제이다. 청년고용의 악화는 새로운 산업이 만들어지지 못하는 가운데 기존
주력사업들은 위축되면서 나타나는 현상이다. 그런데 3중고 청년실업, 체감실업
율은 삶의 위기를 느낄 정도이다. 청년문제는 학자금 대출, 졸업 후 이자 부담,

---

32) 참고 사례로 일본의 경우 「근로자파견사업과 도급에 의하여 행해지는 사업과의 구분에 관한 기준」
(후생노동성 고시 제37호), 「제조업 도급사업의 고용관리의 개선 및 적정화 촉진을 도모해야할 도급
사업주 및 발주자가 강구해야 할 조치에 관한 가이드라인」(2007.6.), 「근로자파견사업과 도급에 의
해 행해지는 사업과의 구분에 관한 Q&A」(2009. 3. 31.) 등이 있다. 독일의 경우 연방노동청 판단지
침으로 「근로자파견법 제1조에 관한 업무점검지침」(1986년 마련, 1995년 개정) 등이 있다.

질 낮은 일자리로의 취업으로 고착화되고 있다. 취업 스펙을 확대했는데, 실제로는 취업이 안 된다. 청년에게 '인간의 존엄성'과 '노동을 중시하는 사회'를 실현하는 일자리가 가능한가? 소박한 양질의 일자리가 필요하다.

정부는 먼저 민간의 좋은 일자리를 창출하는 분위기를 확산하기 위하여 일자리를 많이 늘리거나 일자리 질을 모범적으로 개선한 기업을 "일자리 으뜸기업"으로 선정(100개, 2018.6.)하여 인센티브(금융 · 정책자금 지원, 세액공제 등 행 · 재정적 지원)를 제공하였다(2018. 하반기). 「청년일자리 대책(2018.3.15.)」의 차질 없는 이행을 통하여 청년 일자리 문제의 획기적인 개선을 추진하고자 한다. 이를테면, 청년고용문제의 완화를 위해 청년 · 전문가 · 관계부처가 공동 대책을 마련하고, 청년을 채용한 기업 및 중소기업에 취업한 청년에게 인센티브의 제공 및 취업준비 과정의 애로 해소에 중점을 두었다.

또한 청년의 구직 단계별 지원사업을 추진하였다. (ⅰ) <구직단계> 청년구직촉진수당으로 취업성공패키지 3단계 참여자에게 구직활동을 촉진하기 위한 수당(3개월간 월 30만 원)을 지급하였다(2017. 8월 추경 신규). 청년구직활동 지원금으로 2019년부터 졸업 후 2년 이내 청년(중위 소득 120% 이하)을 대상으로 지원금(6개월간 월 50만 원)을 지급하였고, 구직활동에 전념할 여건을 마련하고자 한다. (ⅱ) <채용단계> 청년추가 고용장려금으로 제도개선을 통해 지원대상과 지원금액을 확대하여, 중소기업의 청년 추가고용의 여건을 개선하였다. (ⅲ) <재직단계> 청년내일 채움공제로 목표인원의 조기 달성(5만 명, 2018.4.)으로 추경을 통해 추가지원 인원 확보 및 3년형 신설 등 자산형성의 지원을 강화하였다.[33]

그리고 다양한 청년 일자리의 기회를 확충하기 위하여 (ⅰ) 해외 취업지원으로 일자리 기회가 많은 국가에 집중 취업을 지원하였고,[34] 양질의 연수과정(연봉 32백만 원 이상 일자리 연계 과정 등)을 확대하였다. 또한 청년센터를 두어 청년정책

---

33) (2년형) 청년 300 + 정부 900 + 기업 400 = 1,600만 원(5만 + 추경 4만 명), (3년형) 청년 600 + 정부 1,800 + 기업 600 = 3,000만 원(추경 신설 2만 명).
34) 한 · 일 이음 프로젝트, 해외취업연수 등 일본 · ASEAN 지역 집중지원(2018~2020년, 1만 명 목표).

통합지원체계의 단계적인 구축(2018. 하반기)³⁵⁾을 통해 청년일자리 사업의 효율성을 제고하였다. 그리고 공공기관의 의무를 확대해 청년 의무고용의 실효성 확보를 위해 미이행 사유 등 의견청취(2018.4-5월), 상반기 실적 점검 및 이행을 독려하였다(2018.7-10월). 나아가 청년고용촉진특별법의 개정을 통하여 공공기관 및 지방공기업의 청년의무고용률을 상향 조정(3%→5%)을 행하고, 일정한 규모 이상 민간기업에 청년의무고용제의 도입, 고용의무 부담금의 부과를 도입하고자 한다

　이와 같은 청년취업과 관련해, 자기 진로 및 직업 선택 등에 교육이 빈약·부재되어 아이디어 집약적 교육이 필요하다. 교육-대학은 산업사업의 정체되어 미스매칭하고 있어 교육시스템을 변혁해야 한다. 일자리의 나누기-사회 집단, 구성원이 나누려는 개인, 집단의 역할도 필요하다. 대기업, 중소중견기업, 영세기업에서 직업의 프로그램 방법을 강구해야 한다. 내일에 대한 희망과 여유를 갖고 있다면 대책을 마련해야 한다. 이에 기존의 노동시장의 경직성을 일정한 양보가 필요하다. 기성세대가 의도하지 않는 - 정부와 기업이 일자리 창업, 창조, 자기가 좋아하는 일, 능력을 키워야 한다. 고용노동시장을 형성하기 위하여 기업 세대와 임금피크제, 정규직과 비정규직의 대타협을 통해 동일근로동일임금 원칙의 실현, 낙오자에 대한 재교육, 직업훈련 프로그램을 마련해야 한다.

3. 정부와 경제계, 노동계 - '노동 개혁'의 동상이몽

　(1) 매년 새해가 되면 연례 행사로 경제 활성화를 다짐하는 자리로서 경제주체 및 노사정 간 신년인사회가 개최된다. 한 경제단체장은 "법을 바꿔 달라고 그렇게 국회에 갔어도 점점 더 반대 방향으로 가고 있다"며 하소연한다. 서비스산업에 대한 규제완화 요구에 핵심요구인 '원격의료'나 '공유차량 문제' 등에 대한 구체적인 해법이 없다. 원칙은 지키면서 현실의 문제는 대화로 해결하자. 사안에

---

35) (온라인) 정부정책DB 탑재(2018.8.), 온라인상담 오픈(10월), 지방자치단체 DB 탑재(2019.3.) 등, (오프라인) (2018) 군산·통영(2개소) 센터 구축지원 → (2019) 전국 20여 개소 프로그램 지원.

따라 유연하게 완급을 조절하는 정책이 필요하다.36)

그런데, 우리 경제에 위험 요인으로서는 해외에서는 선진국의 금리 인상과 보호무역주의, 국내에서는 부동산과 가계 부채를 주된 위험 요소이다. 근로시간 단축, 최저임금 인상, 비정규직 정규직화, 청년실업 등 기업이 부담되는 친(親)노동정책이 난무하다. 이러한 노동이슈가 기업들에는 큰 변화다. 기업이 제 역할을 할 수 있도록 과감한 규제혁신이 필요한 시점이다. 노동·경제 정책의 틀과 방향을 과감하게 전환해야 한다.

(2) 새정부의 노동정책은 불합리한 지침 폐기 등을 통한 현장 갈등을 해소하고, 노동조합 활동 보장을 통한 노동기본권을 보호하고자 한다. 도입 과정 시 사전 합의가 부족했던 불합리한 지침의 폐기, 보완을 통하여 노사정 간 신뢰 회복 도모, 사회적 대화의 초석을 마련하였다. 특수형태종사자의 근로자성 인정을 통한 근로조건의 자율적 개선 유도 및 9년 만에 전국공무원노동조합의 설립신고증 교부 등 노동기본권의 보장을 강화하였다(2018.3.). 이른바 특수고용형태종사자와 관련해 국가인권위원회는 이들의 노동기본권의 보호 권고를 수용한 바 있고(2017.8.), 택배기사 노조법상 근로자성을 인정해 노조 설립신고증을 교부하였다.37)

또한, 전국공무원노동조합은 2009년부터 위법한 노조규약 등으로 법외노조로 활동해온 합법화를 위한 설득하는 노력을 추진해 2017년 9월 이후 총 6차례 실무협의를 진행·설득한 결과, 전공노 노조규약을 개정(해직자의 노조가입 배제), 임원에서 해직자를 제외해 기존 위법사항을 시정하였다. 한편 노동존중의 인식을 확산하기 위하여 노동인권교육을 강화해 2018년부터 중·고교 1학년 사회 교과서에 노동권 내용 반영, 일선 학교에서 청소년 노동인권의 교육을 실시하고 있다(교육부 협조). 중·고교 교사 대상 노동인권 감수성 향상을 위한 연수과정 등 운영(2018년~, 고용노동연수원), 청소년 근로권익센터 교육 확대, 지자체·민간단체 등

---

36) 중앙일보 2018.1.2. 6면 참조.
37) 전국택배연대노조(2017.11.3.)·전국택배노동조합(2018.2.7.) 설립신고증 교부.

교육기관을 지원하고 있다.

　　(3) 또한, 정부는 ILO(국제노동기구) 기본(핵심)협약의 비준을 추진하기 위하여 당초에는 법·제도 개선 추진(2018. 하반기), 완료되는 협약부터 비준을 추진하였다. 주된 내용은 (ⅰ) 결사의 자유 협약(제87호, 제98호)와 관련해 노동기본권 신장 중 단결권 강화의 우선 의제로서 실업자 및 해고자의 노동조합의 가입 허용, 특수고용형태종사자의 노동3권 인정(노조법 제2조 4호 라목 삭제), 교원 및 공무원 단결권의 보장 확대(현행 6급 이하→5급 이하), 해직된 공무원 및 교원의 노동조합의 가입(공무원노조법 제6조, 교원노조법 제2조), 노동조합 설립신고제도의 개선(노동조합 조합원이 아닌 자의 노동조합 임원 자격 허용, 노조법 제10조, 제23조), 노동조합 전임자 급여지급 금지 규정의 삭제(노사자율, 노조법 제24조 제2항) 등이다. (ⅱ) 강제근로 협약(제29호, 제105호)과 관련해 보충역 제도, 불법쟁의행위의 참가 시 징역형 부과 등이다.

　　이와 관련해 집단적 노사관계법과 관련해 공정·대등한 노사관계 형성, 미조직·취약 노동자 노동기본권 강화 등을 위한 법·제도의 개선을 추진하고자 한다. 특수형태종사자 보호, 무분별한 손배·가압류 개선, 노동위원회의 기능강화 등이다. 그후 경제사회노동위원회는 「노사관계 제도·관행 개선위원회」를 설치·운영하였다(2018.7.20.－11.21.). ILO 기본협약 비준과 노동기본권을 보장하기 위하여 단기적으로 ILO 기본협약 비준 방안 구성, 장기적으로 자치적인 노사관계 구축을 위한 법제도 개선안을 마련하였다. 단결권과 관련된 공익위원안을 발표하였다(2018.11. 21.). 그러한 과정에서 단체교섭 및 쟁의행위 관련해 먼저 '노동계'는 산별교섭제도화, 창구단일화 개선, 쟁의대상 확대, 형사처벌 대상 개선을 내세운 반면에, '경제계'는 대체근로의 허용, 부당노동행위의 형사 처벌 폐지, 쟁의행위시의 사업장(직장)의 점거 금지, 단체협약의 유효기간의 합리적인 확대(3년)을 내세우면서 논의가 진전되지 않고 있다.[38]

---

38) 그 밖에 쟁의행위 시 찬반투표 절차의 개선, 동정파업 및 정치파업이 엄격한 법집행, 경제사회노동위

(4) 그리고 남겨진 노동법의 쟁점 현안으로 중소기업퇴직연금기금 신설(임이자의원/한정애의원 대표발의, 근퇴법), 고용·영향평가의 강화(홍영표의원 대표발의, 고용정책기본법), 비정규직의 남용방지(정부, 사유제한 추진), 특수고용형태종사자의 권리보호방안(직접적 노동3권 보장 vs. 특별법 보장), 근로자 또는 노동자(용어정리, 은근한 논쟁거리), 실업급여의 확대 강화(재정건정성 관련, 모성보호급여의 실업급여계정 독립 가능 여부),39) 체불임금의 근절 방안, 비정규직의 정규직 전환의 중간점검, 포괄임금제 지도지침의 개선, 통상임금 및 최저임금의 합리적인 산입범위, 블라인드 채용 등의 공정채용. 근로자 대표(종업원 대표)제도의 정비, 노동계약법의 정비, 해고법제(경영상해고 및 저성과자에 대한 해고)의 유연화, 직무급 및 성과급의 도입, 취업규칙의 사회통념상 합리적 변경, 유연근무제의 도입 확대(탄력적근로시간제, 특례업종의 재검토) 등을 들 수가 있다.

그런데, 정부의 장밋빛 전망, 현재의 노동환경에 대한 친 노동정책을 지속할 방침을 명확히 했다. 정부의 경제 호황이란 착시 현상을 전체 우리 경제의 현실로 잘못 이해한 까닭인가? 한 번 경제를 망가뜨리긴 쉬워도 원상회복하기란 어려운 법이다. 과거보다는 여전히 미완인 살기 좋은 세상을 위한 미래의 대안책이 더 필요하다. 세계는 '기업의 기(氣) 살리기'에 안간힘을 쓰고 있다. 현실적으로 기업의 신명 없이 소득 3만 달러 달성, 일자리 확충, 4차 산업혁명 등은 가능한가? 당분간 해결이 어려울 것이다.

4. '4차 산업혁명'과 정부의 대응

(1) 화제를 돌려보면, 지난 2016년 스위스 다보스포럼을 계기로 4차 산업혁명에 대한 논의가 미래사회의 전망에 대하여 '사회적 화두'가 되었다.40) 경제란

원회의 재편 등을 생각해 볼 수 있다.
39) 실업급여의 지급수준(평균임금의 50% → 60%) 및 최대 지급기간(8개월 → 9개월)을 강화(「고용보험법」 개정 추진(2018.4.6. 국회 제출).
40) 18세기의 제1차 산업혁명은 증기기관 기반의 기계화 혁명. 19−20세기초 제2차 산업혁명은 전기에

생산과 분배, 소비가 상관적인 구조이다. 지금은 아날로그 기반의 경제에서 전대
미문의 '디지털 기업의 경제'로 바뀌고 있다. 그런데 정체 산업, 고령화 사회, 낙
후된 정보기술에 목전에서 4차 산업혁명, 인공지능(AI), 사물인터넷(IoT), 딥러닝
(deep learning, 심층학습), 플랫폼 육성, 신산업 진출, 스타트업 활성화, 규제완화
등이 부각된다. 향후 기술진보를 고려할 때, 10−20년 후 많은 직업이 없어질 것
으로 전망되면서 인간은 불안하다. 즉 4차 산업혁명으로 미래에 있어 일자리 대
참사와 초양극화가 수반될 수가 있다.

　　이제는 세계사의 흐름인 파격적인 혁신인 4차 산업혁명에서 새로운 변곡점
으로 성장 동력을 찾을 필요가 있다. 21세기 초반의 제4차 산업혁명(제1차 정보혁
명)은 정보화 기술, 즉 지능(인공지능), 정보(빅데이터, 사물인터넷, 클라우드, 로보틱
스, 블록체인), 초연결 등으로 촉발되는 지능화 혁명 등이 나타나 생산성이 급증하
게 되었다. 이는 정보통신기술이 제조업 등 다양한 산업과 결합하면서 새로운 형
태의 제품과 서비스, 비즈니스를 만들어 내는 것이다. 원래 혁명은 역사를 인간이
원하는 방향으로 변혁하겠다는 역사 주체로서의 '인간 선언'이다. 우리 인류는 혁
명마다 생산성을 고도화하고, 정치·경제·사회와 산업 및 고용노동시장의 구조까
지 대전환하게 되었다.

　　(2) 최근 외국의 연구 동향을 살펴보면, 독일과 같이 사회적 논의 과정을 통하
여 현 시대의 고용노동정책적 문제 및 미래 노동시장변화에 대응할 수 있는 핵심
정책방향을 설정하고 추진하고 있다. 아마도 4차 산업혁명 대응 전략인 Industry
4.0과 함께 새로운 노동시장 전략인 독일에서의 Arbeiten 4.0의 녹서 및 백서를
발간하였다. 국내의 연구기관에서 번역서로 ① 녹서(미래 시대 좋은 일자리의 조건
에 핵심 질문 도출), ② 백서(전문가 대화 플랫폼(콘퍼런스), 공공대화(소셜미디어, 설문
조사 등)를 통해 이에 대한 답변 및 실현하기 위한 정책방향 도출)를 출간하였다.[41]

　　너지 기반의 대량생산 혁명. 20세기 후반 제3차 산업혁명은 컴퓨터와 인터넷 기반의 정보화 혁명이
　　전산업에서 일어났다.
41) 경제사회노동위원회, 노동 4.0 녹서, 노동 4.0 백서(독일 연방노동사회부); 어수봉 등, 4차 산업혁명

구체적으로 국내외 연구자들은 현지 방문, 전문가 인터뷰 등을 통한 국가별 노동시장 추진전략 및 핵심과제 분석, 독일의 경우 사회적 공론화 및 논의체계, 개인직업능력계좌제 등, 프랑스의 경우 실업보험, 단체협약과 노동보호의 연결 등, 스웨덴의 경우 북구의 사회보장체계 등, 호주의 경우 Modern Award 등이다. 그 후 전문가 실태조사, 정책수요자 간담회 등을 통한 미래 고용노동 정책에 대한 시사점 도출, 사회적 공론화를 계속적으로 수행하고 있다.[42]

(3) 그런데 제1차 산업은 농업, 어업, 수산업, 제2차 산업은 제조업(로봇, 스마트폰), 제3차 산업은 모든 서비스업(교육서비스, 출판서비스, 금융서비스, 보험, 컨설팅, 법률, 용역 등)이다. 그런데 4차 산업은 없다. 하지만, 4차 산업혁명에서의 첨단기술의 발달은 경제적 풍요를 이루면서 많은 일자리의 변화도 전망할 수 있다. 기업가의 '창조적 파괴'에서 새로운 일자리가 있고 성장이 있음을 일깨워야 한다. 급격한 경제·산업 환경의 변화가 노동시장에 미치는 영향이 클 것으로 예측되는 상황이다. 상대적으로 많은 일자리를 잃는 다가올 미래의 변화와 대응이라는 시사점을 준다.

또한, 인공지능이란 인공적으로 만들어진 인간과 같은 지능의 오퍼레이팅 시스템이다. 이미 현실 생활에 인공지능의 활용은 음성인식, 문자식별, 자연어처리(번역 등), 게임(장기나 바둑), 검색엔진 등으로 큰 영향을 미치고 있다. 실제로 1980년대에 공장의 생산현장 등 현실 산업 영역에서 응용되기 시작하였다. 국가 경쟁력을 갖추기 위한 노력이 필요하다. 인공지능은 인간을 초월하는가? 새로운 아이디어 생태계의 시스템의 변화가 필요하다. 아울러 인공지능시대에는 기업구조와 근무방식의 변화 이외에 유연한 노동 가능성으로 경제·사회·문화적인 변화도 따른다.

과 고용의 미래, 경제사회발전노사정위원회, 2017.11.
42) 이장원/김기정, 4차 산업혁명의 노사관계 차원 과제와 대응전략, 한국노동연구원, 2017; 고용노동부, 더 나은 미래를 위한 일-ILO 일의 미래 보고서

(4) 4차 산업혁명의 미래는 일로부터 벗어난 인간의 삶이라는 낙원(빈곤, 권태와 중독, 기본소득, 로봇세)으로 가는 길이 아니다. 인공지능과 첨단기술은 인간과의 상호작용을 고려해 개발되어야 한다(적응형 자동화). 기술 발전과 인간의 노동을 조화롭게 발전시킬 방안을 찾아야 한다. 이에 미래 선도 전략으로 새로운 경제·사회 환경에 맞는 법과 제도 방안을 조정·구축하고 미래의 청사진도 명확히 제시해야 한다. 이것은 '인간이 중심이 되는' 고용노동정책의 패러다임을 확립할 필요가 있는 시점이다.

이에 향후 4차 산업혁명시대에 노동법적 과제로 일자리의 감소, 고용형태의 다양화(직무구조, 숙련요건, 개별적 고용관계의 변화), 근로시간과 근무형태의 다양화, 노동시장 이중구조의 심화, 노동 친화적 기술개발과 기술 친화적인 지속가능한 노사관계의 체제의 역할과 대응, 낡은 개인정보보호법의 정비 등의 변화가 제시되고 있다. 국민의 역량을 결집할 만한 철저한 준비와 논리를 찾아 선후를 검토하고 기본방향을 밝힌 후에 원칙적인 대응이 필요하다. 시급한 과제로 경제 대전환의 혁신의 토대가 될 노동법 체계부터 정비하는 일이다. 이를 위해서는 결자해지의 자세로 과감한 규제 혁신을 위한 정부 및 국회의 용기와 결단이 요구된다.

5. 4차 산업혁명(인공지능)시대의 노동법적 과제와 '번역'

(1) 지난 2016년 한국노동법학회 회장 등의 활동을 하면서, '4차 산업혁명과 노동법(사회보장법)의 역할과 과제'에 관심을 가졌다. 당시 학회 활동 중에 노동법 학자 간의 제4차 산업혁명과 노동법의 역할에 대한 담론을 계획해, 그해 6월경 이화여대 법학관에서 「노동법의 현재와 미래」란 주제로 개최하였다. 박지순 교수(고려대)의 "노동시장 구조변화에 따른 노동법의 발전방향"과 박제성 연구위원(한국노동연구원)의 "디지털 노동관계와 노동법의 현재와 미래"라는 제목으로 발표가 있었다. 당시에 여러 교수들이 활발하게 토론하였다.

그 당시부터 가끔 서점에 들리면, 4차 산업혁명과 관련된 책을 구입해 왔다. 초기에는 몇 권뿐이었는데 이젠 너무나 많다. 하지만, 관심 분야인 '4차 산업혁명과 노동법'이란 책자를 찾기는 어려웠다. 그러던 중에 한국인사조직학회 기획, "K-매니지먼트 3.0: 초고령사회, 조직활력을 어떻게 높일까(개인, 기업, 정부의 역할)"(클라우드나인, 2017.8.),[43] 삼성경제연구소의 "4차 산업혁명, 일과 경영을 바꾸다"(2018.3.)[44]를 유익하게 읽었다. 2017년 5월에 출범한 문재인 정부도 국회, 정부, 고용노동부, 한국노동연구원, 경제사회노동위원회 등의 다양한 공간에서 제4차 산업혁명의 도래에 대비해 활발하게 논의하고 있다.

　　(2) 세계 최고의 인구 감소·고령화·저출산 현상, 생산인구의 감소-노동시장의 축소, 산업구조의 변화-사회 및 기술환경 변화 등, 생산설비의 자동화(AI(인공지능))일자리 감소, 근로시간의 다양화, 노동시장 이중구조의 심화, 직무구조와 숙련 요건의 변화, 개별적 고용관계의 변화, 고용형태 및 취업형태의 다양화-사회보장의 지속가능성을 검토할 필요가 있다. 이에 기존 한국형 고용시스템의 문제를 극복하기 위하여 기업에 귀속 고착화를 전제로 한 인재투자, 인사평가, 한정적 노동이동이 필요하다. 또한 노동시장·고용제도·사회보장제도의 위험을 극복하기 위하여 산업구조의 변화에 따라 신기술 및 숙련의 습득, 노동이동 등이 필요하다. 그리고 인터넷 플랫폼 경제의 확산에 대처하기 위하여 고용형태의 다양화, 새로운 자영업자의 출현과 그들의 근로조건 문제에 대한 준비가 필요하다. 또 AI(인공지능), 로봇 등의 출현에 대처하기 위하여 정규근로 및 비정규근로에서 비근로자화가 진행, 노동시장의 이중구조화가 심화함에 따른 대응이 필요하다.

　　현재 우리의 생활과 근무방법을 근본적으로 전환할 기술혁명의 목전에서 이전에는 경험하지 못한 시대의 대전환기에 있다. 하지만 미래의 일자리의 비전은 일하는 사람이 존중받는 사회를 지향하는 전제로 인간과 기계가 '협업'하는 세상이 될 것이다. 플랫폼 경제의 확산에 따라 고용형태의 다양화, 노동시장의 유연화, 사회적 격차에 따른 근로기준과 고용 관련 법제, 사회보장제도 및 세제 시스

---

43) 이경묵, 한준, 윤정구, 양동훈, 김광현, 이영면, 이장원, 박지순 지음.
44) 신동엽, 최강식, 양동훈, 한준, 박우성, 노용진, 박지순 지음.

템을 정리해야 한다. 나아가 일의 의미와 가치를 정립시키고 새로운 일하는 방법과 관련된 문화를 확산해야 한다. 우리의 일은 '행복'을 추구하며, 일과 '학습'(교육, 훈련), 여가의 단절 없는 융합적 지원체계를 구축할 필요가 있다. 새 술을 새 부대에 담는 심정으로 '노동시장의 개혁'을 추진하고, 창업정신과 창조정신으로 무장된 새로운 인적 자원을 양성해야 한다.

(3) 향후 노동환경 및 노동시장의 변화에 대응하고, 경제조직의 인프라 및 경제 질서의 조화를 위한 노동법(노동정책 및 사회보장법)적 위기이자 그 역할을 재검토하고 새로운 방향을 모색하는 계기이다. 이러한 혁신은 노동의 유연성과 직장의 이동성을 촉진하고, 새로운 변화에 맞는 노동법 과제에 대한 개혁이 필요하다. 근로시간에 대한 자기결정권과 유연성의 확대 및 일(직업)과 생활의 양립, 근로자의 휴식과 아울러 개별 근로자의 주관적이고 사적 요구와 연계된 근로조건의 형성 가능성('근로계약법제'의 제정), 유연한 노동법의 적용방식 등을 논의해야 한다.

구체적인 노동법적 과제는 경영환경 변화에서 상생적 노사관계 구축으로 미래 지향적 노동법제의 개혁을 달성하고, 지속가능한 기업을 위한 유연하고 공정하고 다양한 인재(육성) 활용시스템을 구축할 필요가 있다. 즉 (i) '한국형 고용시스템'(멤버쉽형 고용)의 구현, (ii) 근로시간법제의 개선 - 유연하고 다양한 근무방법의 실현, (iii) 이른바 '근로계약법'의 도입, (iv) 근로자대표제의 개선[45] - 고용 중심의 노사관계 체제로의 전환, (v) 노사 힘의 균형 회복과 상생 노사관계 구축, (vi) '자조'의 조합 및 사회안전망의 개선을 구상해 볼 수 있다.

(4) 지난 2017년 초에 교토(京都) 시내의 대형의 오가키(大垣)서점에서 일본의 중견 노동법학자인 오오우치 신야(大內伸哉) 교수[46]의 「AI시대의 근무방법과 법 - 2035년의 노동법을 생각하다」(弘文堂, 2017.1.) 신간 서적을 우연히 보았다.

---

45) 이를테면, 근로자 전체에 의한 민주적 선출절차와 방법, 근로자대표의 권한, 의사결정의 방법, 지위 보장, 사용자 측과의 분쟁해결방법 등이 있다.
46) 고베(神戶)대학 대학원 법학연구과.

일전에 정기 교류를 하는 '한일 노동법포럼'에서 4차 산업혁명과 노동법의 과제에 대하여 일본 학자에게 일본에서는 논의가 많은지를 문의한 적이 있었다. 그 대답은 아직은 노동법학 해석론의 과제도 많기에 별로 논의가 없다고 들었다. 그런데, 아니 벌써. 곧바로 책을 구입해 귀국해 읽었던 기억이 새롭다. 그 사이에 첫 번째는 2017년 1월경에 근로시간법제와 관련한 연구시찰 모임과 동행해 오오우치 교수를 고베대학 법학과의 회의실에서 집단 면담한 적이 있었다. 그 당시 한국의 근로시간법제의 애매한 분야에 대한 질문에 일본 노동법적 관점에서 명쾌한 답변을 얻지 못한 기억이 난다. 두 번째는 2018년 2월 무렵 일본 고베대학 내에서 오오우치 교수가 주관한 "자영적 취업자의 법적 과제를 둘러싼 비교법 심포지엄"(일본, 이탈리아, 대만, 한국)에 몇몇 학자 및 실무자와 참석한 적이 있었다. 그 당시 일본에서 새로운 경향인 자영적 취업자에 대한 노동법적 관심을 가지고, 비교법적 연구를 수행하는 모습을 보았다.

그리고 2017년에 이 책을 번역하면서 몇 가지 의문이 들었다. 인공지능에 의한 노동혁명의 행선지는 절망인가 희망인가? 격변하는 고용환경 중 노동법은 어떻게 변화해야 하는가? 그리고 향후 고용노동정책은 미래를 바라보며 논의할 필요가 있다. 향후 기업들은 인사관리 측면에서 기존 노동력이 다양한 영역에서 디지털 노동으로 대체될 가능성을 염두에 두고 부상하는 플랫폼 노동의 트렌드에 대한 법제도적인 논의 과정과 전개 양상을 주목할 필요가 있다.

그리고 지난 2017년 11월 말경에 오오우치 신야의 「근로시간 제도개혁」(中央經濟社, 2015.8.)을 국내 법학분야의 대표 출판사인 '박영사'에서 번역서를 출판한 적이 있다. 다시 「AI시대의 근무방법과 법-2035년의 노동법을 생각하다」를 번역 출판을 의뢰하니 흔쾌히 받아주었다. 그런데, 일본출판사(弘文堂)와의 출판 저작권 협의가 늦어져서 지금에야 출판하게 되었다.

(5) 사실 역자로서는 2017년에 번역을 마친 상태라 이를 사장(死藏)시키지 않고, 지금에라도 적절한 시점에서 반듯한 책으로 세상에 빛을 보게 되어 다행이다. 그동안에 상세한 역자 주를 다는 작업을 통하여 우리나라의 관점에서 일본의

'현행 노동법'과 '인공지능시대의 노동법 과제와 미래'를 입체적으로 이해하게 되었다. 한편 2018년 국내에서 연구년을 보내면서 '국회' 및 학회 등을 들락날락 거리면서 다양한 정책세미나와 토론회 등에서 4차 산업혁명시대의 노동법의 과제와 미래를 생각할 수가 있었다.

이번 책의 출판까지 여러 지인 및 기관에게 격려에 감사한 마음을 전하고 싶다. 우여곡절 속에서 긴 시간을 일본 출판사와 계약을 추진하고, 어려운 경제 환경에서도 번역서를 흔쾌히 출판해 주신 박영사의 안종만 회장님, 안상준 대표님, 전체적인 디자인, 편집 및 출판에 창의성을 발휘해 주신 김선민 편집부장님과 윤혜경 님, 정연환 대리님에게 감사드린다. 또한 항상 분주한 업무 속에서도 거친 번역을 꼼꼼하게 교정해 준 김준근 박사(노동법 전공)에게 고맙다는 마음을 전한다. 그리고 금년 8월 말에 정년퇴임을 하신 이원희 교수님(아주대, 노동법)과, 「아주대 노동법연구회」 회원 모두에게도 감사드린다. 새삼 연구회를 마친 후 조촐한 자리에서 "오늘 같이 좋은 날"이라는 건배사가 귓가에 맴돈다. 마지막으로 항상 인내로 내조하는 아내, 두 딸(윤형, 윤진)에게도 '고감사'(고맙고 감사하고 사랑한다)라는 말을 챙기고 싶다.

2019년 4월
아주대학교 종합관 연구실에서
이승길

프롤로그

　2015년 6월 20일 소프트뱅크(Soft Bank)[1]가 자체 개발한 인간형 로봇 '페퍼(Pepper)'의 첫 회 판매분 1,000대가 1분 만에 완판되었다고 한다. 페퍼는 사람의 감정을 이해하거나 스스로 감정을 표현할 수 있는 이른바 '감정형 로봇'이다.[2] 로봇이 감정을 가지는 것은 어린 시절 SF(science fiction, 공상 과학소설)로 즐겼던 아톰(Atom)의 세계가 현실이 된 것이다. 처음 페퍼의 본체 가격은 19만 8천 엔(실제로는 여기에 다양한 지출 비용이 든다. 한화로 200만 원). 이를 비싼 가격이라고 할지는 입장이 갈리는 것 같지만, 값이 서민에게 터무니없이 비싼 것은 아니었다.

　페퍼는 고도의 커뮤니케이션(의사소통) 능력을 보유하고, 클라우드(Cloud)[3]

---

1) <역자주> 소프트뱅크그룹(SoftBank Group Corp): 일본 최대 IT 회사 겸 세계적인 투자회사이다. CEO는 손정의이다. 일본 3대통신사(NTT, KDDI, 소프트뱅크)로 일본 국내에서는 유명하지만, 해외에서는 IT기업 겸 투자회사로 유명하다. 일본 국내외 통신, 인공지능, IoT, 기업투자(비전펀드)을 중심으로 사업을 전개 중이다. 한국에서는 재일교포 4세 손정의(손마사요시)가 창립자 겸 회장이기 때문에 많이 알려져 있다. 핵심 계열사로는 소프트뱅크 모바일(일본 국내외 통신) 소프트뱅크 C&S(무역&유통), 야후 재팬(인터넷), ARM, 보스턴 다이내믹스(로봇), 스프린트가 있다. 한국에는 쿠팡에 2015년 1조 원에 이어 2018년 2조 2천억 원을 추가로 투자하였다.
2) <역자주> 페퍼라는 감정 엔진이라는 인공지능(로봇의 뇌)이 탑재된 로봇은 소프트뱅크가 프랑스의 알데바란 로보틱스(Aldebaran Robotics)와의 공동 개발로 만들어졌다.

- 1 -

상에 준비된 인공지능(AI)[4]으로 방대하고 복잡한 정보를 처리한다.

실제로 사람들은 소프트뱅크 지점(shop)에 가서 페퍼를 보았을 때에 다양한 반응을 보였다.

비관하는 부류는 로봇(robot)[5]으로 이 정도 할 수 있다면 이대로는 인간의 일은 없어져 버릴 것이라고 생각한다. 반면에 낙관하는 부류는 이 정도의 수준이라면 인간의 일을 지원하더라도 빼앗는 수준은 아니라고 생각한다.

아마도 많은 국민은 낙관하는 부류가 아닐까라고 생각한다. 낙관하는 것은 인생을 긍정적으로 살아가기 위하여 필요한 것이다(포옥스 2014). 하지만 현실을 직시하지 못한 낙관주의는 위험하기도 하다. 여기서 필요한 것은 현실적인 낙관주의이다.

"IT(정보기술)의 진보는 지수(指數) 함수적이다"라고 한다. 당초에는 반도체의 집적회로(ICT)에 관하여 말하였고, 그 후에 IT에 관해서도 말하게 된 "무어(Moore)의 법칙"에 의하면, 기술의 발전은 2년 또는 18개월에 2배가 된다고 한다.[6]

---

3) <역자주> 클라우드(Cloud): 물리적 자산 없이 IT인프라를 활용할 수 있는 기술이다. 개별 회사 전산실에 서버(중앙 컴퓨터)를 갖추는 대신 마이크로소프트(MS) 등이 설립한 대용량 데이터 센터 저장 공간을 빌려 쓰고, 인터넷에 접속하면 어디서나 업무가 가능하다. 구름(Cloud) 속에 데이터를 저장해두는 것과 비슷하다는 뜻에서 '클라우드'라고 한다.

4) <역자주> 인공지능(AI): 데이터를 기반으로 의사결정을 학습 수행하는 디지털 기술이다.

5) <역자주> 로보틱스(Robotics): 단순반복업무를 순서에 따라 자동처리하는 디지털 기술이다. 예를 들어 미국의 미소 로보틱스(Miso Robotics)의 로봇 요리사 '플리피'(Flippy), 영국의 몰리 로보틱스(Moley Robotics)의 완전 자동 지능형의 톱 셰프을 대신하는 몰리 로보틱 키친(Moley Robotic Kitchen)이 있다.

6) <역자주> 무어의 법칙(Moore's Law): 1965년 페어차일드(Fairchild)의 연구원이던 고든 무어(Gordon Moore, 1929~)가 마이크로칩의 용량이 매년 2배가 될 것으로 예측하며 만든 법칙이다. 이 법칙은 1975년 24개월로 수정되었고, 그 이후 18개월로 바뀌었다. 무어의 예측대로 CPU(중앙처리연산장치)는 눈 깜짝할 사이에 386, 486, 펜티엄 I, 펜티엄 II가 등장하였다. 한편 무어의 법칙은 인터넷은 적은 노력으로도 큰 결과를 얻을 수 있는 '메트칼프의 법칙'과 조직은 계속적으로 거래 비용이 적게 드는 쪽으로 변화하는 '가치사슬의 법칙'과 함께 '인터넷 경제 3원칙'이라 한다. 이러한 디지털 혁명은 1990년대 말 미국의 정보기술에 막대하게 투자하는 계기를 만들었다. 하지만 무어의 법칙은

2의 거듭제곱에서 발전이라는 이미지는 다음과 같은 사례를 생각하면 좋다. 두께가 0.1mm의 종이를 접어서 약 38만km 떨어져 있는 달에 도착하려면 몇 번이나 접어야 할까? 무수히 많은 횟수라고 생각할 것이다. 하지만 (접을 수 있는 경우이지만) 42번을 접으면 된다. 2의 42승(242)은 약 4조 4,000억. 여기에 0.1mm를 곱하면 약 44만km이다. 즉 42번을 접은 곳에서 달에 도착하게 된다.

처음에는 눈으로 좇을 수가 있다. 하지만 이러한 가운데 상상도 못할 데까지 비약한다. 이것이 '무어의 법칙'을 기초로 한 기술이 진보한 이미지이다.

IT의 영향을 가속화시킨 것이 앞에서 언급한 '인공지능'이다. 인공지능은 '컴퓨터'[7]에게 인간과 마찬가지의 지적 활동을 하게 하려고 행한 시도이다. 1956년에 "Artificial Intelligence"(인공지능)라는 단어를 최초로 사용하였다.[8] 그 후 이

PC의 처리속도와 메모리의 양이 2배로 증가하고 비용은 상대적으로 떨어지는 효과를 가져왔다. 그리고 2016년 2월에 반도체 업계가 경제성을 이유로 포기를 선언하면서 무어의 법칙은 폐기되었다.

7) <역자주> 컴퓨터: 컴퓨터는 크기가 급격히 작아지면서 전 세계 사무실과 가정에 널리 보급되었다. 전자 부품의 소형화 추세에 따라 작은 실리콘 조각에 정보를 저장하는 효율적이고 저렴한 방법이 개발되면서 실리콘을 이용해 전자회로를 완성할 수 있게 되었다. 1958년 집적 회로가 발명되었고, 1966년에는 최초의 휴대용 계산기가, 1971년에는 최초의 마이크로프로세서칩 인텔 4004가 개발되었다. 1965년 인텔 공동 설립자 고든 무어는 집적 회로 당 트랜지스터 수가 12-24개월마다 2배로 늘어나 컴퓨터칩의 성능이 극적으로 향상될 것이라고 예측했다.

역동성이 중요해지면서 소형화는 휴대전화와 노트북, 미니디스크 등 신제품의 인기를 주도하는 핵심 요소로 부상했다. 키보드 없이 들고 다닐 수 있는 컴퓨터도 선보였다. 한편, 비즈니스 및 개인용 컴퓨터의 증가로 전자우편과 인터넷 사용이 활성화되었다. 서로 다른 컴퓨터에서 실행되는 프로그램을 연결해 특정 활동을 이루어낼 수 있는 네트워크 컴퓨팅이 발달하면서 연결된 기기의 역할을 해낼 수 있게 되었다. 이로써 슈퍼컴퓨터가 필요 없어졌다. 여기에는 다양한 기술들이 혼재되어 있는데, 향상된 성능으로 더 많은 데이터를 전달할 수 있는 광섬유 케이블도 그중 하나이다.

8) <역자주> 인공지능: 1956년 여름 미국 동부의 다트머스대학교에서 개최된 전설적인 워크숍에서 인간과 같이 생각하는 기계를 처음으로 '인공지능'이라고 부르기로 한다. 워크숍에 참석한 존 매카시, 마빈 민스키, 앨런 뉴월, 허버트 사이먼이 컴퓨터에 관한 최신의 연구결과(인공지능분야 - 창세기의 이야기)를 발표하였다. 뉴웰과 사이먼은 세계 최초의 인공지능 프로그램인 자동적으로 정리를 증명하는 '로직 세오리스트(Logic theorist, 논리연산 이론가)가 유명하다. 그 후 일본에서는 1980년대 하코다데 미래대학 학장 나카지마 히데유키(中島秀之)는 "깊고 두텁게 만들어진 지능을 가지는 실체 혹은 그것을 만들자고 함으로써 지능 자체를 연구하는 분야이다" 또한 일본지능학회 전 회장으로 쿄토대학의 니시다 도요아키(西田豊明) 교수는 "지능을 가지는 메커니즘" 내지 "마음을 가지는

미 60여 년의 세월이 흘렀다. 기호처리가 중심이었던 당초의 인공지능을 실용화하는 것은 상당한 세월이 흘러 최근에야 인공지능이 주목받게 되었다. 이것은 2000년 이후 컴퓨터 성능의 급속한 향상과 방대한 데이터(빅데이터9))를 수집할 수 있게 IT의 발달이 융합되면서 주목받게 되었다. 인공지능은 지금은 스스로 룰을 형성하고, 빅데이터를 통계적으로 처리할 수 있다(기계학습). 이와 더불어 최신의 '뇌과학'의 연구 성과를 도입하여 뇌 안의 신경회로망(neural network)을 그대로 재현할 수 있게 됨(딥러닝＝deep learning＝심층학습)으로써 단숨에 실용화할 가능성이 커졌다. 기계가 인간의 두뇌 속과 마찬가지로 '학습'(학습단계에서 가장 기본적인 단계인 YES냐 NO로 대답하는 문제를 분류하는 것)을 할 수 있게 되었기 때문이다.

　이렇게 되면, 이제는 그 행선지를 눈으로 좇을 수 없게 된다. 2011년에 「IBM」10)

메타니즘"이라고 말하였다. 인공지능이란 '인공적으로 만들어진 인간과 같은 지능'이며, 이는 '눈치챌 수 있는 컴퓨터, 즉 데이터 속에서 특징(feature)을 생성해 현상을 모델하는 것이 가능한 컴퓨터라는 뜻이다.

9) <역자주> 빅데이터(Big Data): 다양한 대용량 정보를 빠르게 처리할 수 있는 분석기반이다.

10) <역자주> IBM(International Business Machines Corporation): 사무용 기기 사업으로 출발하여 세계 최대 컴퓨터 제조업체로 성장한 후, 기업 컨설팅 및 IT솔루션 사업을 주력으로 하는 미국의 다국적 기업이다. 현재는 인공지능 기반의 플랫폼인 '왓슨 애널리틱스'(Watson Analytics) 등 분석 및 데이터 관리 서비스, 클라우드 데이터 서비스, 오픈 소스 및 통합 분석 플랫폼 서비스, 사이버 보안 서비스, 디지털 작업장 서비스, 네트워크 서비스, 기술 컨설팅 서비스, 금융 솔루션 제공 등의 사업을 한다.
1911년 찰스 플린트(Charles Ranlett Flint)가 허먼 홀러리스(Herman Hollerith)의 타뷸레이팅 머신 컴퍼니(Tabulating Machine Company)를 매입했다. 허먼 홀러리스는 천공카드시스템을 고안하여 집계기(tabulating machine)를 만든 후 1896년에 타뷸레이팅 머신 컴퍼니를 세웠다. 이후 찰스 플린트는 컴퓨터 스케일 컴퍼니(Computing Scale Company of America)와 인터내셔널 타임 리코딩 컴퍼니(International Time Recording Company)와 타뷸레이팅 머신 컴퍼니를 합병하여 컴퓨터 타뷸레이팅 리코딩 컴퍼니(CTR: Computing Tabulating Recording Company)를 설립했다. 이 CTR이 바로 IBM의 전신이다.
1914년 토머스 왓슨이 CTR 매니저로 채용되었고 다음 해 사장이 되어 20년 동안 CTR을 국제적 선두기업으로 발전시켰다. 1924년 현재의 IBM으로 회사명을 변경했다. 1935년 최초의 전동타자기인 '일렉트로마틱'(Electromatic)을 출시하여 판매에 성공을 거뒀다.
IBM은 설립 초창기－1930년대 천공카드를 이용한 데이터처리기기, 계량기, 타자기 등 주로 사무용 기기 관련 사업을 하였다. 1940년대 이후는 전자 회로기반 컴퓨터를 개발하기 시작했다. 1950년대에는 미국 공군에 설치된 SAGE 조기경보시스템과 STRECH 시스템 개발 사업에 참여하면서 군사용 컴퓨터로 기술과 자본을 축적했다. 1952년 최초의 상업용 컴퓨터인 'IBM 701'을 출시했으며, 1957년 과학적 프로그래밍 언어인 '포트란'(FORTRAN: FORmula TRANslation)을 만들었다. 포트란은 당시 기술 업무에 널리 사용되는 컴퓨터 언어가 되었다. 1964년에는 IBM 시스템 360 시리즈를 개발했다. 이것은 IBM이 만든 시스템 가운데 가장 대표적이고 성공적인 메인 프레임(mainframe, 기업용 대형 컴퓨터)이다.

1971년 새로운 저장장치인 플로피 디스크를 만들었으며, 1975년에는 PC의 전신과도 같은 '5100 포터블 컴퓨터'를 출시했다. 1981년 인텔의 CPU 위주로 하드웨어를 구성한 'IBM 퍼스널컴퓨터(Personal Computer) 5150'을 발표했다. 1984년 1메가비트의 SAMOS 칩을 발표했으며 1990년 9월, System/390을 출시했다. 이는 IBM이 25년 만에 종합적으로 선보이는 제품이었다.

1990년대 초반 심각한 경영난을 겪었다. 그 이유는 IBM PC의 높은 개방성과 범용성 때문이었다. IBM PC는 범용 부품으로 구성된 탓에 컴팩(Compaq)을 비롯해 다른 PC 업체들도 어렵지 않게 PC를 제작할 수 있었다. CPU는 인텔에서 공급받고, 운영체제 역시 MS−DOS를 이용하면 그만이었다. PC 시장은 CPU를 만드는 인텔, 운영체제 공급사인 마이크로소프트가 주도하였다. 1993년 루이스 거스너가 CEO에 오르면서 주력 사업을 기존의 하드웨어 사업에서 기업 컨설팅과 업무 프로세스 개선, IT 솔루션 개발 및 구축 등 IT서비스 사업으로 재편하기 시작했다.

1997년에는 IBM의 AI 슈퍼 컴퓨터 '딥블루'가 세계 체스 챔피언을 꺾었다. 1998년 IBM은 미국 특허청으로부터 한 해에만 2,000개의 특허를 발급받은 최초의 기업이 됐다.

2000년대 초반 IBM은 중점사업을 서비스 분야로 전환하여 컨설팅, 소프트웨어 및 서비스 비즈니스 매출이 전체 매출의 60%를 차지하는 통합 솔루션 회사로 거듭났다. IBM은 기업생산성 소프트웨어 업체인 로터스와 시스템관리 소프트웨어 회사인 티볼리, 개발 툴 업체인 래쇼날 등을 인수하면서 새로운 도전을 시작했다. 2001년 이후에는 무려 29개의 소프트웨어 회사를 인수하였다.

2002년 7월 미국 회계법인인 프라이스워터하우스쿠퍼스(PwC) 컨설팅사업부를 인수하였다. 2004년 세계에서 가장 빠른 연산 능력을 갖춘 슈퍼 컴퓨터 'Blue Gene'을 개발해 출시했다. 2005년 PC사업부를 중국 레노버(Lenovo)에 매각했다. 2007년 캐나다의 비즈니스 인텔리전스(BI) 소프트웨어 공급업체인 '코그노스'(Cognos)를 인수하였다.

2011년 IBM의 인공지능 컴퓨터 '왓슨'(Watson)이 TV 퀴즈쇼에서 인간 참가자를 이겼다. 2012년 클라우드 컴퓨팅 기반의 인사관리 솔루션 업체 케넥사(Kenexa)를 인수하였으며, 1년 후 웹 호스팅 서비스 업체인 '소프트레이어 테크놀로지스'(SoftLayer Technologies)를 인수했다. 2014년 x86 서버 사업부문을 레노버에 매각했다. 2015년 미국의 기상관측 업체인 '더 웨더 컴퍼니'(the weather company)를 인수하였다. 2016년 실시간 동영상 서비스 업체인 업스트림(Ustream)을 인수하여 클라우드 비디오 서비스 사업부문으로 편입했다. 또 트루반 헬스 애널리틱스(THA: Truvan Health Analytics)를 인수했다.

2018년 10월 28일 클라우드 시장을 주도할 목적으로 기업용 오픈소스를 개발해 공급하는 IT 솔루션 업체 '레드햇'을 340억 달러(약 38조 8400억 원)에 인수하기로 공식발표했다.

이 개발한 '왓슨'(Watson)은 미국의 퀴즈 프로그램 '죠파디!'(Jeopardy!; 위험)에서 인간 챔피언을 누르고 우승해 상금 100만 달러(약 10억 원)를 획득해 갑자기 유명해졌다.

이제 미국에서는 왓슨은 질문응답 및 의사결정 지원형의 컴퓨터(질문 응답 시스템)로 널리 활용되고 있다. 일본 기업에서도 왓슨의 활용이 늘어나고 있다(고객의 응대 업무 등). 또한 2016년 3월 9일 구글(현재의 알파벳) 계열의 회사(Google DeepMind, 구글 딥마인드)가 개발한 'AlphaGo'(알파고)가 바둑의 톱기사에게 승리하였다(5번 승부, 최종 결과는 알파고의 4승 1패)는 뉴스는 전세계에 큰 충격을 주었다. 전문가가 예상한 것보다도 10년이나 빨랐기 때문이다. 인공지능이 진보하는 속도가 무시무시함은 알기 쉬운 형태로 우리의 눈앞에 제시되어 있다.

일설에 의하면, 2045년에는 인공지능이 인간의 지능을 능가하는 "싱귤래러티"(singularity, 인공지능이 폭발적으로 진화하는 [기술적] 특이점)에 도달한다는 논의도 있다(카츠와일 2016). 그러므로 인공지능이 자신보다 똑똑한 인공지능을 만들기 시작한 순간이야말로 모두가 바뀌는 '싱귤래러티'이다.11) 만약에 이것이 정말로 실현되면, 그 후에는 인공지능이 모든 지적 활동을 맡게 될 것이다. 싱귤래러티의 논의는 인공지능 연구자 중에는 회의적인 의견도 많다. 하지만, 적어도 저명한 우주물리학자인 스티븐 호킹(Steven Hawking) 박사12)는 "완전한 인공지능을 개발할 수 있다면 그것은 인류의 종말을 의미할지도 모른다"(2014년 BBC 인터뷰)고 하는 등 많은 과학자가 인공지능의 위험성에 대하여 경종을 울리고 있다.

---

11) <역자주> 미국의 컴퓨터 과학자이자 알파고를 개발한 미래학자 레이 커즈와일(Ray Kurzweit)은 그 싱귤래러티가 2045년 정도의 미래라고 한다. 또 최근에는 이 시기가 2029년 이내로 앞당겨질 것으로 예측된다.

12) 스티븐 호킹(Stephen William Hawking, 1942.1.~2018.3.): 영국의 이론물리학자. 옥스퍼드대학교 출신으로 21세에 루게릭병에 걸려 이후 50여 년을 병고에 시달리면서도 우주와 양자 중력에 관한 연구에서 '특이점 정리', '호킹 복사' 등 뛰어난 연구 성과를 거두어 갈릴레이·뉴턴·아인슈타인의 계보를 잇는 현대 물리학의 대표적 학자. '시간의 역사: 빅뱅에서 블랙홀까지'(1988), '블랙홀과 아기우주'(1993), '호두 껍질 속의 우주'(2001), '위대한 설계'(2010) 등의 저서를 통하여 과학의 대중화에도 크게 기여하였다.

IT, AI, 로봇 등의 새로운 기술 덕분에 우리 생활은 많이 편리해졌다. 예를 들어 웨어러블(wearable, 착용에 적합한) 단말기를 착용하고, 스마트 폰을 사용하여 건강 등을 관리하는 것이 이미 주변에서 퍼지고 있다. 노동 현장에서도 새로운 기술은 깊숙이 침투해 있다. 공장에서는 IT를 활용해 에너지를 절약하고, 인간은 위험한 근로에서 해방되었다. 사무실 책상에 PC(personal computer, 개인컴퓨터)를 두고서 작업을 월등하게 효율적으로 향상시키고, 사무실 밖에서도 휴대 단말기(HP)를 활용해 회사 내부와 같이 효율적으로 근무할 수 있게 되었다. 이제는 IT가 없는 것을 생각할 수가 없다. IT혁명은 '노동혁명'이기도 하다. 또한 모든 것이 (인공지능 기술의 보고인) 인터넷으로 연결되는 IoT(Internet of Things, 사물인터넷)13) 및 블록체인(Blockchain)14)의 시대가 도래하고, 공장과 사무실 모두 디지털화(digitalization)가 진행되면, 사람들의 근무방식은 엄청나게 변화할 것이다.

하지만 이러한 변화가 근로자에게 좋은 일만은 아니다. 로봇은 사람의 육체노동을 빼앗고, 인공지능은 지적노동도 빼앗는다. 인공지능이 탑재된 로봇 '토우로보군'(東ロボくん)은 도쿄대학교의 입시시험을 단념한 바가 있다. 하지만, 그 편차치는 57.1에 이르렀다(日本經濟新聞 2016.11.15. 조간).15) 이미 인공지능은 평균적인 인간과 비교해 훨씬 똑똑하고, 계속 진화해 가고 있다. 인간은 지적노동에서도 기계와 대적할 만한 상대방이 되지 못할 것이다. 즉 앞에서 언급한 비관하는 부류도 근거가 있는 것이다. 바로 '지수 함수적인 진보'를 이룬 IT나 AI을 통하여

---

13) <역자주> 사물인터넷(IoT, Internet of Things): 사물 간 네트워크를 통해 정보를 교류하는 지능형 인프라 기술이다.

14) <역자주> 블록체인(Blockchain): 참여자들 사이의 정보공유 및 인증으로 안정성을 확보한 보안기술이다. 정보를 하나의 중앙집중형 서버에 저장하는 것이 아닌 분산형으로 저장하는 기술이다. 그리고 블록체인 플랫폼은 중개기관이 없다. 즉 전통적인 시스템과 차이는 신뢰를 담보해 주는 제3의 기관이 없다. 블록체인 기술의 도입은 공공서비스 분야에서 공유정부의 모습으로 각국의 정부형태가 변화될 전망이다.

15) <역자주> 일본에서 2011년 '로봇이 도쿄대학에 입학할 수 있을까'라는 프로젝트가 출발하였다. 대학시험 중 하나인 통일 시험문제를 푸는 인공지능을 개발하기 위하여 이른바 '토우로로군'은 2014년에 '전국센터 모의시험'에서 전국 581개의 사립대학 중 472개 대학(81%)에 합격할 가능성이 80% 이상이라는 'A판정'을 받았다.

일어난 노동혁명의 목적지는 어디일까? 그 목적지에 있는 것은 절망일까, 아니면 희망일까?

제1장

기술혁신과
일본형 고용시스템

제1장

기술혁신과 일본형 고용시스템

1. 기술은 위협?

유럽과 미국의 기업에서 근로자들은 업무가 바쁠 때에도 서로 거의 돕지 않는다. 이것은 그들이 불친절해서 그런 것이 아니다. 바쁘더라도 타인에게 도움을 요청하지 않는다. 이것은 도움을 요청하면 무능해 일을 마칠 수 없다고 평가를 받고, 또한 지원을 받은 동료가 일을 잘 처리하면 자신의 일을 빼앗아 버린다는 우려도 있기 때문이다. 자신의 직분을 유지하려면 다른 사람에게 도움을 요청하지 않고, 다른 사람도 이러한 의식을 공유하고 있기 때문에 도움을 쉽게 받으려고 하지 않는다.

이것은 직무가 한정된 이른바 '직무형(job형) 근무방식'이다. 근로자는 특정한 직무에서 노무를 수행하기 위하여 고용된다(사람을 직무에 배치한다). 자신이 수행해야 하는 일의 범위는 직무기술서(job description)에 명확하게 정의되어 있다. 임금은 그 직무에 따라 결정되는 직무급이다. 같은 직종의 범위에서 기능을 향상시키면, 종사하는 직무의 수준이 높아져서 임금도 많이 받는다.

이러한 직무형 근무방식에서는 근로자는 직무의 변경을 환영하지 않는다. 동일한 직종에서 기본적으로 승격(陞格)이라는 수직적 이동은 있지만, 다른 직종으로 수평적 이동(배치전환)은 없다. 수평적 이동에서는 자신이 가진 종전의 기능을 사용할 수 없고, 새로운 직종에서는 아무래도 낮은 기능으로도 완수할 수 있는 직무에 종사해야 하기 때문에 임금은 떨어진다.

직무형 근무방식에서는 신기술이 출현해도 귀찮은 이야기가 된다. 예를 들어 컴퓨터를 활용해 일을 하면, 생산성이 높아진다. 하지만, 그렇게 되면 그 직무에 자신의 숙련된 기능의 가치를 떨어뜨릴 위험도 있다. 사안에 따라 자신의 기능 자체가 불필요하게 될 수도 있다. 그렇게 되면 해고의 위협에 노출된다.

칼럼: 유럽의 직무급

이탈리아의 사례를 소개한다. 이탈리아에서는 근로자의 기본급은 직무급으로 산업별 단체협약에서 정하고 있다. 단체협약에서는 직무를 분류해 등급을 매기고, 직종마다 난이도가 높은 직종은 높은 등급이어서 임금도 높다. 근로자는 특정한 직무에 종사하기 위하여 고용된다. 원칙적으로 채용할 때의 직무와 다른 종류의 직무로의 수평적 이동(배치전환)은 본인의 동의가 없는 한 인정되지 않고(jus variandi[변경권]의 제한), 같은 직종에서 높은 등급의 직무로 수직적 이동(승격, 昇格)만 인정된다. 그리고 낮은 등급의 직무로 배치하는 것(강격, 降格)은 본인의 동의가 없는 한 인정되지 않는다.

이것은 정말로 경직적이다. 그런데 드디어 2015년 법을 개정해 경영조직의 변경 시에는 동일한 자격(블루칼라, 화이트칼라, 관리직)의 범위라면 강격할 수 있게 규제를 완화하였다. 다만 강격이 된 후에도 근로자의 임금을 현상 유지해 줄 권리를 인정하고 있다(이탈리아의 고용시스템에 대해서는 大內 2003 참조).

2013년에 옥스포드(Oxford)대학교의 연구자(Carl Benedikt Frey and Michael A. Osborne)가 발표한 논문 "고용의 장래: 일은 어디까지 컴퓨터화되는가?"(THE FUTURE OF EMPLOYMENT: HOW SUSCEPTIBLE ARE JOBS TO COMPUTERI-SATION?)가 있다. 이 논문은 현재 근로자의 직무(job)가 어디까지 컴퓨터로 대체되는 순위를 제시하면서 세계에 충격을 던졌다.

■ 기계화될 가능성이 높은 직무의 상위 10위

1. 텔레마케터(전화에 의한 상품 판매원, Telemarketers)
2. 부동산등록 등의 법적 문서의 조사 · 요약 · 탐색에 종사하는 자(Title Examiners, Abstractors, and Searchers)
3. 재봉사(Sewers, Hand)
4. 표준적인 수식을 이용한 기술적 문제해결에 종사하는 자(Mathematical Technicians)
5. 보험업자(Insurance Underwriters)
6. 시계수리사(Watch Repairers)
7. 화물취급인(Cargo and Freight Agents)
8. 세무신고 대행자(Tax Preparers)
9. 사진점 사진가(Photographic Process Workers and Processing Machine Operators)
10. 은행 계좌 개설 담당자(New Accounts Clerks)

■ 기계화될 가능성이 낮은 직무의 상위 10위

1. 레크리에이션 요법사(Recreational Therapists)
2. 정비 · 설치 · 수리 작업을 하는 자의 현장감독자(First-Line Supervisors of Mechanics, Installers and Repairers)
3. 위기관리 책임자(Emergency Management Directors)
4. 정신위생 약물남용 사회복지사(Mental Health and Substance Abuse Social Workers)
5. 청각기능훈련사(Audiologists)
6. 작업요법사(Occupational Therapists)
7. 의지장구사(Orthotists and Prosthetists)
8. 건강관리 사회복지사(Healthcare Social Workers)
9. 구강 악안면 외과(Oral and Maxillofacial Surgeons)
10. 소방 · 방재의 현장감독자(First-Line Supervisors of Fire Fighting and Prevention Workers)

※ 앞의 논문 "고용의 장래"에 기재된 표(Appendix)에서 작성.

컴퓨터에 의한 대체율이 높은 직무에 종사자는 직무형 근로방식이라면 고용의 불안을 우려할 것이다.[1]

2. 역사의 교훈?

기술 혁신이 일어나면, 이것이 근로자에게 아군인지 적군인지 항상 논쟁거리이다. 18세기에 영국에서 일어난 '산업혁명'(제1차 산업혁명)[2]으로 면직물업의 숙련 근로자들은 생산성이 훨씬 높은 기계가 계속해서 등장하자 일을 빼앗기고 말았다.

반면, 산업혁명은 끊임없이 개량되는 공장기계를 생산하는 기계산업, 그 원료인 제철산업, 기계를 움직이는 에너지산업, 공장에서 대량생산된 제품을 수송하는 교통산업 등 잇달아 새로운 산업을 창출하여 많은 일자리를 만들었다. 전체적으로 보면, 실업자가 늘어나지는 않았다고 할 수 있다.

산업혁명 초기에는 새로운 기술을 적으로 본 '기계파괴운동'(이른바 '러다이트 운동'[Luddite Movement][3]) 등이 일어났다(1811–1816년경). 이 운동은 현재 관

---

1) <역자주> 일본경제신문사(서라미 옮김), AI 2045 인공지능 미래보고서, 반니, 2019; 호리에 다카후미/오치아이 요이치 지음(전경아 옮김), 10년후 일자리 도감(AI세대를 위한 직업 가이드북), 동녘라이프, 2019; 한국고용정보원, 미래 일자리 세계의 변화(우리가 알아야 할 미래 일자리 지도), 2015; 한국고용정보원, 2019 한국직업전망, 2019.4. 참조.
2) <역자주> 산업혁명: 19세기에는 선진 사회의 산업 잠재력에 상당한 변화가 일어났다. 증기 동력의 응용으로 생산과 운송수단이 달라지면서 사회 전반의 발전이 이루어졌고, 결국 산업혁명이라는 시기가 도래했다. 이전까지 이상향에만 존재하는 줄 알았던 일들이 이제 실현 가능해진 것이다. 산업화 속도가 빨라지면서 산업화된 지역과 그렇지 않은 지역의 격차가 점점 벌어졌다. 산업 근로자들이 구매력을 갖추면서 식품뿐 아니라 공산품에 대한 수요도 높아졌다. 그들이 거주하던 도시는 19세기에 크게 성장했다. 석탄산업의 중심지였던 영국 뉴캐슬은 인구가 1801년 2만 8,294명에서 1901년 21만 5,328명으로 급증했다. 산업화 초기에는 섬유 또는 금속 제련을 중심으로 성장이 이루어졌지만 19세기 후반에 접어들면서 공학과 조선, 화학 분야의 성장이 두드러졌다. 최신 기술로 설비된 새 공장들 덕분에 영국은 '세계의 공장'으로 떠올랐지만 근로자들은 위험한 작업환경, 긴 근로시간, 미약한 보상으로 고단한 삶을 살았다. 산업화로 더 많은 상품을 생산하게 되면서 영국을 포함한 여러 산업화 국가들이 자유무역을 지지하게 되었다. 결과적으로 시장이 개방되었고, 효율성이 떨어지는 생산자들은 파산하는 경우도 생겨났다.

점에서 보면, 인류에게 큰 은혜를 끼친 기술혁신의 의미를 이해하지 못하고 눈앞의 이익에 사로잡힌 '폭동'이라고 평가할 수 있다.

하지만, 개인 수준에서 보면, 베를 짜는 숙련 근로자는 그 기능의 가치가 떨어지고, 실업의 위기에 빠진 것은 사실이었다. 다행히 실업을 피하더라도 새롭게 맡은 일은 기계를 작동하는 사람으로 단순한 작업이었다. 이러한 '전락'(轉落)은 큰 사회문제가 되었다. 즉 '노동법'은 바로 이러한 문제에 대처하기 위하여 탄생한 것이다.

역사는 순환한다. 오늘날의 IT나 인공지능의 발달에 같은 위기감을 품고 있는 사람은 많다. 컴퓨터에 의한 대체율이 높은 직무에 종사하고, 목덜미가 오싹하다고 생각하고 있는 근로자들은 러다이트 운동과 같이 폭력은 사용하지 않더라도 신기술의 활용을 막는 '사회운동'을 펼쳐서 정치적인 압력을 가할지도 모른다.

하지만 역사의 교훈을 되돌아보면, 이러한 대응은 적절하지 않을 가능성이 높다는 것이다. 기술혁신은 사람의 생활을 풍요롭게 하고, 고용도 창출한다. 그렇다면 사람들이 새로운 고용으로 원활하게 이동할 수 있도록 하는 것이 중요하고, 신기술의 개발과 실용화를 막는 것은 우리의 자손에게 러다이트 운동과 마찬가지로 어리석은 근시안적 운동으로 평가받을 것이다.

---

3) <역자주> 러다이트 운동(Luddite Movement): 영국의 공장지대에서 근로자에 의한 '기계파괴운동'을 말한다. 생산혁명으로 방직업과 양모공업에서 기계의 채택은 종래의 제조직공을 실직시키고 임금을 떨어뜨렸다. 게다가 나폴레옹 전쟁과 악천후로 식량 부족이 근로자의 생활을 더욱 어렵게 되었다. 1811~1813년에 최고절정으로 랭카셔, 요오크셔, 노팅검 시를 비롯하여 전 공장지대에 파급되었다. 이 운동은 기계를 파괴만 하면 종전의 좋은 근로조건이 회복될 것이라는 자본주의에 대한 무지에 기인하였다. 또 단결금지법(1799)으로 근로자가 합법적으로 근로조건의 개선을 요구할 수 있는 길이 없었다. 노동계급의 빈곤의 원인은 기계의 채용이 아니라 자본가에 의한 기계의 소유와 노동의 착취, 즉 자본주의제도가 지닌 모순이있는데, 당시의 근로자 계급은 이 자본주의제도의 모순을 알지 못하였다. 이 운동은 파괴금지법의 시행과 군대의 출동으로 계속 탄압받았고, 자본주의적 생산양식의 확립과 파괴운동이 무력하다는 근로자의 자각이 제고되어 1812년 폭동을 경계로 쇠퇴해 갔다. 근로자 계급은 점차로 1824년에 획득한 단결권을 기초로 한 근대적 노동조합운동에 문제의 해결을 위임하였다.

■ **산업 혁명의 역사(섬유 산업)**

- 1733년 존 케이(John Kay)가 "플라잉 셔틀"(flying shuttle)을 발명(횡사 (橫絲)를 통한 작업시간을 단축)
- 1738년 와트(Wyatt)가 롤러식 방적기의 특허 취득
- 1764년 하그리브스(Hargreaves)가 제니 방적기를 발명(복수의 실을 동시 에 짤 수 있다)
- 1769년 아크라이트(Arkwright)가 수력 방적기를 발명
- 1779년 크롬톤(Crompton)이 제니방적기와 수력방적기의 장점을 도입한 뮬 방적기를 발명
- 1785년 카트라이트(Cartwright)가 직기의 동작을 자동화하고. 혼자서 몇 대의 직기를 조작할 수 있는 역직기를 발명
- 1793년 위트니(Whitney)가 조면기를 발명

---

3. 일본형 고용시스템의 적응력

그러면 일본의 근로자도 현재의 IT나 인공지능 등 신기술의 발달에 같은 위기의식이 있을까? 이번 '제1장 1. 기술은 위협?'에서 본 옥스퍼드(Oxford)대학교의 연구자가 발표한 논문의 일본판이 2015년 12월 2일에 「노무라종합연구소」(NRI)[4]에서 발표되었다(「일본의 노동인구의 49%가 인구지능 및 로봇 등으로 대체가능하게/노무종합연구소」=「日本の労働人口の49%が人口知能やロボット等で代替可能に/野村総合研究所」). 여기서는 일본 국내 601개 종류의 직업이 인공지능과 로봇 등으로 대체될 가능성이 높은 직종과 그렇지 않은 직종을 들고 있다.

---

4) <역자주> 노무라종합연구소(Nomura Research Institute, Ltd): 1963년 일본 최초의 민간 싱크탱크로 설립. 일본 도쿄에 본사를 두고 있으며, 해외 거점을 포함해 약 700여 명의 각 분야 전문가들이 근무하고 있다. 각국 정부를 비롯하여 전기/전자, 정보통신, 자동차, 건설, 부동산, 유통, 금융 등 다양한 업종의 고객을 대상으로 연간 1,000여 건 이상의 컨설팅 프로젝트를 수행하고 있다. 새로운 사회의 패러다임의 통찰과 실현을 담당하는 '미래사회 창조기업'으로서 도전을 계속해 나가고 있다. 1995년에 '노무라종합연구소 서울'을 설립해 운용하고 있다.

■ 인공지능과 로봇 등에 의한 대체가능성이 높은 100개 종류 직업

(50음순 및 대체가능성 확률과는 관계없음)

IC생산 운영자/일반 사무원/주물공/의료 사무원/접수계/AV · 통신기기 조립 · 수리공/역무원/NC연삭반공/NC선반공/회계감사 담당자/가공종이 제조공/대출담당 사무원/학교 사무원/카메라 조립공/기계 목공/기숙사 · 아파트 관리인/CAD운영자/급식조리인/교육 · 연수사무원/행정사무원(중앙정부)/행정사무원(현시정촌(県市町村))/은행창구 담당/금속가공 · 금속제품 검사인/금속 연마공/금속재료 제조검사공/금속 열처리공/금속프레스공/세탁취급점원/기계조립공/경비원/경리사무원/검수 · 검품담당자/검침원/건설작업원/고무제품성형공(타이어 성형은 제외)/포장공/새시공/산업폐기물 수집운반작업원/지기(紙器)제조공/자동차조립공/자동차도장공/출하 · 발송 직원/쓰레기 수거 작업원/인사계열 사무원/신문배달원/진료정보관리사/수산, 반죽 제품 제조공/슈퍼마켓 직원/생산현장 사무원/제빵사/제분공/제본 작업원/청량음료 루트세일즈직원/석유정제 작업원/시멘트생산 작업원/섬유제품 검사공/창고 직업원/반찬 제조공/측량사/복권 판매인/택시 운전사/택배 배달부/단조공/주차장 관리인/관세사/통신판매접수사무원/하역작업원/데이터입력계열/전기통신기술자/전산, 사진식자 작업원/전자계산기 보수원(IT보수원)/전자부품제조공/전철운전사/도로 순찰대원/일용품수리점원/오토바이택배배달원/발전원/비파괴 검사원/빌딩시설관리기술자/빌딩 청소원/물품구매사무원/플라스틱제품성형공/프로세스(과정)제판 조작원/보일러 조작원/무역사무원/포장 작업원/보관 · 관리계열 직원/보험 사무원/호텔객실계열/머시닝 센터 운영자/미싱봉제공/도금공/면류제조공/우편외무원/우편사무원/유료도로 요금징수원/계산원/열차청소원/렌터카영업소 직원/노선버스 운전사

■ 인공지능과 로봇 등에 의한 대체가능성이 낮은 100개 종류 직업

(50음순 및 대체가능성 확률과는 관계없음)

아트디렉터/아웃도어 인스트럭터/아나운서/아로마테라피스트/개조련사/의료 사회복지사/인테리어 코디네이터/인테리어 디자이너/영화카메라맨/영화 감독/이코노미스트/음악학원 강사/학예사/학교카운셀러/관광버스가이드/교육카운셀러/클래식연주가/그래픽디자이너/케어 매니저/경영 컨설턴트/연예 매니저/게임 크리에이터/외과의사/언어청

각사/공업디자이너/광고 디렉터/국제협력전문가/카피라이터/작업요법사/작사가/작곡가/잡지편집자/산업카운셀러/산부인과의사/치과의사/아동후생원/시나리오 작가/사회학연구자/사회교육교사/사회복지시설 돌봄직원/사회복지시설 지도사/수의사/쥬얼리(보석) 디자이너/초등학교교사/상업 카메라맨/소아과의사/상품개발부원/조산사/심리학 연구자/인류학자/스타일리스트/스포츠 인스트럭터/스포츠 작가/성악가/정신과의사/소믈리에/대학 · 단기대학 교사/중학교 교사/중소기업 진단사/투어 컨덕터(여행 기획사)/디스크자키/디스플레이 디자이너/데스크/텔레비전 카메라맨/탤런트/도서편집자/내과의사/일본어 교사/네일 아티스트/바텐더/배우/배우/침술 · 뜸사/미용사/평론가/패션 디자이너/푸드코디네이터/무대연출가/무대미술가/플라워 디자이너/프리라이터/프로듀서/펜션경영자/보육사/방송기자/방송디렉터/보도 카메라맨/법무교관/마케팅 리서처/만화가/뮤지션/메이크업 아티스트/맹아 · 농아 · 요양학교 교사/유치원교사/이학요법사/요리연구가/여행회사 카운터계열/레코드 프로듀서/레스토랑 지배인/녹음엔지니어

※ 직업명은 노동정책연수기구, 직무구조에 관한 연구(「職務構造に関する研究」)를 참조.

대체가능성이 높은 직업으로 보는 일에 종사하는 근로자는 인공지능이나 로봇[5] 등의 신기술을 위협으로 느낄 것이다. 하지만 많은 근로자는 사태를 그 정도로 심각하게 알지 못하는 것 같다.

이것은 일본의 근로자, 특히 '정규직'(정사원(正社員), 정규직근로자)을 고려했을 때, 외국의 근로자와는 고용시스템이 크게 다른 것과 관련되어 있다.

일본에서 정규직은 새롭게 대학교를 졸업해 채용되면, 우선 기업에 취직(취사)하고, 그 후에 다양한 직무를 경험하면서 자신의 전문 분야를 가지게 되고, 그

---

5) <역자주> 로봇: 1999년 말, 전 세계 제조 부분에서 총 75만 대의 로봇이 사용되었다. 그중에서도 자동차 제조에 가장 많이 활용됐는데 일본의 로봇이 가장 많았고, 그 다음으로 미국, 독일, 이탈리아, 프랑스가 뒤를 이었다. 아프리카, 라틴아메리카, 남아시아에서는 어떤 나라도 로봇 보유량 상위 20위권 내에 이름을 올리지 못했다. 로봇 역시 '컴퓨터'와 마찬가지로 성능이 향상되고, 생산 체계가 확충되어 비용은 낮아지고 생산성은 높아지면서 보급이 확산되었다. 로봇은 이제 자동차 산업을 비롯한 제조업 분야에서 중요한 역할을 담당하지만 사용이 미국, 일본, 서유럽 등지에 한정되어 있다.

후에 관리직으로 승진한다(내부 승진시스템). 유럽과 미국과 같이 우선 직무가 있고 거기에 사람을 배치하는 것이 아니고, 일본은 먼저 사람이 있고 거기에 직무가 주어진다. 일본에서는 어떠한 직무가 그 근로자에게 적합한지는 기업이 판단한다. 이렇게 직무가 한정되지 않는 점에서 일본 정규직의 특징이 드러난다.

이 점에 대하여 어떤 연구자는 일본에서는 "원래 유럽과 미국과는 직무(잡, job)의 개념이 다르고, 개인별로 각자의 주체성, 독자성으로 자신의 성(城)이 없고, 집단마다 일을 융합하면서 임기응변으로 극복해간다"고 하는 독특한 조직문화를 형성한다고 언급하였다(八幡 1999, 7면).

임금도 근로자가 어떠한 직무인지에 따라 결정되지 않는다. '직능급'(職能給)이라는 '직능자격제도'에 의한 등급으로 임금을 결정하고, 이 등급은 근속년수에 따라 올라간다. 이에 '연공형 임금'이 된다. 연공형 임금은 특정한 직무에 기능이 아니라, 그 기업에서 공헌 능력(직무수행능력)을 평가해 지급된다. 그래서 근로자는 수평적 이동으로 새로운 직무를 수행하게 되면 처음부터 일을 배우는 일이 있어도 임금은 낮아지지는 않는다. 오히려 다른 직무를 경험하는 것 자체가 그 근로자의 공헌 능력(직무수행능력)을 높이는 것으로 평가한다.

이러한 근무 방식에서는 임금은 직무나 그것을 수행하는 기능과 직접 관련이 없고, 특정한 직무로 고용되지 않았기 때문에 신기술이 등장해도 근로자가 이를 적대시할 이유는 없게 된다.

또 노동조합은 일본에서는 기업별 노동조합이 주류를 이루고, 노사협의의 장에서 기업과 밀접하게 정보를 교환하고, 신기술의 도입 등에 대해서도 의견을 표명할 기회가 있다. 또한 배치전환이나 해고의 경우에 사전 동의나 협의를 정한 단체협약도 체결하고 조합원의 고용이나 근로조건에 미치는 악영향을 방지하는 구조도 가지고 있다. 이러한 고용시스템은 일본의 협조적인 노사관계의 특징의 하나로, 기술혁신이 심각한 노사분쟁을 일으킬 위험성을 최소한으로 억제한다.

이러한 고용시스템에서는 일본의 근로자가 직무를 기계로 대체해도 자신의 고용이나 처우에 큰 영향이 없다고 낙관해도 이상하지 않다. 오히려 기술혁신이 가져올 편리한 생활의 향상에 더 큰 관심을 돌릴지도 모른다.

✍️ **칼럼: 가사근로와 여성의 해방**

기술 혁신이 가져온 편리한 생활의 향상을 알려면 여성이 가사근로에서 해방되는 역사를 되짚어보는 것이 좋다.

'가사'(家事)라고 하면, 취사(炊事), 빨래, 청소, 바느질, 쇼핑이라는 일상생활부터 자녀가 있으면 육아, 노인이 있으면 돌봄(介護)까지 있는 중노동이다. 하지만, '주부'(主婦)는 과거에 이러한 가사를 맡아 왔다. 이에 주부의 가사를 돕기 위하여 '하녀'(下女)라는 직업이 있었다. 하지만 산업혁명이 진행되면서 여성의 노동력에 주류는 '여공'(女工)이 되고, 하녀는 줄어들었다. 또한 제2차 세계대전 중에는 주부가 하녀를 고용하는 것은 호화로운 것으로 보고, 하녀의 수는 줄어들었다. 제2차 세계대전 이후에 하녀의 일은 잠시 부활했지만, 하녀가 심각하게 부족했다. 1970년대 이후 하녀는 거의 찾아볼 수 없게 되었다(小泉 2012).

다만, 그 무렵에는 하녀가 없어도 집안 일은 돌아갔다. 핵가족화 등으로 가족수가 줄어들어 가사의 양 자체가 줄어들기도 했는데, 중요한 것은 '가전제품의 보급'이었다. 전기밥솥, 전기세탁기, 전기청소기, 미싱(재봉틀) 등의 기술의 발전은 가사근로를 편리하게 해주었다.

그리고 오늘날에는 '가사로봇'도 출현하고 있다. 이제 가정에서는 로봇이 일반적으로 청소하고 있다. 요리에서 뒷정리까지 모든 것을 맡는 '전자동 로보틱 키친'도 이미 개발되어 있다. 저출산·고령화 시대는 돌봄노동이 늘어난 것으로 예상된다. 하지만, 이것도 로봇을 활용해 대응할 것이다. 가사에서 인간이 해방되는 시대가 도래한 것이다.

2015년 「여성의 직업생활에서 활약 추진에 관한 법률」(女性の職業生活における活躍の推進に関する法律, **여성활약추진법**)을 제정함으로 아베 신조(安倍晋三) 정권이 목표로 삼는 '일본 1억 총활약 플랜(ニッポン一億総活躍プラン)'에서도 여성의 등용은 중요한 과제가 되었다. 기술의 발달이 이를 지원한다. 하지만 "**가사는 여성이 맡는다**"는 인식 자체가 이미 시대에 뒤떨어진 것이지만.

4. ME혁명과 IT혁명

일본에서 근로자들의 기술혁신에 대한 낙관론은 1980년대 'ME(Micro Electronics, 초소형 전자기술)혁명'을 극복한 경험에 의한 것도 크다.

'ME혁명'이란 반도체 전자소자를 소형화·경량화해 많은 기기에 내장함으로 제조 현장이나 사무실에 널리 보급된 작업의 자동화(automation) 등에 엄청난 변화를 일으킨 현상을 말한다.

여기서도 당초에 ME 기기의 보급이 인간의 일자리를 대체할 것이라는 우려가 컸다. 정부도 ME화에는 그러한 위험성이 있음을 인식하고, 악영향을 최대한 회피하면서 ME화의 장점을 최대한 활용해 지속적으로 경제를 성장시키고 고용의 수요를 확대하는 목표를 세웠다(1984년에 발표한 노동대신(우리나라의 고용노동부장관)의 간담회인 「고용문제정책회의」에서 "고용문제에서 마이크로 일렉트로닉스화(ME)에 대한 대응방안"도 참조).

실제로 ME화는 에너지를 절약시켰다. 하지만 전체적으로 보면, ME 관계의 기술자나 관련 산업에서 고용의 수요 등으로 결국에는 고용이 늘어났다. 게다가 일본에서는 미시적인 수준에서 보아도 앞에서 언급한 것처럼(본서 제1장 3. 일본형 고용시스템의 적응력), 직무를 중심으로 인원을 배치하지 않았다. 이에 ME화가 인간이 맡았던 직무를 변화시키고, 지금까지의 기능을 사용할 수 없게 되더라도 기업 내 재배치(교육훈련과 배치전환)로 대응할 수 있고, 심각한 고용문제는 일어나지 않았다(고용과 기능의 신진대사).

어떤 연구자는 "ME의 영향이란 ME가 가지는 독자적인 기술의 특성보다도 오히려 이것이 도입한 국가나 시대에 근로자의 기능을 육성하는 방식이나 직무를 편성하는 방법, 성장률 등으로 대세가 결정된다"고 말하고 있다(富田 2011, 30면). 즉 '일본형 고용시스템'은 ME혁명의 영향을 억제하는 데에 적합하였던 것이다.

ME화 대응 5대 원칙

앞에서 기술한 「고용문제에서 마이크로 일렉트로닉스화(ME)에 대한 대응방안」이라는 보고서에서는 'ME화에 대한 대응 5대 원칙'으로 ① 고용의 안정과 확대, ② 근로자의 적응과 근로능력의 향상, ③ 산업재해 또는 근로조건의 저하 방지 등의 근로자 복지의 향상, ④ 산업 · 기업 · 직장 수준에서 구체적인 문제에 관한 노사협의 시스템의 확립, 정부 수준에서 노사정의 의사소통의 촉진, ⑤ 국제 경제 · 사회의 발전에 기여하는 국제적 관점에서의 대응을 규정하였다.

1980년대 ME혁명에 이어서, 1990년대에 일어난 것이 'IT혁명'이다. ME혁명과 IT혁명은 이용하는 기술적 요소는 동일하다. 하지만, 양자의 차이는 "IT의 진가는 기기의 물리적인 제어에 그치지 않고, 디지털화할 수 있는 정보가 개재하는 부면(部面) 모든 곳에 침투할 수 있는 기술이라는 점에 있다. 이에 그 적용범위는 전체 사회에 미친다는 점"이다.

구체적으로는 "제조업에서도 제조부문에서 사무부문, 관리의 여러 부문(재무 · 인사 · 조직)의 업무로 적용 범위는 넓어진다. 구매(부품 하청)관리 등 기업 간의 거래나 조정의 국면에도 적용된다. POS(피오에스)시스템[6] 등과 같이 시장의 니즈(needs)를 제조 부문에 전달하고 받아들이는 입구의 역할을 완수하는 기술도 생겨났다." "또한 IT는 '소프트웨어 산업'과 '정보처리 산업'이라는 새로운 산업 분야를 창출하고, 금융 · 증권 등에서는 전 세계에서 대량화된 거래를 기술적으로 지탱하는 기반도 되었다"(富田 2011, 30면).

이러한 IT혁명도 ME혁명과 같이 고용과 기능의 신진대사를 일으켰다. 하지만, 노동시장 전체에 미친 영향은 다를 수 있다. 즉 고기능 업무와 저기능 업무의 양극화를 초래하였다.

---

6) <역자주> 피오에스(POS)시스템(Point Of Sales System): 판매시점 정보관리 시스템. 상점의 전자식 금전 등록기, 정찰 판독 장치 따위를 컴퓨터에 연결하여 상품 데이터를 관리하는 시스템. 판매장의 매상 정보를 바로 파악할 수 있으므로 재고 관리나 상품 관리를 효율적으로 할 수 있다.

어떤 연구에 따르면, 먼저 직업을 5가지로 구분하였다. 즉 ① '비정형 분석' (고도의 전문지식을 가지고 추상적 사고를 바탕으로 과제를 해결하는 업무), ② '비정형 상호'(고도의 내용이 있는 대인 커뮤니케이션을 통하여 가치를 창조·제공하는 업무), ③ '정형 인식'(미리 정해진 기준에 정확하게 달성하는 것을 요구하는 사무적 작업), ④ '정형 내직'(미리 정해진 기준에 정확한 달성을 요구하는 신체적 작업), ⑤ '비정형 내직'(그러할 만큼 고도의 전문지식이 필요하지 않지만, 상황별로 유연한 대응에 따라 개별적으로 유연한 대응이 요구되는 신체적 작업)이 있다. 1980년 이후에 동향을 살펴보면, 일본에서도 ① 지식 집약형(비정형 분석) 업무의 증대와 동시에 비교적 저기술의 ⑤ '비정형 내직' 사업장의 증대, ④ '정형 내직' 업무의 감소를 보였다. 그리고 IT자본의 도입과 관계를 분석해 보면, ① 비정형 분석업무는 IT자본을 보완하고, ④ 정형 업무는 IT자본을 대체하는 경향이 있다(池永 2009, 73면 이하).

여기서 알 수 있는 것은 정보기술의 발전은 현존하는 일 중에서 정형 업무를 대체하지만, 지적인 것과 관계없이 비정형 업무는 늘어난다는 점이다.

정형적인 일을 대체하면 고용이 줄어들지만, 한편으로 노동생산성을 향상시켜 보다 적은 생산 요소에서 보다 많은 부가가치를 창출할 수 있다. 뒤에서 살펴보는 것처럼, 노동력 인구가 급격히 감소할 것으로 예상되는 일본에서는 특히 이러한 점을 긍정적으로 평가할 수 있을 것 같다. 인구가 감소하면, 늘어날 것으로 전망되는 비정형 업무에 종사하면 좋다고 할 수 있다.

그러나 그렇게 제대로 되어 갈까?

5. 수난을 겪는 화이트칼라

기술혁신은 새로운 고용을 창출해 왔다. 이것은 현재의 기술혁신(IT나 인공지능)도 마찬가지이다. 다만 지금과 같이 고용을 창출할 것인지는 의문도 든다.

그래서 주목할 점이 "새로운 산업은 처음부터 강력하게 에너지 절약화를 추진하는 과학기술을 내부에 거의 항상 포함시키고 있다"는 지적이다. "구글 또는

페이스북7)과 같은 기업은 유명세를 훌륭하게 타서, 엄청난 시장의 가치를 실현하면서도 그 규모나 영향력과 비교하여 종업원수는 매우 적다. 장래에 새로운 모든 산업에서도 이전과 같은 시나리오를 반복할 것으로 예상할 수 있는 이유는 충분히 있다"(フォード 2015, 20면) 이렇게 되면, 향후 기술혁신에 따른 고용의 창출력을 크게 기대할 수가 없다.

또한, 고용을 창출하더라도 거기에서 필요한 기능을 가진 노동력을 기업에 넉넉히 공급하지 못할 수도 있다. 제조업 분야의 기업이 새로운 정보와 관련된 부문을 발족해도, 거기에서 필요한 기능을 가진 지식근로자를 기업 내 교육훈련으로 육성하는 것으로는 아무리 해도 따라잡지 못하고, 외부에서 조달하려고 해도 인재가 많이 부족하다.

기술혁신으로 이전의 기능을 사용할 수 없게 되는 것은 (제1차) 산업혁명의 시기와 같을 수가 있다. 하지만 현재는 혁신의 속도가 빠르고, 근로자를 기업 내에 재배치할 여유가 없다. 이와 함께 기업 간 또는 산업 간의 재배치(이동)로 고용을 확보하려면 필요한 직업훈련도 따라 가지 못한다.

더 중요한 것이 인공지능의 발달이다. 신기술은 당분간 안전하다고 본 비정형 업무에 작업을 효율화할 뿐만 아니라, 그 업무 자체를 인간의 손에서 빼앗아가고 있다. 총무성(總務省, 우리의 행정안전부)의 「정보통신정책연구소」는 IT와 인공

---

7) <역자주> 페이스북(Facebook): 미국의 유명 소셜 네트워크 서비스 웹사이트로, 2004년 2월 4일 당시 19살이었던 하버드대학교 학생 마크 저커버그(Mark Zuckerberg)가 학교 기숙사에서 사이트를 개설하며 창업하였다. 미국에서 가장 성공한 소셜 네트워크 서비스(Social Network Service, SNS; 웹상에서 이용자들이 인맥을 형성할 수 있게 해주는 서비스) 웹사이트 중 하나로, 한국의 싸이월드와 유사한 서비스를 제공한다. 2006년 9월 11일 마침내 전자우편 주소를 가진 미국 나이를 기준으로 13세 이상이면 누구나 이름·이메일·생년월일·성별 기입만으로 간단하게 회원으로 가입할 수 있으며, '친구 맺기'를 통하여 많은 이들과 웹상에서 만나 각종 관심사와 정보를 교환하고, 다양한 자료를 공유할 수 있다. 2008년 말부터 세계 최대의 SNS 사이트였던 마이스페이스(MySpace)를 따돌리고 SNS 분야 선두주자로 나섰다. 한편 유럽 지역을 중심으로 사생활 보호와 관련된 논란이 있었다. 2016년 1월 독일 연방법원은 이용자의 이메일 주소록에 접근해 초대장을 보내는 페이스북의 '친구찾기' 기능을 중지하라는 판결을 내렸다.[네이버 지식백과]

지능을 합체함(ICT인텔리전트화)으로 "인간만이 가져온 두뇌 노동, 특히 인지(認知), 판단, 창조에 대하여 인간이 기계의 지원을 받거나 기계가 그 일부 또는 전부를 대체한다"고 하고, 15년 정도 지나면 광범위한 분야에서 인간에 가까운 능력을 발휘할 수 있을 것으로 예상한다(인텔리전트화가 가속하는 ICT의 미래상에 관한 연구회[2015년 6월]).

앞의 노무라종합연구소의 보고서에서는 그 연구 결과를 총괄하고, "예술, 역사학·고고학, 철학·신학 등 추상적 개념을 정리 및 창출하기 위한 지식이 요구되는 직업, 타인과의 협조나, 타인의 이해, 설득, 교섭, 서비스의 지향성이 요구되는 직업은 인공지능 등으로 대체하는 것은 어려운 경향이 있습니다. 한편, 반드시 특별한 지식·기술이 요구되지 않는 직업과 함께, 데이터의 분석이나 질서적·체계적 조작이 요구되는 직업은 인공지능 등으로 대체할 가능성이 높은 경향이 있는 것을 확인하였습니다"고 언급하고 있다.

또 인공지능 전문가들은 화이트칼라에게 넘겨진 일은 ① '인간이라면 많은 사람이 할 수 있지만 컴퓨터에게는 어려운 일'과 ② '컴퓨터로는 아무래도 실현할 수 없고, 인간 중에서도 극히 일부의 사람들만이 할 수 있는 문맥의 이해, 상황의 판단, 모델의 구축, 소통의 능력 등을 구사함으로써 달성할 수 있는 일'의 2가지 종류로 구분하였다. 하지만 전자는 예를 들어 인공지능이 자동 인식할 수 없는 우편번호의 처리와 같이 '인간이 기계를 다루는 것이 아니라, 기계가 인간을 부하로 다루는 것'이다. 이러한 일은 저임금의 비정규직이 맡게 한다. 게다가 이러한 종류의 많은 일은 인터넷을 이용해 전세계가 발주한 크라우드 소싱으로도 할 수 있다. 이에 임금은 한층 더 낮아질 수가 있다(新井 2010, 191면). 바로 노동시장의 양극화가 철저한 형태로 일어나게 된다.

이와 같이, 향후 기술혁신은 인간의 고용을 대체하는 한편, 고용의 창출은 그 정도로 진행되지 않고, 결국 일의 급격한 질적 변화와 양적 감소에 직면하게 된다. 그 영향은 특히 중간급 화이트칼라 층에 큰 영향을 미칠 가능성이 높다.

초기 IT혁명 정도의 기술혁신은 어떻게든 넘길 수 있지만, 그 성공의 체험은 더 이상 통하지 않을 가능성이 높다. 오히려 성공의 체험이 빌미가 되고, 해야 할

대책이 선수를 빼앗기는 것이야 말로 위험하다. 새로운 기능에 대응하기 위한 직업능력의 양성은 젊은 시절부터 시작하지 않으면 늦는다.

■ 경제산업성(經濟産業省)[8]이 발표한 제4차 산업혁명에 따라 취업구조에 어떠한 변화가 있는지의 분석

(「신산업구조 비전 – 제4차 산업혁명을 리드하는 일본의 전략 – [新産業構造ビジョン ～第4次産業革命をリードする日本の戦略～]」)(중간정리)[2016.4.27]

(1) 상류 공정(경영기획 · 상품기획 · 마케팅, R&D)

○ 여러 산업분야에서 새로운 비즈니스 · 시장이 확대되어 고기술이 필요한 일이 늘어난다.
 (직업의 사례: 경영전략책정 담당, M&A 담당, 데이터 사이언티스트, 매스 · 비즈니스를 개발하는 상품기획 담당이나 마케터 · 연구개발자, 이를 구현하는 IT기술자)

○ 데이터 사이언티스트 등의 고기술이 필요한 일을 지원하는 것으로 중간 기술의 일도 늘어난다(하지만, 기술혁신의 진전 속도에 따름).
 (직업의 사례: 데이터 · 사이언티스트 등을 핵심으로 한 비즈니스의 창출 과정을 구현하는 운영 스태프)

○ 대량 고객화(mass customization)에 따라 중간 기술이 필요한 일도 늘어난다.
 (직업 사례: 틈새 비즈니스를 개발하는 상품기획 담당이나 마케터 · 연구개발자, 이것을 구현하는 IT기술자)

(2) 제조 · 조달

○ IoT(사물인터넷) 로봇 등에 따라 인력의 감소화 · 무인화 공장이 상식화되고, 제조와 관련된 일은 줄어든다.
 (직업 사례: 제조 라인의 공원, 검수 · 검사 담당원)

---

8) <역자주> 경제산업성(經濟産業省): 일본 '경제산업성설치법 제3조에 정해진 "민간 경제 활력의 향상 및 대외경제관계의 원활한 발전을 중심으로 하는 경제 및 산업발전과 광물자원 및 에너지의 안정적이고 효율적인 공급확보를 도모"하기 위하여 경제산업정책, 통상정책, 산업기술, 무역·통상물류정책 등을 관장하고 있다. 우리나라의 '산업통상자원부'와 비슷한 역할을 담당하고 있다.

○ IoT를 구사한 공급망(supply chain)의 자동화 · 효율화로 따라 조달하는 일은 줄어든다.

　(직업 사례: 기업의 조달관리 부문, 출하 · 배송원)

(3) 영업 · 판매

○ 고객 데이터의 수요 파악 및 상품 · 서비스와의 매칭이 AI과 빅데이터에서 효율화 · 자동화되기 때문에 부가가치가 낮은 영업 · 판매에 관한 일은 줄어든다.

　(직업 사례: 저액 · 정형의 보험상품의 판매원, 슈퍼마켓의 계산원)

○ 안심감이 구매의 결정적인 상품 · 서비스 등의 영업 · 판매에 관한 일은 늘어난다.

　(직업 사례: 커스터마이즈(고객맞춤화)된 고액의 보험상품의 영업 담당, 고도의 컨설팅이 경쟁 우위성의 원천이 된 법인 영업 담당)

(4) 서비스

○ AI와 로봇으로 저부가가치의 단순한 서비스(과거의 데이터에서 AI로 인하여 쉽게 유추 가능/동작이 반복 계속형이기에 로봇으로 모방 가능)에 관한 일은 줄어든다.

　(직업 사례: 대중음식점의 점원, 중 · 저급 호텔의 객실담당자, 콜센터, 은행창구 담당자, 창고작업원)

○ 사람이 직접 대응하는 것이 서비스의 질 · 가치의 향상과 연계되는 고부가가치 서비스에 관한 일은 늘어난다.

　(직업 사례: 고급 레스토랑의 접객직원, 자세한 돌봄, 아티스트)

(5) IT업무

○ 새로운 비즈니스를 창출하는 고기술은 물론이고, 대량 맞춤(mass customization)으로 중기술의 업무도 늘어난다.

　(직업 사례: 제조업에서 IoT 비즈니스 개발자, IT 보안 담당자)

(6) 백 오피스

○ 백 오피스(back office)는 AI와 글로벌 아웃소싱에 따른 대체로 줄어든다.

　(직업 사례: 경리, 급여관리 등의 인사부문, 데이터 입력 담당)

이상의 분석에 의한 **구체적인 정책 제언**은 다음과 같다.

① AI와 로봇 등의 출현으로 정형 근로와 비정형 근로에서도 인력의 감속화가 진전되고, 인력 부족을 해소한다. 반면에, 백 오피스 업무 등 일본 고용의 볼륨 존인 종래형의 중간기술의 화이트칼라의 일은 크게 감소할 가능성이 높다.
② 한편, 제4차 산업혁명으로 비즈니스 과정의 변화는 '중간 기술도 포함해 새로운 고용니즈를 창출하기 때문에 이러한 취업구조의 전환에 따른 인재 육성과 성장 분야에 대한 노동 이동이 필요.

6. 소결

기술혁신은 다양한 사회 문제를 해결하고, 국민생활의 편리성을 향상시켜 풍요롭게 한다. 또한 이는 노동생산성을 높여 임금의 향상 등 사람의 행복지수를 높일 수도 있다. 하지만, 기술혁신은 고용을 대체해 실업자의 증가 등의 문제를 발생시킬 수 있다. 그렇지만, (제1차) 산업혁명 후의 역사에서 기술혁신은 산업의 신진대사를 일으켜서 신성장 산업이 쇠퇴하는 산업에서 잃게 되는 것보다 많은 고용을 창출하였다. 전체적으로 보면 고용의 총량은 줄어들지 않았다.

물론, 개별 근로자의 수준에서는 산업 간, 기업 간, 기업 내의 이동이 필요하고(재배치), 이를 위해서는 새로운 기능을 습득해야 한다. 하지만, 이것이 원활하게 되면 심각한 고용문제는 발생하지 않는다.

실제로 일본에서는 제2차 세계대전 후의 경제부흥 속에서 기술혁신에 따라 생산성이 상승하였다. 한편, 새로운 기술에 대응하는데 필요한 기능은 기업 내 교육훈련(OJT)을 통하여 근로자에게 습득시켰다. ME혁명도 IT혁명도 이러한 방법으로 극복하였다.

즉 일본형 고용시스템은 장기고용에서 직무와 분리된 '연공형 직능급'이라는 안정된 처우체계이다. 반면에, 직무나 교육훈련에 대한 기업의 권한(인사권)을 넓게 인정하는 유연한 노동조직이 있다. 이에 기술혁신에 대한 적응력(adaptability)을 높였다.

다만, 기업 내 재배치할 수 있는 적응력은 기술의 발달 속도가 비교적 완만하고, 기업 내 교육훈련으로 신기술이 필요한 기능을 습득해 따라잡는 것이 전제였다. 그런데, 현재 기술의 발달 속도가 가속화해 기업 내 재배치가 어려워졌다. 또 재배치를 하기 위해서도 중요한 고용이 그만큼 창출되지 않는 상황이다. 많은 사무직 고용은 이미 위기 상황이라는 경고는 정말로 유념할 필요가 있다.

기업 내 재배치로 고용문제가 없었던 지난 경험이 어디까지 가능한 것인지는 낙관할 수가 없다.

✍ 칼럼: 노예의 해방과 부활

기술의 발달은 숙련 근로자의 일자리를 빼앗고, 모두가 기피하는 이른바 3K근로(3D근로)[9]에서 사람을 해방시키는 데 공헌하였다.

3K근로는 고대 사회에서는 노예에게 시켰다. 인간 사이에 신분에 격차를 두어 3K근로를 강요하였다. 이러한 현상은 현대 사회에서도 남아 있다.

선진국에서는 노예는 없어도, 외국인이 3K근로에 많이 종사한다. 일본에서는 단순 노무에 종사하는 외국인은 받아들이지 않는다는 원칙이다. 하지만, 외국인 연수의 실태는 일본인이 기피하는 일을 저임금으로 맡기는 부분이 있다. 또한, 선진국의 생활 제품 등이 개발도상국에서 가혹한 근로를 통하여 생산하는 것이 현실이다.

하지만 기술의 발달은 3K근로를 로봇에게 맡겨서 사람이 수행하지 않아도 된다. 이는 좋은 것 같지만 문제가 있다. 3K근로는 행하는 사람이 적기 때문에 이것을 굳이 행하여 생계를 유지할 수 있었다. 로봇의 보급은 국내, 그리고 외국에서 노예노동을 없애는 반면, 새로운 '빈곤문제'가 생길 수도 있다.

이것과 또 다른 문제도 있다. 로봇이 3K근로를 행하면, 로봇이야말로 '현대판 노예'라고도 할 수 있다. 인공지능을 탑재한 로봇에게 인간 수준(혹은 인간 수준 이상)의 지성(知性)이 있다면, **로봇의 권리**를 보호해야 한다는 이야기도 나올 지도 모른다. 이러한 관점은 고래나 돌고래의 권리를 보호해야 한다는 것과 같다. 로봇의 권리는 황당무계한 것이 아니라, 여기에는 '**인간이란 무엇인가**'라는 철학적인 문제가 숨어 있는 것처럼 보인다.

---

9) <역자주> 3D근로 – 힘들고(difficult), 더럽고(dirty), 위험한(dangerous, Demeaning) 근로. きつい(Kitsui), 汚い(Kitanai), 危険(Kiken)

✎ **보론: 고용의 지원 · 대체 · 창출효과**

신기술의 도입이 인간의 근로에 미치는 영향은 다면적이다. 기술혁신에는 인간의 일을 지원하는 '지원' 효과, 인간의 일을 대신하는 '대체' 효과, 인간이 해야 하는 새로운 일을 증가하는 '고용창출' 효과가 있다. 어떠한 효과에 착안할 것인지에 따라 신기술에 대한 평가도 달라진다. 노동력 인구가 감소하는 것에 대한 대응으로 보면, 신기술의 '지원' 및 '대체'의 효과는 긍정적으로 평가할 수 있다. 한편, '대체' 효과는 실업문제를 발생시킬 수 있다는 점에서는 긍정적으로 평가할 수 없다.

'지원'과 '대체' 사이에는 연속성이 있고, 그 어느 쪽으로 할 것인지는 신기술의 수준에 의하기도 한다. 예를 들어 새롭게 도입한 기계가 인간이 종사하는 일에 대하여 그 일부의 효율화는 진행되어도, 전체적으로 보면 인간의 수준까지 이르지 못한 단계라면, 그 기계는 '지원' 효과를 가지게 된다. 하지만, 인간이 종사하는 일 전체를 인간보다도 높은 생산성으로 완수할 수 있다면(비용만 보아서 상대적으로 높은 부가가치를 창출하면) '대체'가 일어난다. 비유로 말하면, 기계가 아르바이트 수준이라면 인간과 공존할 수 있지만, 정규직 수준이라면 기계가 매우 높은 가격의 기계가 아니라면 인간을 대체한다는 것이다.

한편, '창출'과정에는 2가지가 있다. (ⅰ) 신기술을 이용해 사업이 확대되면서 고용이 증가하는 과정, (ⅱ) 신기술을 이용하여 신사업을 발생하면 거기서 고용이 증가하는 과정이다.

이 일을 기업의 아웃소싱에 따라 최근에 늘어난 고객에 대한 **'콜센터**(전화응대) **업무'**에서 살펴본다.

지금까지 인간이 맡아온 것 중에서 단순한 질문에 대한 응답(FAQ의 응답)은 이미 인공지능으로 대응할 수 있다.[8] 인공지능의 수준이 낮은 단계에서는 인간의 작업을 '지원'하는 것이었다. 하지만, 점차 수준이 높아지는 현재에는 인공지능 쪽이 비용이 낮기 때문에 기계로 '대체'하게 된다. 그래도, 질문이 복잡하면, 아직은 인공지능으로 충분하게 대응할 수 없기 때문에 인간이 대응하게 된다.

단순한 대응을 인공지능에 맡김으로써 기업은 인간을 보다 복잡하고 전문성이 높은 고객대응에 종사시킬 수 있고, 보다 부가가치가 높은 서비스를 제공할 수 있다. 이로써 양질의 고용을 '창출'할 수 있다.

근로자 측에서 보면, 지금까지 단순작업자는 새로운 전문업무에 종사할 수 없으면, 고용을 상실할 우려가 있다(다만, **직무 무한정 계약**이라면 **즉시해고**(卽時解雇)로 직결되지는 않는다). 한편, 새로운 전문업무에 종사하는 노동력은 기업 내 배치전환으로 대응하던지, 그렇게 할 수 없으면 사람을 신규 고용하거나 파견으로 받거나,

혹은 크라우드 소싱 등으로 외부에서 조달한다. 이것은 이러한 업무에 능력이 있는 근로자는 직접 고용, 파견, 자영 등의 근무방식의 선택지가 생기는 것을 의미한다. 하지만 주의할 점은 여기서도 인공지능의 발달을 예상하기 때문에 이러한 전문 업무라도 향후 고용의 대체가 생긴다는 것이다. 기능의 내용이 질적으로 기계에 적합한다면 언젠가는 인공지능에 뒤쳐진다. 이렇게 되면, 정규직을 맡게 되는 것은 기업에게는 위험한 것이고, 근로자에게는 **직접고용**의 정규직이라는 근무방식의 선택지는 현실성이 적은 것이다.

콜센터 업무는 고객의 문의를 통하여 방대한 데이터(빅데이터)가 집적됨으로 단순한 고객대응이 아니라, 데이터를 활용한 새로운 비즈니스를 출발시키는 경우도 있다. 이러한 신규의 비즈니스는 여기에 종사하는 새로운 고용을 창출하게 된다. 여기서 노동력의 수요는 정보관계의 기능자가 될 가능성이 높고, 직접고용, 파견, 자영 등의 근무방식의 선택지가 부여되고, 임금도 높아질 것이다. 하지만 이러한 분야도 향후 인공지능으로 대체될 수가 있다.

---

10) <역자주> 지난 2015년 7월 세계 첫 무인호텔로 나가사키에 헨나(變な, 이상한) 호텔은 접수, 짐운반 등 대부분 업무에 로봇을 배치했다. 인구 감소에 따른 인력난 해소 차원이었다. 그런데 영국 경제지 이코노미스는 최근 로봇호텔로 유명한 일본의 헨나 호텔이 총 243개 로봇 직원 중 절반을 해고하기로 했다고 보도하였다. 잦은 고장과 고객 불만이 늘면서 로봇을 해고하고 다시 사람을 채용하기로 한 것이다. 이로서 2021년까지 일본 내 로봇호텔을 100개로 늘리려던 회사 계획도 차질을 빚을 전망이다(중앙일보, 2019.4.5.)

도표 1-1 ICT가 고용에 미치는 영향

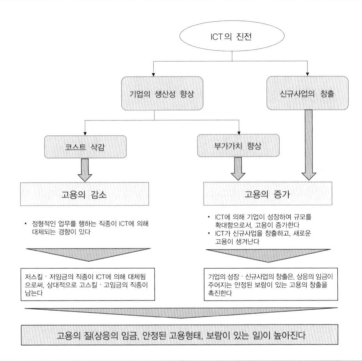

출처: 총무성, 「ICT에 의한 지역고용창출에 대한 과제와 해결방책에 관한 조사연구」(2015).

제4차 산업혁명과 노동정책상 과제

제2장

제4차 산업혁명과 노동정책상 과제

1. 노동력 인구의 감소

IT, 인공지능(AI), 로봇 등 신기술이 한층 더 발달해 고용에 파괴적인 영향을 미친다면, 정치적인 결단으로 이러한 신기술의 개발을 막아야 한다(예산의 미편성, 특정 영역의 연구 금지 등)는 입장도 있을지도 모른다. 하지만 이러한 정치적 판단은 타당할까? 그 대답은 '아니다' 제1장(기술 혁신과 일본형 고용시스템)에서 살펴본 것처럼, 이것은 역사의 교훈을 못배운 것이 된다. 보다 적극적인 이유는 일본이 직면하는 미증유의 저출산·고령화에 대처하기 위해 필요하기 때문이다. 「국립사회보장·인구문제연구소」의 통계에 따르면, 2015년의 일본의 총인구는 1억 2,659만 7천 명이다. 향후의 변화는 예상 추계에 따르면, 2020년에는 124,100천 명, 2030년은 116,618천 명, 2040년에는 107,726천 명, 2050년에는 97,076천 명, 2060년에는 86,737천 명으로 줄어든다. 즉 10년마다 약 1,000만 명씩 인구가 줄어든다.

연령별로 보면, 2015년에는 20−64세의 인구는 70,885천 명, 65−74세의 인구가 17,494천 명, 75세 이상의 인구가 16,458천 명이다. 이것이 다음의 <도표 2−1>과 같이 변화한다.

도표 2-1   연령(4구분)별 인구의 추이와 장래 추계

연차	인구 (1,000명)				
	총수	0~19세	20~64세	65~74세	75세 이상
2015	126,597	21,760	70,885	17,494	16,458
2020	124,100	20,146	67,830	17,334	18,790
2025	120,659	18,492	65,593	14,788	21,786
2030	116,618	16,984	62,784	14,065	22,784
2035	112,124	15,620	59,096	14,953	22,454
2040	107,276	14,665	53,933	16,448	22,230
2045	102,210	13,862	49,785	15,997	22,567
2050	97,076	12,970	46,430	13,830	23,846
2055	91,933	11,995	43,682	12,246	24,010
2060	86,737	11,045	41,050	11,279	23,362

출처: 인구통계자료(人口統計資料) 2015/표 2-9(일부 생략)

　　65세 이상 비율(고령화율)로 살펴보면, 2015년 26.8%이지만, 2020년 29.1%, 2030년 31.6%, 2040년 36.1%, 2050년 38.8%, 2060년 39.9%가 된다. 즉 2060년에는 5명 중에 2명은 65세 이상이 되는 사회가 도래하고, 75세 이상만도 인구의 26.9%를 차지한다.

　　향후 저출산의 개선을 크게 기대할 수 없다면, 고령화율은 대체로 이러한 추계로 상정해 대책을 마련해야 한다.

　　아베 신조 정권이 '일본 1억 총활약 플랜'(ニッポン億総活躍一プラン)을 내세운 것은 이러한 노동력의 급격한 감소에 지금부터 대처하려는 정책으로 볼 수도 있다.

　　노동력 부족의 대책으로서 지금 생각나는 것은 고령자, 여성, 외국인의 활용이다.

　　(ⅰ) 고령자는 이미 「고연령자고용안정법」을 여러 차례 개정해 정년 후에도

65세까지 본인이 희망하면 고용을 확보하게 되었다(제9조. 다만, 2025년 3월까지는 경고[1] 조치가 있음).[2]

(ii) 여성은 2015년에 「여성활약추진법」을 제정해 국가·지방공공단체 및 301명 이상의 대기업에 대하여 ① 자기 회사의 여성의 활약에 관한 상황 파악·과제 분석, ② 이 과제를 해결하기에 적합한 수치 목표와 대책을 담은 행동계획의 책정·신고·홍보·공표, ③ 자기 회사의 여성들이 활약하는 정보를 공표하도록 의무화하였다(300명 이하의 중소기업은 노력 의무).

(iii) 외국인은 적극적으로 인재 수용을 검토하고 있으며(2020년 도쿄 올림픽을 개최하는 데 필요한 공공사업에서 노동력 부족 대책의 목적도 있다), 고도 인재(高度人材)에 대해서는 2014년 「입관법」(入官法)을 개정해 새로운 체류자격(고도 전문직 1호, 고도 전문직 2호)를 마련해 우대조치를 강구하고 있다.[3]

(iv) 장애인은 2013년 「장애인고용촉진법」을 개정해(2016년 4월부터 순차적으로 시행), ① 고용 분야에서 장애인을 이유로 차별적 취급을 금지할 것, ② 사업주에게 장애인이 직장에서 일하는데 지장을 개선하기 위한 조치(합리적 배려의 제공 의무)를 의무화할 것(다만, 해당 조치가 사업주에게 과중한 부담을 미칠 경우는 제외) 등을 규정하고 있다.[4]

(v) 청년도 청년을 목표로 한 첫 고용정책입법인 「청년고용촉진법」을 2015년에 제정해, 청년의 활용정책을 추진하고 있다.

이렇게 최근에 특정한 근로자 범주에 목표를 맞춘 고용정책을 계속해 추진하

---

1) <역자주> 경고: 일본의 법령에는 규정되어 있지 않지만 행정지도로서 '경고'와 '주의'가 있다. 먼저 '경고'는 법 위반을 인정할 정도로 증거가 충분하지 않지만 법 위반의 의심이 있는 경우에 행한다. '주의'는 법 위반의 존재를 의심할 증거조차 없지만 법 위반으로 이어질 우려가 있는 경우에 행한다. '권고'에 이를 정도는 아니지만 행위의 개선이 필요한 경우에 (행정)지도가 이루어진다.

2) <역자주> 우리나라의 「고용상 연령차별금지 및 고령자고용촉진에 관한 법률」에서는 사업주는 근로자의 정년을 60세 이상으로 정하여야 한다고 규정하고 있다(제9조 제1항).

3) <역자주> 우리나라는 「외국인 근로자의 고용 등에 관한 법률」과 일본의 입관법에 해당하는 「출입국관리법」이 있다.

4) <역자주> 우리나라의 「장애인고용촉진 및 직업재활법」이 있다.

고 있다. 이러한 정책이 단기로는 일정한 효과가 있을 것은 예상할 수 있다. 다만, 중장기로 보면, 앞에서 언급한 것처럼 일본인의 인구가 줄어든다면 일본인을 대상으로 한 고용정책에는 한계가 있다. 외국인에 대해서는 '이민'과 공생하는 데에는 '문화 마찰' 등 여러 외국에서도 어려운 문제가 생긴다. 일본에서 이러한 활용을 어디까지 확대할 것인지는 예단하기가 어렵다.

이렇게 생각한다면, 노동력 인구의 감소를 전제하면 이것을 보완하기 위해서도, 특히 유일하게 증가하는 범주인 고령자의 노동력을 활용하기 위해서도 인공지능이나 로봇의 기술개발에 정부가 적극적으로 노력해야 하는 이유는 충분히 있다.

2. 글로벌화

신기술의 개발을 중단한다는 정치적 판단이 잘못이라는 다른 이유는 '글로벌화'이다. 이는 사람, 물자, 자본이 세계적으로 자유롭게 유통하는 현상으로 경제도 과학기술도 국경을 초월해 발전을 경쟁하고 있다. 일본 정부가 신기술의 개발을 중단한다는 정치적 결단을 했다고 해도, 다른 국가가 똑같은 태도를 취하는 보증이 전혀 없다면 일본만의 독자적인 행보는 현명하지 않다.

특히 개발도상국에서는 현재의 상태인 빈곤상태에서 벗어나기 위하여 신기술을 적극적으로 활용하려고 할 것이다. 예를 들어 전화의 보급이 늦은 개발도상국은 최근 '고정전화'(固定電話)의 보급 단계를 뛰어넘어서, 갑자기 '휴대전화'의 보급 단계에 돌입하고 있다. 총무성이 발표한 「2012년판 정보통신백서」에서는 다음과 같이 서술하고 있다.

"기존에는 소득수준도 교육수준도 낮은 국가 또는 지역에서는 저축이 불충분하고 투자할 여력이 없고(인프라의 벽), 또 기술이 수용·정착되지 않아서(기술이용·활용의 벽), 경제발전을 위한 내생적인 메커니즘이 작동하기 어렵다고 생각해왔다. 이러한 휴대전화 등의 ICT(정보통신기술)가 한번 사회에 보급되면, 그 음성 기능을 출발점으로 하면서 점차 SMS[5]등의 이용을 통하여 문제 정보를 이용·활용할 기회를 확대하였다 …. 또 휴대전화를 마이크로 파이낸스[6]로 응용하는 등 종래의 은행제도에서 인연이 멀었던 사람들이 화폐경제에 참여하는 길도 확대되면서 '인 프라의 벽' 및 '기술이용·활용의 벽'을 타파하고, 네트워크화로 흐름을 추진하는 잠재력을 가지고 있다고 생각된다"

이 점은 ICT(정보통신기술)은 개발도상국에 보급하기 쉬운 기술로 동시에 우 선 보급되면, 즉시 종래의 선진국과의 격차를 좁혀서 경제성장과 연계할 수 있다 는 점을 시사하고 있다.

시장이 글로벌화해도 교육수준인 기술수준의 차이가 있어 일본의 우위가 부 동이라는 것은 단순한 착각에 불과하다. 글로벌화된 시장에서는 신기술은 모든 국가의 기업도 이용할 수 있는 공통된 기반이다. 그래서 다른 기업과의 경쟁에서 승리하려면 그 기술을 활용하면서 어떻게 이노베이션(혁신)으로 생산성을 향상시 킬 것인지가 중요하다.

정부는 신기술을 배척하기보다는 그 발달에 적극적으로 헌신하면서 일본 기 업의 경쟁력을 높이도록 정책을 지원해야 한다. 그중에서도 핵심은 신기술에 대 응할 수 있는 인재를 육성하는 것이다.

3. 산업구조의 변화 - 제4차 산업혁명 -

현재 생산시스템은 IT혁명을 거치면서 제4차 산업혁명이라는 근본적인 변혁 기에 있다.

경제산업성(經濟産業省)의 「산업구조심의회」에서 "신산업구조비전~제4 차 산업혁명을 리드하는 일본의 전략~(新産業構造ビジョン~第4次産業革命を リードする日本の戦略~)"(중간정리)(2016.4.27)에서는 '신기술의 돌파구'(breakthroug

---

5) <역자주> (휴대폰의) 문자 메시지 전송 서비스(short message service).
6) <역자주> 마이크로파이낸스(Microfinance): 경제 신용이나 담보 등의 문제로 일반 금융 회사를 이 용할 수 없는 사회적 취약 계층에 경제적 지원을 하기 위하여 무담보 소액 대출을 포함한 예금, 송 금, 보험 등의 금융 서비스를 제공하는 활동.

h)의 제목으로 (ⅰ) 실제 사회의 모든 사업·정보를 데이터화해 네트워크로 연계해 자유롭게 왕래할 수 있게 한다(사물인터넷[IoT]). (ⅱ) 수집한 대량의 데이터를 실시간으로 분석해 새로운 가치를 낳는 형태로 이용할 수 있게 한다(빅데이터). (ⅲ) 기계가 자율 학습하고 인간을 초월한 고도의 판단을 할 수 있게 한다(인공지능[AI]). (ⅳ) 다양하고 복잡한 작업도 자동화할 수 있게 한다(로봇).

　　이러한 산업구조의 전환은 이것들이 처음은 아니다. 제1차 산업혁명이 일어났고, 그 후 기술혁신도 계속해 일어났다. 그리고 이러한 변화가 고용에 미치는 영향에 대처하기 위해서는 정부는 산업 간, 기업 간, 기업 내 인재 재배치를 촉진할 필요가 있고, 근로자는 신산업이 요구하는 기능을 습득할 필요가 있다. 이러한 점은 제4차 산업혁명에서도 기본적으로 변화가 없다.

　　하지만, 그래도 제4차 산업혁명의 고용에 미치는 영향은 종전의 유사한 대책으로는 충분하지 않을 수도 있다.

　　오늘날의 산업의 중심은 '서비스산업'이다. 제1차 산업혁명에 의해 자연스럽게 촉구해 부를 얻은 농업·임업·어업 등의 '제1차 산업'에서 자연에 있는 자원을 가공하고 물자를 제조해 부를 얻는 '제2차 산업'으로 산업의 중심은 이동하

도표 2-2　GDP에 차지하는 제3차 산업의 구조비율의 추이

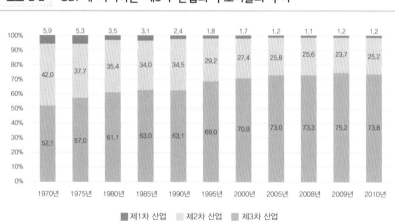

출처: 내각부 경제사회종합연구소, 국제경제계산(内閣府経済社会総合研究所「国民経済計算」).

고, 이것이 또한 물자의 유통·판매나 우리의 생활(오락도 포함)에 필요한 각종 무형재를 제공해 부를 얻는 '제3차 산업'으로 전환하였다.

그리고 최근에는 서비스 중에서도 정보처리의 중요성을 확대해 왔다. 예를 들어 휴대전화로 메일을 송수신하거나, 전차의 자동개찰을 이용하거나, 금융기관에서 ATM(자동지급기)을 이용하거나, 신용카드로 지급하거나, 인터넷 쇼핑을 하는 등 정보서비스는 우리 생활에 반드시 필요하다. 사회의 정보화는 우리 생활의 편리성을 비약적으로 크게 변화시켜 왔다. 이에 고용의 관점에서도 자동화에 따른 인력 축소화(省力化)를 점차 초래하여 영향이 컸다. 하지만, 거기까지라면 지금까지 기술혁신에서도 있었던 일이다.

그런데 오늘날 정보화는 더 큰 영향을 가지고 있다. 이것이 '디지털화'(digitali-zation, 정보화)이다. 정보화 사회에서는 디지털화된 정보를 대량 고속처리할 수 있고, 인터넷과 연계해 세계로 송수신한다. 최근 '스마트폰'(smart-phone)과 같은 휴대단말기로 개인이 일상으로 인터넷에 접속해 디지털 정보를 이용·활용할 수가 있다. 게다가 앞에서 언급한 것처럼, 제4차 산업혁명의 특징 중 하나인 IoT(사물인터넷)에 의하여 물자(物資) 그 자체가 인터넷과 연계해 물자에서 발신된 정보(계측데이터, 센서로 감지된 데이터, 제어데이터 등)가 대량으로 수집·축적해(빅데이터), 이것을 이용·활용하는 비즈니스가 생겨나고 있다.

경제산업성이 앞에서 언급한 「신산업구조 비전」의 중간 정리에서는 IoT(사물인터넷)와 빅데이터 등 '데이터의 취득·분석·실행의 사이클이 (1) 정보 제약의 극복, (2) 물리적 제약의 극복 등을 가능하게 하였다. 그리고 이것과 비즈니스가 결합됨으로써, ① 혁신적인 제품·서비스의 창출(수요 측면), ② 공급 효율성의 향상(공급 측면)의 양면에서 모든 산업에서 파괴적인 이노베이션을 통한 새로운 가치를 창출해', 이로써 '지금까지 실현할 수 없다고 생각되었던 사회를 실현할 수 있어', 여기에 동반해 산업구조와 취업구조가 극적으로 변화할 수가 있다.

구체적인 영향으로 지적되는 것은 ⓐ 대량생산·획일적인 서비스에서 개별 니즈에 맞춘 커스터마이즈(고객맞춤) 생산·서비스로의 전환(개별화된 의료, 즉시 오더메이드된(맞춤형) 옷, 각자의 이해도에 맞춘 교육[adaptive learning]), ⓑ 사회에 잠들어 있는 자산과 개별 니즈를 비용 제로로 매칭(우버(Uber), 에어비앤비(Airbnb)⁷⁾ 등), ⓒ 인공지능으로 지식·제어기능을 향상시키는 것에 따른 인간의 역할의 지원·대체(자율 주행 자동차(self-driving car), 드론 시공관리·배송), ⓓ 제품이나 물자의 서비스화, 새로운 서비스의 창출(설비판매에서 센서데이터를 활용한 가동·보전·보험서비스로), 데이터 공유에 따른 공급망 전체에서의 효율성의 비약적인 향상(생산설비와 물류·발송·경제시스템의 통합) 등이 있다.

이들 중에서 고용에 미치는 영향이라는 점에서 특히 주목되는 것은 제1차 산업혁명 이후에 탄생한 '노동법'이 상정하고 있던 집단주의적인 근무방식을 근본적으로 전환할 수 있는 대량생산·획일적인 서비스에서 탈피(ⓐ), 다른 하나는 인공지능의 활용이다(ⓒ).

■ 용어해설: 제4차 산업혁명

독일을 중심으로 진행된 산업구조의 근본적인 전환을 목표로 하는 새로운 동향(독일어로는 Industrie 4.0).

제1차 산업혁명: 물·증기를 동력원으로 한 기계를 사용한 제조의 도입(기계화)으로 발생하였다(18세기 말).

제2차 산업혁명: 전기를 동력원으로 분업구조에 기초한 대량생산의 도입으로 발생하였다(20세기 초).

제3차 산업혁명: 자동화(automation)를 추진하기 위한 IT나 일렉트로닉스⁸⁾의 사용으로 발생하였다(1970년대 초반).

제4차 산업혁명: 사이버 피지컬 시스템(CPS: 사이버 공간과 실제 사회가 융합한 시스템)의 활용이 일어난다.

---

7) <역자주> (모바일 차량 예약 이용 서비스인) 우버, (숙박 공유 서비스인) 에어비앤비.
8) 일렉트로닉스(Electronics): 전기 전자 공학, 전자 기술 등 전자 작용의 이론에 관한 학문과 기술.

4. 인공지능의 발달

(1) 인공지능이란 무엇인가?

새로운 기술 중에서 특히 주목할 점은 이미 여러 차례 언급했던 '인공지능 (AI)'이다. 인공지능도 다양한 수준이 있다. 향후 인공지능이 어디까지 인간의 고용을 대체할 것인지 예측하려면 인공지능의 기술적 특징을 알아둘 필요가 있다.

인공지능을 정의로 규정한 것은 없다. 하지만 이 책에서 컴퓨터로 작업함으로써 인간의 수준 혹은 인간 이상의 뛰어난 성과를 낸다면 '인공지능'이라고 한다.

마츠오(松尾)씨에 의하면, 인공지능에는 4단계로 분류한다(松尾 2015, 50면 이하. (2) 이하의 인공지능의 많은 설명도 같은 책자에 따른다).[9]

<수준 1> 단순한 제어 프로그램만 포함된 것: 가전제품(에어컨, 청소기, 세탁기, 전동 전기면도기, 제어공학, 시스템공학)에 탑재된 인공지능이다. 엄밀하게는 인공지능이 아니다.

<수준 2> 입출력을 관계하는 방법이 세련되고, 입출력의 조합 수가 매우 많은 것(추론·탐색을 하는 것, 지식 베이스를 도입하는 것): 게임(장기나 바둑) 소프트, 청소로봇, 질문에 대답하는 인공지능, 퍼즐을 푸는 프로그램, 진단 프로그램 등이다. 이것은 고전적인 인공지능이다.

<수준 3> 입출력을 관계하는 방법이 데이터(raw data)를 기초로 학습하는 것(기계학습): 검색 엔진에 내장되거나 빅데이터를 바탕으로 자동 판단 등의 인공지능이다. 최근의 인공지능이다.

<수준 4> 기계학습 시 데이터를 나타내기 위하여 사용되는 입력값(input, 변수, 특징량(feature)) 자체를 학습하는 것(딥러닝). 특징표현 학습으로 미국

---

9) 松尾豊 『人工知能は人間を超えるか—ディープラーニングの先にあるもの』(角川選書, 2015). 이 책자는 마쓰오 유타카(옮긴이 박기원), 인공지능과 딥러닝(인공지능이 불러올 산업 구조의 변화와 혁신), 동아엠엔비, 2015.12(1판 1쇄), 2018.2(1판 8쇄)로 국내에 번역 출판되었다.

에서는 투자경쟁, 기술개발경쟁, 인재획득 경쟁 분야이다.

그리고 마츠오씨는 인간의 근로자에 비유해 <수준 1>은 청취한 말만 완수하는 아르바이트, <수준 2>는 많은 룰을 이해하고 판단하는 일반사원, <수준 3>은 정해진 체크 항목에 따라 업무를 개선하는 과장급, <수준 4>는 체크항목까지 스스로 발견하는 매니저(관리자)급이라고 설명하고 있다.

최근에는 인공지능이 인간의 일을 대체할지 모른다는 것은 인공지능이 <수준 3> 이상에 도달했기 때문이다. 인공지능이 게임에 강한 정도라면, 인간의 고용이라는 점에서는 거의 신경을 쓸 필요는 없었다. 하지만 인공지능 수준은 인터넷상 대량의 데이터(빅데이터)를 활용할 수 있게 되어, 단번에 그 잠재능력을 발휘하기 시작하였다.

(2) 기계학습

프롤로그에서도 언급한 것처럼, 바둑에서 인공지능인 알파고(AlphaGo)가 인간의 톱기사에게 승리한 것은 전 세계에 충격을 주었다.

(인공지능 기술의 보고인) 컴퓨터가 자주 게임에 강하다고 말해왔다. 이미 컴퓨터는 미로(迷路)와 같은 탐색형의 게임에서는 강점을 발휘해 대전(對戰)할 상대가 있는 오셀로(Othello game)10), 체스(chess, 서양식 장기), 장기(將棋)11), 바둑 등의 게임에서도 인간에 대한 우위를 서서히 발휘해 왔다. 이러한 게임에서는 룰이 명확함으로 빈틈없이 철저하게 조사해 보면 반드시 승리하는 법(필승법)을 발견할

---

10) <역자주> 오셀로 게임: 두 사람이 하는 반상(盤上) 게임의 하나. 64구획의 반에 흑백 표리(表裏)로 된 동그란 말을 늘어놓고 상대편의 말을 자기의 말 사이에 끼이게 하여 자기 말의 색깔로 바꾸어 가면서 승패를 결정한다.
11) <역자주> 여기서는 일본 장기를 말한다. 한국 장기와 유사하나 말의 모양이 다르다. 일본의 경우 2012년 일본 프로 장기대회의 7개 타이틀 중 하나인 키세이센(棋聖戰)을 통상 5번 이상 유지해야 부여되는 영세기성(永世棋聖) 타이틀을 가지고 있는 고(故) 요네나가 구니오(米長邦雄)가 컴퓨터 장기 프로그램인 '본쿠라즈'에 패하였다.

수 있다(2인 영화 유한 확정 완전게임). 무엇보다 수의 조합은 오셀로에서 8×8의 반상의 말이 흑백이 되어 있고 뒤집기가 존재하여 10의 60승, 체스에서 10의 120승, 장기에서 10의 220승도 있다. 게다가 바둑의 경우에 10의 360승이 되어 천문학적인 숫자이다. 아무리 컴퓨터라고 해도 여기까지의 수를 조사할 수는 없다.[12]

그렇게 되면, 컴퓨터로 조사하는 범위를 한정할 필요가 있다. 이러한 경우에 사용하는 것이 국면마다 좋고 나쁨을 나타내는 평가 함수이다. 그 평가 함수에 근거해 상황을 판단하고, 최선의 수를 선택해 간다.

장기(將棋)의 경우에 초반 장기의 명수는 무한히 있지만, 중반 이후에는 수의 숫자가 한정되어 간다. 이에 컴퓨터가 평가 함수를 이용해 수를 읽기 쉽게 되고, 종반이 되면 거의 확실하게 외통수를 찾아낼 수 있다.

장기의 컴퓨터 소프트웨어의 힘은 이 평가 함수의 정밀한 정도를 어떻게 높이느냐에 달려 있다. 이것을 당초에는 인간의 수로 하고 있었다(직인 기술의 세계). 그런데, 이것을 기계로 할 수 있게 되었다(Bonanza(보난자, 노다지)라는 소프트의 등장). 이것이 '기계학습'(machine learning)이다. 기계학습은 사용자가 키워드를 넣었을 때 최종적으로 클릭한 페이지이 결과를 그 웹페이지의 특성과 함께 학습한다. 이렇게 학습된 정보를 바탕으로 기계학습은 사용자의 키워드에 맞는 가장 적절한 페이지를 빠르게 표시해 준다. 바로 인간의 일을 기계로 대체한 것이다.[13]

'기계학습'이란 기계가 기존의 데이터(입력된 훈련데이터)에서 보이지 않는 정보(출력된 테스트 데이터)를 예측하기 위한 방법을 학습하는 것(분류, 갈라놓기 위한 '선을 긋는다'는 것)이다. 기계학습의 유형에는 대분해 (i) 교사가 있는 학습(지도학

---

12) <역자주> 관측 가능한 우주 전체의 수소 원자의 수가 약 10의 80승 개 정도라고 알려져 있고, 이 숫자가 이 세계에서 '손꼽을 수 있는 것'의 수로서는 최대라고 한다.

13) <역자주> 법률 분야: 일본에서 빅데이터 해석 등을 직접 다루는 UBIC는 소송 시 문서 리뷰(증거 열람) 지원을 위해 인공지능을 활용하고 있다. 주 업무는 관련 메일이나 비즈니스 문서를 전부 조사하고 증거로 제출하는 것이다. 증거 발견에 기계학습을 이용하면서 최종적으로 고속 처리로 대량의 문서를 읽어서 증거를 찾아 주는 '파라리갈'(Paralegal, 변호사 비서)의 역할을 한다. 변호사의 역할은 클라이언트의 정보 정리, 관련 법령의 체크, 과거 판례의 조사 등이라면 '법률에 관한 많은 지식'을 넣어서 판례에 따른 법률의 해석을 하는 현실의 문제를 풀 수 있게 된다.

습), (ii) 교사가 없는 학습(비지도학습)이 있다.

(i) 교사가 있는 학습(supervised learning)은 훈련데이터와 정답데이터(정확한 라벨)를 세트로 하여 학습시킨다. 훈련문제를 풀고 모범답안과 대조해 보면서 푸는 방법을 배운다는 과정과 닮아 있다.

(ii) 교사가 없는 학습(unsupervised learning)은 정답 데이터가 사전에 제시되지 않은 채 컴퓨터의 수로 데이터의 구조를 학습시킨다. 이로 인해 컴퓨터는 인간이 예상하지도 못한 데이터를 분류시키는 일이 발생한다(과거 고객의 구매데이터를 보고, A라는 상품을 구입하는 사람이 동시에 B라는 상품도 구입하는 유형을 발견하는 등 클러스터링, 빈출 패턴 마이닝 또는 상관 룰 추출).

장기에서는 우선 프로기사의 기보(棋譜, 장기를 둔 내용의 기록)를 이용해 프로기사와 같이 두는 것(출력)을 학습시켰다(교사가 있는 학습). 프로기사가 두는 수에 맞추어 평가 함수를 만들면, 그 정밀도는 높아진다. 다만, 이것으로는 프로기사의 대국에서는 거의 나오지 않을 것 같은 국면의 학습이 불충분하게 되고, 프로기사보다 나은 기력의 컴퓨터를 만들 수 없다.

그래서 컴퓨터가 컴퓨터와 대국(자기 대국)하여 만든 기보에서 배운다는 수법을 취하게 되었다. 여기에서 이용된 수법이 '강화학습'(reinforcement learning)이다. 강화학습은 학습 주체인 에이전트(agent, 스프트웨어 객체)[14]가 환경 내에서 다양한 행동을 시험하면서, 환경에 주어진 보수(보상, reward)가 최대가 되도록 학습하는 방법이다(강화학습의 유명한 사례는 자율 운전차가 부딪치지 않도록 움직이는 방법의 학습이다). 어떤 보수가 주어져서 그 결과를 만들어 내고 행동이 '강화된다'는 구조다. 보수가 적절하게 정해지면 교사가 없어도 학습할 수 있다. 현재의 장기소프트는 이 강화학습의 방법으로 평가 함수의 정밀도를 높여서 강해지고 있다.

---

14) <역자주> 가상에이전트: 정보·통신 컴퓨터에 실재하지 않음에도 사용자가 실제로 있다고 생각하게 하는 에이전트. 프로그램을 이용해 주기억 장치에 만들며, 온라인상에서 고객을 응대하여 필요한 정보를 주고받을 수 있게 한다.

한편 바둑에서는 국면의 수가 엄청나게 많아서, 장기와 같은 평가 함수를 만들기가 어려웠다. 여기에서 이용된 것이 '몬테카를로법'(Montecarlo method)[15]이다. 이것은 어떤 국면에 대해서 인간은 평가를 주지 않고, 그대로 임의(랜덤, random)로 대국이 종료할 때까지 계속시켜서(플레이아웃), 그 승률을 보고서 평가하는 방법이다(정확하게는 '몬테카를로 트리 탐색법'[MCTS]이라고 한다). 단순 무식한 (brute force) 방법처럼 생각되지만, 이것은 매우 우수한 방법이다. 오늘날의 바둑 소프트는 이 방식에 근거하고 있으며, 실제로는 알파고(AlphaGo, 알파오)[16]도 마찬가지다.

(3) 특징

인공지능의 논의에서는 '특징량'(내지 특징)의 단어가 자주 나온다. 이것은 대상물의 특징을 나타내는 변수라는 의미이다. 장기에 대하여 기계학습을 시키고자 한다면 그 데이터(기보)의 어떤 특징에 주목할지 좁힐 수 있다면, 보다 정밀도가 높은 평가 함수를 얻을 수 있다. 이는 요컨대 "장기란 무엇인가"라는 본질을 묻는다고 할 수 있다. 하지만 이것이 '왕'(王)을 포함한 3가지 말의 관계라는 것이 어느 시점에서 발견되었다. 이렇게 데이터에서 주목할 것이 좁혀져서 평가 함수의 정밀도가 높아졌다. 이것이 (앞에서 언급한 강화학습과 맞물려) 장기소프트가 프로기사를 능가할 정도의 강점을 가지게 된 원인이다.

이러한 점에서 알 수 있듯이, 기계학습은 인간이 제대로 특징량을 설계할 수 있는지가 성공의 열쇠이다.

---

15) <역자주> 몬테카를로법(Mònte Cárlo mèthod): 확률을 수반치 않는 문제를 이에 대응하는 확률 과정의 문제로 대치하여 해결하는 방법. 재고량 관리·표본 분포 등에 이용.
16) <역자주> Google Deepmind'의 바둑 전문 인공지능 프로그램 'AlphaGo'의 이름을 따서 오목 인공지능 프로그램 중 하나에 붙여준 별명이다. 구글이 개발한 인공지능 컴퓨터. 2016년 초에 이세돌과 대결해 관심을 끌었다.

(4) 딥러닝(심층학습)

2012년에 '구글(Google)의 고양이'가 화제였다. Google(현 알파벳)의 연구개발을 통하여 컴퓨터가 마음대로 '고양이'를 인식하게 되었다. 컴퓨터가 자율 학습하고 인식하게 된 고양이의 영상은 우리에게 놀라움을 주었다.

이때에 인간은 컴퓨터에게 아무것도 가르치지 않았다. 고양이의 특징량도 가르치지 않았다. 단지 '유튜브'(YouTube) 동영상을 통하여 대량의 영상을 보게 했을 뿐이다. 이 중에서 컴퓨터는 인간이 고양이라는 것의 특징량을 발견했던 것이다. 컴퓨터는 고양이의 개념을 자력으로 습득했던 것이다. 인간은 이것을 고양이라고 가르치는 것만으로 된다. 이렇게 되면 컴퓨터는 어떤 동물의 영상을 보고, 이것이 고양이인지 여부를 식별할 수 있게 된다. 컴퓨터도 때로는 실수를 한다. 하지만, 이것은 인간도 실수할 수 있는 고양이인지 여부를 식별하기 어려운 동물의 영상을 보게 했을 때뿐이다. 이것이 '딥러닝'(deep learning, 심층학습)이다.[17] 기계학습 중의 인간의 뇌의 신경세포(뉴런)를 시뮬레이션[18]을 행한 '뉴럴 네트워크'(neutral network)라는 방법의 진화형으로, 네트워크를 다층화한 것이다. 다층화에 따라 추상도가 높은 특징량을 도출할 수 있다. 여기에서는 마치 인간의 아기가 성장과정에서 고양이를 인식해 가는 것과 같은 메커니즘이 기능하고 있다. 즉, 알파고(AlphaGo)에는 뉴럴 네트워크의 구축에 딥러닝(심층학습)과 강화학습의 방법을 도입하고 있다.

---

17) <역자주> 딥러닝: 2012년 세계적인 이미지 컴피티션(경연대회) 'ILSVRC'(imagenet Large Scale Visual Recognition Challenge)에서 우승한 캐나다 토론토 대학의 슈퍼비전이 제프리 힌톤 교수가 중심이 되어 개발한 새로운 기계학습 방법, 즉 인공지능 분야에서 지금까지 풀리지 않은 '특징표현을 컴퓨터 스스로가 획득한다'는 문제에 하나의 답을 제시하는 '딥러닝'(심층학습, 특징표현 학습)이었다. 이것은 (i) 한층씩 계층마다 학습해 가는 점, (ii) 오토인코더(autoencoder)라는 '정보압축기'를 사용했다는 점이다. 딥러닝은 '인공지능 연구에서 50년간의 혁신'이라고 평가한다.

18) <역자주> 시뮬레이션(Simulation): 어떤 현상 따위를 예측하고 해석하기 위하여 실제와 같은 모형을 만들어 모의적으로 실험한 뒤에 그 결과로 해결 방법을 연구하는 일.

칼럼: 알파고가 강한 이유

알파고(AlphaGo)는 지금까지의 바둑소프트에서 채택한 '몬테카를로 트리 탐색방법'
에 (ⅰ) 다음에 두는 수를 선택하는 '폴리스 네트워크'(policy network)와 (ⅱ) 국
면을 평가하는 '밸류 네트워크'(value network)의 2가지로 구성된 '뉴럴 네트워
크'(neutral network)로 구성되어 있다.

구체적으로는 전자의 '폴리스 네트워크'는 우선 아마츄어 고단자 등의 300만 국면
의 영상 데이터와 다음의 한 수를 훈련하는 데이터로 이용하고, 다음의 한 수를 예
측하도록 학습시켰다(교사가 있는 학습). 그 예측 정밀도는 57%로 높았다. 다음으
로 컴퓨터끼리 자기 대국시키는 강화학습으로 승률을 향상시켰다.

후자의 '밸류 네트워크'는 국면과 승률을 편성한 데이터를 훈련 데이터로 이용해 딥러
닝(심층학습)시키는 것이다. 이로 인해 장기의 부분에서 언급한 평가 함수를 가질
수 있게 되었다(그 이전에는 바둑에서는 정밀도가 높은 평가 함수를 만드는 것은
어렵다고 보았다).

바둑과 영상데이터의 상성이 좋고(바둑돌은 장기의 말과는 달리 이동이 없고, 국면
의 진행에 따라 순번이 늘어난다), 영상데이터의 인식에 딥러닝의 기술을 사용할 수
있었기 때문에 강화학습과 함께 비약적으로 강한 바둑 소프트가 탄생했던 것이다.

(5) 인공지능의 고용에 미치는 영향

인공지능의 발달은 물론 게임 세계 및 인간사회에도 큰 영향을 미친다. 이미
살펴본 것처럼 인간의 일을 대체하는 시나리오는 매우 구체적으로 예상되어 있
다. 여기서는 인공지능의 특성에서 살펴보아 보다 분석적으로 이 점을 살펴본다.

우선, 인공지능이 위의 (1) 인공지능이란 무엇인가?에서 살펴본 것과 같은 <수
준 1>이나 <수준 2>에 있다면, 비교적 예상이 잘 된다. 정형 업무는 그것이 육체
근로이든 지적근로이든 대체된다. 이 점은 이 책에서도 이미 언급한 바와 같다.

문제는 <수준 3> 이후의 기계학습의 영향이다. 기계학습은 인간이 처리할
수 없는 빅데이터에서도 인간이 정답데이터를 제공한다면 쉽게 인간이 부여하는
업무(task)를 실행할 수 있다.

예를 들어 이른바 '분류 문제'는 기계학습이 가장 잘하는 것이며, 이미 인공지능을 크게 활용하고 있다(스팸메일의 식별, 손으로 쓴 우편번호의 판독, 상품의 추천, 신용카드의 부정이용 탐지, 의료 진단 등). 일의 내용이 이러한 종류의 작업을 중심으로 하는 경우에는 그 일은 확실하게 기계로 대체될 것이다(좋아도 인간은 기계의 하도급 정도에 그친다). 한편, 무엇이 정답인지를 인간이 제시할 수 없는 경우에는 기계는 업무를 실행할 수 없다. 이러한 일은 인공지능에게 맡길 수 없기 때문에 대체할 수도 없다.

이미 살펴보았듯이, 일본에서 정규직의 근무방법은 직무를 한정하지 않고, 본인에게 요구되는 일의 내용을 특정하지 않고 있다. 이러한 근무방식을 행하고 있다면 직무가 인공지능으로 대체되더라도 그 영향을 받기 어렵다. 또한 각각의 정규직의 일을 직무별로 구분하지 않고 전체적으로 파악한다고 해도, 이것을 인공지능으로 대체하기는 어렵다. 개개인의 일의 내용과 외연은 직무기술서(job description)에 기재되어 있지 않기 때문에 입력을 위한 훈련데이터도 출력을 위하여 참조되는 정답데이터도 작성하는 것이 어렵다(인공지능에게 무엇을 어떻게 시킬 것인가를 지시할 수가 없다).

그렇다고 해서 일본의 정규직이 낙관할 수 없는 이유는 기업의 입장에서는 향후 이러한 직무 무한정한 근무방식을 개혁할 수가 있기 때문이다. 기업은 인공지능에게 대체할 수 있는 직무를 분석하여 사람을 가능하면 다른 직무에 종사시키는 편이 효율적이라고 판단하면 일의 편성을 재검토할 것이다. 아울러 기업은 인공지능에게 맡길 일과 인간에게 맡길 일을 구분할 것이다. 결국, 직무형의 근무방식이 늘어나고, 인공지능의 발달로 인간에게 맡기는 직무가 줄어들 것이다.

(6) 인공지능의 미래

마츠오(松尾 2015)는 인공지능의 역사 속에서 딥러닝에 의하여 기계가 특징량을 발견할 수 있게 된 것에 대한 의의를 높게 평가한다. 또한 그 앞에 인간의 사회를 근본적으로 전환시키는 인공지능의 발달이 있다고 한다.[19]

이러한 것을 마츠오(松尾 2015, 127면)가 '기술의 발달과 사회에 대한 영향'

을 시계열적으로 제시한 것을 근거로 확인해 보자(松尾 2016과 합체하고 있다). 인공
지능이 할 수 있는 것은 다음의 ①-⑥의 순서로 발달해 간다.[20]

① 영상인식 – 인식의 정밀도가 향상함에 따라 영상에서 특징량을 추출한다.

---

19) <역자주> 인간의 지능이 프로그램으로 실현되지 않을 리 없다. 인간의 뇌는 다양한 점에서 물리적
인 제약이 있다. 하지만 인공지능의 알고리즘이 실현되면 인간의 지능을 크게 능가하는 인공지능이
등장하는 것을 상하기 어렵지 않다. 결국, 특정표현의 획득 능력으로 언어 개념의 이해나 로봇 등의
기술을 조합시키면 모든 화이트칼라의 노동을 대체할 수 있는 기술이 가능할 것이다. 그 임팩트는 한
없이 크다. 하지만, 인간과 인공지능이 완전히 차질 없이 소통할 수 있는 세계를 만드는 것을 실제로
는 매우 어렵다. 오히려 예측 능력이 단순하게 높은 인공지능이 출현하는 쪽이 임팩트가 클 것이다.
문제는 특이점의 끝은 아무도 예측할 수 없다. 인간이 일하지 않아도 사회적 생산성이 올라간다면 인
간은 도대체 무엇을 하면 좋을까? 인간의 존재가치는 어떻게 되어 버리는 것일까? 인간지능은 인류
시작 이래 최대의 위험인지 인류의 최후의 발명이 되는 것인지가 문제된다. 인간지능이 인간을 정복
하는 걱정은 할 필요가 없다. 이에 인공지능이 장래에 가져야 할 윤리가 아니라, 인공지능을 사용하
거나 만드는 사람의 윤리를 먼저 논의해야 한다.
20) <역자주> 마츠오 교수는 변화하는 세계(산업과 사회에 미치는 영향과 대응전략)에서 산업에 미치
는 파급효과로서 인공지능이 획득하는 능력범위를 시간 축으로 설정하고서 ① 광고, 이미지 진단, 인
터넷 기업, ② 퍼스널 로봇, 방범(경비회사＋경찰), 빅데이터(Big Date) 활용기업, ③ 자동차메이커,
교통, 물류, 농업, ④ 가사, 의료·간병, 접수·콜센터, ⑤ 통역·번역, 비즈니스 글로벌화, ⑥ 교육,
비서, 화이트칼라 지원(인간의 지적노동 분야, 2030년 이후 실현) 순으로 들고 있다.
하지만, 인공지능의 확장되는 영향은 프라이버시(개인정보보호, 잊혀질 권리, 묵인하는 권리 또는 경
고받는 권리 등)와의 균형문제, 데이터의 사용법에 관한 전환율의 문제가 있다. 그 밖에 광고·마케
팅 분야, 제조업의 숙련공의 대체, 택시나 트럭운전사, 자동차운전자, 비행기조종사, 지하철 기관사,
웹사이트의 최적화 등 디자인 영역, 제약이나 재료 분야, 음악과 미술 등 예술분야, 영화나 텔레비전
프로그램 등의 콘텐츠 제작, 패션이나 음식 분야, 의료나 법무, 회계, 세무, 금융, 교육(다만, 콘텐츠
를 가르치는 교육, 사고방식, 정신적인 태도 예외) 등을 언급하고 있다.
직업의 장단기 동안 직업변천을 전망할 경우, 중단기는 데이터 분석이나 인공지능의 지식·기술을 익
히는 편이 낫고, 장기는 사람 대 사람의 일을 특화해 가는 편이 나을 수 있다. 대체로 어느 산업이든
단번에 인공지능이 활용되기 보다는 각 산업마다 빅데이터 활용의 연장선상에서 서서히 인공지능의
기술이 영향을 미친다.
주의할 점은 '인간과 기계의 협조'인데, 다양한 업무에서 '프리스타일' 방식으로 원래 인간과 컴퓨터의
협조로 의해 인간의 창조성이나 능력이 도출될 것이다. 고객이 변화나 사회환경의 변화에 대한 대능력
이 매우 빨라진다. 이러한 사회는 생산성이 크게 상승하고 근로시간의 단축으로 인간의 삶이나 존엄,
다양한 가치관이 더 중요해질 것이다.(마츠오 유타카(옮긴이 박기원), 인공지능과 딥러닝, 동아엠엔비,
222-232면, 238면).

② 멀티모달(multimodal) - 동영상의 인식 정밀도가 향상함에 따라 영상, 센서 등의 멀티양식 등(복수의 감각 데이터를 편성한) 특징량을 추출하고 양식화하여 행동예측과 이상(異常) 검지(檢知)를 한다.

③ 로보틱스(행동)와 러닝 - 자신의 행동과 관측 데이터를 세트로 하여 특징량을 추출한다. 기호를 조작하고, 행동계획을 만들게 된다.

④ 행동에 의한 추상화 - 외계와 시행착오를 통하여 외계의 특징량을 이끌어낸다.

⑤ 말과의 연결 - 고차원의 특징량을 언어와 연결시켜 언어를 이해하거나 자동번역을 하거나 하는 것이 된다.

⑥ 언어에서의 지식 획득 - 클라우딩된(실세계의 의미나 가치와 연결된) 언어데이터를 대량 입력으로 더욱 추상화를 할 수 있다.

①과 ②는 '인식', ③과 ④는 '운동', ⑤와 ⑥은 '언어'와 관계하고, 이러한 순서로 발전해 왔다.

①의 단계에서는 뢴트겐 사진을 보고, 의사가 발견할 수 없는 암을 인공지능이 발견하는 일이 생겼다. ②의 단계에서는 방범이나 감시에 더욱 더 활용하였다. ③의 단계에서는 자동운전의 보급, 물류의 라스트 원마일(고객에게 전달하기까지 최종 과정)에서 드론의 활용 등이 생겼다. ④의 단계에서는 로봇이 가사나 돌봄 등의 영역에 진출하였다. ⑤의 단계에서는 기계번역을 실용화한다. ⑥의 단계에서는 비서로 일하거나 교육을 수행, 화이트칼라 전반에 지원도 가능하였다. 마츠오씨는 ⑤의 단계가 2025년, ⑥의 단계가 2030년경이라고 예상한다.

현실에서 이렇게 실현될지는 알 수 없다(바로 뒤에서 소개할 총무성의 ICT의 미래연료도 이미 많은 수정이 필요하게 된다[특히 컴퓨팅의 란]). 하지만 ④의 단계까지는 이미 상정한 범위의 이야기이다. ⑤와 ⑥의 단계가 실현되면, 인간의 일을 큰 폭으로 대체할 것이다. 인공지능에 관한 연구에서 제1인자의 예상인 만큼 신중하게 향후 정책을 생각할 필요가 있다.

5. 산업계의 구조전환과 노동정책

이러한 인공지능이 발달하면서 경제계가 산업구조의 전환을 추진하기 위한 과제는 이미 앞에서 언급한 것처럼, 산업이나 고용의 신진대사(대체 및 창출)가 일어나는 중에서 어떻게 해서 신성장산업으로 인재를 이동시키고, 신기술이 요구되는 새로운 기능을 지닌 인재를 육성해 나갈 것인지가 문제된다.

이러한 경우에 기술혁신으로 고용에 미치는 영향에는 시간적인 과정이 있다는 점을 고려해야 한다. 예를 들어 기계로 대체되는 직종이라도 그 진행 속도는 산업마다 다르다. 제1장 1. 기술은 위협?에서 소개했던 '고용의 장래'에서 제시된 직무에서 '기계의 대체율'은 중요한 정보가 될 것이다.

또 '고용의 대체'와 '일자리 창출'이 동시에 일어날지, 전후로 일어날지의 예상은 정책을 추진하는 데 중요한 점이다. 고용의 대체가 일자리 창출보다 먼저 진행되면 '실업문제'가 일어나고, 사회의 불안을 초래할 수 있다.

이에 '단기적인 정책'에서는 고용의 대체가 선행하는 업종이나 직종에 종사하는 자를 배려하는데 중점을 둘 필요가 있다. 한편, '중장기적인 정책'에서는 산업의 변화가 취업 구조에 미치는 변화를 정확하게 예상할 필요가 있다. 그러면서, 기업이 신기술을 활용해 생산성을 향상시키는 환경을 마련하면서, 새로운 비즈니스와 산업에 적절한 인재를 공급할 수 있는 체제를 갖추어야 한다.

하지만 이러한 과제를 현행 노동법제에서 해결하려면 몇 가지 문제점이 있다.

첫째, 개별 기업이 경영자원을 쇠퇴 부문에서 성장 부문으로 전환해야 할 경우에 인재도 마찬가지로 이행시키는 것이 어렵다. 즉 기업 내 재훈련·배치전환의 방식(기업 내 재배치)은 향후에는 천천히 선택할 수 없게 된다. 결국, 인재는 기업 간, 산업 간의 이동을 통해 조달해야 한다. 그런데 이것은 개별 근로자에게는 '해고'(혹은 자발적 퇴직[사직])와 '전적'을 의미한다.

종래의 노동정책의 중점은 해고를 규제하고, 가능하면 고용을 유지하는 것에 두고, 노동이동 정책은 선수를 빼앗기고 있었다(島田 2013). 하지만 향후 기업을 구조전환하는 경우에 해고가 발생할 가능성도 상정하면서, 어떻게 인재의 기업

간·산업 간 원활하게 재배치하고, 근로자의 장기실업을 회피하거나 소득보장인
사회안전망을 적절하게 조치할 것인지가 중요한 정책과제가 된다.

둘째, 성장부문에 인재를 고급화하려면 그 인재가 신산업에 적절한 기능을
갖추어야 한다. 위의 첫째에서 살펴본 것처럼, 인재를 기업 간·산업 간에 재배치
하는 경우에도 '인재의 재교육'이 필요하다. 또한, 지금까지 노동시장에 유입되
는 청년에 대한 장래를 내다 본 '직업교육'도 필요하다. 특히 사회안전망의 관점
에서도 재교육은 인재를 기업 간·산업 간에 재배치할 경우 적절한 재교육과 연
결해야 실업의 장기화를 막을 수 있어 중요한 의미를 가진다.

기존의 인재교육은 기업 내 교육이 주류이었다. 하지만 인재의 유동화를 전
제하면, 개별 기업에서는 인재 교육을 하는 인센티브가 작동하지 않게 된다. 교육
에 투자해도 근로자가 언제 퇴직할지 모르고(사직의 자유는 법적 보장을 하고 있다),
자원을 회수할 수 있도록 담보되지 않으면 투자는 없게 된다. 누군가 교육받은 인
재를 '헤드헌팅'(head-hunting)21)하면 된다고 생각하는 기업이 늘어나면, 어느
기업도 교육에 투자를 하지 않게 된다(경제학에서 말하는 '공공재(公共財) 문제'라는

---

21) <역자주> 헤드헌팅: 전문인력 중개업. 기업의 최고경영자, 간부 중역, 고급기술인력 등을 소개해주는
것을 말한다. 고급인력 중개업이 가장 활발한 미국에서는 헤드헌팅을 '이그제큐티브 서치'(executive
search)란 용어를 사용하고, 이러한 회사를 '서치 펌'(search firm)이라 한다. 1929년 미국에서 대공
황의 여파로 실업이 사회문제로 대두된 시기에 처음 등장했으며, 점차 활동영역이 세분화되어 변호
사·의사·회계사 심지어 공무원 채용까지 헤드헌터에게 의뢰하고 있다. 한국의 경우 1980년대 후반
에 상륙, 초창기에는 활동이 뜸했으나 시장개방이 본격화된 1990년 이후 활발하였다. 과거에 국내의
유료직업소개요금 등 노동부 고시에는 직업의 소개 수수료 상한선이 규정되어, 보통 첫 해 연봉의
20~50%인 수수료는 불법행위였다. 하지만, 1997년 9월 노동부는 헤드헌팅 업체에 연봉의 20% 내
의 수수료를 받고 합법 영업이 가능하다. 헤드헌팅업의 허용 직종은 ① 기관장·최고경영자 ② 생산
부서 관리자 중 고위관리자 ③ 기타 부서 관리자 중 고위관리자 ④ 종합관리자 중 고위관리자 ⑤ 물
리학자, 화학자 또는 관련전문가 ⑥ 수학자, 통계학자 또는 관련전문가 ⑦ 생명과학 전문가 ⑧ 보건
전문가(간호 제외) ⑨ 사업전문가 ⑩ 법률전문가 ⑪ 사회과학자 또는 관련 전문가 ⑫ 작가와 창작·
공연예술 등 12개이다. 헤드헌터들이 가장 선호하는 인물은 기업의 특정분야에 대한 경험이 풍부
한 사람, 외국어 능력과 국제적 감각의 소유자, 유연하고 능동적인 사고를 하며 리더십을 갖춘 사람,
인간관계가 원만한 사람 등이다. 현재 80여 개의 업체가 최대 10만 명까지 인력 데이터베이스를 확
보하고 있다.[네이버 지식백과]

'시장의 실패'가 일어난다). 이러한 점에서 기업 밖에서 공적 기관을 중심으로 누가 직업훈련을 맡을 것인지를 고려하는 것은 중요한 정책과제가 된다. 교육의 효과는 일정 정도 시간이 걸리기 때문에 이는 시급히 대처해야 하는 핵심 과제이다.

셋째, 신산업에서는 정보의 활용을 중심으로 한 '지식근로자'가 중요한 역할을 완수하게 된다. 이러한 근로자가 높은 생산성을 발휘해 일할 수 있는 환경이란 본인의 주체성을 존중한 자유로운 근무방식이 보장된 환경이다. 현행 노동법제는 근로자가 종속적 지위에 있다는 것을 전제로 하고, 기업의 권한을 제한하는 규제를 마련해 왔다. 그런데, 이러한 규제(특히 근로시간 규제)가 오히려 근로자의 자유로운 근무를 억제할 수가 있다.

도표 2-3 ICT의 미래 연표

	단말(입력계)	단말(출력계)	네트워크	컴퓨팅
2015	• '백색가전'의 절반 이상이 홈네트워크에 접속			• 장기프로그램의 강함이 프로기사에 필적한다
2016	• RFID[22] 등의 태그 가격이 수전(数錢) 수준이 되어, 식료품이나 일상품에 대한 태그 부여가 폭넓게 실현 • IC태그의 회로를 인쇄하여 양산하는 기술이 실용화	• 센서기술을 구사한 손수레형의 보행보조기가 발매 • 시각 장애인용 가이던스 로봇이 실용화 • 돌봄 로봇이 발매		• 인공지능이 대학입시센터시험(수능)에서 고득점을 얻는다

---

22) <역자주> RFID(Radio Frequency Identification): 무선인식이라고 하며, 반도체 칩이 내장된 태그(Tag), 라벨(Label), 카드(Card) 등의 저장된 데이터를 무선주파수를 이용하여 비접촉으로 읽어내는 인식시스템이다. RFID 태그는 전원을 필요로 하는 능동형(Active 형)과 리더기의 전자기장에 의해 작동되는 수동형(Passive 형)으로 구분된다.

2017	• 센서에 의한 자동차 타이어 상태감시시스템이 실용화 • 신체, 실내에 다수의 센서를 배치하여 의식에 달하지 못하는 운동기능의 이상을 감지하는 기술이 실용화	• 자동주행할 수 있는 차세대 트랙터의 양산 개시 • 자동주행차의 국제기준이 정해진다 • 국내자동차제조업체가 고속도로를 자동주행지원하는 차를 발매	• 광섬유 하나로 매초 10 테라바이트 이상의 통신속도가 필요	• 바둑소프트웨어의 기력이 프로기사와 어깨를 견준다(5년 후) • 최근(2014~2020), AI의 감정이해, 행동예측, 환경인식이 가능하게 된다(복수의 감각 정보를 조합하여 처리)
2018		• 퍼스널한 소형 커뮤니케이션 로봇이 등장(5년 후) • 노후인프라를 점검하는 로봇이 실용화	• 세계의 IP트래픽의 연간 실행 비율은 1.6제타바이트(1,000엑사바이트)에 달한다 • 모바일 단말 통신량이 10배 이상(월 1만5900페타)로 증대	
2019	• 지역네트워크에 의한 영상센서(카메라)로부터의 지역영상을 사용한 약자(고령자, 아동, 여성)의 보호지원 등의 주민서비스			
2020		• 용도에 따라 형태를 바꾸는, 인공지능을 가진 소형전동차가 발매 • 전자동주행자를 위한 자율운전시스템이 실현 • 시가지를 달릴 수 있는 자동주행차를 실용화 • 국내의 약 300개 사가 2020년까지 100	• 5G개시(네트워크의 용량이 4G의 1000배)(데이터 전송속도는 4G의 10~100배) • 세계의 데이터의 약 1/3이 크라우드 컴퓨팅에서 이용 • 가정용 10Gbps 광 가입자계열 시스템	• 바둑소프트웨어의 기력이 혼인보(本因坊 : 바둑우승자에게 주는 칭호)를 상회한다 • AI의 자율적인 행동계획이 가능하게 된다(자동주행, 농기구의 자동화, 물류로봇)(행동과 플래닝)

		종의 로봇을 실용화		
2021				• 인공지능이 도쿄대학교의 입시시험에 합격
2022			• 1Tbps 초 대용량 통신기술이 사회적으로 설치	
2023	• 생활권 내에서의 건강상태를 관리하는 유비쿼터스 생체정보 모니터링기술이 실용화	• 운동능력을 어시스트할 수 있는 작동기술(고령자의 QOL23)개선)	• 도청·감청의 자동 검출, 전파간섭으로 인한 방해의 회피 등으로 보안이 담보되어 안심하고 사용할 수 있는 무선통신이 사회적으로 설치	• AI의 환경인식능력이 대폭적으로 향상된다(행동에 기초한 추상화)
2024	• 생활공간에 배치된 다수의 센서가 인간의 활동을 지원하게 된다 • 자동차 내의 센서로 고장을 예지하고, 사고를 피하는 시스템이 실용화	• 정밀식미 분석 로봇이 실용화		
2025		• 자동주행자가 시장에 등장한다 • 이때(2020~2025) 인공지능을 탑재한 인텔리전트 주택이 등장, 주택과 회화하는 시대로 • 이때(2020~2025) 건설현장에서 '강화복(powered suit)'의 도입 개시	• 국내 인터넷 트래픽양이 100 테라바이트/초에 달하고, 네트워크가 ICT전력소비의 20%를 차지한다	• 장기프로그램은 프로기사에 비하여, 압도적으로 강하게 된다 • AI의 언어이해(번역, 해외용 EC)가 진행된다(언어와의 결합)

---

23) <역자주> QOL(Quality Of Life): 단순히 수명을 오래 이어 살아가기보다는 어떻게 하면 쾌적한 생활을 할 수 있을까를 중시하는 사고방식. '생명의 질(質)', '생활의 질', '삶의 질' 등이라 한다.

2026		• 일반가정에서 돌봄, 가사 등을 지원하는 로봇이 실용화	• 추종운전, 자동주행을 가능하게 하는 자동차−기지국 간, 자동차−자동차 간의 통신시스템이 실용화	
2027		• 재해구조로봇기술이 사회적으로 설치 • 자율형의 심해 중작업로봇이 실용화		
2028		• 고령자의 외출을 촉진하는 어시스트 네트워크 로봇이 실용화		
2029		• 생산공정변경 등, 복잡한 환경변화에 대응할 수 있는 자율형 로봇		
2030		• 사회에 참가할 수 없는 사람의 사회참가를 가능하게 하는 원격조작형 휴머노이드(Humanoid) 로봇 기술이 실용화 • 자동주행차가 완전 자동으로 주행	• 안전한 정보화사회를 세계규모로 실현가능하게 하는 양자암호가 실용화	• 인공지능이 인간과 자연스러운 회화가 가능하게 된다 • 2021−40: 생물이나 생체의 다양한 매카니즘을 모방한 컴퓨팅 네트워트 기술의 실용화

출처: 총무성, 통신자유화 이유의 통신정책의 평가와 ICT사회의 미래상 등에 관한 조사연구(2015)(総務省「通信自由化以降の通信政策の評価とICT社会の未来像等に関する調査研究」[2015年]).

한편, ICT의 발달로 언제 어디서나 정보를 송수신할 수 있는 사회가 도래하는 현재 근로는 정보를 활용해 장소와 시간의 제약 없이 기술적으로 일할 수 있다. 이와 동시에, 개개인이 정보를 활용해 새로운 비즈니스도 쉽게 만들고 있다. 이미 이러한 기업이 속출하고 있다.

이러한 취업환경의 큰 변화는 종속적 지위에서 일하는 근로자의 보호라는 전통적인 노동법의 중요성을 떨어뜨려서 오히려 새로운 환경에서 근무방식에 대응한 법적 룰을 마련할 필요가 있다.

6. 소결

일본의 경제는 객관적인 상황으로 저출산, 고령화를 진행하면서 노동력 인구의 감소, 글로벌화에 의한 개발도상국도 포함한 국제 경쟁의 격화, 인공지능을 대표로 하는 기술혁신에 동반한 제4차 산업혁명의 진행이라는 현상과 동시에 직면하고 있다. 노동력 인구의 감소와 국제경쟁의 격화는 경제성장에서 부정적인 요인이다. 그런데, IT 및 인공지능과 로보틱스(robotics) 등의 신기술을 충분하게 활용해 경쟁력을 유지하는 방도도 있다. 여기서 중요한 점은 제4차 산업혁명에 뒤처지지 않으려면 '구조개혁'을 서둘러야 한다.

마츠오(松尾 2016)에 의하면, 딥러닝에 의한 인식기술과 행동을 습득할 수 있게 하는 기계·로봇 등의 기술이 노동력 인구가 감소하는 데 해결책이 되고, 이러한 분야는 제조업과 궁합이 맞아 일본의 장점을 살릴 수가 있다. 알고리즘(룰·순서)24)을 제품과 조정하는 세계이기에 언어도 단점(handicap)이 되지 않는다. 그리고 '기회를 잡으려면 정확하고 신속한 행동이 중요'하다. 구체적인 과제로서 (ⅰ) 딥러닝 인재의 육성, (ⅱ) 사업·산업의 변화 방향을 조기에 검토하는 것, (ⅲ) 사회 전체에서 새로운 미래상을 그리는 것을 들고 있다.

이러한 제언은 경청할 만하다. 또한 인공지능 등의 신기술을 중심으로 한 산업시스템으로 전환하려면 '노동정책' 분야에서도 추진할 과제가 있다. 본서에서는 이를 (ⅰ) 기업의 산업구조의 전환을 지탱하는 노동시장의 유동화 정책의 추진, (ⅱ) 새로운 산업에 적절한 노동력을 육성하기 위한 인재 재교육과 청년의 장래를 바라 본 교육에 대한 적극적인 노력, (ⅲ) 신산업에 대응한 지적 창조의 근무방식에 적합한 노동법제나 ICT(정보통신기술)를 활용한 장소적·시간적 제

---

24) <역자주> 알고리즘(Algorism): 아라비아 숫자를 쓰는 기수법(記數法)에 의한 필산(筆算) 규칙

약이 없는 근무방식에 적합한 노동법제의 구축에 있다고 지적하였다.

이하(제3장 이하)에서는 위와 같은 '노동정책의 과제'를 검토하고자 한다. 하지만 그전에 지금까지의 노동정책, 특히 이것을 실현하기 위하여 제정된 노동법이 역사적으로 어떻게 전개해 왔는지를 확인해 두는 것이 유용할 것이다.

노동법이란 무엇인가?

제3장

노동법이란 무엇인가?

1. 노동법의 탄생

(1) 제1차 산업혁명과 노동법

오늘날에 노동법의 원류(源流)는 제정법 수준에서 보면, 1833년 영국의 「공장법」(Factory Act)[1]에서 찾는 것이 일반적이다(연소 근로자로 대상을 한정했지만,

---

1) <역자주> 공장법(工場法, Fabrikgesetze, factory act): 영국에서 공장 근로자들의 가혹한 근로조건을 시정하기 위해 시행된 법률이다. 19세기에 영국 공장법의 효시로 간주되는 1802년의 「도제의 건강 및 풍기에 관한 법률」(도제법, 아동근로자 보호법) 이후 1819년, 1825년, 1831년에 계속 공장법이 제정되었지만, 모두 '사문화'되었다.
1833년 일반 공장법은 목면, 양모, 아마, 견직물 공장을 적용대상으로 9세 미만 아동의 고용금지, 13세 미만 아동은 1일 8시간 제한, 18세 미만 연소자 1일 12시간 제한, 아동·연소자의 야간근로 금지, 공장 아동에 대한 교육의 의무화 등을 규정했다. 또한 이 조항들을 준수시키기 위해 공장에 들어가 규칙·명령을 발포할 권한을 지닌 '공장감독관제도'를 창설해 법 시행의 실효성을 높였다. 그 이후 1844년 공장법에서 18세 이상의 여성이 보호대상에 추가되고, 1일 12시간의 제한과 야간근로 금지가 규정되었다. 1847년 공장법에서 연소자와 여성의 근로시간이 1일 10시간으로 단축, 이른바 「10시간법」의 제정은 당시 근로자 계급 사이에서 격렬히 불타오른 '차티스트 운동'과 '근로시간 단축운동'의 활성화를 배경으로 한 것이었다. 1850년 공장법에서 연소자와 여성의 표준근로일이 확정

1802년 영국의 「도제의 건강 및 풍기에 관한 법률」에서 찾는 견해도 있다). 세계에서 최초로 '산업혁명'(제1차 산업혁명)을 경험한 영국에서는 재빨리 기계제 대공업이 확대되고, 공장노동의 현장에서 사회문제도 일찍부터 발생하였다.

(제1차) 산업혁명 이전의 가내 수공업에서는 비교적 소규모 공장에서 직공을 분업하여 노무에 종사하는 근무방식을 취하였다. (제1차) 산업혁명은 이러한 직공의 일을 기계로 대체하였다. 그 결과로 대부분의 직공은 기계의 작동자로 단순노무 종사자였다.

확실히 (제1차) 산업혁명은 점차 새로운 산업을 만들어 가고(기계제조, 제철, 에너지, 교통 등), 고용을 창출한 것도 사실이었다. 하지만 농촌에서 유입된 노동력은 풍부하고, 노동시장에서 노동력은 공급 과잉이었다. 이 때문에 공장 근로자의 교섭력은 낮고, 게다가 근로환경은 열악하고 풍기가 문란하였다. 결국 건강에 지장을 주거나 생활이 파탄된 사람도 많았다. 바로 근로자에게는 '인적 종속성'과 '경제적 종속성'이 중첩되고, 이것이 심각한 사회문제를 일으키고 있었다.

공장법은 이러한 사회문제에 대처하기 위하여 근로자(특히 연소자)의 건강 등

되고, 1853에 아동에 대한 표준 근로일의 적용이 실현되었다.

한편, 공장법의 적용범위도 섬유산업에서 그 밖의 산업부문으로 순차로 확장되었다. 1845년 날염공장, 1860년 표백공장과 염색공장, 1861년 직물공장과 양말공장, 1864년 토기제조, 성냥, 뇌관, 탄약통, 벽지, 면비로드 공장을 규제하였다. 1867년에는 「공장법 확장법」과 「작업장 규제법」이 제정되어 근로자 50명 이상의 공장과 50명 미만의 작업장을 규제하였다. 1878년에는 그동안의 모든 공장법을 통합한 「공장 및 작업장법」이 성립되었다.

19세기 동안 공장법은 점차 발달하고 있었지만, 그 법적 보호는 '18세 이상의 남성 근로자'에게는 적용되지 않았다. 성인 남성은 자유로운 근로계약에 맡겨졌지만, 실제 생산과정에서는 아동이나 연소자, 여성과의 협력이 불가결하기 때문에 근로일의 제한은 간접적으로 성인 남성 근로자에게도 영향을 미쳤다. 공장법은 우선 실시되자 자본 간의 경쟁조건의 균등화를 요구하여 미규제 산업으로 확장 적용을 촉진하면서, 기계의 도입과 생산 증강으로 나아가는 새로운 자극을 낳았다.

결국 공장법은 '대공업의 하나의 필연적인 산물'이다. 마르크스는 공장법의 교육조항의 성과로서 공장 아동에게 실시되는 공장교육을 통해 "전면적으로 발달한 인간"을 육성하기 위한 가능성이 주어졌다는 것을 평가했다. 그리고 『자본』에서 '근로일의 단축'은 '참된 자유의 나라'에 도달하기 위한 '근본조건'이라고 전망하였다.[네이버 지식백과]

을 어떻게 보호할 것인가라는 문제에 관심을 갖고 제정되었다. 예를 들어 앞에서 언급한 영국의 공장법은 18세 미만의 야간근로 금지와 근로시간의 상한규제, 학업과의 양립 보장, 아동근로의 금지, 공장감독관제도 등을 규정하였다.

공장법의 제정은 '노동운동의 성과'라는 측면도 있었다. 하지만, 아울러 자본가의 '인도주의'와 '온정주의'가 배경에 있던 점도 무시할 수 없다(후에 '마르크스(Marx)'[2]와 '엥겔스(Engels)'[3]로부터 '공상적 사회주의'(Utopischer Sozialismus)[4]라고

---

2) <역자주> 마르크스주의(Marxism): 마르크스가 엥겔스의 협력으로 만들어 낸 사상과 이론의 체계. 그 이론적 기초는 철학 영역에서 변증법적 유물론 내지 사적 유물론, 경제학 영역에서 마르크스경제학(「자본론」)을 중심으로 자본주의 사회의 내부 구조와 운동법칙에 대한 분석, 이러한 철학적·사회과학적 이론에 기초한 '과학적 사회주의'의 주장(노동자계급을 주체로 한 사회주의 혁명과 그 사회건설에 관한 이론) 등이다. 그 특징은 '과학성', '계급성', '혁명성'을 표방한 점이다. 단순한 추상적 사변의 산물이 아니고, 노동자 계급을 그 현실적 담당자로 하며, 그들의 해방 투쟁에서 무기이자 지침이라고 역설한다. 즉 새롭게 등장한 노동자계급을 선두로 한 전체 노동대중에게 그 해방의 모든 조건을 이론적으로 자각시켜 그들의 의식을 체계적으로 재구성하게 하기 위한 이론적 노력의 산물이었다.

그런데 이러한 목적을 달성하려면 종래의 과학 및 사상의 역사적 유산이 올바르게 계승되어야 한다. 레닌은 마르크스주의의 3가지 사상적 원천으로서 "인류가 19세기에 형성했던 3대 정신적 조류, 즉 독일의 고전철학, 영국의 고전경제학, 프랑스의 사회주의를 들면서 마르크스주의야말로 그러한 역사적 유산의 가장 정통적인 계승자이며 비판적인 섭취자"라고 주장했다(「칼 마르크스」, 1914). 생시몽, 푸리에, 오웬 등 종래의 사회주의자들은 인류 해방의 이상을 내세워 자본주의적 사회체제를 비판했지만, 사회변혁을 위한 현실의 조건과 주체를 분명하게 밝히지 못했다. 반면에 마르크스와 엥겔스는 독일의 고전철학과 영국의 고전경제학에 대한 비판적 섭취를 통하여, 종래의 '공상적'사회주의를 '과학성'을 갖춘 것으로 전화시켜 과학적 사회주의로서 마르크스주의를 기초 지었다.

하지만, 실제로는 그 후 사상체계의 구조와 성격의 파악 방식과 관련해 이른바 마르크스주의자 내부에서도 '과학주의'에 대한 '정치주의'와 '인간주의', '교조주의'에 대한 '수정주의' 등의 여러 분열과 대립이 나타나서 그 극복이 과제로서 제기되었다. 마르크스주의는 마르크스와 엥겔스에 의해 확립된 후 유럽에서 세계에 확대해 사회주의운동 및 민족주의운동의 지도적 이론으로서 핵심 역할을 하면서 큰 영향력을 미쳤다.

마르크스와 엥겔스의 사후, 노동운동 및 혁명운동과의 결합이 실제적으로 강화되고 사회주의가 과학으로부터 현실로 이행하는 시기에 접어들게 됨에 따라 과학성보다는 계급성·당파성·정치성이 강조되고, 또한 이론적 발전에서도 분업적 경향이 생겨나게 되었다. 19세기 말에는 카우츠키, 베른슈타인, 룩셈부르크 등 사이에서 논쟁이 일어났다. 그러나 얼마 지나지 않아 레닌은 수정주의적인 여러 조류와 싸워나가면서 '제국주의와 프롤레타리아 혁명의 시대에 있어서의 마르크스주의'로서 레닌

주의를 확립하며, 여기에 기초해 1917년의 '러시아 혁명'을 실현, 사회주의 건설을 추진했다.

이후 사회주의운동의 국제적 발전과 더불어 마르크스주의는 모든 사회주의 국가의 공식적 지도이론 이면서 사회주의 정당의 중심적 이론이 되어 왔다. 하지만 스탈린에 의한 마르크스주의의 일시적 경화, 스탈린 비판과 '비(非)스탈린화'의 진전, 중·소 논쟁, 모택동 사상에 기초한 '문화대혁명'의 전개, 토글리아티(P. Togliatti) 등의 구조개혁론, 이른바 '신좌익'의 등장, 소련 및 동구의 몰락, 라틴 아메리카 등에서 선거를 통한 사회주의 혁명 등 그 내용은 매우 다양해지고 내부에 다양한 대립을 잉태하면서 오늘날까지 전개되고 있다.

마르크스주의는 그의 사후 K.카우츠키에 의한 사회민주주의와 레닌에 의한 마르크스-레닌주의로 갈라져 마르크스-레닌주의는 1956년 소련공산당 제20차 대회의 수정과 그에 이은 유러 커뮤니즘의 강력한 비판으로 결정적 시련에 봉착하였다. 사회민주주의는 1951년 7월 프랑크푸르트 선언을 계기로 새로 등장한 '민주사회주의'에 의하여 전면적으로 대치되었다. 따라서 지난 1세기 이상을 두고 사회사상·정치사상·혁명사상에 커다란 영향을 끼쳐온 마르크스주의는 이제 그 하향 길에 접어들고 있다.[네이버 지식백과]

3) <역자주> 프리드리히 엥겔스(Friedrich Engels, 1820~1895): 독일의 사회주의 철학자·경제학자로 카를 마르크스와 함께 마르크스주의의 창시자이다. 과학적 사회주의 이론, 변증법적 및 사적 유물론의 창시자, 국제 노동자 계급운동의 지도자였다. 마르크스가 후기에 주로 경제학 연구에 집중한 반면에, 엥겔스는 자연과학의 철학적 문제 등 주로 변증법적 유물론의 연구에 집중하였다. 또 그는 마르크스주의를 대중 보급에도 힘써 마르크스주의를 이론적으로 체계화한 '이론가'이면서 노동 운동, 사회 변혁 운동 등의 실천적 활동에도 적극적 참여한 '혁명가'였다. 독일 라인 주의 바르멘시의 방적공장 경영자의 가정에서 출생, 경영자가 되기를 바라는 부친의 뜻으로 브레멘시의 공장에서 견습으로 근무, 1841년 가을부터 포병지원병으로 베를린에서 복무하면서 베를린 대학교에서 청강하였다. 당시 사회의 개혁운동에 참가, 청년헤겔학파의 일원이 되었고, 또 베를린 대학교수였던 셸링의 반동적, 신비적 철학에 대하여 「셸링과 계시」(1842) 등 여러 논문을 통해 반박하면서, 헤겔의 보수적 결론, 그 관념론적 변증법의 모순도 비판하였다.

1842년에 부친이 경영하던 영국 맨체스터의 공장에서 근무, 당시 자본주의가 최고로 발달한 영국의 노동자 계급의 지독한 경제적 생활상태, 정치적 무권리의 원인 탐구에 뜻을 두면서 당시 차티스트 운동의 견해와 운동의 결정을 보고, 그 성과를 「정치 경제학 비판 요강」(1844) 및 「영국 노동자 계급의 상태」(1845)를 썼다. 여기서 프롤레타리아의 위대한 미래와 그 역사적 사명을 명확화하면서 사회주의자로 정립하였다.

영국에서 귀국 중 파리에서 마르크스와 만나 우정과 협력이 계속하였다(1844). 이들은 우선, 1844~1846년에 공저 「신성가족」과 「독일 이데올로기」를 통해 헤겔, 포이에르바하, 청년헤겔학파 등의 추종자들의 철학적 견해를 비판하면서 변증법적 사적 유물론의 토대를 쌓았다. 그 후 프롤레타리아 혁명정당으로 이어진 '공산주의 동맹'의 조직 등 실천적 활동을 행하고, 그 동맹의 강령으로 「공산당 선언」(1848)을 발표, 엥겔스는 초안인 「공산주의의 원리」를 썼다. "만국의 노동자들이여, 단결하라!"(493면)는 유명한 문구로 끝을 맺고 있는 이 책은 프롤레타리아의 계급투쟁에 대한 분석과 함

비판받은 초기의 사회주의 사상가들은 근로자 계급 출신은 아니었다. 예를 들어 영국의 초기 공장법을 제정하는 데 진력을 다한 '오웬'[Owen][5]은 공장 경영자였다).

께 공상적 사회주의자들에 대한 비판도 포함하고 있다. 이 책은 마르크스주의를 처음으로 대중들에게 널리 알리게 되는 계기가 되었고 가장 많이 읽히는 공산주의 문헌이 되었다.

1848~1849년의 독일 혁명에 참가했지만 실패해 다시 맨체스터의 공장으로 돌아갔다(1850~1870). 이 혁명투쟁의 경험을 기초로 「독일 농민 전쟁」(1850), 「독일의 혁명과 반혁명」(1851~1852)을 썼고, 프롤레타리아 해방투쟁에 있어 동맹자로서 농민이 지니는 의의를 명확히 하였다. 당시 이미 런던에 있던 마르크스와 함께 제1인터내셔널을 결성, 이 조직 내 쁘띠 부르주아적, 기회주의적, 무정부주의적 견해와 투쟁하고, 또 마르크스의 「자본론」의 완성 및 연구생활을 지원하였다. 이 동안 자신은 변증법적 사적 유물론의 견해를 발전, 자연과학에 이 견해를 적용해 성과를 거두었다. 유고인 「자연변증법」이다. 그는 변증법적 유물론의 입장에서 철학의 근본문제를 확정하고, 인식론의 발전에 기여, 사적 유물론의 기계적 이해를 비판하면서 경제적 조건의 결정적 역할, 상부구조, 그 속의 이데올로기의 의의, 역사에 있어 개인의 의의도 해명하였다. 즉 「반뒤링론」(1878), 「가족, 사유재산 및 국가의 기원」(1884), 「포이에르바하론」(1886)이다.

그는 1870년에 런던으로 이주해 마르크스와 함께 일을 하였으며, 그의 사후(1883)에는 「자본론」 제2~6권을 발간해 유럽 노동운동의 중심인물로 활동하였다. 그의 유해는 유지에 따라 해저에 가라앉혀졌다.[네이버 지식백과]

4) <역자주> 공상적 사회주의(空想的 社會主義, Utopian Socialism): 마르크스가 주장한 과학적 사회주의와 대조되는 공상적인 이상에 바탕을 둔 사회주의이다. 마르크스나 엥겔스 등이 주장하는 사회주의는 과학적인 분석을 바탕으로 하여 공산주의 원칙을 실현하여 '과학적 사회주의'라 불린다. 반면 로버트 오웬(Robert Owen), 생시몽(Saint-Simon), C. 푸리에(Fourier) 등이 주장하는 사회주의는 그들이 이상으로 하는 세계를 실현하기 위해 계급성을 배제하여 계급투쟁이나 정치투쟁을 반대하고, 사랑과 협력을 통해 새로운 세계를 창조하려 하였는데, 과학적 사회주의자들은 그들과 비교하여 이를 '공상적 사회주의'라 불렀다. 불평등의 원인이 사유재산 제도에 있다고 본 로버트 오웬은 협동조합운동을, 생시몽은 산업자의 사회를, 푸리에는 개혁화된 협동사회를 제창하여 자본주의의 개혁을 추구하였다. 이들의 사상이 결점을 가지고 있음에도 무산계급을 위한 사회를 주장한 것과 그들이 꿈꾸던 현실을 위한 청사진을 제시하여 각성시켰다는 것에서 오늘날의 '사회사상'과 '사회운동'의 원천이 되고 있다.[네이버 지식백과]

5) <역자주> 오웬(Robert Owen, 1771~1858): 영국의 공상적 사회주의자이며 노동조합운동의 선구자. 영국 산업혁명의 중심지인 맨체스터에서 자라 젊은 시절에 산업 자본가로서 성공했다. 그는 저임금과 불황이 자본주의적 자유경쟁 하에서의 맹목적 이윤추구에 기인된다고 생각하고, 화폐의 사용, 분업 및 사유재산의 폐지를 주장하였다. 하지만 그는 부르주아적 입장을 버린 것은 아니고, 자유경쟁 체제의 완전한 변혁을 주장하였다. 여기에서 그는 기업으로 운영되는 농공겸영의, 그리고 분업과 사유재산이 존재하지 않는 마을이 불황도 실업도 없으며 고도의 생산력을 창출한다는 것을 실험적으로 예증함으로써, 자본주의가 서서히 자발적으로 사회주의에로 이행할 수 있음을 보이려고 하였다.

자본가들이 공장법의 제정을 지지했던 것은 적정한 노동력을 이용해 건강한 노동력을 확보하는 것이 지속적으로 사업을 운영하는 데 필수적이라는 엄연한 경영의 논리(경제적 합리성)가 있었기 때문이다. 노동력을 확보하고, 규율이 있는 노동을 중시한다는 생각은 노동법의 전사(前史)인 영국의 초기 「주종법」(Master and Servant Acts)[6] 등에서 이미 볼 수 있었다. 하지만, 이것으로 장시간 근로의 규제 등의 근로자 보호 시책을 받아들이고, 근대화 중에서 '노동법의 탄생'이란 기반을 형성해 왔다.

여기서 정부가 자본가에게 근로자의 보호를 맡기지 않고 관여하게 되었다. 이것은 문명 개화적인 자본가가 아무리 근로자의 보호를 배려한 경영을 하더라도 근시안적으로 이익을 추구하는 다른 자본가가 노동력을 마모시켜 가는 위험을 제거할 수 없었기 때문이다. 지속적인 경제발전을 바라는 정부의 입장에서도 개별 자본가에게 인도주의나 온정주의에 의존하기 보다는 근로자의 권리로서 건강하게 일하는 것을 보장하는 것이 필요하였다.

이렇게 보면, 노동법의 성격은 '근로자의 보호'를 중심 이념으로 삼으면서, 이것을 통하여 '경제 발전의 기초'를 구축하는 것을 알 수 있다. 이러한 노동법

1824년 그는 미국의 뉴하모니 마을에서 그 실험을 시작했지만 실패하고, 귀국 후 노동교환소의 경영, 노동조합운동의 지도에 힘썼지만 그 어느 것도 성공하지 못하였다. 이러한 경험을 통해서 만년에 그의 '성격 형성원리'가 제시되었다. '성격 형성원리'는 성격은 환경에 의해 결정된다고 하는 것이지만, 그의 독자성은 그것을 기초로 하여 근로자의 생활과 근로조건의 개선이 노동능력과 의욕의 향상, 따라서 이윤의 증대를 가져온다는 '고임금의 경제이론'을 주장한다. 또 국가의 실업대책 사업에 의한 실업해소를 의도한 점이라 할 수 있다.

6) <역자주> 「주종법」(Master and Servant Acts): 18~19세기 동안 고용주와 종업원의 관계를 규제하기 위해 고안된 법률이었다. 1823년 영국법은 그 목적을 "하인, 근로자와 근로자의 더 나은 규제"라고 묘사했다. 이 특별법은 미국, 호주(1845), 캐나다(1847), 뉴질랜드(1856), 남아프리카공화국(1856)의 산업관계와 고용법에 큰 영향을 미쳤다. 이 법은 일반적으로 근로자를 징계하고 노동조합에서 근로자의 '노동조합'을 억제하기 위해 고안된 고용주에 대한 편견이 심한 것으로 간주된다. 이 법은 하인들로부터 계약한 고용주에게 복종과 충성심을 요구했고, 법정 앞에서 처벌될 수 있는 계약의 침해, 종종 힘든 노동의 징역형을 받는다. 이것은 노동조합의 법적 지위를 확보한 1871년 제1차 '영국무역연합법'이 시행된 후까지 더 나은 근로조건을 위해 조직된 근로자들을 상대로 사용되었다. 그때까지 노동조합은 '무역의 자제' 때문에 불법적인 것으로 간주될 수 있었다.

의 성격은 현재에도 동일하다고 생각되지만, 근로자의 보호만을 강조하는 논자도 있다. 노동법은 근로자에게 다양한 권리를 부여하고, 사용자에게 다양한 의무를 부과하는 내용으로 전개해 왔다. 이로 인하여 근로자의 보호 이외의 요소는 노동법에서 불순물처럼 보이기 때문이겠지만, 이것은 피상적인 시각이다. 노동법의 탄생은 '경제적 합리성'을 고려하지 않고는 실현하지 못했던 것이다. 또한, 노동법의 존립을 지탱하는 기본 이념에 '국가의 경제발전에 유용'하다는 것을 부정하기란 어렵다.

(2) 시민혁명과 노동법

산업혁명과 노동법의 탄생에 다른 관점에서 중요한 역할을 수행한 것이 '시민혁명'[7]이다. 시민혁명은 영국의 청교도혁명(1642), 명예혁명(1688), 미국의 독립혁명(1775), 프랑스의 혁명(1789) 등이 대표된다. 시민혁명은 시민(市民)이 절대주의적 국가체제를 타파하고, 자유를 누릴 수 있는 사회의 실현을 목표로 일으킨 것이다. 이 시민혁명으로 시민은 길드(guild)[8] 등의 공동체라는 제약에서 해방되고, 그 경제활동의 자유를 보장하게 되었다.

---

7) <역자주> 시민혁명(市民革命, bürgerliche Revolution): 절대 왕정기에 성장한 부르주아 계급이 봉건제도의 모순을 극복하고, 국가 권력을 획득해 사회의 주도권을 잡으려 한 역사적 사건을 말한다. 시민계급(부르주아지)이 정치적 권력을 잡기 위한 사회변혁에서는 구세력(군주 및 상층 성직자를 포함한 귀족)의 저항으로 다소간에 폭력을 수반한다. 하지만 혁명과 그 전후의 계급 간 관계는 복잡하고 유동적이다. 구세력 측에도 자본주의화의 흐름에 편승하고, 부르주아지 중에도 귀족화 혹은 귀족과의 타협을 바라며, 또 부르주아지가 권력을 잡을 만큼 성장해 온 배후에는 그 경제력을 지탱하는 프롤레타리아트의 융성이 있었다.
시민혁명은 영국의 명예혁명에서 미국의 독립혁명을 거쳐 프랑스 대혁명에서 완성되었다. 이 중 프랑스 혁명의 경우 봉건적 신분 제도와 토지 소유의 모순을 극복하고, 시민의 권리를 '인권선언'에 명시하였으며, 혁명의 주요 시기에 항상 '민중운동'이 함께 한 측면에서 가장 대표적이다. 시민혁명의 주도자들이 내세운 주요 이념은 세습 전제 군주제 타파, 시민에 의한 정부 권력의 형성과 운영이었으며, 시민혁명의 성공으로 시민들은 정치적 자유와 법 앞의 평등을 획득하고, 경제 활동의 자유를 보장받게 되고, 이후 유럽 사회에 '개인주의'와 '자유주의의 확산'을 가져왔다.[네이버 지식백과]
8) <역자주> 길드(Guild): 11세기 이후 유럽의 각 도시에서 발달한 상공업자의 상호 부조적인 동업조합.

시민혁명의 중요한 목적은 '자본주의 발달'과 함께 새롭게 발흥한 '부르주아지(bourgeoisie)[9]의 사유재산'을 보장하는 것이었다. 하지만 결국 시민혁명은 근로자를 신분적인 예속 상태에서 해방하며 자유롭고 대등한 입장에서 노동력을 거래할 수 있도록 하였다(신분에서 계약으로).

다만, 같은 시민이라도 생산수단을 소유하고 경제활동의 자유를 향유하고 이익을 추구해 갈 수 있는 '자본가'와, 그러한 생산수단 없이 자신의 노동력을 제공할 뿐 생활수단이 없는 '근로자(노동자)' 사이에는 엄연한 차이가 있었다. 자본가와 근로자 사이의 노동력의 거래는 형식적으로는 대등한 개인 사이의 것이지만, 실질적으로는 대등한 거래라고는 할 수 없었다. 실제로 이러한 거래를 통하여 앞에서 언급한 산업혁명 후에 비참한 취업실태를 드러냈다. 계약의 자유는 이 실태를 인증하고 제한하는 법리가 없었다. 여기에 시민에게 자유로운 활동을 보장하는 것을 기본 이념으로 하는 '시민법의 한계'가 있었다.

이러한 자본가와 근로자의 격차를 계급적인 것으로 파악하고, 그 문제를 '과학적'이고 근본적으로 해결하고자 했던 것이 '마르크스주의'이었다. 하지만, 일본을 비롯한 대부분의 선진국에서는 마르스크가 생각하였던 것과 같은 '사회주의'로의 이행은 일어나지 않고, 자본주의의 테두리 내에서 새로운 법 원리(실질적인 대등성의 실현)를 가진 '노동법'으로 이 문제에 대처하고자 하였다.

---

9) <역자주> 부르주아지(Bourgeoisie): (ⅰ) 기원에서 중세와 후기 중세유럽에서의 상인과 지도적인 도시인이며, 다른 주요 계급이나 봉건주의의 신분층(농민, 귀족, 성직자)과 구분되는 사람들을 말한다. 저술가들은 (ⅱ) 일반적으로 자본의 소유자이며, 때로는 여러 자본형태의 소유주와 생산수단의 소유자가 구별된다. (ⅲ) 자본의 기능을 이행하는 사람들인데, 법적인 소유자가 아니라 관리자와 더 논쟁적으로는 고위 공직자들과 같은 사람들이다. 그리고 (ⅳ) 모든 비육체 근로자까지 확장된다. 이러한 확대는 부르주아라는 용어를 부정확하게 만들었고, 그 안에 있는 수직적 다양성을 나타내는 하위구분이 필요하게 되었다. 대부르주아지(grand bourgeoisie)는 주요 부르주아 집단을 말하고, 소부르주아지(petite bourgeoisie)는 소규모의 부르주아를 말한다(특히 상점경영자나 다른 소규모사업 소유주들). 어떤 사람들은 재화의 수평적 분화, 즉 산업자본가와 여타 자본가를 때로 구분하기도 한다. '부르주아지'라는 용어는 마르크스주의자와 대륙의 유럽인들에 의해 자주 사용되었는데, 영미권 사회학 전통의 저자들은 '중간계급'이라는 용어를 더 선호한다.

✏️ **보론: 노동법의 또 다른 계보**

노동법의 계보(系譜)로서 공장법 등의 근로자 보호를 위한 입법이라는 흐름과는 별도로, 또 다른 계보의 입법도 있었다. 이것이 근로자가 자발적으로 단결하여 결성한 노동조합을 통하여 근로조건을 유지·개선하는 것을 보장하는 것이다. 노동조합의 활동은 시민혁명 이전의 길드 등 **직능단체**가 자유 억압적인 것이었던 것도 반성하고, 프랑스의 「**르 샤플리에법**(Loi de Le Chapelier)」[10](1791)을 전형으로 엄격히 제한하였다(중간단체의 부인). 하지만 산업혁명 이후에 엄청난 사회변동 속에서 종속 근로자가 단결을 통하여 노동조합 운동을 확대하여 그 존재를 정부도 무시할 수 없게 되었다. 이렇게 서서히 노동조합의 활동이 승인하게 되었다(정부에 의한 '탄압'에서 '방임'(放任), 그리고 '법인'(法人)으로).

노동조합의 활동(특히 단체교섭, 파업)은 개인의 자유를 기본 이념으로 하는 '시민법의 논리'와 긴장관계에 있었다. 이 때문에 이것을 승인하려면 시민법과는 별도의 논리를 가진 법이 필요하게 되었다. 이렇게 종속 근로자를 보호하기 위한 '공장법'에 따른 직접적인 보호입법과는 별도로 근로자가 자발적으로 단결한 노동조합을 통한 자조(自助)의 권리를 보장하는 것도 그 내부로 들어가게 된다(이러한 노동법의 두 계보는 각각 다음의 「**개별적 노동관계법**」과 「**집단적 노사관계법**」으로 대응하고 있다).

　이렇게 보면, 노동법의 탄생은 사회에서 보호해야 할 근로자가 있어 실현했다고 할 수 있을 정도로 단순하지는 않다. 역사적으로는 (제1차) 산업혁명 이전부

---

10) <역자주> 르 샤플리에법(Loi de Le Chapelier): 1791년 6월 14일 프랑스 혁명 초에 헌법제정의회가 채택한 노동자단결금지법. 제안자 르 샤플리에(1754~1794)는 브르타뉴 출신의 의원이었다. 그는 1791년 3월, 중세 이래의 길드제(制)가 폐지된 뒤, 직공·노동자들이 그 대신 동직조합(同職組合)을 결성하고 임금 인상 투쟁을 하는 것을 보고 길드제가 해산된 이상 임금문제는 고용관계와 같이 개별적으로 근로자와 자본 사이에서 해결할 문제라고 못박고, 일정한 직업의 시민이 공동이익을 위해서 단결하는 것을 금지했다. 르 샤플리에의 취지는 노동의 자유를 관철하기 위한 것이었으나, 결과적으로 자본가와 사업주에게 제멋대로 하는 길을 터 주어 프랑스 노동운동을 속박하는 꼴이되고, 1864년까지 실효를 유지하였다.

터 노예로 일하던 사람 등 보호해야 할 근로자는 무수히 있었다. 오늘날의 노동법은 (제1차) 산업혁명 후 자본주의 사회에서 많은 노동력을 공급받아야 했던 자본가에게 근로자를 혹사시키는 것이 경제적 합리성에 반하고, 인도적으로도 허용할 수 없다는 인식이 확대되었다. 이에 노동법은 시민혁명으로 무너진 '절대왕정'에 이어 탄생한 '국민국가'가 이러한 인식을 받아들인 곳에서 탄생하였다. 이 점은 현재에 노동법의 미래를 생각하는 데도 유의해야 하는 핵심이다.

한편, '시민혁명'은 시민을 공동체의 멍에에서 해방시키고, 근로자를 신분적 예속으로부터 해방시켰다. 하지만 새로운 법 분야인 '시민법의 법원칙'(계약의 자유, 사유재산의 보호, 과실책임의 원칙 등)은 근로자의 종속성 문제에 적절하게 대처할 수 없었다. 그래서 국민국가가 필요로 한 것은 시민법을 수정하고, 실질적 평등이라는 정의의 요청에 응하는 '노동법'이었다. 노동법은 '경제적 자유의 보장과 제약'이라는 서로 대립하는 요청을 교차하는 가운데 탄생했던 것도 또한 노동법의 미래를 생각하는 데에 핵심이다.(제7장 자영적 취업−노동법의 프런티어)

✎ 칼럼: 근로와 계약

'근로(노동)'[11]와 '계약'은 근대사회에서는 하나로 있는데, 역사적으로는 그렇지 않았다. 인류 역사의 대부분에서 근로의 중심인 '육체근로'는 노예(奴隷)와 농노(農奴)가 맡고, 신분적 구속관계(특히 이동의 자유가 없는 것)를 동반하였다. 시민혁명은 근로자를 이러한 구속관계로부터 해방시키고, 근로관계를 신분적 관계에서 계약적 관계로 전화(転化)시켜서 근로의 역사에서 혁명적인 의의가 있었다(물론 현대에도 '계약 없는 근로의 현상'은 근절되지 않고 있다).

1804년에 제정된 프랑스 '민법전'(나폴레옹 법전)[12]에서는 고대 로마의 계약유형(locatio conductio)[13]을 재생하고, 고용에 대해서는 'ilouage d'ouvrage(고대 로마에서는 locatio operarum)'(노무의 임대차)라는 계약 유형을 마련하고, 이것이 오늘날에도 계승하고 있다(제1780조). 일본의 민법도 그 영향을 받았는데, 민법이 규정하는 13개의 계약(전형계약)의 하나에 '고용'(雇傭)이 포함되어 있다(제8절 고용 제623조 − 제631조).[14]

오늘날에는 근로가 계약으로 행하는 것은 법적으로도 명확하지만, 그 역사는 200년 정도인 것도 알아둘 필요가 있다.

---

11) <역자주> 일본에서는 '노동자', '노동계약' 등 '노동으로 통일되어 있다. 하지만 한국의 경우에는 '근로'라고 하면 정신노동까지 포함하는 듯하고 순종적인 느낌을 주는데 대하여, '노동'이라 함은 육체노동만을 의미하는 듯하고 저항적/전투적 느낌을 준다. 하지만 이것은 어감의 차이에 불과하고 학문적으로 양자의 개념이 구별되는 것은 아니다. 이와 같이 '근로'와 '노동'이 같은 뜻의 용어인데도 법령상 '근로자', '근로계약', '근로시간', '근로조건', '노동조합', '노동쟁의', '부당노동행위', '노동위원회' 등의 용어의 통일을 기하지 못한 것은 남북분단 상황 아래서 가급적 '노동'의 용어를 피하려는 정치적 고려가 적용했기 때문인 듯하다(임종률, 노동법(제17판), 박영사, 2019, 3면). 이 책에서는 '노동'보다는 한국의 법률표현인 '근로'라는 용어를 사용한다.

12) <역자주> 나폴레옹법전(Code Napoléon): 1804년 나폴레옹 1세(Napoléon Ⅰ, 1769~1821)가 제정, 공포한 프랑스의 민법전. 근대 법전의 기초 법전으로 세계 3대 법전(유스티니아누스, 함무라비, 나폴레옹) 중 하나이다. 프랑스혁명을 통한 법 앞에서 평등, 취업의 자유, 신앙의 자유, 사유재산의 존중, 계약자유의 원칙, 과실책임주의, 소유권의 절대성 등 근대 시민법의 기본원리가 반영되어 있으며 총 3편 2281조로 구성되어 있다. 이 법전은 합리주의와 권위주의를 절충하였다고 평가되며 최초의 성문법 제정이라는 점에서 의의를 가진다. 나폴레옹은 이 법전을 두고 '나의 명예는 전쟁의 승리보다 법전에 있다'고 말하기도 하였다.
프랑스혁명 전에는 북부에서 '관습법', 남부에서 '로마법'이 주로 활용되었으나 단일 사법 체계는 존재하지 않았다. 하지만 혁명으로 엄청난 양의 새 법령이 도입됨에 따라 법전 집대성의 필요성이 대두되었고, 나폴레옹의 주도로 프랑스 변호사들이 이 법전을 편찬하였다. 법전에 따르면 사유 재산이 있는 자에게는 자격증서를 주었으며 장자 상속이 아닌 남자 상속인 간 재산을 나눠 갖도록 되어 있다. 또한 프랑스 식민지에 노예제도를 다시 도입하도록 하였으며 경찰이 근로자를 감시할 수 있도록 하였다. 개인주의와 자유주의를 바탕으로 개인의 자유, 균분 상속, 신앙과 계약의 자유 등 기본권을 보장하였다.
1807년 나폴레옹은 이 법전을 '나폴레옹법전'이라고 개칭하였다. 이후 이 명칭은 폐기되었다가 1852년 다시 사용하였다. 경우에 따라 나폴레옹의 상법, 민법, 민사소송법, 형사법, 형사소송법을 말한다. 나폴레옹법전은 나폴레옹의 유럽 제패로 많은 나라에서 시행되었고 각국의 민법전 제정의 기반이 되었다. 또한 나폴레옹의 몰락 후에도 이탈리아, 벨기에, 네덜란드 등에 많은 영향을 미쳤다. 제정된 지 200년 이상 경과한 후 수정·보충을 거쳐 존속하며 프랑스에서는 현재에도 이 법전을 사용하고 있다.[네이버 지식백과]

13) <역자주> 로마법에서 locatio conductio는 합의된 계약으로, 어떤 사람이 어떤 물건의 사용을 일정한 시간 동안 다른 사람에게 전달하거나, 일정한 가격으로 일을 하도록 되어 있다.

14) <역자주> 거의 같은 내용으로 한국의 민법 제8절 제655조~제663조가 있다.

2. 종속노동론

(1) 종속노동론이란 무엇인가?

종속노동론이란 노동법의 역할을 "사용자의 아래에서 경제적 내지 인적으로 종속적으로 노무를 제공하는 근로자를 보호하고, 사용자와 실질적 평등을 실현하는 것"에 있다는 견해이다. 앞에서 언급한 것처럼, 노동법의 탄생은 종속노동론만으로 설명할 수 없다. 하지만, 종속노동론이 노동법의 기본 개념이라는 것은 말할 필요도 없다.

특히 지적해야 할 것은 '종속노동론'의 2가지 의의이다.

첫째, 계약의 당사자 사이에 지배 · 종속관계가 있다는 사실은 대등한 계약당사자를 전제로 하는 시민법과는 다른 노동법의 독자적인 존재 이유를 근거화하는 의의가 있다. 이 점은 노동법학의 성립에 크게 공헌한 독일의 진츠하이머(Hugo Sinzheimer)[15]는 노동법은 그 대상으로 삼는 인간상을 '종속근로자'로 하고, 그 이념을 '생존의 보장'으로 한다. 이로써 노동법은 시민법과는 다른 독립된 내실을 가진다고 주장하였다.[16] 진츠하이머의 종속노동론은 현재까지 일본과 유

---

15) <역자주> 후고 진쯔하이머(1875~1945): 독일 노동법의 기초를 확립한 위대한 법학자이자 대학교수, 변호사, 국회의원, 법정책 전문가로서 이론과 실천을 통한 '인간적 사회주의'의 실현에 생애를 바친 인물이다. 그는 1927년에 쓴 「노동법원리」(제2판)에서 "노동법이 통일적이며 독자적인 법 영역이라는 인식은 널리 퍼져 있으나, 이러한 인식에 맞게 노동법의 각 부분 전체의 내적 관련과 그 법 원리의 특징에 관한 충분한 고찰은 아직 이루어지고 있지 않고 있어서, 노동법 안에서 움직이고 있는 기본사상을 생기발랄하게 유지하며, 노동법적 사고를 그 분열에서 지키기 위해 고찰을 촉진하는 것을 과제"로 하고 있다(후고 진쯔하이머(이원희 역), 노동법원리, 관악사, 2004; 이흥재, "휴고 진쯔하이머의 생애와 학문 - 한 '인간적 사회주의자'에 대한 소묘", 노동법연구(1), 서울대학교노동법연구회, 1991.5; 이원희, "진쯔하이머의 노동법론과 그 업적", 노동법연구(5), 서울대학교노동법연구회, 1996.6. 참조). 진쯔하이머의 노동법 사상과 체계는 독일을 넘어 현재의 한국의 노동법 사상과 체계의 근본을 이루고 있음을 부인할 수 없다.
16) 그의 노동법 사상은 공법과 사법의 법체계적 구별이 엄격했던 그 당시에 통일적인 법원리를 기반으로 하여 '제3의 법 영역'인 노동법의 독자적인 법체계를 구축할 수 있도록 하였다. 시민법상의 평등한 인간관계가 아닌 현실의 불평등한, 종속근로 관계에 놓여 있는 노동자 개념을 노동법의 기저에

럽의 노동법학자 사이에 노동법의 존재 이유(raison d'être)로 해석되고 있다.

둘째, 근로자가 종속적인 상황에 있는 것 자체, 사회적 보호의 필요성이 있다는 점을 제시하고 있으며, 정부가 시민법에 계약의 자유를 제한해 법적으로 개입하는 것을 정당화하는 의의가 있다. 학설 중에는 이러한 의미의 종속성이 있는 것이 근로자에게 숙명적인 것이라고 하는 견해가 오늘날에도 유력하다. 하지만 실태로서 종속성은 경제 상황이나 사회 정세의 변화에 따라 변할 수 있다. 종속성을 숙명적으로 불가변한 것으로 보는 입장은 노동법을 시대의 변화에 적응할 수 없는 경직된 것으로 할 위험성이 있다(大內 2014b).

(2) 종속노동론의 전개

종속노동론은 "사용자 아래에서 경제적 내지 인적 종속으로 노무를 제공하는 근로자를 보호하고 사용자와 실질적 평등을 실현하는 것"이다. 이러한 종속노동론은 노무를 제공하는 과정의 특징을 추상화하여 제시한 것이다. 이러한 이유로 제1차 산업혁명 당초의 정부의 관심의 대상이었던 '공장근로자'뿐만 아니라, 동일

놓아야 함을 명확히 하고 있다.

노동법은 노동자(Arbeitnehmer)의 여러 관계를 규율하는 통일적인 법이며, 노동법의 대상이 되는 노동은 노동일반이 아니라 종속노동(abhängige Arbeit)이다. 여기서 노동자란 사용자측과 노동법적 여러 관계에 의해 결합되어 있는 종속노동에 의존하는 법적 주체들이다. 생산직 및 사무직 노동자, 관공리, 도제 및 노동자 유사인 등이 있다. 또한 종속노동은 '하나의 법적 권력관계 하에서 급부하는 노동'이며, 종속노동의 기초는 '소유권'이다. 소유권은 자기의 가치실현을 위해 그 처분 하에 놓인 노동력을 지배, 관리한다. 이 경우 소유권에 의한 노동력의 처분은 단순한 물권법적 행위가 아니며 동시에 인격법적 행위이기도 하다.

그의 노동법은 모든 인간이 평등하다는 소유권 질서만이 아닌 인간의 계급적 위치에 상응하는 사회적 지위에 의해 부여받는 사회적 실존, 즉 불평등 종속의 구체적인 인간을 중심점에 두는 질서에서 출발한다. 즉 노동법은 '근로자의 사회적 인격질서'의 수립을 목표로 한다.

그의 노동법은 근로자를 우선 하나의 사회적 신분(Stand)의 일원으로서 다룬다. 근로신분은 근로자가 그와 사용자측과의 사이에 성립하는 결합관계의 외부에서, 근로자로서의 신분에 갖는 여러 관계의 총체이다. 노동법은 근로자를 또한 하나의 사회적 결합체의 일원으로서 파악한다. 근로결합은 근로자와 사용자 간에 성립되는 여러 관계의 총체이다. 근로신분과 근로결합은 노동법의 기본관계이며, 노동법이 규정하는 (모든) 관계를 포함한다.

한 상황에 있는 '다른 산업의 근로자'에게도 확장할 수 있었던 것이다. 실제로 그
후 제정된 노동법은 공업 이외에 다른 산업으로도 확대하게 된다.

　　일본에서도 1911년에 최초로 제정된 노동법은 「공장법」(工場法)[17]이었다.
그 후 공장법은 다른 산업에도 확대되어, 제2차 세계대전 이후에 제정된 「노동기
준법」(勞動基準法, 1947)[18](우리나라의 「근로기준법」에 해당한다)은 '직업의 종류를 불
문하고' 적용되는 포괄적인 근로자 보호법이다(제9조 참조).[19] 그러나 노동기준법

---

17) <역자주> 「공장법」은 공장근로자의 열악한 근로조건에 관심을 가진 정부는 1896년 '산업의 발달'
　　과 '국방'의 견지에서 근로자를 보호할 필요가 있음을 깨닫고 이를 재계에 호소하여 1911년에 탄생
　　하게 되었다. 당초에 상시 15인 이상의 직공을 사용하는 공장(1923년에는 상시 10인 이상으로 개
　　정) 및 사업의 성질이 위험한 공장 또는 위생상 유해 위험이 있는 공장을 적용대상으로 하였다. 주
　　된 내용은 여자·연소자(보호직공)의 취업제한으로서 최저 위업연령의 설정, 최장근로시간의 법정,
　　심야업의 금지, 일정한 휴일·휴식의 의무화, 위험유해업무에 대한 취업제한 등을 규제하였다. 또한
　　일반직공의 보호로서 공장의 안전위생을 위한 행정관청의 임검·명령권, 업무상 상해·질병·사망에
　　대한 본인 또는 유족에 대한 부조제도, 직공의 채용·해고·알선에 관한 감독을 규정하였다. 1923년
　　공장법시행령 중에 해고예고 또는 예고수당지불(14일간의 예고기간 또는 그 기간에 해당하는 임금
　　지불), 해고시의 고용증명서의 교부, 취업규칙의 제정·신고의무가 추가되었다.
18) <역자주> 노동기준법의 제정 배경: 1945년 8월 15일 제2차 세계대전 패전으로 시작된 전후 부흥
　　기에는 연합국군 최고사령관 총사령부(GHQ)의 주로 일본을 평화적인 민주주의 국가로 개혁하는
　　시책을 계속해 마련하였다. 먼저 5대 개혁 지령(정치범위 석방, 치안유지법의 철폐, 학교교육의 자
　　유, 노동조합의 결성 촉진, 재벌에 해체, 부인참정권의 부여, 농지해방)이 내려져 노동조합의 결성
　　장려와 노동관계의 근대화가 도모되었다. 1946년 5월에는 일본국 헌법(국민주권, 상징천황제, 전쟁
　　포기, 의회제 민주주의, 기본적 인권, 자유주의 시장체제)이 제정되어 국민의 생존권 보장과 근로의
　　권리의무, 근로조건의 법정, 노동기본권의 보장이라는 노동관계의 기본원칙이 선명되었다. 이러한
　　원칙에 따라서 노동조합법(1945), 노동관계조정법(1946), 노동헌장의 설정과 ILO의 국제노동기준(8
　　시간 근로제, 주휴무제, 연차유급휴가 등)의 가급적인 실현을 목표로 「노동기준법」(1947)의 제정,
　　직업안정법(1947), 노동자재해보상보험법(1947)의 제정, 또한 이러한 노동입법을 시행하는 노동위원
　　회(1946)와 노동성(1947)이 설치되었다. 그 후 일본경제는 1950년 6월 25일 발발한 한국전쟁(6·25
　　전쟁)의 특수로 부흥의 계기를 잡았다. 1952년 4월 대일강화조약의 발효로 독립을 이루어, 부흥으로
　　향하게 되었다; 한국의 경우 1953년 6·25 전쟁이 계속되는 가운데 임시 수도 부산에서 노동조합법,
　　노동쟁의조정법, 「근로기준법」, 노동위원회법이 제정되었다. 특히 근로기준법에는 휴업수당, 1일 8
　　시간과 1주 48시간의 법정근로시간, 주휴일, 연월차휴가, 생리휴가, 출산전후휴가, 정당한 이유없는
　　해고/징계 등의 금지, 근속연수에 따른 해고수당(근로자 귀책사유에 의한 해고의 경우는 제외) 등이
　　규정되었다.

이 적용되는 '근로자'의 범위는 종속적인 상황에 있어 사회적으로 보호할 필요성이 있는 근로자 전반이 아니라, 직업의 종류를 불문하지만 '사업 또는 사업장(사업장이라 총칭) … 에 적용되는 자로 임금을 지급받는 자'로 한정되어 있었다. 즉, 노동기준법에서 보호의 대상이 되는 '근로자'는 '사용되는'이라는 '인적 종속성'이 있는 자로 한정되어 있었던 것이다. '경제적 종속성'을 가지고 일하는 자는 통상적으로 인적 종속성을 가지고 일하기 때문에 인적 종속성을 기준으로 한다면 보호해야 하는 근로자의 범위가 너무 좁아서는 안 되고, 보호의 범위에서 누락되는 유형의 근로자의 존재를 알면, 그때에 특별한 입법으로 대처하면 되었다(사례로 「가내노동법」[20]이 있다).[21]

---

19) <역자주> 동일하게 한국의 근로기준법은 근로자를 '직업의 종류와 관계없이 임금을 목적으로 사업 또는 사업장에 근로를 제공하는 자'로 정의하고 있다(제2조 제1항 1호)

20) <역자주> 일본의 '가내노동법'은 1970년 제정(5월)·시행(10월)되었다. 가내근로자는 위탁자로부터 원재료 등의 제공을 받아 물품의 제조, 가공 등에 종사하는 자를 말한다. 동거친족 이외의 자를 사용하지 않는 것을 상태(常態)로 하는 것을 말한다. 이 법률은 공임(工賃[직공의 품삯, 가내근로자가 취득하는 보수])의 최저액, 안전보건 그 밖의 가내근로자에 관한 필요한 사항을 정하여 가내근로자의 근로조건 향상과 생활안정에 기여함으로 목적으로 하고 있다. 1959년 당시 일본 도쿄에서 비닐 샌들(vinyl sandal)을 제조하는 가내근로자가 고무풀에 의한 벤젠중독이 종종 발생해 이들의 안전보건문제도 중요하게 부각되는 계기로 종합적인 가내근로대책을 수립해야 했다. 그 후 일본 노동성은 '임시가내노동조사회'를 설치하고 가내근로에 대한 실태조사와 종합적인 가내근로대책의 검토해 착수했다. 그 후 가내근로자가 예상외로 복잡하고 다양한 형태로 존재해 10여 년의 경과 후 가내노동법을 제정·시행하였다(노상헌, 가내근로에 관한 법제개선방안, 한국법제연구원, 2003; 김소영/문무기, 가내근로의 실태와 제도적 보호에 관한 연구, 한국노동연구원, 1997). 일본 가내노동법 및 시행규칙의 전문은 노상헌, 앞의 책, 83-106면).

한국에서는 가사서비스의 담당하는 자를 가사근로자, 가사노동자, 가사사용인, 가사서비스종사자, 가사업무종사자 등 다양한 용어가 사용된다. 근로기준법 제11조 등 관련 노동법에서는 각각의 법의 적용범위를 명시하면서 그 적용제외자로서 '가사사용인'의 용어를 명시하고 있다. '가사노동자'는 가장 널리 사용되는 용어로서 주로 노동계와 여성계 등에서 노동자의 한 유형으로 사용하고, '가사근로자'는 '가사노동자'와 일맥 상통하는 용어로 사용한다. 최근 2019년 문재인 정부는 '국정운영 5개년 계획'에 '성별/연령별 맞춤형 일자리 지원과제'의 추진과제로 가사·돌봄 서비스 공식화(2017년 법제화 추진)를 포함시켰다. 그리고, 고용노동부는 2017년 12월에 「가사근로자 고용개선 등에 관한 법률안」을 입법예고한 후에 정부법안으로 제20대 국회에 제출되어 있다. 이러한 가사서비스의 공식화는 가사근로자의 고용 확대와 일·가정양립, 일자리 창출에 크게 기여할 것으로 예상된다.

그러나 인적 종속성은 희박하지만, 경제적 종속성이 있는 유형의 근로자가 많아지면, 인적 종속성만을 기준으로 하는 근로자의 개념을 유지하는 것은 실태에 맞지 않게 된다. 실제로 이러한 문제가 나타난 것이 후술하는 '자영 취업자의 문제'이다.(제7장 자영취업―노동법의 프런티어)

3. 일본의 노동입법

일본 노동법의 뿌리는 앞에서 언급한 것처럼, 1911년에 제정된「공장법」에서 찾을 수 있다. 이것이 제2차 세계대전 이후「노동기준법」(1947)으로 계승되고 있다. 제1차 산업혁명을 효시로 하여 부단히 계속된 기술혁신으로 생산현장은 크게 변화하였다. 그렇지만 그 후의 노동입법은 '종속노동론'을 기본으로 하면서 거의 연속성을 가지고 발전해 왔다.

그런데, 노동정책과 이를 수행하기 위하여 이용되는 법(노동법)의 대상 분야는 일반적으로 다음의 세 가지이다. 즉 (i) 노동시장(노동력의 수급이 일치되는 분야), (ii) 개별적 노동관계, (iii) 집단적 노사관계(노동조합과 사용자 또는 사용자 단체와의 관계)이다.

첫째 분야인 '노동시장'을 대상으로 한 정책은 일반적으로 '고용정책' 분야와 중첩된다.

둘째 분야인 '개별적 노사관계'는 근로계약에 대하여 자유·대등을 원칙으로 삼아 고전적 계약론(민법의 한 분야)을 수정한 일련의 노동보호 법규가 적용되는 분야이다.

---

21) <역자주> 최근 일본은 노동계약법에서 근로계약이란 당사자의 일방(근로자)이 상대방(사용자)에게 사용되어 근로하고, 상대방이 이에 대하여 임금을 지급하는 것의 합의하는 계약이라고 정의할 수 있다(제6조). 노동기준법에서는 근로계약의 정의는 없지만 근로자를 정의함으로써 근로계약의 범위를 구분하지만 같은 내용이다. 다만 노동계약법과 노동기준법의 근로계약은 기본적으로 동일한 개념이지만, 노동기준법의 근로계약에서는 '사업'에 사용되어 있는 것이 가중적(한정적) 요건으로 되어 있다는 점이 된다.

셋째 분야인 '집단적 노사관계'는 일본에서는 기업별 노동조합이 중심이므로 그 대부분은 기업 내 관계가 되고, 둘째의 분야와 겹쳐진다. 하지만, 노동조합에는 산업별 노동조합과 합동노동조합(合同勞動組合) 등도 있기 때문에 반드시 기업 내 노동관계와 동일하지는 않다.[22]

이러한 분류에 대응하여 노동법도 노동시장을 대상으로 한 '노동시장법', 기업 내 노동관계를 대상으로 한 '개별적 노동관계법', 집단적 노사관계를 대상으로 한 '집단적 노사관계법'으로 나누어진다. 그 밖에 최근에 발달한 법 분야로서 노동분쟁의 처리와 관계되는 '노동분쟁처리법'이 있다.

이러한 분류에 따라 노동입법의 전개 과정을 살펴보면, 양적으로는 노동시장법의 분야가 훨씬 많지만, 근로자에게 중요한 의미를 가지는 것은 개별적 노동관계법의 분야에 많다는 것을 알 수 있다. 이것은 종속노동론과 가장 관계가 깊은 것이 개별적 노동관계이기 때문일 것이다.

📝 칼럼: 공무원법은 노동법이 아니다?

일본에서는 공무원은 약 330만 명이 있다(인사원[人事院]의 조사). 하지만, 공무원의 근무관계는 계약관계가 아니라 공법(公法)의 규제에 있는 독특한 것이다. 이에 공무원은 노동법이 아니라 「행정법」의 대상이다(다만, 비상근직원 문제 등은 노동법상 비정규직 문제와 가깝기 때문에 노동법으로 다루어야 한다는 견해도 있다). 그렇지만, 공무원도 법적으로 근로자라는 것은 변함이 없다. 그래서 공무원법 분야에서는 노동법규의 어느 부분이 적용 제외되는 지가 명시되어 있으며(예를들어 「국가공무원법」 부칙 제16조[비현업의 일반직 국가공무원에 대한 적용 제외]), 거기에서 적용 제외되지 않으면, 원칙으로 돌아가 노동법규가 적용된다.

또한 공무원에 대한 '쟁의행위의 금지'(국가공무원법 제98조 제2항 등)는 헌법 위

---

22) <역자주> 일본과 한국에서는 기업별 노동조합이 지배적인 조직형태이지만, 유럽 및 미국에서는 산업별 내지 직업별 노동조합이 지배적이며 기업별 노동조합은 어용 내지 사이비 노동조합으로 보는 경향도 있다.

23) <역자주> 한국의 경우 공무원도 근로자이지만, 헌법 제33조 제2항에서는 "공무원인 근로자는 법률

반이 아닌지가 문제된다. 이것도 공무원도 근로자로서 헌법 제28조(우리나라 헌법 제33조 제1항)가 보장하는 단체행동권(쟁의권을 포함)이 보장되어 있기 때문에 발생하는 논점이다.[23] 쟁의권이 헌법에서 보장되어 있다면 하위의 법률에서의 제약은 허용된다는 점이다. 쇼와(昭和) 1940년대(1965~1975년)에 판례는 크게 흔들렸다. 하지만, 현재 판례의 입장은 공무원의 쟁의행위를 금지하는 법률을 '합헌'(合憲)으로 보고 있다(全農林警職法 사건 · 最大判 1963. 4. 25. [最重判 161 事件]). 하지만, 판단에는 이론적인 문제점이 없는 것은 아니다(상세한 내용은 「25의 의문」의 제17화를 참조).

▌ 일본 노동법의 역사 – 중요한 법 제정 · 개정 (공포된 해[시행된 해가 아님])

(노동시장법 분야(A), 개별적 노동관계법 분야(B), 집단적 노사관계법 분야(C), 노동분쟁처리법 분야(D)로 각각 분류한다. 법률의 명칭은 약칭을 이용하고 있는 것도 있다)

1945(쇼와 20)년 노동조합법 제정(C)
1946(쇼와 21)년 노동관계조정법 제정(C)
1947(쇼와 22)년 노동기준법 제정(B), 노재보험법 제정(B),
        직업안정법 제정(A), 실업보험법 제정(A)
1949(쇼와 24)년 노동조합법 개정(C)
1958(쇼와 33)년 직업훈련법 제정(A)
1959(쇼와 34)년 최저임금법 제정(B)

이 정하는 자에 한하여 단결권, 단체교섭권 및 단체행동권을 가진다"고 하여, 노동3권이 보장되는 공무원의 범위를 법률로 한정할 수 있도록 유보하고 있다. 이에 대하여 국가공무원법 제66조 제1항에서는 '사실상 노무에 종사하는 공무원'(현업 공무원)을 제외하고는 공무원에 대하여 노동운동을 금지해 왔다. 특히 이 규정과 관련해 헌법재판소는 '헌법이 제33조 제2항의 직접 유보조항을 둔 이상 국회가 입법재량을 가진다는 등'의 이유를 들어 합헌결정을 했다(헌재 1992.4.28. 98헌바27-34, 36-42, 44-46, 92헌바15). 최근에는 공무원노조법이 제정되어 6급 이하의 일반직 공무원 등에게 단결권과 단체교섭권을 행사할 수 있도록 허용하고 있다.

1960(쇼와 35)년 신체장애자고용촉진법 제정(A)

1966(쇼와 41)년 고용대책법 제정(A)

1972(쇼와 47)년 노동안전위생법 제정(B)

1974(쇼와 49)년 고용보험법 제정(실업보험법 개정)(A)

1985(쇼와 60)년 노동자파견법(A), 남녀고용기회균등법 제정(근로부인복지
　　　　　　　법의 개정)(B), 직업능력개발촉진법 제정(직업훈련법의 개
　　　　　　　정)(A)

1986(쇼와 61)년 고연령자고용안정법 제정(중고연령자고용촉진특치법의 개
　　　　　　　정)(A·B)

1987(쇼와 62)년 노동기준법 개정(B), 장애자고용촉진법 제정(신체장애자고
　　　　　　　용촉진법의 개정)(A)

1991(헤이세이 3)년 육아휴직법 제정(B)

1993(헤이세이 5)년 노동기준법 개정(B), 파트타임노동법 제정(A)

1995(헤이세이 7)년 육아개호휴업법 제정(육아휴업법의 개정)(B)

1996(헤이세이 8)년 노동자파견법 개정(A)

1997(헤이세이 9)년 남녀고용기회균등법 개정(B)

1998(헤이세이 10)년 노동기준법 개정(B)

1999(헤이세이 11)년 노동자파견법 개정(A), 직업안정법 개정(A)

2000(헤이세이 12)년 노동계약승계법 제정(B)

2001(헤이세이 13)년 개별노동관계분쟁해결촉진법 제정(D)

2003(헤이세이 15)년 노동자파견법법 개정(A·B), 직업안정법 개정(A), 노
　　　　　　　　동기준법 개정(B)

2004(헤이세이 16)년 노동조합법 개정(C·D), 노동심판법 제정(D), 고연령
　　　　　　　　자고용안정법 개정(A·B)

2006(헤이세이 18)년 남녀고용기회균등법 개정(B)

2007(헤이세이 19)년 파트타임노동법 개정(A·B), 최저임금법 개정(B), 노
　　　　　　　　동계약법 제정(B)

2008(헤이세이 20)년 노동기준법 개정(B)

2011(헤이세이 23)년 구직자지원법 제정(A)

2012(헤이세이 24)년 노동자파견법 개정(A·B), 노동계약법 개정(B), 고연
　　　　　　　　령자고용안정법 개정(A·B)

2013(헤이세이 25)년 장애자고용촉진법 개정(A·B)

2014(헤이세이 26)년 파트타임노동법 개정(A·B), 노동안전위생법 개정(B)
2015(헤이세이 27)년 여성활약추진법 제정(A), 근로자파견법 개정(A·B),
청년고용촉진법 제정(A)

✎ 보론: 노동법학의 과제

일본 노동법학에서는 최근에 '**노동시장법**' 분야도 연구대상으로 삼는 연구자가 늘고 있다. 하지만, 지금까지는 '개별적 노동관계법'과 '집단적 노사관계법' 분야를 연구 대상으로 하는 연구자가 대부분이었다. 이것은 노동법의 민법(民法)에서의 독자성을 어떻게 이론적으로 확립하는지가 노동법의 존재 의의를 명확화하기 위해서도 중요하다. 그런데 이것과 직접 관계되는 것이 이 두 법의 분야였기 때문이다. 또한 법학의 논의에서 중요시한 것은 어떠한 법률을 제정(입법론)하는 것보다도 **기존의 법률을 어떻게 해석(해석론)해야 할 것인지**이다. 하지만, '**노동시장법 분야**'에서는 해석론상 논점은 거의 없었다.

이렇게 노동법 연구자는 제정된 법률에는 관심을 가졌지만, 정책이나 입법 자체를 논의하는 데에는 거의 관심이 없었다. 정책에 직접 관여하는 노동법 연구자는 「노동정책심의회」의 구성원이 되는 극히 일부의 연구자에 불과했고, 학문적인 정책론을 다루는 것은 오히려 '경제학자'의 다른 학문 분야의 연구자가 많았다.

하지만, 노동법 연구자가 해석론의 세계에 머물 수 있었던 것은 사회의 변동이 그만큼 급격하지 않고, 자주 법개정이 없어 기존의 법률의 해석에 전념해도 되었기 때문이다. 최근과 같이 '**노동 입법**'이 활발해지면서 연구자의 학문적인 관심은 점차 입법론으로도 관심을 가지게 되었다. 특히 최근 '노동시장법'과 '개별적 노동관계법'의 양측에 걸친 법률의 제정 및 개정(앞의 분류에서 [A·B])이 늘고, 거기서 나온 해석론에도 어려운 것이 나타나고 있다(예를 들어, 「고연령자고용안정법」 제9조 제1항이 규정하고 있는 '고연령자 고용 확보 조치의무의 법적 성질').[24][25]

앞으로 제4차 산업혁명을 진행하면서 고용사회가 급격히 변화하고 새로운 입법을 할 욕구가 커질 것이 예상된다. 이러한 중에 노동법 연구자에게 요구되는 역할로서 해석론보다도 입법론(立法論)의 비중이 한층 더 높아질 것이다. 입법론이 되면, 해석론과는 달리 법학의 독무대가 아니기 때문에 관련 여러 분야의 지견(知見)을 통합해 갈 필요가 있다. 이 중에서 '**법학의 특유한 공헌**'이란 어떠한 것인지를 생각하는 것이 노동법학에서 중요한 과제가 될 것이다.

---

24) <역자주> 일본은 장기고용관행을 취하는 대부분의 기업은 고용의 연령적 제한으로서 정년제가 있고, 대기업 및 중견기업에서 장기간 지배적인 정년연령은 55세였다. 하지만, 1975년경부터 인구의 고령화가 전망되는 가운데 공적연금의 수급개시연령을 장기적/단계적으로 65세로 인상하는 방침이 정부 내에서 형성되었고, 노동정책의 장기적인 목표로서 의식하게 되었다. 채택된 전략은 (ⅰ) 기업의 정년을 60세까지 유도하고, 우선은 60세까지의 고용을 이러한 정년연장으로 확보하는 것, (ⅱ) 60세에서 65세까지의 고용에 대해서는 당시 일부 기업에서 정년에 도달한 종업원을 1년 계약에서 2−3년, 보다 낮은 급여로, 보다 책임이 가벼운 업무에 재고용하는 관행이 존재했기 때문에 이러한 정년 후의 재고용관행이 일반화하고, 동시에 65세까지 재고용하도록 유도하는 것이었다.
그 후 ① 1994년 고연령자고용안정법을 개정해 65세를 하회하는 정년을 금지했다(제8조). ② 2004년에는 65세까지의 고용을 (ⅰ) 정년의 폐지, (ⅱ) 정년의 연장, (ⅲ) 계속고용조치의 어느 한 가지로 확보해야 한다는 것을 기업의 의무로서 규정하였다(제9조 제1항). 다만, 그 시행을 기업규모에 따라 단계적으로 설정했다(경과조치로서 2006년 4월−2007년 3월의 기간은 62세, 2007년 4월−2010년 3월의 기간은 63세, 2010년 4월−2013년 3월은 64세, 2013년 4월부터 65세로 한다). 이 때에는 노사의 협정이 있으면 기업이 근무성적 등의 기준을 정하여 계속고용자를 선정하는 제도도 적법인 것으로 규정했다(제9조 제2항. 2011년 3월 31일 종료). ③ 그 후 2012년 여성, 청년, 고령자의 취업률을 높이는 '전원 참가형 사회'의 노동력 정책에서 정부는 희망자 전원에 대하여 65세까지의 고용을 확보해야 한다는 의무를 기업에 부과하는 법개정이 있었다(제9조 제2항. 2013년 11월 '고연령자 고용 확보조치의 실시 및 운용에 관한 지침에 의하면, 심신의 고장 때문에 업무를 감당할 수 없다고 인정되는 경우, 근무상황이 현저하게 불량하고 종업원으로서의 직책을 완수할 수 없는 경우 등 취업규칙에서 정하는 해고사유 및 퇴직사유(연령에 관계되는 것을 제외)에 해당하는 경우에는 계속고용을 하지 않을 수 있다.). ④ 나아가 현단계에서는 '생애현역사회'를 실현하기 위해 70세까지 일할 수 있는 기업의 확대 및 정착을 당면적 과제로 하여 장래적인 생애현역사회의 실현을 환경정비를 추진하기로 했다(생애현역사회의 실현을 위한 고용/취업환경의 정비에 관한 검토회보고서, 2015.6). (菅野和夫, 勞動法(第11版 補正版), 弘文堂, 2017, 101−106면, 709−713면). 반면에 한국의 '고용상 연령차별금지 및 고령자고용촉진에 관한 법률'(고령자고용촉진법)에서는 정년 60세 의무 규정을 두고 있다(제19조 제1항, 제2항).
25) 일본의 경우 2004년 개정법에서 고용확보의무에 위반한 사업주에 대해서는 '후생노동대신이 조언, 지도를 할 수 있고, 조언/지도에 따르지 않는 경우에는 권고를 할 수 있다(제10조). 이러한 60−65세의 계속고용조치에 대해서는 사법상의 효력을 인정하는 학설도 있지만(西谷敏, 勞動法). 의무 내용의 유연성가 위반에 대한 행정조치규정에 비추어 보면, 공법상의 의무로 사법상의 효력(예를들어 계속고용의 청구권이나 간주효력)을 부여했던 것은 아니라고 해석이 판례의 입장이었다(NTT西日本(大阪) 大阪高判 2009.11.23, NTT西日本(德島) 高松高判 2010.3.22.). 그 후 2012년 법개정 시 추가해 '권고'에 따르지 않는 사업주에 대해서는 그 취지를 '공포'할 수 있다(제10조 제3항)(菅野和夫,

4. 일본 노동법의 전개과정 분석

(1) 기본적인 입법의 정비

바로 앞의 3. 일본의 노동입법에서 본 노동법의 전개과정을 자세히 살펴보면, 거기에는 시대와 함께 일정한 경향이 있음을 알 수가 있다.

우선 제2차 세계대전 이후 40년 정도는 '노동법의 정비'가 순조롭게 진행되어온 시대였다. 노동조합법 제정(1945)과 개정(1949) 및 노동관계조정법의 제정(1946)과 집단적 노사관계법의 정비 이외에, 1947년의 노동기준법, 노재보험법, 직업안정법, 실업보험법, 1958년의 직업훈련법, 1959년의 최저임금법, 1960년의 신체장애자고용촉진법, 1966년의 고용대책법, 1972년의 노동안전위생법, 1974년의 고용보험법 등의 기본 입법의 정비가 추진되었다.

이러한 법률은 노동기준법의 부속법인 최저임금법과 노동안전위생법, 혹은 노동시장의 규제입법인 직업안정법 등을 제외하면, 벌칙 등의 강한 규제방법은 채택되지 않고, 오히려 노동시장의 적정하고 원활한 운용을 지탱하는 룰의 정비라는 면이 강하였다. 즉, 초기의 입법에서도 '종속 근로자의 보호'라는 관점이 아니라, '노동력의 적정한 활용을 추진'하여 일본 경제의 성장을 지탱한다는 관점이 있었다.

(2) 해고제한과 노동법

해고를 제한하는 법 규정은 근로자의 경제적 종속성의 중요한 요인이 되는 해고를 제한하고, 아울러 해고의 위협에서 발생하는 인적 종속성을 제한한다는 점에서 바로 종속 근로자를 보호하는 대표적인 것이다.

그러나 이러한 법 규정은 모든 국가에서 노동법의 초기 단계에서 성문화된 것은 아니다. 일본에서도 1975년의 최고재판소(우리나라의 대법원)에서 '해고권 남

勞動法, 711－712면).

용법리'로서 확립되어(日本食塩製造 사건·最2小判 1975.4.25. [最重判 47 事件]),26) 2003년에 드디어 노동기준법 제18조의2로 성문화되었다(2007년 11월 이후에는 노동계약법 제16조).27)

이러한 해고를 규제하는 역사는 해고가 기업의 경제활동을 유지하는 데 '경제적 합리성'이 있는 것과 관계하고 있다. 원래 경제적 합리성에서 살펴보면, 노동력을 활용하는 것이 필요한 기업이 의미없이 해고하는 것은 상정하기 어렵다. 한편, 기업의 경영이 현저하게 악화된 경우에 '잉여(과잉)인원의 정리'나 '능력이 부족함으로 생산성이 낮은 근로자의 해고'는 오히려 필요하다. 이러한 사정으로 해고를 일반 형태로 제한하는 입법이 외국에서도 공장법이나 초기의 노동입법 중에 받아들여지지 않았던 것이다.

일본의 노동기준법에서도 출산 전후의 휴업이나 노동재해(산업재해)에 따른 요양을 위한 휴업을 하는 근로자에 대한 특별한 해고제한(제19조)28)을 제외하고, 해고 시에는 30일간의 해고예고기간을 두는 것(또는 그 대신에 수당을 지급하는 것)을 규정함에 그치고(제20조),29) 해고의 자유를 보장하는 민법의 규정(제627조30)) 그

---

26) <역자주> 정식화된 판례에서는 "사용자의 해고권 행사도 그것이 객관적으로 합리적인 이유가 결여되고, 사회통념상 상당하다고 시인할 수 없는 경우에는 권리남용으로서 무효가 된다"고 판시하고 있다.
27) <역자주> "해고는 객관적으로 합리적인 이유가 결여되고 사회통념상 상당하다고 인정되지 않는 경우는 그 권리를 남용한 것으로서 무효로 한다" 이러한 노동기준법의 해고권남용법리는 노동계약법이 성립됨에 따라 그대로 노동계약법의 내용으로 바뀌었다. 사실 일본에서는 노기법의 제정 시행 후에 한동안 정당한 사유가 필요하다는 입장이 주장되었다. 하지만, 이것은 민법상의 해고의 자유(제627조 제1항)를 기초로 하는 현행법에서는 무리가 있으므로, 곧 권리남용의 법리(민법 제1조 제3항)을 응용하여 실질적으로 동일한 귀결을 가지고 오는 해고권 남용법리가 다수의 판례가 축적되면서 확립되었다. 반면에 우리나라는 근로기준법에서 "사용자는 근로자에게 정당한 이유없이 해고, 휴직, 정직, 전직, 감봉, 그 밖의 징벌(이하 부당해고등이라고 한다)을 하지 못한다"고 규정하고 있다(제23조 제1항).
28) <역자주> 한국의 근로기준법 (제23조 제2항 본문)과 동일한 규정을 두고 있다. 다만, 육아휴직의 기간에도 해고하지 못한다(남녀고용평등법 제19조 제3항).
29) <역자주> 일본의 노동기준법 제19조 및 제20조를 우리나라 근로기준법 제23조 제2항에서 동일하게 함께 규정함(다만, 위반 시 벌칙조항 3년 이하의 징역 또는 5천만 원 이하의 벌금에 처한다[제107조]).

자체는 수정되지 않았다.

원래 법원에서는 1975년 최고재판소 판결에 이르기까지도 하급심에서 일정한 해고를 권리남용으로 무효라는 해고권 남용법리(해고의 자유에 대한 법규제)가 서서히 형성해 왔었다. 그래서 남용으로 간주된 '부당해고'의 대표적인 사례는 노동조합의 활동을 활발하게 종사하는 근로자에 대한 반노동조합적 해고였다(이것은 노동조합법 제7조가 금지하는 부당노동행위에도 해당될 수 있다). 이러한 해고는 경제적 합리성에 의한 것보다는 노동조합을 혐오(嫌惡)하는 사상을 배경으로 한 것으로 노동조합 활동의 자유가 보장되어 있는 제2차 세계대전 후 헌법의 질서 하에서는 제한될 수밖에 없었다.

즉, 해고권 남용법리는 법의 질서에 저촉되는 해고는 제한하는 한편, '객관적으로 합리적 이유가 있고 사회통념상 상당하다'고 인정되는 해고는 허용된다는 규범을 포함하였다. 실제로 최고재판소는 이 법리를 최초로 정립한 '일본식염제조(日本食塩製造) 사건'(最2小判 1975.4.25. [最重判 47 事件])에서는 유니온 숍 협정31)에 근거로 한 해고32)는 객관적으로 합리적인 이유가 있고, 사회통념상 상

---

30) <역자주> 일본 민법 제623조(고용)에서는 "고용은 당사자 일방이 상대방에 대하여 노동에 종사할 것을 약정하고 상대방이 이에 대하여 보수를 줄 것을 약정함으로써 그 효력을 발생한다"고 규정하고 있다. 이와 거의 동일하게 우리나라 민법 제655조(고용의 의의)에서는 "고용은 당사자 일방이 상대방에 대하여 노무를 제공할 것을 약정하고 상대방이 이에 대하여 보수를 지급할 것을 약정함으로써 그 효력이 생긴다"고 규정하고 있다.

31) <역자주> 유니온 숍(Union shop): 조직강제의 한 형태이다. 여기서 '조직강제'란 일반적으로 조합원인 점을 고용조건으로 함으로써 조합원의 지위의 획득과 유지를 강제하는 단체협약상의 제도를 말한다. '유니온 숍'은 사용자가 단체협약에서 자기가 고용하는 근로자 중 그 노동조합에 가입하지 않는 자 및 그 노동조합의 조합원이 아니게 된 자를 해고하는 의무를 지는 제도이다. 판례는 유니온 숍 협정은 협정체결조합과는 별개의 노동조합에 가입하고 있는 자 및 체결조합으로부터 탈퇴하거나 또는 제명되었지만 별개의 노동조합에 가입했거나 새로운 노동조합을 결성한 자에 대해서는 무효가 된다고 판시하고 있다(本四海峽バス 사건-神戸地判 2001.10.1.), 일본 노동조합법 제7조 1호 단서에 "… 다만, 노동조합이 특정한 공장사업장에 고용된 근로자의 과반수를 대표하는 경우에 있어서 그 근로자가 그 노동조합의 조합원으로 있을 것을 고용조건으로 하는 단체협약을 체결하는 것을 방해해서는 아니된다"고 규정하고 있다; 반면에 불완전한 유니온 숍 규정으로 한국 노동조합 및 노동관계조정법 제81조(부당노동행위) 2호 단서는 "… 다만, 노동조합이 당해 사업장에 종사하는 근로

당하다고 인정할 수 있기 때문에 유효하게 된다고 명언하였다.

재판 실무에서는 확실히 해고가 권리남용으로 판단되는 사례가 많다. 판례에서는 해고는 원칙적으로 허용되지 않는다고 이해하는 입장이 유력하였다. 하지만 이것은 정규직의 장기고용이라는 관행이 정착되면서(특히 1973년의 제1차 석유위기 이후), 장기고용에 대한 기대가 높아지고, 이에 따라 기업에 필요한 해고라도 해고 회피 조치가 엄격하게 부과된 사정에 따른 것이다.

이렇게 보면, 해고권 남용법리에는 '종속 근로자의 보호'라는 관점이 있는 것은 당연하지만, '경제적 합리성'이 있는 해고를 허용한다는 논리가 포함된 점도 간과할 수는 없다.

(3) 종속 노동론에서 고용정책으로

제2차 세계대전 후 40년이 지나면서, 종속 노동론에 따른 기본적인 입법의 정비는 거의 끝났고, 새로운 정책 과제에 대응하기 위한 입법을 추진해 왔다. 제2차 세계대전 후에 노동시장법에서 기본이었던 「직업안정법」에서는 근로자 공급의 금지와 근로서비스 사업의 '국가 독점의 원칙'에 대하여 새로운 바람을 불어넣은 1985년 「근로자파견법」, 보호의 대상이었던 여성근로자에 대하여 새롭게 남성과의 균등 정책을 도입한 「남녀고용기회균등법」, 노동력 인구의 고령화에 대비한 1986년 「고연령자고용안정법」을 그 대표적인 사례로 들 수 있다.

게다가 1985년 「직업능력개발촉진법」의 제정과 1987년 「장애자고용촉진법」의 제정 등도 포함하면, 이 시기 때부터 생산 현장에서 종속적으로 일하는 근

자의 3분의2 이상을 대표하고 있을 때에는 근로자가 그 노동조합의 조합원이 될 것을 고용조건으로 하는 단체협약의 체결은 예외로 하며, 이 경우 사용자는 근로자가 그 노동조합에서 제명된 것 또는 그 노동조합을 탈퇴하여 새로 노동조합을 조직하거나 다른 노동조합에 가입한 것을 이유로 근로자에게 신분상 불이익한 행위를 할 수 없다. <개정 2010.1.1.>"로 규정하고 있다.

32) 일본에 있어서 유니온 숍 협정에 근거한 해고의 효력은 (i) 유니온 숍 제도의 효용, (ii) 근로자는 당해 노동조합이나 또는 다른 노동조합에 가입함으로써 해고를 면할 수 있다는 점, (iii) 사용자는 단체협약상의 의무에 근거하여 해고하는 것이고 자의적인 해고와는 다른 점 등에서 해고권의 남용이 되지 않는다고 할 수 있다. 이 결론은 학설 및 판례상의 대세이다.

로자를 보호한다는 관점보다, 노동시장에서의 매칭(일치)을 향상시키고 노동시장
에서 약자를 지원(서포트)한다는 새로운 고용정책의 관점이 보다 크게 강조하였다.

또한 1987년 「노동기준법」의 개정은 근로시간 규제를 강화하는 것이 중심이
며, 이는 결국 종속 근로자를 보호하고자 하는 것이었다. 하지만, 이러한 법을 개
정하는 추진력이 되었던 것은 급속하게 국제적인 위상을 높였던 일본에 대한 외
압이 있었다(「남녀고용기회균등법」을 제정한 계기도 「여성차별철폐조약」을 비준하기 위하
여 국내법을 정비한다는 외적 요인이 있었다).

그 후에 입법에서도 종속 근로자에 대한 일반적인 보호를 하기보다는 특정한
근로자에 대한 욕구에 맞춘다는 목적이 뒤따랐다. 1991년 「육아휴업법」, 1993년
「파트타임노동법」, 1995년 「육아개호휴업법」, 1997년 「남녀고용기회균등법」의
개정, 1999년과 2003년 근로자파견법과 직업안정법의 개정, 2000년의 「노동계
약승계법」, 2006년 남녀고용기회균등법의 개정, 2007년 파트타임노동법과 최저
임금법의 개정, 노동계약법, 2011년 구직자지원법, 2012년 근로자파견법, 노동계
약법, 고연령자고용안정법 각각의 개정, 2014년의 파트타임노동법의 개정, 2015
년의 여성활약촉진법, 근로자파견법의 개정, 청년고용촉진법 등이다.

그 사이에도 노동기준법이나 노동안전위생법이 수차례 개정되었고, 또한
2001년 「개별 노동관계분쟁촉진법」의 제정, 2004년 「노동심판법」(勞動審判法)
의 제정과 노동조합법의 개정(부당노동행위 구제절차의 '신속화'와 '적정화') 등 종속 근
로자에 대한 일반적인 보호(절차적 보호를 포함)를 도모하는 법의 정비도 진행되었다.

(4) 종속 노동론의 확대

종속 노동론은 입법으로 규제되지 않은 사항도 판례를 통하여 적용되는 경우
가 있었다. 이것이 일련의 '근로계약법리'이다(그 일부는 현재 「노동계약법」에 도입
하고 있다). 그 대표적인 것이 앞에서 언급한 '해고권 남용법리'인데, 그 밖에도
'안전배려의무'(현재는 노동계약법 제5조33))나, 거기에서 파생되어 발전한 건강 배

---

33) <역자주> 노동계약법 제5조에서는 "사용자는 근로계약에 따라 근로자가 그 생명, 신체 등의 안전

려의무나 직장환경 배려의무, 근로자의 인격적 이익의 보호(일련의 하라스먼트(괴롭힘) 법리), '고용중지의 제한법리'(현재는 노동계약법 제19조[34]), 근로자의 손해배상책임의 제한 법리, 근로자의 권리포기의 효력 제한 등이 있다.

노동계약법 중에는 취업규칙 법리와 같이 종속 노동론과 관계하는 것은 있지만, 근로자 보호와 직접 관계하지 않는 것도 있다(현재는 노동계약법 제7조,[35] 제10조[36]). 하지만, 그 대부분은 근로계약에서의 구조적인 종속성에 착안하여 근로자를 보호하려는 내용이다. 어느 경우든 개별 사례에서 정의의 실현을 목표로 하는 판결을 축적해 구축한 근로계약법리는 명확한 룰을 정립하지는 않았다. 오히려 그 해석과 적용에서 재판관(판사)의 재량적인 가치판단에 위임한다는 성격이 농후하여 결과적으로 종속 노동론을 정면으로 투영하기 쉽다. 즉 정노사(政勞使, 우리나라는 노사) 3자 구성에서 검토를 거쳐서 이루어진 입법과는 다르고, 경제적 합리성에 대한 배려가 후퇴하여 종속 노동론이 '혼자 걷기' 쉬운 토양이 근로계약법리에는 있는 것이다.

또, 종속 노동론이 해당되는 지배·종속관계의 범위는 계약관계가 복잡하게 되면 애매하게 되는 경우가 많다. 하지만 이러한 경우에도 가능하면 폭넓게 인식

을 확보하면서 근로할 수 있도록 필요한 배려를 하는 것으로 한다"고 규정하고 있다. 사용자의 근로계약상 안전배려의무를 입법상 분명히 하였다.

34) <역자주> 반복갱신에 의하여 무기근로계약과 실질적으로 다르지 않거나, 또는 갱신의 합리적 기대가 있는 유기근로계약에 대해서는 해고권 남용법리를 유추적용한다는 법리(고용중지법리)를 조문화한 규정이다.

35) <역자주> 근로계약 규율효: 근로계약 당사자 사이에 취업규칙과는 별개의, 취업규칙보다 유리한 개별적인 특약이 정해져 있지 않는 한, 합리적인 근로조건을 정한 취업규칙이 근로계약의 내용을 규율(근로계약의 내용은 취업규칙의 규정에 따름)하는 것을 명확히 입법화한 것이다.

36) <역자주> 합리적 변경의 경우 근로계약 규율효: 취업규칙에 의한 근로조건의 불이익 변경에 대하여 합의원칙을 확인하면서 '취업규칙의 변경이 … 합리적인 것일 때에는'(제10조), '이에 해당하지 않는다'(제9조)는 것, 즉 '근로계약의 내용인 근로조건은 해당 변경 후의 취업규칙에서 정하는 바에 따르는 것으로 한다'는 것(제10조)을 규정한다. 취업규칙변경의 합리성에 관한 판례의 판단요소와 판단방법을 변경하지 않고 입법규정으로 한 것이다. 이는 우리나라에서는 취업규칙의 변경에 대한 '사회통념상 합리성설'에 대한 엄격하게 제한하는 해석태도와는 달리 입법화한 조문이다.

하는 경향이 있다. 이는 구체적으로는 장소적인 구속성이 약하거나 지시된 일에 승낙 여부의 자유가 있는 등 인적 종속성이 희박한 근무방식을 하는 자에 대하여 어디까지 종속 노동론이 해당되고, '근로자'로 성격을 부과할 수 있을까라는 형태로 문제되었다.

계약 형식상 고용계약이나 근로계약이라는 명칭을 채택하지 않고, 게다가 실무상(노동법, 사회보장법, 세법과의 관계) 고용근로자로 다루지 않은 경우라도, 이것이 근로자성을 부정하는 이유가 되지는 않는다. 실태로서 인적 종속성을 인정할 수 있다면, 근로자로 다루는 것에 이론(異論)은 없었다.

특히 「노동조합법」에서 근로자(제3조)의 범위37)에는 노동조합을 결성하고 계약의 상대방과 대등하게 교섭할 수 있도록 하는 것이 필요한지의 관점에서 비교적 넓게 파악해야 하는 견해가 일반적이다. 최고재판소도 2012년 이후에 연달아 판시한 3개 판결에서 모두 고용계약이라고는 할 수 없는 특수한 '업무위탁계약'으로 일하는 자에 대하여 사업 수행에 불가결한 노동력으로 편성되어 있었던 등의 사정을 언급해 근로자성을 인정하고 있다(新国立劇場運営財団사건·最3小判 2011.4.12, INAXメンテナンス 사건·最3小判 2011.4.12. [最重判 138 事件], ビクターサービスエンジニアリング事件·最3小判 2012.2.21).

종속 노동론이 해당하는 범위라는 점에서는 또 다른 하나는 '근로계약의 당사자가 아닌 자'도 노동법상 사용자로서 책임을 지는 경우가 있는지도 문제된다. 이에 대하여 특히 사외 근로자를 받아들이고 있는 기업이나, 기업조직의 재편 속에서 사업을 승계한 기업 등이 형식적으로는 근로계약관계가 없는 근로자를 어디까지 사용자 책임을 지는가라는 형태로 논의해 왔다.

실제 분쟁에서는 법인격 부인의 법리, 묵시적 근로계약, 해고권 남용법리의 유추적용 등의 해석 방법을 활용하여 사용자의 범위를 실질적으로 확대함으로써

---

37) <역자주> 일본 노동조합법상의 근로자란 '직업의 종류를 불문하고 임금, 급료, 기타 이에 준하는 수입에 의하여 생활하는 자'를 말한다(제7조). 우리나라의 「노동조합및노동관계조정법」(노조법) 제2조 제1호에 동일한 내용으로 정의규정을 두고 있다.

사안에 따른 타당한 해결을 모색하였다. 또한 단체교섭에 응해야 하는 '사용자의 범위'(노동조합법 제7조)38)에 대해서는 판례에 따라 '기본적인 근로조건 등에 대하여 고용주와 동일시 할 수 있는 정도로 실질적이고 구체적인 결정력을 가지는' 경우에는 '고용주'와 동일한 책임을 지는 등의 법리를 전개해 왔다(아사히[朝日]放送 事件·最3小判 1995.2.28. [最重判 179 事件]).

이와 같이 종속적 근로관계가 인정되는 범위(즉 노동법이 적용되는 범위)는 근로자의 개념이나 사용자의 개념을 조작함으로 근로자를 보호할 필요성을 실질적으로 고려하면서 확정해 왔다. 이러한 동향도 종속 노동론을 확장하는 것의 일종이다.

용어해설: 법인격 부인의 법리, 묵시적 근로계약

(1) '법인격 부인의 법리'란 근로자와 근로계약을 형식적으로 체결하고 있는 기업의 배후에 실질적인 지배자가 있는 경우이다. 이것은 근로계약 관계에서 발생하는 사용자로서의 법적 책임을 형식상 사용자인 기업에 추급하는 것만으로는 정의를 실현할 수 없다는 경우에 실질적인 지배자에 대하여 책임을 추급하는 것을 인정하는 법리이다. 이 법리는 법률 조문상 근거는 없지만(굳이 말하자면, 민법 제1조 제2항39)이 규정하는 '신의성실의 원칙'이다), 판례상 정착된 것이다. 법인격 부인론의 법리가 적용되는 것은 지배받고 있는 기업의 법인격이 '형해화'(形骸化)한 경우 또는 법인격이 지배하는 자에 의하여 남용(濫用)되고 있는 경우이다. 모자회사관계가 있는 경우에 자회사의 법인격이 부인되고, 자회사 종업원의 사용자로서의 책임이

---

38) <역자주> 일본의 노동조합법상 사용자란 근로계약관계 내지는 그에 근사 내지 인접한 관계를 기반으로 하여 성립하는 단체적 노사관계의 일방 당사자를 의미한다(＝근로계약 기본설). 이러한 입장에서 아사히방송 사건의 판례취지도 사내업무도급에서의 노동조합법상의 사용자에 대하여 고용주를 기본으로 하면서 이와 부분적으로 동일시할 수 있는 자를 그 한도에서 고용주와 근사한 사용자로서 취급하는 취지라고 이해할 수 있다(菅野和夫, 勞動法[第11版補正版], 弘文堂, 2017, 952－955면).

39) <역자주> 일본 민법 제1조(기본원칙) ② 권리의 행사와 의무의 이행은 신의에 좇아 성실히 하여야

모회사에 부과된다는 것은 이 법리가 적용되는 전형적인 유형이다.

(2) 한편, '묵시적 근로계약'이란 기업에 대해서 어떠한 근로자와의 사이에서 근로계약이 묵시적으로 성립하고 있다고 하여 사용자의 책임을 부과하는 것이다. 근로계약의 성립 요건은 사용되어 근로하고, 이에 대하여 임금을 지급하는 것에 대한 합의가 있지만(노동계약법 제6조),[40] 이 합의는 명시의 것일 필요는 없고, 묵시라도 좋다. 묵시의 합의가 있었는지 여부에 대한 사실 인정은 종종 어려워지게 되고, 근로계약의 성립을 인정하는 쪽이 좋다는 가치판단에서 그 성립을 인정하는 경우도 일어날 수 있다. 예를 들어, 근로자파견에서 파견근로자는 파견회사와 근로계약이 있지만, 사용기업의 지휘명령을 받고 취업한다는 점에서 사용기업과 묵시적 근로계약이 성립하고 있는지가 다툴 수가 있다. 특히 위법파견의 경우에는 사용기업이 파견근로자를 고용해야 한다는 가치판단에서 묵시적 근로계약을 인정하는 견해도 있다. 그러나 이것은 '사실판단'과 '가치판단'을 혼동한 것으로 적절하지 않다. 실제로 판례의 입장은 묵시적 근로계약의 성립을 대부분 부정하고 있다(예를 들어, パナソニックプラズマディスプレイ[パスコ] 사건·最2小判 2009.12.18. [最重判 15 事件]).

(5) 종속 노동론의 변용? -격차 시정론-

또한 최근 주목받는 것은 비정규직의 처우(근로조건의 낮음과 고용의 불안정성)를 개선하기 위한 입법이다. 2007년 및 2014년 「파트타임노동법」의 개정, 2012년 「근로자파견법」의 개정, 2012년 「노동계약법」의 개정 등의 영향으로 큰 법개정이 잇따르고 있다.

이러한 입법은 비정규직의 처우를 개선하는 데 기업과의 종속관계에 착안하

한다(=한국 민법 제2조(신의성실) ①).

40) <역자주> 일본의 노동계약법 제6조(근로계약의 성립)에서는 "근로계약은 근로자가 사용자에게 사용되어 근로하고, 사용자는 이에 대하여 임금을 지급할 것에 대하여 근로자의 사용자가 합의함으로써 성립한다"고 규정하고 있다. 우리나라는 관련 규정이 없다.

여 실질적인 평등을 실현하기보다는 정규직과의 교차(較差)를 축소하는 것(구체적으로는 근로조건의 균등·균형, 유기계약의 고용중지를 해고와 동일시하는 것, 파트타임에서 풀타임, 유기에서 무기, 파견에서 직접고용으로의 전환 등)을 통하여 정규직과의 평등을 실현하려는 부분이 특징적이다.

이러한 입법은 종속 노동론의 관점에서 파악하기보다도 정규직을 표준 모델로 하고, 그로부터의 일탈을 문제삼는다는 새로운 형태의 노동법이 등장하였다고 이해하는 편이 적절하다.

5. 소결

이번 제3장(노동법이 무엇인가?)에서는 향후의 노동정책을 생각하면 전제적인 고찰로서, 우선 지금까지의 노동법의 전개 과정을 되짚어 살펴보았다.

노동법은 제1차 산업혁명 후에 확대된 공장에서 종속적인 근무방식을 하는 근로자에 착안하고, 이러한 근로자를 보호하기 위하여 탄생하였다. 그런데, 시민 혁명 후에 새롭게 성립된 부르주아지 주체의 국가가 이러한 입법에 따랐던 것은 '노동운동의 성과' 이외에도 '자본가의 인도주의나 온정주의 등'과 함께 '경제의 발전의 기초를 축적하는 데 필요한 것'이었기 때문이다.

노동법 규제의 특징은 시민혁명으로 향수할 수 있었던 시민적 자유(계약의 자유 등)를 제약하는 것이었다. 하지만, 이것을 정당화한 것이 '종속 노동론'이었다. 게다가 종속 노동론은 공장근로자뿐만 아니라 동일한 상황에서 모든 종속근로자를 보호하기 위하여 크게 전개되었다. 이것은 유럽대륙법 체계 국가에서는 거의 공통된 현상으로 일본에서도 마찬가지였다.

일본 노동입법의 전개를 살펴보면, 우선 근로계약관계에서 근로자의 종속성에 착안한 종속 노동론에 기초로 기본적으로 법을 정비하였다. 하지만, 이것은 경제적 합리성으로도 지탱하고 있었다. 그 후 노동시장 전체에 대상을 확대하여 법 정비가 진행되고, 또한 다양한 범주의 근로자에게 목표를 맞추어 입법되어 왔다. 입법으로 극복하지 못하는 부분은 판례가 종속 노동론을 기본으로 근로계약법리로 보충하였다. 하지만, 거기에는 재판관(판사)이 재량적인 가치판단을 통하여 종속 노동론이 '혼자 걷기' 쉬운 토양을 만들었다.

　이러한 한편, 최근 입법의 특징은 '비정규직과 정규직의 격차'에 착안하여 이를 시정하려는 입법이 늘어나서 지금까지의 종속 노동론과는 다른 경향도 파악할 수 있다.

　이러한 일본에서 노동입법의 동향은 제4차 산업혁명에 직면하여 산업구조도 취업구조도 크게 변용하면서 어떻게 달라질 것인가? 적어도 생산 현장은 IT의 침투, 인공지능의 발달 등의 새로운 현상으로 크게 변화하는 것은 어쩔 수 없다. 이러한 점은 아마도 종속 노동론의 변질을 초래하고, 노동법에도 어떠한 변화를 요구할 것이다. 그러면 이것은 지금까지의 노동법과 여전히 연속성이 있는 것인지, 아니면 종전과 연속성이 없는 완전히 새로운 패러다임의 노동법이 되는 것인가?

　이에 대한 대답은 아마 단기적인 기간(term)으로 생각할 것인지, 장기적인 기간으로 생각할 것인지에 따라서 달라질 것이다. 먼저 '장기적인 기간'으로 생각하면, '종속근로'에서 '자영적 취업'으로, 더 나아가서는 '탈노동'(脫勞動)이라는 흐름이 예상된다. 하지만 여기에서는 우선 '단기적인 기간'의 변화에서 살펴본다. 여기서 착안할 점은 '정규직의 근무방식'이다. 최근의 격차를 시정하는 입법에서도 정규직을 표준으로 하는 견해를 볼 수 있다. 이러한 견해가 어떠한 배경에서 발생한 것인지, 이것이 제4차 산업혁명이 진행되는 사회에서 어떻게 행할 것인지는 다음의 제4장(정규직론 −제2의 노동법−)에서 살펴보려고 한다.

📝 보론: 일본 헌법과 노동법

노동법의 각 분야는 각각 일본의 '헌법'에 이념적 근거를 두고 있다. (ⅰ) '노동시장법'은 헌법 제27조 제1항(근로의 권리)이 보장하는 국민의 근로(勤勞) 권리의 보장,[41] (ⅱ) '개별적 노동관계법'은 헌법 제27조 제2항(근로조건의 기준)이 정하는 임금, 취업시간, 휴식, 그 밖의 근로조건에 관한 기준의 법정 요청,[42] (ⅲ) '집단적 노사관계법'은 헌법 제28조(근로자의 단결권)가 정하는 단결권, 단체교섭권, 단체행동권(노동3권, 노동기본권)의 보장이다.[43] 이러한 헌법성의 권리에 있는 근저에는 국민의 생존권을 보장하는 이념도 있다(제25조[44]).

게다가 이렇게 근로에 직접적으로 관계되는 권리 이외에 개인의 존엄, 자기결정권, 행복추구권 등의 폭넓은 사정을 가진 권리(제13조[45])도, 노동법의 이념적 근거에 추가하려는 견해도 유력하다. 후술하는 커리어(경력)권은 교육을 받을 권리(제26조 제1항[46])와도 관계된다.

노동입법의 탄생이나 전개를 지탱하는 이념에 '경제적 합리성'을 고려한 본서의 발상에 있어, 정부의 노동입법은 헌법상 근로자의 권리로서 보장한다면 거기에 자본가와 경영자의 경제적 이익을 고려할 필요는 없다는 반론도 있다.

그러나 헌법은 '경제활동의 자유'를 보장하는 것도 사실이며(제22조,[47] 제29조[48]), 이러한 자유는 공공의 복지에 의한 제약을 받지만, 자본가나 경영자에게 경제활동의 자유가 있다는 것을 무시한 논의는 올바른 헌법론이라고 할 수 없을 것이다. 어떠한 경우이든 헌법을 가져오는 것만으로 정책의 방향성이 일의적으로 결정되는 것은 아니다. 헌법의 추상론을 가져와 논의하는 것은 적어도 정책을 구체적으로 검토할 경우 오히려 유해할 수 있다는 점에도 유념해야 한다.

---

41) <역자주> 한국 헌법 제32조 ① 모든 국민은 근로의 권리를 가진다. 국가는 사회적·경제적 방법으로 근로자의 고용의 증진과 적정임금의 보장에 노력하여야 하며, 법률이 정하는 바에 의하여 최저임금제를 시행하여야 한다. ② 모든 국민은 근로의 의무를 진다. 국가는 근로의 의무의 내용과 조건을 민주주의원칙에 따라 법률로 정한다.

42) <역자주> 한국 헌법 제32조 ③ 근로조건의 기준은 인간의 존엄성을 보장하도록 법률로 정한다. ④ 자의 근로는 특별한 보호를 받으며, 고용·임금 및 근로조건에 있어서 부당한 차별을 받지 아니 한다. ⑤ 연소자의 근로는 특별한 보호를 받는다. ⑥ 국가유공자·상이군경 및 전몰군경의 유가족은 법률이 정하는 바에 의하여 우선적으로 근로의 기회를 부여받는다.

43) <역자주> 한국 헌법 제33조 ① 근로자는 근로조건의 향상을 위하여 자주적인 단결권·단체교섭권 및 단체행동권을 가진다. ② 공무원인 근로자는 법률이 정하는 자에 한하여 단결권·단체교섭권 및 단체행동권을 가진다. ③ 법률이 정하는 주요방위산업체에 종사하는 근로자의 단체행동권은 법률이 정하는 바에 의하여 이를 제한하거나 인정하지 아니할 수 있다.

44) <역자주> 일본 헌법 제25조 제1항(생존권) 모든 국민은 건강하고 문화적인 최저한도의 생활을 영위할 권리를 가진다; 한국 헌법 제34조 ① 모든 국민은 인간다운 생활을 할 권리를 가진다. ② 국가는 사회보장·사회복지의 증진에 노력할 의무를 진다. ③ 국가는 여자의 복지와 권익의 향상을 위하여 노력하여야 한다. ④ 국가는 노인과 청소년의 복지향상을 위한 정책을 실시할 의무를 진다. ⑤ 신체장애자 및 질병·노령 기타의 사유로 생활능력이 없는 국민은 법률이 정하는 바에 의하여 국가의 보호를 받는다. ⑥ 국가는 재해를 예방하고 그 위험으로부터 국민을 보호하기 위하여 노력하여야 한다.

45) <역자주> 일본 헌법 제13조(개인의 존중, 행복추구권, 공공의 복지) 모든 국민은 개인으로서 존중

받는다. 생명, 자유 및 행복추구에 대한 국민의 권리에 대하여는 공공의 복지에 반하지 아니하는 한 입법 기타의 국정상에서 최대의 존중을 필요로 한다; 한국 헌법 제10조 모든 국민은 인간으로서의 존엄과 가치를 가지며, 행복을 추구할 권리를 가진다. 국가는 개인이 가지는 불가침의 기본적 인권을 확인하고 이를 보장할 의무를 진다.

46) <역자주> 일본 헌법 제26조 제1항(교육을 받을 권리) 모든 국민은 법률의 정하는 바에 의하여 능력에 따라 동등한 교육을 받을 권리를 가진다; 한국 헌법 제31조 ① 모든 국민은 능력에 따라 균등하게 교육을 받을 권리를 가진다. ② 모든 국민은 그 보호하는 자녀에게 적어도 초등교육과 법률이 정하는 교육을 받게 할 의무를 진다. ③ 의무교육은 무상으로 한다.

47) <역자주> 일본 헌법 제22조 제1항(거주/이전 및 직업선택의 자유) 누구든지 공공의 복지에 반하지 아니하는 한 거주, 이전 및 직업선택의 자유를 가진다; 한국 헌법 제14조 모든 국민은 거주·이전의 자유를 가진다. 한국 헌법 제15조 모든 국민은 직업선택의 자유를 가진다.

48) <역자주> 일본 헌법 제29조(재산권) ① 재산권은 이를 침해해서는 아니된다. ② 재산권의 내용은 공공의 복지에 적합하도록 법률로 정한다. ③ 사유재산은 정당한 보상 하에 공공을 위하여 사용할 수 있다; 한국 헌법 제23조 ① 모든 국민의 재산권은 보장된다. 그 내용과 한계는 법률로 정한다. ② 재산권의 행사는 공공복리에 적합하도록 하여야 한다. ③공공 필요에 의한 재산권의 수용·사용 또는 제한 및 그에 대한 보상은 법률로써 하되, 정당한 보상을 지급하여야 한다.

정규직론
- 제2의 노동법 -

제4장

정규직론 – 제2의 노동법 –

1. 정규직은 왜 존재하는가?

'정규직'(正社員)은 노동(勞動)이나 인사(人事)를 언급할 때에 일반적으로 사용되는 말이다. 그 정의는 분명하지 않다. 법률에서도 정규직(정사원)이란 단어를 사용하지 않는다(우리나라의 '정규직'에 해당). 문자 그대로 '올바른'(正しい) 사원(社員)이라는 것이다. 하지만, 사원이 바람직한지의 여부를 논하기 위한 법적 기준은 없다(또한 회사법에서는 사원이란 주주[株主]를 가리키지만, 노동법에서는 종업원[근로자]을 말한다).

이렇게 엄밀한 정의는 어렵다. 하지만, 적어도 정규직이란 단어에서 많은 논자가 상정하는 것은 근로계약에 기간의 정함이 없는 무기(無期)고용 근로자를 말한다. 기간의 정함이 없고, 정년(定停, 우리나라는 '停年'[정년])까지의 고용이 보장된 장기고용 근로자가 정규직의 전형적인 이미지이다.

이러한 근로자는 한 기업에서 장기적으로 고용되는 존재이다. 그래서 그 기업 공동체의 정규 구성원과 같은 지위를 가지고 있다. 이러한 이유로 정규사원, 즉 정규직(정사원)이라고 부른다.

'일본적 경영'(日本的 經營)의 세 기둥으로서 과거에 자주 종신고용, 연공형 처우, 기업별 노동조합을 꼽았다. 하지만, 이들 세 기둥은 모두 정규직을 말한다. 즉 정규직이야말로 일본에서 근로자의 주류였던 것이다.

이 정규직 제도는 기술의 발달에 따라 기업의 적응성(adaptability)을 높여온 것은 앞에서 언급한 바와 같다. 산업 발달의 역사는 기술 혁신의 역사이다. 기술의 발달은 필연적으로 쇠퇴 부문과 성장 부문을 낳고, 이에 대응하려면 인재를 쇠퇴 부문에서 성장 부문으로 이행시킬 필요가 있다. 이것이 '인재의 재배치'이다.

인재의 재배치를 기업 내에서 실현할 수 있으면, 해고나 실업의 문제는 발생하지 않는다. 기업 내에서 재배치는 근로자의 기능이 진부화(眞否化)되어도, 교육 훈련으로 새로운 기능을 습득시켜 그 근로자를 계속 활용하는 것이다. 제1장(기술 혁신과 일본형 고용시스템)에서 살펴본 것처럼, 일본의 기업에서 정규직이라는 장기 고용의 인재는 이러한 기업 내에서 재배치하기에 좋은 상황이었다. 오히려 이러한 재배치를 할 수 있게 하기 위하여 정규직의 존재를 두고 있었다.

2. 정규직 중심의 기업 인사

기업의 입장에서는 기술의 발달로 새로운 기능이 필요할 때마다 외부 시장에서 노동력을 조달받는 경우에는 정작 인재가 필요할 때에 타이밍을 놓칠 우려가 있다. 이러한 위험을 피하려면 우수한 인재를 가능하면 끌어안고 있는 쪽이 좋다. 또한 기술의 발달을 상정하면, 모든 인재가 특정한 전문적 기능에 뛰어날 필요는 없다. 특히 젊은 인재에게는 향후 기술 발달에 대응할 수 있는 잠재 능력이 높은 쪽이 중요하다. 일본 기업이 신규 졸업자를 저기능을 가진 근로자를 채용하여 기업 내에서 다양한 직무를 경험하여 능력을 향상시키는 인사전략은 이러한 편이 외부로부터 인재를 조달받는 것보다도 우수한 인재를 안정적으로 확보할 수 있고, 기술의 발달에도 대응하는 것이 쉬웠기 때문이다. 이것이 정규직의 존재가 생겨난 기업 측의 이유이다.

그러나 이러한 정규직의 지위는 근로자의 입장에서도 매력적이어야 했다. 근속연수가 짧은 젊은 정규직에게는 훈련 중이라도 기업은 임금을 계속해 지급한다. 이 때문에 그 비용은 기업에게는 부담이 된다. 그 비용을 회수하려면 근로자를 도중에 그만두게 해서는 곤란하다. 하지만 무기고용 근로자에게는 퇴직(사직)의 자유가 있다. 이 때문에 기업은 근로자의 퇴직을 직접 제약할 수는 없다. 그래서 기업은 정규직이 그만두지 않도록 인사 구조를 마련할 필요가 있다.

용어해설: 근로자의 사직의 자유

일본 민법 제627조(기간의 정함이 없는 고용의 해지 통보) 제항에서는 "당사자가 고용기간을 정하지 아니한 때에는 각 당사자는 언제든지 해지를 신청할 수 있다. 이 경우에 고용은 해지 신청일(통고일)로부터 2주간을 경과함으로써 종료한다"로 규정하고 있다.[1] 이것은 무기근로(고용)계약에 대한 해지의 자유를 정한 규정이다. 사용자의 해지인 해고(解雇)는 노동법에서 제재하고 있다(노동계약법 제16조[2]). 하지만 근로자의 해지인 사직(辭職)은 규제가 없다. 기업이 취업규칙 등에서 무기고용 근로자가 사직할 자유를 제한해도(예를 들어 기업의 승낙없이 퇴직할 수 없다는 취지의 조항을 설정해도), 그것은 공서양속(公序良俗, 공공의 질서[사회질서] 및 선량한 풍속)에 반하여 무효이다(일본 민법 제90조).[3]

또, 근로자가 퇴직한 경우 위약금(違約金) 등의 지급을 합의하는 것도 허용되지 않는다. 특히 이것은 인신구속의 폐해를 초래하기 쉽기 때문에 금지하고 있다(노기법 제16조, 벌칙 제119조 1호).[4]

한편, 기간의 정함이 있는 유기(有期)고용에 대해서는 기간의 만료 시까지 사직하는 것은 원칙적으로 허용되지 않는다. 예외로는 '부득이한 사유'가 있는 경우만이다(민법 제628조[5]). 유기고용에는 이러한 기간 중의 구속성이 있어 노동기준법은 그 기간을 원칙적으로 3년까지로 한다(노기법 제14조).[6]

---

1) <역자주> 참고로 한국 민법 제660조(기간의 약정이 없는 고용의 해지통고) ① 고용기간의 약정이 없는 때에는 당사는 언제든지 계약해지의 통고를 할 수 있다. ② 전항의 경우에는 상대방이 해지의 통고를 받은 날로부터 1월이 경과하면 해지의 효력이 생긴다.
2) <역자주> 일본 노동계약법 제16조(해고) 해고는 객관적으로 합리적인 이유를 결여하고 사회통념

그 하나가 근로자가 기업의 지시대로 성실하게 일하고 있다면 고용을 보장한다. 법상 이미 살펴본 것처럼 해고권 남용법리에 따라 기업의 해고를 제한하고 있다(현재는 노동계약법 제16조). 하지만, 최고재판소(대법원)에서 해고권 남용법리가 확립된 1975년보다도 이전부터 기업은 이른바 암묵(暗默)적인 약속으로 정년까지 고용을 보장해 왔다. 이러한 고용보장을 받은 근로자가 정규직이다.

용어해설: 정년

정규직은 정년(定年)까지 근무해야 한다고 가끔 오해한다. 하지만, 법상 근로자는 정년 전에 언제든지 자신의 의지로 일방적으로 사직을 할 수 있다(민법 제627조). 정년이란 기업에서 보아 그 연령까지는 종업원의 고용을 보장하는 것을 말한다. 하지만 그 연령에 도달한 때에는 퇴직하게 하는 제도이다. 종업원이 도중에 사직을 하는 것은 제약받지 않는다. 정년을 설정할지는 기업이 자유롭게 판단해 결정해도 된다. 베테랑(vétéran, 전문가) 인재의 활용이 필요한 중소기업에는 정년 규정이 없는 사례도 있다.

상 상당하다고 인정되지 아니하는 경우에는 그 권리를 남용한 것으로 무효로 한다; 한국 근로기준법 제23조(해고 등의 제한) 제1항 사용자는 근로자에게 정당한 이유 없이 해고, 휴직, 정직, 전직, 감봉, 그 밖의 징벌(이하 '부당해고등'이라 한다)을 하지 못한다.
3) <역자주> 한국 민법 제103조 동일함.
4) <역자주> 일본 노동기준법 제16조(배상예정의 금지) 사용자는 근로계약 불이행에 대한 위약금을 정하고, 손해배상액을 예정하는 계약을 체결하지 못한다(위반 시 6개월 이하 징역 또는 30만엔 이하 벌금); 한국 근로기준법 제20조(위약 예정의 금지) 사용자는 근로계약 불이행에 대한 위약금 또는 손해배상액을 예정하는 계약을 체결하지 못한다(위반 시 500만 원 이하 벌금[근로기준법 제114조 1호]).
5) <역자주> 일본 민법 제628조(부득이한 사유로 인한 고용의 해제) 당사자가 고용기간을 정한 경우라도 부득이한 사유가 있는 때에는 각 당사자는 즉 계약의 해제를 할 수 있다. 이 경우에 그 사유가 당사자 일방의 과실로 인하여 생긴 것인 때에는 상대방에 대하여 손해배상책임을 진다(＝한국 민법 제661조).
6) <역자주> 참고로 한국 근로기준법 제16조(계약기간) 근로계약은 기간을 정하지 아니한 것과 일정한 사업의 완료에 필요한 기간을 정한 것 외에는 그 기간은 1년을 초과하지 못한다(유효기간 2007.6.30.).

정년은 고연령(고령) 근로자에게 직업과 수입을 잃어버리게 하는 효과를 가진다. 그래서 '공적연금제도'와 접속하는 것을 고려해 왔다. 「고연령자고용안정법」 제8조에서는 60세 미만의 정년은 금지하고 있다. 같은 법 제9조는 기업에게 정년 후에도 65세 (2025년 4월 이후. 그때까지는 경과조치로 단계적으로 60세부터 인상하고 있다)까지 (ⅰ) 정년 연장, (ⅱ) 계속 고용, (ⅲ) 정년 철폐의 어느 한 가지의 고용확보 조치를 강구하도록 의무화하고 있다.

정년은 일정한 연령에 도달한 고령자를 강제적으로 퇴직시키기 때문에 '연령 차별'이라고 하는 주장이 과거에는 있었다. 하지만, 현행법은 정년을 합법이라고 하고, 연령 차별이라고 하는 주장은 최근에는 거의 못하게 되었다. 정년에는 확실히 고용을 강제적으로 종료시키는 기능이 있지만, 해고 규제와 맞물려 정년까지 고용을 보장하는 기능도 있다. 이에 정년은 전체적으로 보면, 노사 양측에 있어 합리적인 제도이다. 그렇기 때문에 정년은 일본의 정규직 제도에서 중요한 구성요소이다(미국과 같이 고용보장이 없는 국가에서 정년을 연령 차별이라고 하는 것과는 일본은 상황이 다르다).

정년이 없으면 아래에서 살펴볼 연공형 임금을 유지하는 것은 어렵고, 고용의 보장도 곤란하다. 하지만 노동력을 외부 시장에서 조달받고, 임금도 시장의 시세(時勢, 그 당시의 형세나 형편)로 한다. 또한, 기업 내에서 인재를 육성하지 않는다는 스타일이 일반화되어, 현재의 정규직제도가 수용되면 저절로 정년제도 없어지게 될 것이다(정년제는 '25의 의문'의 제19화, 정년제와 연공형 임금의 관계는 '25의 의문'의 [용어해설 2] 192면 참조).

도표 4-1 정년제의 유무, 정년제의 규정방법 기업 비율

(단위: %)

기업 · 산업 · 연도	정년제가 있는 기업[1]	정년제의 규정방법			정년제가 없는 기업
		일률적으로 정함	직종별로 정함	기타	
2015년 조사 합계	92.6 (100.0)	(98.1)	(1.7)	(0.3)	7.4
1,000명 이상	99.7 (100.0)	(93.3)	(5.8)	(1.0)	0.3
300-999명	99.3 (100.0)	(95.3)	(4.6)	(0.1)	0.7
100-299명	97.7 (100.0)	(97.4)	(2.4)	(0.3)	2.3
30-99명	90.2 (100.0)	(98.7)	(1.0)	(0.3)	9.8

광업, 채산업, 사리채취업	99.3 (100.0)	(100.0)	(−)	(−)	0.7
건설업	92.3 (100.0)	(99.5)	(−)	(0.5)	7.7
제조업	97.8 (100.0)	(99.9)	(0.1)	(0.0)	2.2
전기·가스·열공급·수도업	97.8 (100.0)	(97.5)	(2.5)	(−)	2.2
정보통신업	98.8 (100.0)	(100.0)	(−)	(0.0)	1.2
운수업, 우편업	98.0 (100.0)	(96.1)	(1.5)	(2.4)	2.0
도매업, 소매업	90.0 (100.0)	(99.0)	(0.9)	(0.1)	10.0
금융업, 보험업	99.2 (100.0)	(96.4)	(1.8)	(1.8)	0.8
부동산업, 물품임대업	94.7 (100.0)	(97.5)	(2.1)	(0.3)	5.3
학술연구, 전문·기술서비스업	97.8 (100.0)	(99.6)	(0.4)	(−)	2.2
숙박업, 음식서비스업	78.0 (100.0)	(100.0)	(0.0)	(−)	22.0
생활관련서비스업, 오락업	87.5 (100.0)	(99.3)	(0.7)	(−)	12.5
교육, 학습지원업	94.4 (100.0)	(82.9)	(16.8)	(0.2)	5.6
의료, 복지	90.0 (100.0)	(95.3)	(4.7)	(−)	10.0
복합서비스사업	100.0(100.0)	(98.2)	(1.8)	(−)	−
서비스업(기타로 분류되지 않는 것)	89.0 (100.0)	(98.8)	(1.2)	(−)	11.0
2015년* 조사[2]	92.1 (100.0)	(99.0)	(0.7)	(0.3)	7.9
2014년 조사	93.8 (100.0)	(98.9)	(0.7)	(0.4)	6.2
2013년 조사	93.3 (100.0)	(98.4)	(1.2)	(0.4)	6.7
2012년 조사	92.2 (100.0)	(98.8)	(1.0)	(0.2)	7.8
2011년 조사	92.9 (100.0)	(98.9)	(1.0)	(0.2)	7.1

주: 2014년 조사 이전에는 조사대상을 '상용근로자가 30명 이상인 회사조직인 민영기업'으로 하고, '복합서비스
   사업'을 불포함. 하지만 2015년 조사부터 '상용근로자가 30명 이상인 민영법인'으로 하고, '복합서비스사업'
   을 포함했다.
1) ( )안의 수치는 '정년제가 있는 기업'을 100으로 한 비율이다.
2) 2015년 조사는 '상용근로자가 30명 이상인 회사조직인 민영기업'으로 '복합서비스사업'을 불포함한 집계로,
   시계열로 비교한 경우에는 이 수치를 참조하길 바란다.
출처: 후생노동성, 2015년 취업조건종합조사.

　　　정규직을 장기 근속을 시키기 위한 두 번째의 구조가 '연공형 임금'이다. 정
규직의 임금은 이미 살펴본 것처럼, 특정한 '직무'(職務)와 관련이 없다. 원래 직무는
근로계약의 상한이 정해져 있지 않고, 임금은 근속연수에 비례해 늘어난다. 기업에
서 중요한 것은 특히 근속연수가 짧은 동안은 어떠한 직무에 종사하는지에 관계없이

기업이 명령하는 다양한 직무에 종사하는 것이 필요한 '만능선수'(generalist)로서 직무수행 능력을 향상시키는 것이다.

기업은 근로자가 그때그때 지시한 직무에 충실히 종사하고 있다면 직무수행 능력이 향상된다고 본다. 이렇게 향상된 능력에 따라 임금을 지급한다(직능급). 물론 근로자의 성과에는 개인 차이가 있다. 하지만, 어떠한 직무에 종사시킬 것인지는 기업이 폭넓은 권한을 가진다. 이를테면 거기에서 성과가 낮아도, 이것이 모두 근로자의 책임이라고 하기는 어렵다. '능력 부족'에 의한 해고를 거의 할 수 없는 것(혹은 할 수 있어도 법원에서 유효하다고 판단받기 어려움)은 이러한 이유가 있기 때문이다.7) 오히려 능력 부족에 의한 해고를 하면, 다른 정규직의 동기가 낮아진다(기업이 종업원에게 부당하게 책임을 전가하는 것처럼 생각된다). 결국 전체의 생산성을 낮추어 버릴 가능성이 높다(守島=大内 2013, 184면 이하).

연공별로 운용되는 직능급 시스템에서는 정규직은 오래 일하는 편이 이익이다. 한편, 근속연수가 길어질수록 정규직의 기능은 기업 내에서 받은 특유한 훈련의 영향을 보다 크게 받게 된다. 이 점은 이러한 정규직이 이적(移籍)해 다른 기업에 근무하게 되더라도 이적하기 전의 연공형 임금과 같은 정도의 임금을 받을 가능성이 적다는 점이다(기업의 특수한 숙련 문제). 이적한 기업에 필요한 기능은 반드시 이적하기 전의 기업이 요구하던 것과 같은 종류라고 한정할 수가 없기 때문이다. 그렇다면, 기업 내 인재를 육성하는 시스템 자체가 그 기업에서 장기근속을

---

7) <역자주> 다만, 일본의 경우 영업소장을 영업소의 성적 부진을 이유로 영업사원으로 '강격'(降格 =강직=강등)하는 경우와 근무성적 불량을 이유로 하여 부장을 일반직으로 '강격'할 경우와 같이 일정한 보직을 해제하는 강격에 대하여 취업규제에 근거 규정이 없어도 인사권의 행사로서 재량적 판단에 의하여 가능하다고 판단하고 있다. 강격에는 직위와 직무를 격하시키는 경우(승진의 반대조치)와 직능자격제도상의 자격이나 직무·역할 등급제상의 등급을 저하시키는 경우(승격의 반대조치)가 있다. 또 징계처분으로서의 강격과 업무명령에 의한 강격(인사이동의 조치)이 있다. 강격의 경우 대체로 권한, 책임, 요구되는 기능 등의 저하를 동반하고, 따라서 이러한 것에 따라 정해져 있는 임금(기본급, 보직수당)의 저하를 초래하는 것이 일반적이다. 즉 강격에 의한 임금의 인하는 취업규칙(임금규정 등)에서 정해진 임금의 체계와 기준에 따라서 이루어져야 한다(菅野和夫, 勞動法, 681-684면).

유발하는 것이 된다(반대로 말하면, '노동시장의 유동화'(流動化)를 막고 있는 것이다).

게다가 '퇴직금제도'의 기능도 간과할 수 없다. 퇴직금은 법률적 의무가 아니고, 기업이 임의로 마련한 제도이다. 하지만, 많은 기업은 퇴직금제도를 두고 있다. 그 이유의 하나는 퇴직금제도를 정규직의 장기근속에 대한 인센티브로 활용할 수 있기 때문이다. 퇴직금의 산정방식은 개별 기업에서 독자적으로 설정할 수가 있다. 하지만, 퇴직금은 근속연수에 비례하여 상승하는 것이 일반적이다. 세제(稅制)에서도 근속 20년을 초과한 근로자의 퇴직금은 우대받고 있다(퇴직소득공제[소득세법 제30조 제3항]).

또한, 많은 기업에서는 징계해고가 행해진 경우나 징계해고에 상당한 비위행위가 있던 경우에 퇴직금 규정에 퇴직금을 지급하지 않는 '부지급 조항'을 두고 있다. 판례에서도 종전의 공로를 헛되게 만들어 버리는 비위행위가 있던 경우에는 퇴직금을 부지급하는 취급을 유효하다고 판시하고 있다. 이렇게 퇴직금제도는 장기간의 근속에 대한 공로보상의 의미를 가지면서, 그 반대로 기업에 중대한 민폐(民弊)를 끼치는 행위를 한 자에게는 부지급한다는 패널티(벌칙)로도 활용하고 있다.[8][9]

---

8) <역자주> 징계해고에 따른 퇴직금의 전액 혹은 일부 부지급을 퇴직금 규정 등에 명문화하여 근로계약 내용으로 하여야 비로소 시행할 수 있고, 이렇게 명확하게 정하고 있으면 임금전액불 원칙(노기법 제14조)에 위반되지 않는다. 그리고 퇴직금의 공로 보상적 성격에 비추어 볼 때 그러한 규정을 일반적으로 공서양속 위반(민법 제90조)이라 하는 것도 적절하지 않다. 하지만 퇴직금의 성격에서 볼 때 퇴직금 부지급 규정을 유효하게 적용할 수 있는 것은 근로자의 그때까지의 근속의 공로를 말소(전액 부지급의 경우) 내지 감쇄(일부 부지급의 경우)해 버리는 정도가 크게 신의에 반하는 행위가 있었을 경우에 한정된다고 해석할 수 있다(日本高壓瓦斯工業事件―大阪高判 1984.11.29; 旭商會事件―東京地判 1995.12.12; 日本コンベンション・サービス事件―大阪高判 1998.5.29.). 따라서 징계해고가 유효해지는 경우라도 여전히 퇴직금부지급의 적법성을 위의 견지에서 판단해야 한다(퇴직금 부지급규정을 당연시하여 유효 판정한 사례도 있다. ソニー生命保險事件―東京地判, 1999.2.26, 勞判 771호, 77면). 이상과 같이 해석하면 임의퇴직 후에 재직 중의 징계해고사유가 판명된 경우에는 취업규칙상의 '징계해고에 상당하는 행위가 있었던 경우'라는 퇴직금 부지급 규정을 적용하여 실시하는 부지급에 대해서도 동일하게 해석해야 한다(菅野和夫, 勞動法, 664면).

9) <역자주> 일본 및 선진국에서는 종종 사용자가 임의로 지급하거나 단체협약에 따라 지급한다. 반면에 한국의 근로기준법은 종전에 "사용자는 계속근로기간 1년에 대하여 30일분 이상의 평균임금을

어느 경우이든 장기고용의 보장, 연공형 임금, 퇴직금제도(+징계해고의
경우 부지급 규정)는 정규직에게 가능하면 장기간 동안 성실하게 근무하라는
구조이다.

도표 4-2 퇴직급여(일시금 · 연금)제도의 유무, 형태별 기업 비율

(단위: %)

기업규모 · 산업 · 연도	퇴직급여 (일시금 · 연금)제도가 있는 기업*	퇴직일시 금제도만	퇴직연금 제도만	두 제도 병용	퇴직급여 (일시금 · 연금)제도 가 없는 기업
합계	75.5 (100.0)	(65.8)	(11.6)	(22.6)	24.5
1,000명 이상	93.6 (100.0)	(23.0)	(28.9)	(48.1)	6.4
300 – 999명	89.4 (100.0)	(31.5)	(27.2)	(41.3)	10.6
100 – 299명	82.0 (100.0)	(56.0)	(14.0)	(30.0)	18.0
30 – 99명	72.0 (100.0)	(74.1)	(8.6)	(17.3)	28.0
광업, 채석업, 사리채취업	91.0 (100.0)	(73.6)	(11.1)	(15.3)	9.0
건설업	91.5 (100.0)	(59.9)	(12.1)	(28.0)	8.5
제조업	86.6 (100.0)	(67.7)	(10.8)	(21.5)	13.4
전기 · 가스 · 열공급 · 수도업	96.3 (100.0)	(50.0)	(12.3)	(37.8)	3.7
정보통신업	76.9 (100.0)	(47.6)	(16.7)	(35.7)	23.1
운수업, 우편업	60.0 (100.0)	(61.3)	(11.6)	(27.1)	40.0
도매업, 소매업	82.3 (100.0)	(62.2)	(14.3)	(23.5)	17.7
금융업, 보험업	89.2 (100.0)	(43.4)	(17.3)	(39.3)	10.8
부동산업, 물품임대업	76.9 (100.0)	(68.5)	(9.1)	(22.3)	23.1
학술연구, 전문 · 기술서비스업	83.3 (100.0)	(62.7)	(12.9)	(24.3)	16.7
숙박업, 음식서비스업	52.6 (100.0)	(80.6)	(7.4)	(12.0)	47.4
생활관련서비스업, 오락업	53.0 (100.0)	(67.7)	(10.1)	(22.3)	47.0
교육, 학습지원업	74.4 (100.0)	(85.6)	(11.3)	(3.1)	25.6

퇴직금으로 퇴직하는 근로자에게 지급할 수 있는 제도를 설정해야 한다"고 규정했다(1961년 신설,
2005년 제정 퇴직급여보장법으로 이동하였다). 이에 근로기준법에는 퇴직급여제도에 관해서는 「퇴
직급여보장법」이 정하는 대로 따른다는 매개 조항만 남겨두었다(제34조).

의료, 복지	50.1 (100.0)	(89.4)	(6.5)	(4.1)	49.9
서비스업(기타로 분류되지 않는 것)	62.0 (100.0)	(77.3)	(6.7)	(15.9)	38.0
2008년	83.9 (100.0)	(55.3)	(12.8)	(31.9)	16.1

주: ( )안의 수치는 퇴직급여(일시금 · 연금)제도가 있는 기업에 대한 비율이다.
출처: 후생노동성, 2013년 취업조건종합조사

도표 4-3 **해고에서의 퇴직금의 지급상황**

(단위: (사), %)

구분	유지(諭旨)해고10)				징계해고			
	규모 합계	1000명 이상	300 - 999명	300명 미만	규모 합계	1000명 이상	300 - 999명	300명 미만
합계	(116) 100.0	(39) 100.0	(37) 100.0	(40) 100.0	(166) 100.0	(58) 100.0	(51) 100.0	(57) 100.0
전액 지급	38.8	41.0	54.1	22.5	–	–	–	–
일부 지급	18.1	25.6	13.5	15.0	0.6	–	–	1.8
전액 부지급	3.4	–	5.4	5.0	69.3	79.3	72.5	56.1
퇴직금제도 없음1)	19.0	2.6	16.2	37.5	16.3	5.2	13.7	29.8
기타2)	20.7	30.8	10.8	20.0	13.9	15.5	13.7	12.3

주: 1) 선불퇴직금이나 확정갹출연금을 채택하는 경우를 포함.
    2) "경우에 따라 다름", "일부 또는 전부 부지급", "감액하는 경우가 있음", "징계위원회에서 결정함" 등
출처: 노정시보(「労政時報」) 3829호(2012년).

---

10) <역자주> 유지(諭旨)해고: 일본 기업에 따라서는 징계해고를 약간 경감한 징계처분으로서 '유지(諭旨, 임금이 신하에게 내리던 글)해고'를 두고 있는 사례가 있다. 또, 퇴직원 내지는 사표 제출을 권고하고 즉시 퇴직을 요구하는 '유지퇴직'이라 하는 사례도 있다(소정 기간 내에 권고에 응하지 않을 경우에는 징계해고를 행하는 기업이 많다). 이러한 경우 퇴직금은 전액 내지 일부가 부지급되거나 통상 자기사정 퇴직으로 지급한다. 유지퇴직은 의원(依願)퇴직과 동일한 형식을 취한다. 실제로는 엄연히 징계처분으로 그 법적 효과는 징계해고와 동일한 모습으로 다룰 수 있다고 해석된다(菅野和夫, 労動法, 664-665면).

3. 정규직 제도를 보완하는 근로계약법리

(1) 정규직의 특권

지금까지 살펴본 고용의 안정, 임금의 안정적인 상승, 퇴직금의 부여는 정규직에게 당연히 인정되는 '특권'(特權)이다. 다만, 그 대가도 있다. 이것은 기업의 광범위한 인사권(직무변경 등)에 따르는 등 정규직에 대한 특유한 구속적인 근무방식을 이행하여야 한다. 하지만 이러한 부담은 정규직의 '특권'으로 충분한 보상도 받는 것이다. 이러한 의미에서 정규직 제도는 그 '특권'에 착안하면, 실제로는 근로자의 보호에 크게 공헌하고, '제2의 노동법'이라고 부를 수도 있다.

최근에 노동입법은 앞의 제3장(노동법은 무엇인가)에서 살펴보았듯이, 정규직과 비정규직 사이의 격차(格差)를 시정(是正)하기 위한 것이 많다. 하지만, 이것은 비정규직에게도 '제2의 노동법'을 적용하려는 시도라고도 할 수 있다.

물론 노동법에서 제정법의 기본은 「노동기준법」과 「노동조합법」이다(이른바 '제1의 노동법'). 두 법률에서도 근로자는 포괄적인 개념이고(노동기준법 제9조, 노동조합법 제3조[11]), 그중에 정규직과 비정규직이라는 구분은 없었다. 하지만, 제정법의 범위 이외에 판례에서 전개된 근로계약법리 중에는 정규직을 상정한 것이 많고, 기업이 발전시켜 온 정규직제도와 보완적인 관계에 있다. 그래서 이하에서는 그 내용을 살펴본다.

(2) 해고법리

본서에서도 몇 차례 언급해 온 근로계약법리의 대표적인 사례가 '해고권 남용법리'이다. 이 법리는 앞에서 언급한 것처럼 종속근로자의 보호라는 관점에서도 정당화할 수 있다. 하지만 이것(근로자 생존권의 보장, 인격권의 보장, 계속적 계약의

---

[11] <역자주> 일본 노동조합법 제3조(노동자) 이 법률에서 노동자라 함은 직업의 종류를 불문하고 임금, 급료 기타 이에 준하는 수입에 의하여 생활하는 자를 말한다; 한국의 노동조합및노동관계조정법 제2조(정의) 1호 규정과 동일하다.

안정성 요청 등)은 모든 근로계약에 보편적으로 해당하지는 않는다.

해고 제한을 근거로 하는 근로자 보호의 필요성은 다음과 같이 두 가지의 보다 구체적인 요청을 요구받는다. 첫째, 해고에 있어 해고가 되면, 근로자는 직업을 잃어 큰 불이익을 입기 때문에 제한해야 한다. 하지만 이 점만 있으면 노동시장의 유동화가 진행되면 해고에 따른 불이익은 적어지고 해고제한의 필요성도 떨어진다. 둘째, 기업이 정규직의 장기고용을 보장하고자 하면, 정규직에 대하여 장기고용의 기대를 발생시켜 그 기대를 저버리는 해고는 가급적이며 회피할 필요가 있다(大內 2013, 172면).

이러한 의미에서 해고를 어디까지 제한해야 할지는 '노동시장의 유동화 상황'과 개별 기업에서 '장기고용이 된다는 기대와 관련된 제도나 관행'이 핵심이 된다. 지금까지 '일본형 고용시스템'에서는 정규직이 가지는 장기고용에 대한 기대는 보호할만한 정당한 것으로, 그 기대와 연동된 해고권 남용법리는 정규직 제도를 보완하는 중요한 역할을 맡아 왔다.

📝 보론: 해고권 남용법리의 확장

해고권 남용법리는 무기고용된 정규직의 해고를 제한하는 것이다. 하지만, 판례는 엄밀한 의미에서는 해고에 해당되지 않는 사례까지 그 법리를 적용해 정규직의 고용을 보장하여 왔다. 예를 들어 정규직으로 채용된 근로자를 '시용기간'에서 '본채용'으로 이행을 거부하는 것(본채용 거부)도 시용기간 단계에서 이미 근로계약(본계약)이 성립되어 있음으로 해고와 동일시해 해고제한법리를 적용하였다(三菱樹脂事件 · 最大判 1963.12.12. [最重判 18 事件]. 1975년에 해고권 남용법리가 구축되기까지의 판결이다. 하지만, 이 법리의 선구적인 의미를 가지는 것이었다). 게다가 '채용내정(採用内定)의 취소'의 경우도 입사하기 전이기 때문에 해고라고는 말하기 어려웠다. 하지만 채용내정의 시점에서 근로계약이 성립되어 있다고 하여, 그 이후의 채용내정 취소는 해고로 다루었다(大日本印刷事件 · 最2小判 1979.7.20. [最重判 20 事件]). 이렇게 판례는 정규직의 장기고용 관행은 채용내정을 할 때부터 시작된다고 하여 그 단계부터 고용을 보장해 온 것이다.

또 실무에서는 해고유예의 기능을 가지는 상병휴직의 기간을 만료할 때의 자동퇴직으로 취급하는 것에 대하여 종전의 직무에 복귀할 수 없는 경우에도 그 기업 내에

서 현실적으로 배치할 수 있는 직무가 있으면 계속 고용을 의무화해 왔다(JR東海
事件 · 大阪地判 2009.10.4. [最重判 41 事件]). 장기고용 중에 상병 등으로 일시적
으로 근무할 수 없게 됨은 기업도 당연히 상정해야 하기 때문에, 즉 고용의 종료를
부정해 왔다.

(3) 배치전환법리

배치전환법리는 정규직의 직무 변경을 유연하게 할 수 있다. 대표적인 판례
가 '닛산자동차 무라야마공장 사건'(日産自動車村山工場事件)이다. 이 사건은 '생
산체제를 변경'하게 되어 종전의 기능을 사용할 수 없게 된 정규직을 해고하지
않고, 배치전환을 하여 고용을 유지하려고 한 기업의 행동을 법적으로 어떻게 평
가할 것인지가 문제되었다. 이 사건은 '기술의 혁신'이 고용에 미치는 영향을 생
각할 경우에 좋은 교재가 된다.

이 사건은 일본 내 큰 자동차 공장에서 기업이 종전의 생산 차종을 변경하
기로 했다. 이로 인하여 '숙련공'을 지금까지 장기간 동안 종사해 왔던 '직무'(職
務)와는 다른 직무로 이동을 명령함으로 발생한 것이다.

구체적으로 살펴보면, 닛산자동차에서는 1981년 6월 − 1982년 3월 무라야마
(村山) 공장의 생산체제를 크게 변경하였다. 종전의 무라야마 공장에 설치되었던
자동차 차축(車軸) 제조부문을 토치기(栃木) 공장 등으로 이전하였다. 그리고 새롭
게 무라야마 공장에서 새로운 모델인 신형차 '마치'(マーチ)를 제조하기로 했다.
이것은 세계의 자동차 업계에서 차축의 소형화 및 구동장치 FF(프런트 엔진 ·
프런트 구동)화에 대응하기 위한 것이었다. 그리고 이러한 변경으로 무라야마 공
장 내의 종업원을 대대적으로 배치전환을 행하였다.

그러자 종업원 7명이 소송을 제기하였다. 이들은 무라야마 공장에서 장기간
(최장 28년 10개월, 최단 17년 10개월) 동안 '기계공'으로 일했던 종업원이었다. 배치
전환에 따라 종전의 기능을 사용할 수 없게 되었고, 신체적으로도 정신적으로도
크게 부담되는 '조립공'으로 이동하였다. 이로 인하여 이러한 이동에 대하여 그

무효확인을 구하는 소송을 제기한 것이다.

노동법상 쟁점은 ① 기업 측은 근로자의 직무를 변경할 권한(배치전환권)을 가지고 있었는지, ② 이를테면 권한이 있었어도 기계공들의 직무가 기계공으로 한정된 것은 아니었는지(직무 한정계약이라면 본인의 동의 없이 직무변경을 할 수 없다.), ③ 직무가 한정되어 있지 않았더라도 기업의 배치전환권 행사는 권리남용이라는 점이었다.

제1심(横浜地判 1986.3.20)은 ①에 대하여 취업규칙에 배치전환 조항이 있는 것을 근거로 기업의 배치전환권을 인정하였다. ②에 대해서도 직무는 특정되었지만, 그 후에 변경이 없다고 하기까지 한정이 없었다고 하였다. 하지만, ③에 대해서는 베테랑(전문가) 기계공의 경력, 기능, 의향 등에 대하여 배려가 필요하고, 기업에게는 이 점에 문제가 있다고 하여 기계공에 대한 배치전환은 권리남용으로 무효라고 판단하였다(종업원 측의 승소[勝訴]).

그러나 항소심(東京高判 1987.12.24)은 ①에 대해서는 인정하고, ②에 대해서는 직무한정의 합의는 없었다고 한 후, ③에 대하여 "직종변경이 기업의 합리적인 운영에 기여하는 등 그 직종변경을 명령내리는 것에 대하여 업무상 필요성이 존재하고, 동시에 그 명령이 다른 부당한 동기, 목적을 가지고 이루어졌는지, 또는 근로자에게 통상 수인해야 할 정도를 현저하게 초월한 불이익을 입게 만드는 등의 특별한 사정이 없는 이상 그 직종변경의 명령은 권리남용이 되지는 않는다고 해야 한다"는 일반론을 언급한 후에 이 사건에서는 권리남용에 해당되는 사정은 없다고 하여 제1심 판결을 뒤집었다(기업 측의 승소).

이에 대하여 다시 종업원 측은 상고하였다. 하지만, 최고재판소(最高1小判 1989.12.7. [最重判 37 事件])는 "모든 대상자에 대하여 각각의 경험, 경력, 기능 등을 각별(各別)하게 참작하지 않고, 모든 종업원을 한꺼번에 무라야마 공장의 신형차 생산부문으로 배치전환을 하기로 했던 것은 노동력 배치의 효율화 및 기업운영의 원활화 등의 견지에서 부득이한 조치로서 용인할 수 있다고 한 원심의 판단은 정당하다고 인정할 수 있다"고 판시하였다. 즉 기업 측이 승소한 원심의 판단을 확정하였다.

이 판결은 베테랑(전문가) 공원(工員, 공장의 근로자, 직공)이라고 해도 자신들의 프로 기능을 활용할 수 있는 직무에서만 계속 근무할 수 있는 권리는 없다는 것을 제시하였다. 동시에 이렇게 배치전환권이 기업에게 있는 이상 기업은 이 사건과 같은 사례에서 잉여(剩餘) 인원이 나와도 해고할 수 없다는 것이다.

즉, 기업에게 배치전환권이 있다는 것은 정규직의 장기고용을 지탱하는 의미가 있다는 것이다. 이렇게 보면, 배치전환권을 넓게 인정하는 근로계약법리도 정규직제도와 보완관계에 있다고 할 수 있다.

용어해설: 변경해지고지

유럽과 미국과 같이, 근로자가 특정한 직무에 종사하기 위해서 고용되어 있는 경우에 원칙적으로 근로자의 동의가 없으면 기업이 일방적으로 직무를 변경할 수가 없다. 그러면 기업의 입장에서 직무를 변경할 필요성이 큰 경우에는 어떻게 대응해야 할까? 그 전형적인 방법이 '변경해지고지'(變更解約告知, 변경해약통지)이다. 변경해지고지는 근로자에 대하여 근로조건의 변경을 신청함과 동시에 신청에 응하지 않으면 해고의 의사표시도 한다는 것이다. 이는 이른바 '조건이 있는 해고'이다. 직무에 대해서도 그 변경을 신청한 것에 따르지 않으면 해고한다는 변경해지고지는 물론 가능하다. 이것은 직무 한정계약인 이유로 배치전환권이 없는 기업의 '직무변경의 수단'인 것이다. 기업은 배치전환권을 가지기 때문에 해고가 제한된다는 일본의 정규직과는 반대로, **기업에게 배치전환권이 없기 때문에 해고라는 방법이 취해진다는** 점이 포인트이다.

변경해지고지의 방법을 법률(해고제한법)에 규정한 독일에서는 변경해지고지(Änderungskündigung)를 받은 근로자는 3가지를 선택할 수 있다. (i) 변경을 받아들이는 것, (ii) 변경을 거부하고 해고되는 것, (iii) 변경의 내용이 법원에서 상당하다고 인정되는 것을 조건으로 변경을 받아들이는 것이다. 이 (iii)의 선택을 '유보가 있는 승낙'(유보조건부 승락)이라고 하고, 근로자가 이렇게 대응하는 것을 법률에서 인정하는 부분이 독일법의 특징이다.

근로자가 유보가 있는 승낙을 한 경우에 먼저 법원이 변경의 내용은 상당하다고 판단하는 경우에는 근로조건이 변경되고, 반면에 법원이 상당하지 않다고 판단하는 경우에는 근로조건이 변경되지 않는다. 어느 경우든 해고라는 결과는 발생하지 않는다. 통상 근로자는 유보가 있는 승낙을 할 것이므로 변경해지고지에는 해고의 의사표시가 포함된 해고의 결과가 발생하지 않는다. 요컨대 이것은 변경해지고지가 근로계약관계를 유지한 후에 근로조건을 변경하는 수단인 것이다.

하지만, 변경해지고지는 해고의 위협에서 근로자에게 근로조건의 변경을 받아들이도록 강하게 요구하는 부분이 일반적인 근로조건의 변경과 다른 부분이다. 그렇기 때문에 독일에서는 유보가 있는 승낙이라는 특별한 선택지를 인정한다. 또한 법원이 근로조건 변경의 내용을 체크하는 것을 인정하고 있다.

그런데, 일본에서도 일정한 전문적인 직무에 종사시키기 위하여 고용한 근로자 등은 직무의 한정을 합의하는 경우가 있다. 이러한 경우에 직무를 변경하기 위해서는 근로자가 나서서 변경에 응하지 않으면 기업으로서는 역시 변경해지고지가 필요하다. 하지만 일본의 법률에는 유보가 있는 승낙제도가 없기 때문에 변경해지고지는 근로자에게 엄격할 수가 있다. 그래서 독일법과 마찬가지로 유보가 있는 승낙제도를 인정하는 해석을 채택해야 한다는 견해도 유력하다. 하지만 이러한 해석은 법률의 명문 규정이 없는 이상 무리라고 하여, 유보가 있는 승낙은 '**승낙 거부**'와 같다고 보아 '해고의 문제'로 보는 견해도 있다(나는 후자의 견해이다).[12]

어느 경우이든 변경해지고지는 해고의 수단을 이용하여 직무를 변경하려는 점에서 장기고용에서 '**기업의 지시**'로 직무를 유연하게 변경해 가는 일본의 전통적인 정규직제도와는 이질적인 것은 분명하다.

---

12) <역자주> 변경해지고지: 변경해지고지란 사용자가 행하는 해고에도 근로자와의 근로계약의 해지 그 자체를 위해 실시하는 것이 아니라 근로조건을 변경수단으로 이루어지는 것을 말한다. 독일에서는 근로계약상 직종과 근무장소가 특정되어 있는 경우가 많기 때문에 이러한 변경(주로 배치전환)은 변경해지고지(조건부 유보승낙)에 의해 실시될 필요가 있다. 하지만, 일본에 있어 기존의 견해는 조건부 유보승낙을 부인한다. 왜냐하면, 일본 민법에는 신청에 조건을 붙인 승낙은 신청을 거절한 새로운 신청으로 간주한다는 규정(민법 제528조)이 있고, 다른 한편으로 변경해지고지에 대하여 독일과 같이 근로자에게 잠정적인 고용계속을 가능하게 하는 입법적 수단이 없기 때문이다. 그런데 최근 근로자가 근로조건변경의 합리성에 대하여 다루는 것을 유보하면서 승낙하고, 잠정적으로 변경 후의 근로조건에 따라 취업하는 것을 인정하는 해석론이 주장되어 논쟁을 일으키고 있다. 이에 변경해지고지의 효력과 관련해 보다 구체적인 판단기준은 그 형태(근로조건변경의 상당성, 해고, 정리해고)에 따라 판단의 차이가 있고, 근로조건변경에 따라 달라진다. 변경해약고지의 유효성 판단의 보다 구체적인 판단기준은 조금 더 사안에 따라 판단의 축적을 기다릴 필요가 있다고 한다. 또한 2005년 9월

(4) 임금 인하에 관한 법리

임금이 연공형인 것은 근로계약법리에서는 정규직의 임금을 인하하는 것에 엄격한 룰의 형태로 취하고, 정규직제도와는 보완 관계에 있다.

일본에서 근로자의 임금은 정규직 및 비정규직에 관계없이 통상 취업규칙에 규정하고 있다. 취업규칙은 상시 10명 이상의 근로자를 사용하고 있는 사업장에서는 그 작성과 '노동기준감독서장'에게 신고할 의무가 있고(노동기준법 제89조),[13] 동시에 주지(周知)를 해야 하고, 내용이 합리적이라면 그 사업장에서 일하는 근로자의 근로계약의 내용을 규율한다(노동계약법 제7조[14]).

취업규칙에서 정한 임금의 기준을 인하하는 경우(예를 들어 전체 종업원에 대하여 일률적으로 3%의 임금을 인하하거나, 임금의 상승 곡선을 완만하게 하는 경우)에는 취업규칙의 불이익변경 문제가 된다. 이에 근로자의 동의가 있던지, 합리성이 있는 경우에만 인하는 인정된다(노동계약법 제9조[15], 제10조[16]). 후자의 '합리성'의 판단

15일의 「향후 노동계약법제의 본연의 모습에 관한 연구회보고」는 이러한 입법적 해결로서 '고용계속형 근로계약변경제도'를 제안하였다(菅野和夫, 勞動法, 761−765면); 한국의 경우 변경해지(변경해고)에 대하여 노동법은 직접 규율하는 규정이 없다. 하지만 해석론 문제로 변경해지의 허용범위와 정당성의 판단은 이른바 '유보부승낙'을 해석론상 인정하는 법이론이 가능하다. 다만, 변경해지 문제를 정면으로 대처하기 위해서는 독일의 해고제한법상의 유보부승낙제도가 모범적 유형을 참고삼아 입법에 의한 제도적 정비를 하는 것이 바람직하다. 왜냐하면 유보부승낙제도는 개인이 주체가 되어 근로조건을 결정·변경하는 개별교섭을 뒷받침할 수 있는 제도로서 긍정적으로 평가될 수 있기 때문이다 (김형배/박지순, 노동법강의(제8판), 신조사, 2019, 238−242면).

13) <역자주> 한국의 근로기준법은 상시 10명 이상의 근로자를 사용하는 사용자가 취업규칙을 작성, 변경한 경우에는 고용노동부장관에게 신고해야 한다(제93조). 위반 시 벌칙(500만 원 이하의 과태료)이 적용된다(제116조)

14) <역자주> 노동계약법 제7조 근로자와 사용자가 근로계약을 체결하는 경우에 사용자가 합리적인 근로조건을 정하고 있는 취업규칙을 근로자에게 주지시킨 경우에는 근로계약의 내용은 그 취업규칙에서 정한 근로조건에 의한 것으로 한다. 다만 근로계약에 있어 근로자와 사용자가 취업규칙의 내용과 다른 근로조건을 합의한 부분에 대하여는 제12조(취업규칙 위반의 근로계약)에 해당하는 경우를 제외하고 그러하지 아니하다.

15) <역자주> 노동계약법 제9조(취업규칙에 의한 근로계약 내용의 변경) 사용자는 근로자와 합의없이 취업규칙을 변경함으로써 근로자에게 불이익하게 근로계약의 내용인 근로조건을 변경할 수 없다. 다

요소는 ① 근로자가 받는 불이익의 정도, ② 근로조건의 변경의 필요성, ③ 변경 후 취업규칙의 내용에 상당성, ④ 노동조합 등과의 교섭 상황, ⑤ 그 밖에 취업규칙의 변경과 관계된 사정으로 명시하고 있다(노동계약법 제10조). 또한 판례의 입장은 임금 등의 중요한 근로조건에 대해서는 변경할 필요성은 고도의 것이어야 해서 기준이 가중되어 쉽게 합리성이 인정되지 못하는 판단구조로 되어 있다(大曲市農業協同組合事件·最3小判 1988.2.16).

전자의 근로자의 동의가 있는 경우에 대해서는 계약의 내용(근로조건)을 변경할 수 있다고 하는 것이 계약 법리의 당연한 귀결이다. 하지만, 판례의 입장은 근로자의 종속적 지위에 배려하여 동의의 유무를 신중하게 판단해야 한다. 특히 동의가 '근로자의 자유로운 의사에 근거로 하여 이루어진 것이라고 인정하기에 충분한 합리적인 이유가 객관적으로 존재하는지 여부의 관점에서' 엄격하게 판단해야 한다(山梨県民信用組合事件·最2小判 2016.2.19. [最重判 80 事件]).

그 밖에 '직능자격제'(職能資格制)에서는 근로자의 자격과 등급을 인하한다(강격[降格])는 형태로 임금을 인하하는 경우도 있다. 강격은 연공형 임금에서는 통상 상정되지 않기 때문에 취업규칙에 근거 또는 근로자의 동의가 없으면 인정되지 않는다. 또한 강격 규정을 취업규칙에서 새롭게 마련하는 경우에는 취업규칙의 불이익 변경이 된다. 이에 여기서도 고도의 필요성에 근거로 한 합리성 또는 근로자의 동의가 필요하다.

또한 최근에는 '직무등급제'(職務等級制)와 같이 일정한 등급마다 임금의 폭을 설정하고, 그 범위에서의 증감이 예정되거나 등급의 강격이 상정되어 있는 임

만 다음 조(제10조)의 경우는 그러하지 아니하다.
16) <역자주> 노동계약법 제10조 사용자가 취업규칙의 변경에 의하여 근로조건을 변경한 경우, 변경 후의 취업규칙을 근로자에게 주지시키고, 또한 취업규칙의 변경이 근로자가 받는 불이익의 정도, 근로조건 변경의 필요성, 변경 후의 취업규칙의 내용의 상당성, 노동조합 등과의 교섭상황 그 밖에 취업규칙의 변경에 관한 사정에 비추어 합리적인 경우에는 근로계약의 내용인 근로조건은 그 변경 후의 취업규칙에 정한 바에 의한다. 다만 근로계약에 있어 근로자와 사용자가 취업규칙의 변경에 의해서는 변경되지 않는 근로조건으로 합의한 부분에 대하여는 제12조(취업규칙 위반의 근로계약)에 해당하는 경우를 제외하고 그러하지 아니하다.

금제도도 있다. 이러한 경우에도 법원은 강격의 전제가 되는 '성적 평가'(成績評價)에 대하여 공정한 사정되지 않아서 강격을 무효라고 판시하는 경우도 있다.

임금이 취업규칙에 근거가 없고 개별적으로 결정되는 경우도 있다. 이러한 경우에 임금의 인하는 취업규칙의 변경에 따를 수 없기 때문에 근로자의 동의가 필요하고, 그 유효성은 앞에서 언급한 것처럼 엄격하게 판단된다.

이렇게 연공형인 정규직의 임금을 인하하는 것은 어떠한 방법을 취하더라도 어렵다. 하지만 상여금(일시금)과 같이 당초부터 '기업의 업적이나 본인의 성적에 따른 변동'은 이미 편성된 임금 요소에는 원칙적으로 법적 심사는 미치지 않는다.

이러한 점에서 일본 기업은 기본급은 안정적으로 지급하여 생활을 보장한 후에 상여금 부분에서 기업 업적의 변동에 따라 임금을 조정하거나 개별 근로자의 성적을 고려하여 인센티브의 요소를 편성한 임금시스템을 구축하여 왔다(梶川 2011도 참조).

일본의 임금시스템은 성과주의를 도입하면서 수정하고 있다. 하지만(최근에는 앞에서 언급한 '직무등급제'[職務等級制]나 '역할급제'[役割級制]가 확산되고 있다), 일본의 임금 곡선은 국제적으로도 급하고(특히 남성), 연공적 성격은 여전히 강하다(厚生労働省, 「平成23年 労働経済の分析」, 229면).

(5) 기업별 노동조합

일본 노동조합의 중요한 조직형태인 '기업별 노동조합'[17)은 그 조합원을 통

---

17) <역자주> 기업별 노동조합(Enterprise Union): 특정 기업 또는 사업장에서 일하는 근로자를 직종에 상관없이 조직한 노동조합으로 일본의 대·중견기업에서 정규직이 장기고용시스템(종신고용제)에서 이익공동체가 되는 것을 기반으로 성립하고 있다. 일본의 기업별노조는 조직근로자의 약 90%를 차지하고, 대부분 상부단체로서 산업별 연합체(industrial union)를 조직하고(자동차총련, 전기노련, UA젠센동맹, 철강노련 등), 이들 연합체를 통하여 연합(連合) 등의 전국적 조직에 가입하고 있다. 또한 산업 섹터에 걸친 협의회를 조직하고 있다(금속노협, 교운(交運)노협 등). 다만, 어느 상부단체에도 소속되지 않고 기업 내 조합(company union)도 매우 많다(약 25%의 조직근로자). 기업별 조합은 노사대결의 단체교섭이라는 관점(노사대항단체)에서 볼 때 조합원의식보다도 기업의식 쪽이 강하다는 약점이 있지만, 노사의 공동체적 의식에서 기업이 당면한 문제를 협동의 대응(노사협력단체=

상 정규직으로 한정하고 있다. 기업별 노동조합은 같은 기업에서 장기간을 근무하는 정규직의 이익을 지키기 위해서 존재하고, 일시적인 고용에 불과한 비정규직과는 이해관계를 공유하지 않기 때문이다.

그러나 노동조합법상 노동조합의 정의는 "근로자가 주체가 되어 자주적으로 근로조건의 유지개선, 그 밖에 경제적 지위 향상을 도모할 것을 주요한 목적으로 조직하는 단체 또는 그 연합단체"로 넓게 규정하고 있고(제2조),[18] 노동조합의 조직형태는 특별하게 한정하고 있지 않다.

즉 노동조합이 정규직만으로 노동조합을 결성하는 것도, 또한 물론 양자가 혼재할 수도 있다. 최근에는 실제로 기업별 조합에서 배제된 비정규직(혹은 기업별 노동조합이 조직되지 않은 기업의 근로자)이 기업 횡단적으로 조직된 개인이 가입할 수 있는 지역 횡단적인 노동조합에 가입하는 사례가 증가하고 있다(커뮤니티 유니온(コミュニティユニオン, Community Union)이라는 '지역·합동(合同)노동조합'이 전형적인 사례이다).[19]

종업원대표기관, 노사자치)이 이루어지기 쉽다는 장점도 있다. 그러나 근래에는 정규직의 축소, 비정규직의 증가, 조합원의 조합탈퇴, 근로자의 이해와 가치관의 다양화 등의 도전을 받고 있다(菅野和夫, 勞動法, 775면).

18) <역자주> 한국의 노동조합법에서는 "근로자가 주체가 되어 자주적으로 단결하여 근로조건의 유지·개선, 그 밖에 경제적·사회적 지위 향상을 도모할 것을 목적으로 조직하는 단체 또는 그 연합단체"로 넓게 규정하고 있다(제2조 4호)

19) <역자주> 합동노조/커뮤니티 유니온(지역노조): 일본에서는 중소기업의 근로자가 기업 내부가 아니라 일정 지역에서 기업, 산업에 상관없이 1950년대 중반부터 많은 '합동노조'가 전국 일반노동조합의 지방본부/지부로 있어 왔다. 개인 가입의 일반노조를 순수한 형태로 하는 것으로 파악할 수 있다. 최근에는 관리직 및 단시간근로자, 파견근로자 등 기업별 노조에 가입하기 어려운 근로자를 일정 지역에서 기업의 틀을 초월하여 조직하는 소규모의 '커뮤니티 유니온'도 생성되었다. 이들은 개별 근로자의 근로조건의 유지 및 향상, 해고와 고용관계상 문제를 개별 기업과 교섭해 그 조합원의 문제 해결이 중요한 활동이다. 1980년대 이후 이들은 집단적 노사분쟁에서 두드러지게 당사자가 된 사건, 특히 노동위원회에서 소수노조와 복수노조의 병존을 둘러싼 사건이 부당노동행위 신청이나 쟁의조정 신청의 60-70%을 차지하고, 최근 급증하는 개별적 노사분쟁에 주로 관여하고 있다. 이들 노조의 특징은 긴급피난적 기능(대리 기능)을 하고, 기업별 노조에 의한 노사관계시스템을 '보완'하고 있다(菅野和夫, 勞動法, 776-777면).

하지만, 일본 노동조합의 주류는 정규직 중심의 '기업별 노동조합'이라는 것도 사실이다. 게다가 거기에서 전개되는 노사관계는 「노동조합법」(한국의 「노동조합및노동관계조정법」에 해당)을 상정하고, 국제적으로도 일반적인 '노사대립형'이 아니라 '노사협조형'으로 되어 있다.

일본의 노동조합 운동은 제2차 세계대전 후의 노사 간 격렬한 대립 시대를 경험하였다. 1960년에는 '미츠이 미이케 쟁의'(三井三池爭議)에서 패배를 거쳤다.[20] 그리고서 협조적인 노사관계로 전환하여 일본은 고도 경제성장의 시대에 들어섰다. 이 시기에 정규직 제도가 확립되었다.

노사간의 협조 노선이었던 기업별 노동조합의 중요한 역할은 '기업공동체'(企業共同體)의 구성원인 정규직을 대표하는 일종의 종업원 대표기관이었다. 정규직에 대하여 '유니온 숍 협정'을 통하여 기업별 노동조합으로 강제로 가입하는 것을 인정하는 법리도 이러한 종업원대표의 성격을 지탱하였다.

---

20) <역자주> 미쓰이 미이케 쟁의(三井三池爭議): 일본 미쓰이 광산 주식회사의 미이케 탄광에서 발생한 노동쟁의를 말한다. 1953년(영웅 없는 113일간의 투쟁)과 1959~1960년 두 차례에 걸쳐 발생했다. 태평양 전쟁이 끝나고 난 뒤 연합군 최고사령부의 민주화 정책에 따라 1946년에 노동조합이 결성되었다. 하지만 미이케 탄광 노조는 노사 협조파의 힘이 강했고, 노동 쟁의에는 소극적인 조합이었다. 그러나 1947년경부터 오무타 시 출신으로 미이케 탄광과도 연고가 깊은 규슈대학 교수 사키사카 이츠로가 자주 방문해, 사키사카교실이라는 이름의 노동자 학교를 열어 '자본론' 등을 강의하면서 노조의 성격이 변화했다. 사키사카는 미이케 탄광을, 곧 도래할 사회주의 혁명의 거점으로 인식하고, 자본론을 통해 전투적 활동가를 육성할 계획을 세우고 있었던 것이다. 그 후 미쓰이 미이케 쟁의는 노동조합의 패배로 막을 내렸다. 사키사카는 이후에도 미쓰이 미이케 쟁의를 신성화했지만, 민간기업에서는 노사협조파가 대두하고, 노사대결파 조합원은 소수파가 되어갔다. 또한 미이케 노조를 지원·지도했던 일본사회당이나 사회주의협회 내에서도 종래의 대결형 정치를 반성하는 구조개혁론이 일어나기 시작했다.

용어해설: 유니온 숍 협정

유니온 숍(union shop) 협정은 기업과 노동조합 간에 그 노동조합의 조합원이 아니게 된 자(가입하지 않은 자, 탈퇴한 자, 제명된 자)를 기업이 해고하는 것을 의무화하는 협정을 말한다. 노동조합에 대한 가입을 강제하는 효과를 가지지만, 헌법 제28조[21]가 보장하는 단결권(團結權)에는 '단결하지 않는 자유'를 포함하지 않기 때문에 합헌으로 해석하고 있다(이것은 헌법 제21조[22]에서 보장하고 있는 '결사의 자유'와는 다르다). 판례는 유니온 숍 협정에 근거로 한 해고는 해고권의 남용이 아니라고 판시하고 있다 (일본식염제조(日本食塩製造)사건 · 最2小判 1975.4.25. [最重判 47 事件]). 다만 근로자가 노동조합에서 제명 혹은 탈퇴 후에 다른 노동조합에 가입하거나, 노동조합을 새롭게 결성하는 경우에는 근로자가 노동조합을 선택하는 자유나 다른 노동조합의 단결권도 존중해야 하므로 유니온 숍 협정의 효력은 미치지 않고, 해고는 인정되지 않는다(삼정창고항운(三井倉庫港運)사건 · 最1小判 1989.12.14. [最重判 143 事件]). 하지만 학설에서는 유니온 숍 협정은 '노동조합의 가입에 관한 자기결정권을 침해하는 등'의 이유에서 위헌론도 유력하다[23]('25의 의문'의 제15화도 참조).

---

21) <역자주> 일본 헌법 제28조(근로자의 단결권) "근로자가 단결한 권리 및 단체교섭 그 밖의 단체행동을 할 권리는 이를 보장한다" 즉 노동3권(노동기본권)을 보장한다; 동일한 내용으로 한국 헌법 제33조 제1항 "근로자는 근로조건의 향상을 위하여 자주적인 단결권, 단체교섭권 및 단체행동권을 가진다"

22) <역자주> 일본 헌법 제21조(집회/결사/표현의 자유) 제1항은 "집회, 결사 및 언론, 출판 기타 일체의 표현의 자유는 보장한다"고 규정하고 있다; 동일한 내용으로 한국 헌법 제21조 ① 모든 국민은 언론·출판의 자유와 집회·결사의 자유를 가진다. ② 언론·출판에 대한 허가나 검열과 집회·결사에 대한 허가는 인정되지 아니 한다.

23) <역자주> 일본의 유니온 숍: 유니온 숍을 정하는 협약조항은 처음부터 유효한가? 유니온 숍은 조합조직의 유지를 강화하는 역할을 하는 반면, 비조합원이 ① 조합에 가입하지 않을 자유(또는 조합을 탈퇴할 자유), ② 조합 선택의 자유(스스로 원하는 조합을 결성하거나 또는 이에 가입하는 자유), ③ 고용 안정(보장)과 충돌한다. 이러한 이익과의 충돌 중 주로 문제된 것은 ②의 이익과의 충돌이다. 결국 근로자의 조합선택의 자유는 일본헌법 제28조의 '단결권'의 중요한 내용이고 이것과의 충돌이 유니온 숍 협정의 유효성을 의문시하는 최대 요인이었다. 하지만, 학설의 대세는 유니온 숍제가 한편에서 가지는 효용에서 이것을 전부 무효로 해버리는 것에 주저하고 조합선택의 자유(소수자의 단결

　　기업별 노동조합은 기술발전 등 경영환경이 변화하더라도 해고를 시키지 않는다는 고용의 확보를 최우선의 운동 목표로 하고, 그 밖의 근로조건인 '임금'은 '춘투'(春鬪)24)를 통하여 그 안정적인 상승을 쟁취해 왔다. 반면에 기업 노동조합은 기업의 인사권을 폭넓게 행사하는 것을 이해하고, 경영이 악화되면 기업과 밀접한 정보 교환과 협의를 통하여 결국 종업원에게 엄격한 조치라도 받아들여 종업원을 설득하는 역할도 맡아 왔다.

　　이 후자의 면에서는 노동조합이 기업의 방침을 비판없이 받아들일 뿐이라면, 그 존재 의의는 적어진다. 하지만, 적어도 전자의 면('고용의 보장'과 '임금의 안정')에서는 정규직으로서 이익을 제대로 지킨다면 역시 '제2의 노동법'에 중요한 구성요소라고 할 수 있다.

권)와의 조정을 도모하면서 일정 한도(노동조합이 해당 사업(장)에 종사하는 근로자의 1/2(한국은 2/3, 노조법 제81조 제2항 단서) 이상 대표, 노동조합법 제7조 1호 단서)에서 이것을 유효라는 입장이었다. 근래의 근로자의 조합이탈의 진전과 함께 위의 ①의 시점에서의 '유니온 숍 무효론'이 학설상 유력하게 되었다. 이에 대하여 菅野和夫 명예교수는 "일본의 기업별 조합은 기업·사업장 수준에서 노사대항의 교섭단체의 기능만이 아니라 노사협력(경영참가)의 종업원 대표조직의 기능을 가지고, 근래에는 후자의 성격을 강화하고 있다. 더구나 기업의 틀을 넘어 산업·지역에 연합체와 협의회 등의 네트워크를 둘러싸고 있으며, 또한 전국적으로도 근로자의 대표조직을 결성하여 춘계교섭의 지도, 정책참가 등의 중요한 기능을 맡고 있다" 이상과 같은 기업별 조합의 다면적인 기능(사회적 역할)에 비추어 보아 유니온 숍 무효론에는 찬성하기 힘들다고 한다. 물론 조합이 시대 변화에 따른 활성화 노력을 요구받고 있다는 것도 부정하는 것은 아니다(菅野和夫, 勞動法, 799–804면); 독일의 통설은 유니온 숍 조항은 '무효'라고 한다. 한국의 경우, 헌법재판소는 '노동조합법상 유니온 숍 허용규정이 근로자의 단결권을 침해하는 것은 아니다"라는 유효설을 입장이다(헌법재판소 2005.11.24. 선고 2002헌바95,96, 2003헌바9 결정).

24) <역자주> 일본의 춘투(春鬪): 일본의 노동조합의 대부분은 1960년대 후반부터 임금인상 교섭을 매년 3월부터 4월의 시기에 집중적으로 해왔다. 춘투(춘기 노사교섭)은 고도의 경제성장기의 임금인상 구조로서 매우 유효하였다. 하지만 제1차 석유위기(1973) 후의 경제가 변동하면서 오히려 임금인상을 국민경제적으로 조정하는 사회적 구조도 되었다. 그리고 거품경제가 무너진 후에는 글로벌한 시장경제의 심화와 기업 재편성이 진전되면서 기업측의 파급 구조는 약화되고 노동계에서도 고용 유지가 우선과제가 되었다. 하지만 춘투는 기업, 산업, 국가의 차원에서 노사가 경영, 거시경제 노동정세 등에 대하여 공통된 과제를 논의하여 검토하는 유의미한 장과 기회로 계속 활용되고 있다(菅野和夫, 勞動法, 837면).

4. 비정규직은 왜 존재하는가?

(1) 정규직제도의 '보완'으로서의 비정규직 제도

그러면 정규직의 반대 개념인 비정규직(비정규근로자)란 어떠한 존재일까? 왜 비정규직이라는 카테고리(Kategorie, 범주)의 근로자가 존재하고 있는 것일까?

우선 비정규직의 정의가 문제된다. 정규직의 법률상 정의가 없듯이, 비정규직의 법률상 정의도 없다(비정규직 중의 '단시간근로자'에 대해서는 「파트타임노동법」[한국은 '단시간근로자법']에 정의 규정이 있다). '비정규직'은 '정규직'이 아닌 근로자라는 소극적인 정의를 할 수밖에 없다. 하지만 통상 비정규직이란 유기고용(기간제)근로자와 단시간근로자라는 것에 그다지 이론(異論)은 없다(경우에 따라 '파견근로자'도 포함한다).

이러한 비정규직이 존재하는 이유는 '업무상 이유'와 '경영상 이유'로 대분된다(大內編 2014, 11면).

전자의 '업무상 이유'는 임시적인 업무이다. 그 이유는 (ⅰ) 무기고용의 정규직에게 맡길 필요가 없음. (ⅱ) 업무가 단순해 고기능이 필요하지 않음. (ⅲ) 고비용인 정규직에게 맡길 필요가 없음. (ⅳ) 업무가 고도의 전문적이어서 기업 내 훈련으로 정규직에 종사시키는 것이 부적합 등을 들 수 있다. 즉 '정규직에게 맡기기에 부적합한 업무'를 비정규직에게 맡기는 것이다.

후자의 '경영상 이유'는 정규직의 고용은 해고규제가 있는 점에서 경영상황에 따른 탄력적인 조정이 어렵다. 이 때문에 정규직은 필요 최소한 인원으로 하고, 경기가 호황이면 필요한 인원은 유기고용(파견도 포함)으로 충당하면 된다. 정규직의 고용안정을 지탱하려면 '완충재고'(buffer stock[25])로서 비정규직이 존재한다고 해도 좋다.

---

25) <역자주> (공급 변동에 대비한) 완충 재고(在庫).

완충재고로서 유기고용(비정규직)의 이용을 인정하는 것은 일본법의 특징이다. 유럽과 미국 등의 국가에서는 유기근로계약을 체결하기 위한 사유의 제한(즉 '입구 규제')이 많고, 기업에게는 계약에 기간을 정하는 이유(임시적인 업무 등)를 제시할 필요가 있다. 이러한 규제는 해고 규제를 회피하기 위하여 유기고용을 남용하는 것을 방지하기 위해서 필요하다고 보았다. 그런데, 일본에서는 법률상 해고 규제가 오랫동안 없었기 때문에 입구 규제는 없었다. 이 때문에 기업은 업무의 임시성과 전문성과 관계없이 완충재고로서 유기고용근로자를 이용할 수 있었다. 이러한 이용방법은 해고 규제를 회피하기 위하여 유기고용을 남용한다는 비판도 있다. 하지만, 적어도 지금까지 일본의 정규직제도는 비정규직의 존재에 보다 보완해 온 것으로 이를 유지하기 위한 '필요악'(*必要惡*)[26]이기도 했다.[27]

---

26) <역자주> 필요악: 없는 것이 바람직하지만 사회적인 여건에서 어쩔 수 없이 필요한 것으로 여겨지는 악.

27) <역자주> 유기고용계약의 법규제와 노동계약법의 작성 경위: 일본에서 서비스경제화와 여성, 고령근로자의 증가 등에 따라 고용형태의 다양화가 진전되어 노동법제를 이러한 구조변화에 곧바로 대응하는 것이 필요하였다. 1998년 및 2003년 개정 노동기준법에서 근로계약기간의 상한규제가 완화되었다. 상한은 일반근로자(원칙) 3년, 특례근로자(예외) 5년으로 되었고, 그 담보로서 행정지도의 통달이 '고시'로 격상되었다(2003년 제14조 제2항, 제3항). 이 당시에 시행 후 3년을 경과한 시점에서의 재검토 규정이 마련되었다(부칙 제3조). 또는 노동계약법 요강에 대한 노동정책심의회 근로조건분과회의답신(2006.12.27.)에서는 유기계약에 대하여 '이번에 강구하게 된 시책 이외의 사항에 대해서도 계속해 거모하는 것이 적당하다'고 제언하였다. 이렇게 유기근로계약연구회의 검토를 거쳐서 유기노동계약법에 관한 검토가 3자 구성의 노동정책심의회 근로조건분과회의에서 2010년 10월부터 시작되었다. 그 분과위원회에서는 (i) 유기근로계약의 이용을 일시적인 노동수요가 있는 경우에 제한 하는 '입구규제'의 시비, (ii) 반복갱신의 횟수나 기간에 대하여 상한을 마련하는 '출구규제'의 시비, (iii) 판례의 고용중지법리를 조문화하는 '고용중지규제'의 시비, (iv) 유기계약근로자를 위한 균등·균형처우 룰의 명문화 등이 주요한 논점이었다. 심의는 난항을 겪었지만, 2011년말에 (i)의 입구규제는 채택하지 않고, (ii)-(iv)의 규제를 노동계약법 중에 새로운 조항으로 추가하는 것으로 항동 분과회의 최종보고를 정리했다. 이에 따르면, 2012년 2-3월에 법조 요강의 심문과 답신, 법안의 각의 결정과 국회 상정이 순차적으로 이루어졌다. 2012년 2월 분과회의에서 '노동조합측'은 유기근로계약은 합리적인 이슈가 없는 경우(예외사유에 해당하지 않는 경우)에는 체결할 수 없는 구조로 해야 한다고 주장하고, 그 전제로서 근로계약에 대해서는 기간의 정함이 없는 것을 원칙(유기의 것은 예외)으로 해야 한다고 주장하였다. 분과회의 최종보고에서는 '예외업무를 둘러싼 분쟁다발에 대한

하지만, 유기고용근로자의 이익에 배려한 법적 룰이 있다. 유기계약이 (i) 반복갱신되어 실질적으로는 기간의 정함이 없는 상황과 다르지 않는 경우, 혹은 (ii) 갱신되는 것에 대하여 '합리적인 기대'가 있다면 기간 만료에 따른 갱신거절(고용중지)을 하려면 해고와 마찬가지로 '객관적 합리적인 이유'와 '사회적 상당성'이 필요하다(처음에는 판례의 고용중지 제한법리. 2012년 개정 노동계약법 제19조[28])에서 성문화됨). 유기고용근로자라도 그 기업 내에서 정규직에 가까운 취업 실태에 있다면, 정규직과 동일한 고용보호를 하려는 것이다(大內 2011도 참조). 하지만, 고용중지가 위법(違法)이라고 해도 계약의 갱신만으로 유기고용에서 무기고용으로 전환을 인정하지는 않았다.

우려와, 고용기회의 감소 우려 등을 바탕으로 조치를 강구해야 한다는 결론을 맺지 못하였다' 이에 대하여 菅野和夫 교수는 유기근로계약의 원칙적 금지는 실제로는 기업과 근로자 양측에게 고용의 선택지를 대폭적으로 감소시킬 수도 있기 때문에 현명한 결론이라고 평가한다(菅野和夫, 勞動法, 308-311면). 또한 유기근로계약의 외국 입법동향을 보면, '유럽국가'에서는 유기근로계약이 불안정한 고용이라는 점에 착안하여 그 체결시 합리적인 이유(노동력의 일시적인 수요나 교육훈련상의 필요성 등)를 필요로 하거나, 갱신회복의 한도나 갱신에 따라 입법되었다, 반면에 부당한 차별을 금지한 뒤 노동시장의 자유를 관철하는 '미국'에서는 유기근로계약의 이용은 계약의 자유에 위임해 왔다. 그 후 '한국'이나 '중국'에서도 유기계약근로자의 차별적 취급을 금지하거나 일정기간 경과 후 유기근로계약을 무기근로계약으로 전환시키는 등 유기근로계약에 대한 강력한 규제를 실시하게 되었다(菅野和夫, 勞動法, 308-311면).

28) <역자주> 노동계약법 제19조(유기근로계약의 갱신 등) 유기근로계약으로서 다음의 각 호의 어느하나에 해당하는 것의 계약기간이 만료하는 날까지의 사이에 근로자가 그 유기근로계약의 갱신신청을 한 경우 또는 계약기간의 만료 후 지체 없이 유기근로계약의 체결신청을 한 경우로서, 사용자가 그 신청을 거절하는 것이 객관적으로 합리적인 이유를 결여하고 사회통념상 상당하다고 인정되지 않는 때에는, 사용자는 종전의 유기근로계약의 내용인 근로조건과 동일한 근로조건으로 그 신청을 승낙한 것으로 간주한다.

  1. 유기근로계약이 과거에 반복하여 갱신된 적 있는 것으로서 그 계약기간의 만료 시에 그 유기근로계약을 갱신하지 않음으로써 유기근로계약을 종료시키는 것이 기간의 정함이 없는 근로계약을 체결하고 있는 근로자에게 해고의 의사표시를 함으로써 기간의 정함이 없는 근로계약을 종료시키는 것과 사회통념상 동일시될 수 있다고 인정될 것

  2. 근로자에게 있어서 유기근로계약의 계약만료 시에 그 유기근로계약이 갱신되는 것으로 기대하는 것에 대하여 합리적인 이유가 있는 것이라고 인정될 수 있는 것

(2) 바뀌는 비정규직 제도 - 유기고용근로자의 무기전환 -

그런데, 2012년 8월 개정 '노동계약법'은 새롭게 유기고용에서 무기고용으로 전환을 인정하는 규정을 신설하였다. 즉, 유기근로계약이 갱신되어 총 '5년'(이용 가능기간)을 초과하면, 무기근로계약으로 변경(전환)할 수 있도록 하는 권리가 근로자에게 부여된다(제18조).[29] 5년의 기산은 2013년 4월 1일 이후(-2019년 4월), 개정부칙 제1항, 제2항 2012년 정령(政令)[30] 267호).[31]

---

29) <역자주> 노동계약법 제18조 (유기근로계약의 기간의 정함이 없는 근로계약으로의 전환) ① 동일한 사용자와의 사이에 체결된 2이상의 유기근로계약(계약기간의 시기가 도래하기 전의 것은 제외한다. 이하 이 조에 있어 같다)의 계약기간을 통산한 기간(다음 항에서 '통상계약기간'이라 한다)이 5년을 넘는 근로자가 사용자에 대하여, 현재 체결하고 있는 유기근로계약의 계약이 만료하는 날까지의 사이에, 만료하는 날의 다음 날로부터 노무가 제공되는 기간의 정함이 없는 근로계약의 체결신청을 한 때에는, 사용자는 그 신청을 승낙한 것으로 간주한다. 이 경우 그 신청에 관련된 기간의 정함이 없는 근로계약의 체결신청을 한 때에는, 사용자는 그 신청을 승낙한 것으로 간주한다. 이 경우 그 신청에 관련된 그 기간의 정함이 없는 근로계약의 내용인 근로조건은, 현재 체결하고 있는 유기근로계약의 내용인 근로조건(계약기간을 제외한다)과 동일한 근로조건(근로조건[계약기간을 제외한다]에 대하여 별도의 정함이 있는 부분을 제외한다)으로 한다.
② 사용자와의 사이에 체결된 하나의 유기근로계약의 계약기간이 만료한 날과 그 사용자와의 사이에 체결된 그 다음의 유기근로계약의 계약기간의 초일과의 사이에 이들 계약기간의 어디에도 포함되지 않는 기간(이들 계약기간이 연속한다고 인정되는 것으로서 후생노동성령에서 정하는 기준에 해당하는 경우의 어디에도 포함되지 않는 기간을 제외한다. 이하 이 항에서 '공백기간'이라 한다)이 있고, 그 공백기간이 6월(그 공백기간의 직전에 만료한 하나의 유기근로계약의 계약기간[그 하나의 유기근로계약기간을 포함한 2이상의 유기근로계약기간의 사이에 공백기간이 없는 때에는, 2이상의 유기근로계약의 계약기간을 통산한 기간. 이하 이 항에서 같다]이 1년에 미달하는 경우에는 그 하나의 유기근로계약의 계약기간에 2분의 1을 곱하여 얻은 기간을 기초로 하여 후생노동성령에서 정한 기간) 이상인 때에는 공백기간 전에 만료한 유기근로계약의 계약기간은 통산계약기간에 산입하지 않는다.
30) <역자주> 정령(政令): 일본 헌법 제73조 제6호에 근거하여 내각이 제정하는 명령이다. 일본 행정기관이 제정하는 명령 가운데 가장 우선적인 효력을 가진다. 우리나라의 '시행령'에 해당한다.
31) <역자주> 일본 정부는 본조에 대하여 시행 후 '8년'을 경과한 경우에 시행 상황을 고려하면서 검토해, 필요하다고 인정된 경우에는 그 결과를 기초로 필요한 조치를 강구하도록 하고 있다(개정부칙 제3항).

이 규정은 근로자는 유기고용인대로라면, 법률에서 부여받은 권리(연차유급휴가 등)를 행사할 수 없는 등 정규직 이상으로 종속적 지위에 있기 쉬워지는 것을 고려해 신설하였다. 이러한 의미에서 종속노동론에 따른 입법의 하나로 볼 수도 있었다(이를 위해 대학 등의 연구자나 교원, 고도의 전문지식 등을 가진 자 등 종속성이 희박한 근로자에게 '특례'도 있는 것이다).

2007년 개정 「파트타임노동법」에서도 파트타임근로자(비정규직)의 풀타임근로자(정규직)로의 전환 규정(당시의 제12조. 현재는 제13조)을 두었다. 그런데, 이 규정은 노동계약법 제18조와는 달리, 기업의 의사에 반하여 강제 전환을 부인하였다((ⅰ) 같은 사업장에서 통상 근로자를 모집하면 이것을 파트타임근로자에게 주지할 것, (ⅱ) 같은 사업장에서 통상 근로자를 신규로 배려하면 그 배려의 희망을 신청할 기회를 파트타임근로자에게 부여할 것, (ⅲ) 통상 근로자로의 전환을 추진하는 조치를 강구하는 중 어느 한 가지를 의무화에 그친다). 이에 비교하면, 노동계약법 제18조는 기업의 인사권에 깊게 관여하는 것이다.

노동계약법 제18조는 정규직 제도에 두 가지 큰 변혁을 일으켰다.

첫째, 근로자에게 비정규직으로부터 탈피할 '권리'를 인정한 점이다. 확실히, 근로자가 무기전환권을 행사해도 근로조건은 변경하지 않고 정규직과 같은 근로조건으로 변경되는 권리까지는 부여받지 않고 있다. 즉, 근로계약기간은 무기가 되지만, 무기전환 전에 '근무지'나 '직무'가 한정되어 있는 경우에는 무기로 전환된 후에도 같다(이른바 '한정 정규직'[限定正社員]). 또한 무기고용으로 전환해도 반드시 정규직과 같은 고용보장을 받는 것은 근무지나 직무가 한정되어 있는 경우, 만약 그 근무지에서의 사업장이 없어지거나 직무가 필요없게 되면, 기업이 다른 근무지나 직무로 해고회피를 시도할 필요가 없기 때문에 이론적으로 통상 정규직보다 해고는 쉽다.

하지만 실제 재판에서는 법원은 '근무지'나 '직종' 한정 이외의 요소도 고려하여 한정 정규직으로 고용을 유지할 수가 있다. 이에 기업은 동일한 유기고용근로자를 완충재고로 5년을 초과해 이용하는 것은 가능하면 회피하려고 할 것이다. 이렇게 되면, 완충재고로서도 장기간 유기고용의 반복갱신으로 일해도 상관없다

고 생각하는 근로자의 의향(정규직의 임명을 원치 않음 등)에 반하게 된다. 이러한 일
이 발생하지 않도록 하려면 유기고용 근로자가 미리 무기전환권을 포기해 두면
좋다. 하지만, 이것을 인정하면 기업은 포기를 강제할 위험이 있기 때문에 인정할
수 없는 것이 행정해석의 입장이다. 결국 이 규정에 의한 무기전환이 어느 정도
일어날지 알 수가 없다.

둘째, 무기전환권으로 발생한 한정 정규직은 계약기간이 무기이지만, 더 이
상 전통적인 정규직과는 다른 점이다. 정규직이란 기업의 핵심인재를 상정해 장
기 비전으로 인재육성의 대상으로 삼고자 기업이 판단한 인재이다. 하지만, 한정
정규직은 그러한 핵심인재는 아니다. 한정 정규직의 지위에는 근로계약기간을 없
애고, 우선 고용안정을 보장함으로써 비정규직의 동기를 높인다는 인재활용의 한
수단의 성격이 크다. 이러한 실질로 판단하면, 한정 정규직은 정규직의 새로운 카
테고리로 보기보다도 비정규직의 한 아종(亜種)[32]으로 볼 필요가 있다.

무기전환 규정을 신설한 '한정 정규직의 촉진정책'은 근무방법의 다양화를
추진하고 기업의 인재활용의 다양성을 확대하려는 것이다. 이것을 긍정적으로 평
가하는 입장도 있다. 하지만 앞에서 언급한 것처럼, 정규직 제도(및 이것을 보완하
는 비정규직 제도)는 기업의 인사전략으로 만들어진 것이다. 다양한 근무방식이 기
업경영상 필요하면, 개별 기업이 스스로 판단해 도입하면 된다. 한정 정규직의 도
입에는 원래 법적 규제는 없고, 기업이 스스로 판단해 물론 행할 수 있다(실제
로 '일반직'[一般職]이라는 사원 카테고리는 근무지가 한정된 정규직이었다). 이러한 의미
에서 무기 전환권의 부여라는 '극약'으로 이러한 정책을 추진하는 데에는 의문이
든다(大内 2014, 81면).

어느 경우든 노동계약법 제18조는 '경제적 합리성'으로 정당화하는 것은 어
려운 규정이다(경제적 합리성이 있으면, 기업은 스스로 나서서 무기전환을 제안할 것이다).
오로지 '종속노동론'과 '격차시정 정책'의 관점에서 신설 규정이라는 점에서 노동
입법의 역사에서 보아도 매우 독특한 조항이다.

---

32) <역자주> 아종(亜種): 종(種)을 다시 세분한 생물 분류상 한 단계(종[種]의 아래이고 변종의 위).

(3) 처우격차의 시정 – 노동계약법 제20조[33])의 영향 –

비정규직의 임금은 오랫동안 계약자유의 범주에 속하고, 정규직과의 격차가 특히 법상 문제가 되지는 않았다.

정규직의 임금은 기본적으로 이미 설명한 것처럼, '직무'와 직접적인 관련성이 없는 '직능급'이다. 이것과는 완전히 다른 제도에서 '직무급'으로 처우받는 비정규직과 비교해 격차를 논할 수는 없다. 비교 가능성이 없는 것을 비교해도 거기에서 어떠한 의미있는 결론을 이끌어낼 수는 없다.

정규직이 해야 할 일과 비정규직이 해야 할 일의 차이는 통상 명확하다. 각자에게 요구되는 '기능'과 기대되는 '생산성'에 차이가 있으면, 임금에 차이가 있는 당연하다. 오히려 지급받는 임금만을 비교해 격차를 문제시하고, 생산성에 관계없이 비정규직의 임금인상을 법상 강제하는 것은 비정규직의 고용기회를 축소시키거나 기업에게 과잉의 부담을 주어서 경쟁력을 약화시켜서 그 기업의 정규직을 포함한 모든 종업원에게 부정적인(minus) 영향을 미치는 등 부작용이 우려된다.

비정규직의 취업 실태에 따라 정규직과 동일시되는 상황이 일어날 수 있다. 이러한 비정규직을 예외로 구제하는 것은 법적 의무에 적합한 경우도 있다. 판례 중에도 완전히 동일한 직무에 종사하면서 임금에 3분의 1 이상 격차가 있던 사안이었다. 20% 이상 격차가 나는 부분은 '공서 위반'의 불법행위가 성립해 손해배상을 인정하였다(丸子警報器事件·長野地上田支判 1996.3.15. [最重判 70 사건]). 다만, 이 판결에서도 비정규직의 임금이 계약상 인상되는 것까지 인정하지는 않

---

33) <역자주> 노동계약법 제20조(기간의 정함이 있는 것에 의한 불합리한 근로조건의 금지) 유기 근로계약을 체결하고 있는 근로자의 근로계약의 내용인 근로조건이 기간의 정함이 있다는 것에 의해 동일한 사용자와 기간의 정함이 없는 근로 계약을 체결하고 있는 근로자의 근로계약 내용인 근로조건과 서로 다른 경우에는 그 근로조건의 차이는 근로자의 업무의 내용 및 업무에 따른 책임의 정도(이하 이 조에 있어서 '직무의 내용'이라 한다), 직무내용 및 배치의 변경의 범위 그 밖의 사정을 고려하여 불합리하다고 인정되는 것이어서는 아니 된다.

있다. 또 다른 판례에서는 손해배상의 구제조치 대부분 부정하였다.

그러다가 2006년 경부터 '워킹 푸어'(working poor, 빈곤층)가 사회문제(社會問題)로 되었다. 빈곤의 원인이 과거와 같은 실업 외에도 취업해도 비정규직에서 발생한다고 인식되었다. 불안정한 고용과 낮은 처우가 근로자의 빈곤에 원인으로 문제되었다. 물론 비정규직의 파트타임이나 아르바이트의 임금이 정규직보다 낮은 것은 그때에 시작되지는 않았다. 다만 과거의 파트타임은 그 남편이 정규직인 주부 또는 아르바이트의 학생은 전체 가계에서 보면 빈곤하지 않는 사례가 많았다. 워킹 푸어가 사회문제로 된 것은 비정규직으로 일하는 층 가운데 '정리해고'(경영상 해고)되어 정규직에서 전락한 근로자나, 한부모(single parent)가 육아함으로 정규직으로 근무하는 것이 어려운 자 등 자신의 소득으로 생계의 유지자가 늘어나는 사정이 있었다.

이러한 상황에서 2007년 「파트타임노동법」의 개정이 있었다. 파트타임근로자와 직무 내용이 동일하고, 인재 활용의 구조도 동일하고, 계약기간의 정함이 없는 등의 3가지 요건을 충족하는 파트타임근로자는 풀타임근로자와의 차별적 취급을 금지하는 '균등대우 규정'을 도입하였다(당시에는 제8조, 현재는 제9조). 이 3가지 요건을 충족하는 파트타임근로자는 바로 정규직과 비교할 수 있고, 균등하게 취급해야 한다고 정책판단을 하였다. 이것은 기업의 인사에 강하게 개입하는 것이지만, 엄격한 3가지 요건을 충족하면 균등대우를 강제하는 것을 경제계도 허용할 수 있을 것이다(또한, 2014년 개정에서 '계약기간의 정함이 없다'는 요건은 삭제되었다).

한편, 그 당시 개정에서는 3가지 요건을 충족하지 못하는 파트타임근로자의 임금은 풀타임근로자와의 균형을 고려해 처우하려는 노력의무(당시에는 제9조 제1항, 현재는 제10조)가, 또한 직무 내용이 동일하고 인재 활용의 구조가 동일하다면, 그 기간은 임금을 동일한 결정 방법으로 하는 노력의무(당시의 제9조 제2항, 현재는 삭제)가 기업에게 부과하였다. 이러한 것은 정규직과 파트타임근로자의 격차를 시정하려는 것이지만, 강제력은 없고, 이념적인 규정의 의미가 강한 것이다. 오히려 동법은 기업의 설명의무를 지운 점에서 보면(당시에는 제13조. 현재는 제14조), 기업은 격차 자체의 시정보다도 격차의 이유를 설명하고, 파트타임근로자의 이해를 높이는 것(반대로 말하면, 파트타임근로자에게 설명할 수 있는 범위의 격차에 그치도록 하는 것)을 중시했다고 할 수 있다.

✏️ **칼럼: 최저임금법의 개정**

2007년 파트타임노동법 이외에 「최저임금법」도 개정해 '지역별 최저임금'(도도부현[34]별 최저임금)의 결정 시 고려 요소의 하나인 '지역에서 근로자의 생계비'는 "근로자가 건강하고 문화적인 최저한 생활을 영위할 수 있도록 **생활보호**에 관계되는 시책과의 정합성을 배려하는 것으로 한다"고 정의하였다(제9조 제2항·제3항). 이것은 **생활보호(生活保護)**와 최저임금의 **역전현상**을 해소하기 위한 규정이다. 그 후 최저임금은 크게 상승하였다(최근에 정부는 디플레이션 탈출정책의 하나로서 최저임금을 인상하려고 노력하고 있다).

최저임금에 영향을 받는 것은 실제로 비정규직이기 때문에 최저임금의 개정은 비정규직의 처우를 개선하기 위한 것이라고 할 수 있다. 다만, 비정규직도 다양한 유형의 사람이 있고, 빈곤 대책으로 보면 효율성이 나쁜 정책이기도 하다(부유한 가정의 자녀가 아르바이트를 할 경우에도 최저임금을 인상하는 혜택이 미친다). 여기에서도 생산성을 도외시한 임금인상에 따른 **부작용**(비정규직의 고용기회의 축소, 정규직의 근로조건의 악화 등)이 우려된다.

그런데 2012년 개정 노동계약법에서는 유기고용근로자와 무기고용근로자 사이의 근로조건의 차이가 직무의 내용, 인재활용의 구조, 그 밖의 사정을 고려해 불합리해서는 안 된다는 새로운 유형의 규정이 도입되었다(제20조). 2014년 개정 파트타임노동법에서도 같은 취지의 규정이 추가되었다(제8조).

노동계약법 제20조에서는 행정이 내린 시행 통달(通達, 훈령)[35](2012.8.10. 基

---

34) <역자주> 도도부현(都道府縣): 도(都)는 도쿄(東京都), 도(道)는 홋카이도(北海道), 부(府)는 교토부(京都府)와 오사카부(大阪府), 그리고 43개의 현(縣)을 말한다. 정확히 일치하지는 않지만 우리나라의 특별시, 광역시, 자치시, 도에 해당한다.
35) <역자주> 통달(通達): 상급관청이 하급관청의 권한행사를 지시하기 위해 하는 일반적 형식의 명령

發 0810 제2호)에 따르면, 동조에 따라 불합리하다고 본 근로조건의 규정은 무효이고, 무기고용근로자의 근로조건과의 격차는 손해배상을 청구할 수 있다고 한다. 이 통달을 문자대로 해석하면, 동조는 정규직(무기고용근로자)과 비정규직(유기고용근로자) 사이에 파트타임노동법의 균형대우 규정과 같은 엄격한 요건 없이 비교가능성을 인정하고 격차의 불합리성을 판단하기로 했던 것으로, 매우 개입하려는 의도가 강한 규제이다.

  어떤 유력한 학설은 노동계약법 제20조를 "유기근로계약과 무기근로계약이라는 형태로 정규직·비정규직 근로자로 분단된 노동시장의 현실에 대하여 강행성이 있는 민사적인 효력을 부여하여 근로계약관계를 시정하려는 것으로 사회개혁적인 규정이라고 평할 수 있다"고 언급하고 있다(菅野 2016, 335면).

  노동계약법 제20조를 이렇게 규정하면, 이것은 정규직제도의 근본을 뒤흔들 가능성을 내포하는 것이다.

✏️ **칼럼 : 2014년 파트타임노동법 개정**

2012년 노동계약법을 개정한 후에 이루어진 파트타임노동법의 개정(2014년 개정)은 현시점(2016)의 비정규직 규정의 집대성을 의미한다. 그런데 개정 후 동법의 내용은 매우 알기 어려운 것이다.

우선 제8조 '단시간근로자의 대우의 원칙'이라는 표제로 노동계약법 제20조와 같은 취지의 규정을 마련하여 불합리한 근로조건의 차이를 금지하고 있다. 이것이 총칙 규정이다. 계속하여 각칙 규정인 제9조는 '통상의 근로자와 동일시해야 하는 단시간근로자에 대한 차별적 취급의 금지'를 규정하고, 제10조는 임금에 대한 균형대우를 규정하고 있다(또한 제11조는 교육훈련, 제12조는 복리후생 규정을 두고 있다). 즉 현행 법에서는 '불합리한 금지', '차별금지', '균형' 등의 개념이 상호 간 의미하는 내용이 불명확한 채로 병존하고 있다. 논리적으로 보면, 원래 제8조의 총칙 규정이 있으면, 제9조와 제10조는 필요 없는 규정이다. 실제로는 유기근로계약에 대

을 말한다.

해서는 총칙 규정인 노동계약법 제20조만 규정하고 있다.

결국, 최근의 노동입법은 구체적으로 어떠한 법개념을 이용하여 어떠한 방법으로 격차시정에 노력하는지를 충분한 논의 없이 결정하였다. 추가해 **동일근로 동일임금** 등의 새로운 개념까지 언급하였다(후술하는 보론도 참조).

입법이나 정책에 대한 이러한 안이한 태도는 '노동법에 대한 국민의 신용을 실추시키지나 않을까'라고 우려할 수밖에 없다.

📝 보론: 동일근로 동일임금

유럽에서는 '동일근로 동일임금 원칙'이 있다. 하지만, 일본에는 그런 원칙이 없는 것은 문제가 있다고 한다. 이에 이 원칙을 법제화하려는 동향이 있다. 동일근로 동일임금을 문자대로 동일한 근로자에게 동일한 임금을 지급해야 한다는 의미라고 한다면, 이것은 '정의의 향기'가 나지만, 실제로는 '**계약**'이라는 것의 견해와는 **정면으로 반하는 것**이다.

본래 임금은 계약으로 자유롭게 결정할 수 있는 것이다. 이를테면, 동일한 근로를 하고 있어도 다른 임금을 계약으로 정하는 것이 바람직한지 여부는 여하튼 법상 허용되지 않는다는 근거는 불명확하다. 동일근로 동일임금이 되면, 임금을 교섭으로 결정할 여지가 없어져 버린다.

유럽에서 동일근로 동일임금 원칙이 있는 것은 임금의 결정방법이 일본과 다르기 때문이다. 제1장의 칼럼(유럽의 직무급)에서도 썼지만, 유럽에서는 정규직의 임금은 '**직무급**'이다. 근로자가 종사하는 직무의 등급이 결정되면 거기에 따라 임금도 결정된다. 난이도가 높은 직무를 수행하면, 그 직무의 임금등급은 높기 때문에 임금도 높아진다. 동일한 등급의 직무에 종사하고 있다면 임금은 동일하게 된다. 그렇기 때문에 동일근로 동일임금이 되는 것이다.

일본에서도 정규직에 '직무급'을 도입하게 되면 저절로 동일근로 동일임금이 된다. 반대로 직무급을 도입하지 않으면 동일근로 동일임금이라는 전제가 결여된 것이다. 따라서 직무급 이외의 부분에서 동일근로 동일임금 원칙을 논하는 것은 동일한 노동에는 동일한 임금을 지급한다는 의미와는 다른 내용을 논한다는 것밖에 생각할 수 없다.

하지만 세상에서는 그렇게 생각하지 않고, 정부는 세상에 의한 오해를 바로 잡고자 하지 않는 부분에서 이 논의에 **척박함과 포퓰리즘**(대중인기영합주의)의 **냄새**가 느껴진다('25의 의문'의 제18화도 참조)

5. 소결

이상과 같이 '정규직'제도는 기업이 장기적으로 우수한 인재를 끌어들이고, 기술의 발달에 대응할 수 있도록 인사권을 행사해 본인의 기능 축적을 촉진하고 기업에 높은 공헌을 할 수 있도록 마련한 것이다. 기업에서는 정규직이 도중에 퇴직해 육성하려고 투자한 비용을 회수할 수 없는 사태를 피하기 위하여 장기고용을 보장하고, 장기근속에 대한 인센티브를 주는 '연공형 임금제도'와 '퇴직금제도'를 운용해 왔다. 게다가 기업별 노동조합은 기업에 배신하지 않도록 감시하고, 아울러 노사협의 등의 긴밀한 관계를 구축해 기업 경영에 관계되는 사항도 포함해 정보를 공유하고, 정규직의 이익을 유지하기 위한 역할을 완수해 왔다.

이러한 정규직 제도를 중심으로 한 근로자의 보호시스템은 '제2의 노동법'이라고 부르기에 적합한 것이었다. 하지만, 이것이 기능하려면 2가지의 전제가 필요하였다. 즉 (ⅰ) 정규직으로 장기고용을 보장하는 경영상 필요성이 있었던 점, (ⅱ) 장기 고용보장이 현실에서도 가능했던 점이다.

앞의 제3장(노동법이란 무엇인가)까지 살펴본 것처럼, 오늘날의 기술 발달은 속도가 빨라지고 있으며, 새로운 기술에 대하여 기업 내에서 근로자를 재배치해 대응하는 것이 점점 어려워지고 있다. 만일 기업 내에서 재배치하지 못하면, 기업이 필요한 새로운 기능을 기업 외부에서 조달할 필요가 있다. 이러한 인재는 기업 내 육성을 예정하지 않았기 때문에 폭넓은 인사권에 복종하도록 할 필요성도 없다. 즉, 이번 제4장(정규직론-제2의 노동법)에서 살펴본 것과 같은 의미에서 정규직일 필요가 없는 것이다.

또 제4차 산업혁명이 진전되어 기업을 둘러싼 환경이 크게 변화하였다. 아울러 기업이 지금의 사업 실태로 장기간 존속하는 것은 (몇 개의 예외적인 기업을 제외) 더 이상 상정하기 어렵게 되었다. 예를 들어, 전기 자동차의 출현으로 제품의 하드 부분을 제조해 온 기업이 소프트 개발 중심의 기업으로 이미 전환하고 있다. 필름회사가 의료부문의 기업이 된 사례도 있다.

여기까지 크게 변화하면, 동일한 인재로 변화에 적응하는 것은 어렵다. 즉,

기업이 인재를 장기간 고용하는 것이 현실적으로 어려울 것이다. 그러면, 정규직
은 점차 감소해 버릴 것이다.

　　또한 세계화가 진전되면 일본형 고용시스템의 특이성도 두드러진다. 장기 고
용관행이나 연공형 임금은 국제기준(global standard)에서 벗어난 것이다. 세계화
시대에서는 근로자가 국가 또는 기업을 선택하는 시대이기도 하다. 장기적인 안
정을 요구하지 않고, 자신의 기능을 그 시점에서 성과나 실적의 평가를 중요시하
는 국내외의 우수한 인재는 종전의 일본형 고용시스템에 매력을 느끼지 못할 것
이다. 이러한 상황도 정규직 제도의 존속을 어렵게 만드는 요인이다.

도표 4-4 일의 재편성(1) - 일의 분담 추이 -

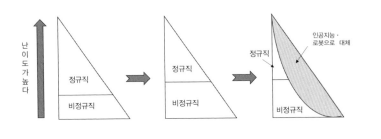

　　물론, 앞으로도 정규직으로 남는 인력은 있을 것이다. 다만, 이것은 현장의
사원보다는 기술의 변화에 따라 기업의 조직 편성을 고려한 중요한 자리(관리자층,
매니저 클래스)의 인재에 한정될 것이다.

　　정규직 제도가 이렇게 변용해 가면, '제2의 노동법'이 축소해 갈 것이다. 최
근의 입법은 비정규직에 대한 법적 보호를 강화하고, 비정규직과 정규직과의 격
차를 시정하려는 방향이 늘어나고 있다. 하지만, 이 점이 실제로는 오히려 정규직
제도를 존속하기 어렵게 만들고 있다. 이와 아울러 정규직을 표준모델로 삼고 있
는 점에서 향후 정규직 제도의 변용을 파악할 수 없다는 근본적인 문제도 있다.

정규직의 일(업무)조차 평안하고 무사하지 않다면 실제로는 정규직과 비정규직의 격차라는 문제의 설정 자체가 이미 시대에 뒤떨어진 것이다.

만약에 어느 경우이든 정규직 제도가 무너지면, 정규직 보호의 핵심 요소인 '고용의 안정'과 '임금의 안정'이 사라지고, 본인의 시장 가치가 문제시된다. 하지만 가장 큰 문제는 정규직 제도를 지탱해야 하는 '기능육성 시스템'도 무너져 버리는 것이다. 이 점은 정규직 제도에 의하지 않는 노동법의 방법을 근본적으로 재고해야 한다는 것을 의미한다.

정규직 제도가 무너지는 것이 비정규직을 증가시키는 것도 아니다. 확실히 기술의 발전은 종전 정규직의 일을 단순화와 간이화시켜 왔고, 고비용인 정규직에게 시킬 필요도 없는 일을 늘려 왔다. 최근에 비정규직이 증가한 배경에는 이러한 기술적인 요인이 있다. 하지만 이러한 비정규직의 많은 일은 인공지능(AI)이나 로봇으로 대체하기 쉬운 정형적 업무라는 것도 유념해야 한다.

제5장

인력 이동을
실현하기 위한 개혁
- 고용유동화를 위한 정책 -

인력 이동을 실현하기 위한 개혁
- 고용유동화를 위한 정책 -

1. 전환기에 선 노동시장정책

　　일본의 노동시장정책(이 책에서는 외부 노동시장을 목표로 한 고용정책보다도 넓고, 내부 노동시장도 목표로 한 것도 포함한 의미로 사용한다)은 지금까지 정규직 제도의 틀 내에서 근로자의 직업훈련이나 배치전환은 기업 내(내부 노동시장)에서 행하고, 고용도 보장했기 때문에 외부 노동시장의 역할은 크지 않았다. 물론, 노동시장법 분야의 입법은 계속되었지만, 일본 근로자의 기능과 생산성은 정규직 제도로 유지해왔다. 즉, 일본의 노동시장정책은 주로 정규직 제도의 틀 내의 근로자를 대상으로 전개해 왔고, 일본 근로자의 중심에 있는 정규직 정책은 기업에게 가능하면 고용의 유지를 요구하는 것이었다(＝고용유지형 정책).

　　일본 노동시장정책의 기본법인 「고용대책법」(雇用對策法)에서도 노동시장의 유동화를 적극적으로 촉진하는 내용은 없다. 재취직 시책으로 특이한 것은 사업 규모의 축소 등으로 부득이하게 이직하게 된 근로자를 원활한 재취직을 촉진하는 정도였다(제4조 제1항 4호, 제24조 이하).

또한 고용보험제도의 틀 내의 2가지 사업('고용안정사업'과 '능력개발사업')1) 중에서 '고용안정사업'은 '실업의 예방, 고용상태의 시정, 고용기회의 증대, 그 밖에 고용안정을 도모하기 위한' 것이다(고용보험법 제62조 제1항 본문). 그 핵심적인 제도가 '고용조정조성금'(雇用調整助成金)2)이다. 하지만, 이것은 '경기변동, 산업구조의 변화, 그 밖의 경제상 이유에 따라 사업활동의 축소를 부득이하게 하게 된 경우에 근로자를 '휴업'시키거나 (<역자주> '직업훈련'을 받게 하거나 또는 '출향'[出向]시키거나) 하는 사업주, 그 밖의 근로자의 고용을 안정시키기 위하여 필요한 조치를 강구하는 사업주에게 필요한 조성 및 원조를 실시하는 것'이다. 이것은 바로 대표적인 '고용유지형 정책'이다(제62조 제1항 1호).

---

1) <역자주> 일본의 고용보험법은 고용보험사업으로 실업 등 급여 외에도 고용안정사업, 능력개발사업, 고용복지사업의 3개의 사업이 있었다. 그 후 2007년 법개정 시 피보험자의 복지 증진을 폭넓게 도모하기 위한 '고용복지사업'은 폐지되고, '고용안정사업'과 '능력개발사업'만 남게 되었다.
   (ⅰ) 고용안정사업: '고용조정조성금', '노동이동지원조성금', 정년인상 등 장려금, 특정구직자 고용개발조성금, 수급자격자 창업지원조성금, 시행고용장려금, 지역고용개발조성금, 통년고용장려금, 양립지원조성금, 인재확보 등 지원조성금과 같은 사업주에 대한 조성금 외에 불균형 해소를 위한 여러 사업이나 민간단체에 의한 여러 사업이 실시되고 있다.
   (ⅱ) 능력개발사업: 구체적으로는 사업주 등에 의한 직업훈련의 조성을 실시하는 도도부현에 대한 보조, 능력개발시설의 설치·운영, 직업훈련이나 직장적응훈련의 실시, 커리어형성의 원조조치를 지원하는 '커리어형성촉진지원금'의 지급 등이 실시되고 있다(고용보험법 제63조, 고보칙 제121조-제139조).
2) <역자주> '고용조정조성금'(고용보험시행규칙 제102조의2, 제102조의3)은 경기변동이나 산업구조의 변화 등에 따른 사업활동의 축소를 부득이하게 한 사업주가 노사협정에 기초로 하여 휴업이나 교육훈련, 출향 등을 실시하는 경우에 각각 휴업수당, 훈련 중의 임금·비용, 출향사용기업에게 지불하는 보조비 중 일정 부분(대기업 2분의 1, 중소기업 3분의 2)을 일정 기간 일정 한도 일수로 사업주에 조성한다. 그중 중소기업을 위하여 확충한 내용에 대해서는 운용상 '중소기업 긴급고용안정 조성금'의 명칭을 붙여서 명확화한 시기가 있었다. 고용조정조성금은 제조업을 중심으로 기업의 고용유지노력에 대하여 업종, 지역을 한정, 조준해 지급해 왔다. 예를 들어 엔화강세나 개발도상국의 추격 등으로 구조적으로 불황에 빠진 조선, 철강, 비철금속 등의 업종이나 엔화 강세에 직격탄을 받은 수출산업이 집중하는 지역에 대하여 집중적으로 이용되었다. 그 후 2008년 리먼 브라더스 쇼크 후의 불황 시에는 기업에 의한 고용유지의 노력을 전면적으로 지원하면서 삭감대상이 된 많은 파견근로자 등의 비정규근로자의 곤경을 구하기 위하여 고용조정조성금의 적극적인 활용이 이루어졌다.

재취직에 대해서는 앞에서 언급한 '고용대책법'의 규정과 연동된 '노동이동지원조성금'(勞動移動支援助成金)이 있다. 이것은 사업규모의 축소 등으로 부득이하게 이직하게 된 근로자에게 (<역자주> 재취직 원조계획을 책정하여 구직활동을 위하여) 원조의 조치(재취직 지원, 조기 취업 등)를 하는 사업주에게 조성하는 제도이다(<역자주> 제62조 제1항 2호).3) 언뜻 보기에 고용유동형 정책과 같지만, 사업주에 의하여 이 제도를 이용하는 인센티브는 없고, 이용은 낮은 것 같다(今井 2013).

정부는 일본 노동시장정책을 '고용유지형'에서 '노동이동지원형'으로 전환하는 방향성을 제시해 왔다(2013.6.14. 각의 결정한 '일본재흥전략'[日本再興戰略] 등).4) 하지만 현재의 상황에서는 고용의 유동화에 충분하게 대응하고 있다고 할 수 없다. 물론 고용의 유동화가 선험적(a priori)으로 바람직하지는 않다. 특정한 기업에서 고용이 유지되면 고용 안정의 큰 장점이 있다. 그러나 제4차 산업혁명이 진행되고 기업을 둘러싼 환경이 급변해 특정한 기업에서 고용의 유지는 객관적으로도 어려울 것이다. 즉 향후에는 일본형 고용시스템의 핵심에서 '제2의 노동법'이었던 정규직 제도를 유지하기란 어려울 것이다.

---

3) <역자주> 노동이동지원조성금(고보칙 제102조의 4): 구체적으로는 자기부담에서의 직업소개업자에의 재취직 지원의 위탁, 구직활동을 위하여 유급 휴가의 부여 등의 재취직지원을 행한 사업주에게 지급하는 '재취직지원조성금', 재취직지원이 필요한 자를 받아서 자기비용으로 재취직을 위한 직업훈련을 받게 한 사업주에 지급하는 '수입된 인재육성훈련조성금' 및 40세 이상 60세 미만의 이직자를 이적출향(移籍出向)에 의하여 고용한 사업주, 또는 이직자를 이적출향에 의하여 고용한 인재육성형 훈련을 행하는 사업주에게 지급하는 '커리어 희망실현 지원조성금'(2016년 후생노동성령 83호로 신설)이 있다(제102조의 5).
4) <역자주> 고용안정사업에서 '고용유지형'에서 '노동이동지원형'으로의 정책전환: 일본은 2012년 12월에 복귀한 자공(自公)정권(제2차 아베신조 내각)의 경제성장전략에서는 리만 쇼크 이후 급격한 고용조정의 악화에 대응한 고용유지형의 정책추진에 대해서는 경기의 회복, 고용정세의 개선을 추진해 가면서, 개인이 원활하게 전직 등을 행하고, 능력을 발휘하고, 경제성장을 이끌어 갈 사람으로 활약할 수 있도록 능력개발의 지원을 포함한 노동이동지원형 정책으로 대담하게 전환하는 것이 추진되었다('일본재흥전략', 2013년 6월 각의 결정). 이로 인하여 노동이동지원조성금의 근본적인 확충, 청년 등 다시 배움의 지원을 위하여 고용보험제도를 개정하고, 산업고용안정센터의 출향, 이적알선 기능의 강화, 민간 인재 비즈니스의 활용에 의한 매칭 기능의 강화 등이 시책으로 되었다.

　　현행 해고규제가 매우 엄격한 법리라도, 정말로 경제적으로 합리성이 있는 해고를 막는 것은 어려울 것이다. 즉 향후에 정부의 노동시장정책과 관계없이 고용조정은 확대될 것이다. 그렇다면, 정책의 방향도 '고용유지형'에서 '고용유동형'으로 전환할 필요가 있다. 산업정책에서도 기업 간, 산업 간의 인재를 재배치하려면 적극적으로 노동이동을 추진해야 한다.

도표 5-1　일의 재편성(2) - 인간의 일이 기계로 대체 -

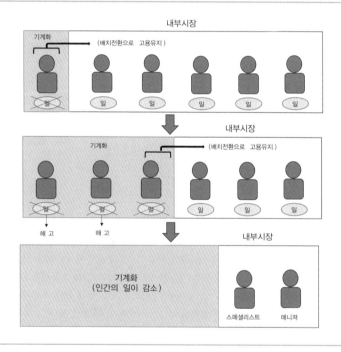

　　먼저 '고용유동형 정책'에서는 기업 측의 이유(경영의 악화, 기술혁신 등)로 해고된 근로자의 전직(轉職)을 지원하고, 실업기간을 단기간으로 하는 목적의 것(피해고자의 지원형 정책)과, 성장 부문에 대한 인재이동을 촉진하는 적극적인 것이 있다(전직 촉진형 정책).

첫째, '피해고자의 지원형 정책'에서는 근로자가 이른바 본인의 의사에 반하여 유동화에 휩쓸린 것이기 때문에 마땅히 있어야 하는 '사회안전망'이 필요하다. 그 중심은 고용보험에 따른 '소득보장'이다.

둘째, '전직 촉진형 정책'에서는 특정한 기업에서 고용의 계속을 촉진하는 제도를 재검토할 필요가 있다. 기업 내 연공형 임금이나 근속연수에 비례하는 퇴직금제도는 기업이 스스로 도입한 것이다. 이러한 이유로 이에 대한 정책적인 개입은 적절하지 않다. 하지만, 근속연수 20년 이상인 경우에 '퇴직소득공제 등'의 전직을 억제하는 기능을 가진 공적 우대조치는 재검토할 필요가 있다. 반대로 이동성(portability)이 있는 '확정각출형 기업연금제도'에 대한 '세제상 우대 등'은 전직하기 쉬운 환경을 정비하는 것으로 평가할 수 있다. 게다가 자기 사정에 따른 퇴직인 경우에 회사의 상황에 따른 퇴직보다도 불리하게 되는 고용보험법상 취급 등도 근로자가 적극적으로 전직을 억제하는 기능을 가지기 때문에 재검토할 필요가 있다.

피해고자 지원형이든 전직 촉진형이든 고용유동형 정책을 추진하는 경우에 새로운 기술에 따라 기능을 습득하기 위한 직업훈련과 노동시장에서의 매칭의 중요성이 한층 더 커지고 있다. 고용조정조성금 등의 고용유지형 정책에 맞추어 온 자원(자본, 사람 등)은 고용유동형 정책에 중점적으로 대체하는 것이 필요하다.

📝 칼럼: 사회안전망과 도덕적 해이

고용보험제도에서 본래 보험급여 부분은 고용유동형 정책을 펴는 데도 근로자에 대한 '사회안전망'으로서 중요한 역할을 해왔다. 하지만, 납부기간을 어떻게 하는가(실업의 이유를 어떻게 고려하는가), 급여액을 어떻게 하는가 등은 어려운 문제가 있다. 이에 적절한 제도를 설계하지 않으면, '도덕적 해이(Moral Hazard)문제'(여기서는 구체적으로 근로자가 일할 의사가 없는데 급여를 받거나, 진지하게 전직할 회사를 탐색하지 않는 문제) 등이 발생하여 제대로 고용유동형 정책에 적합하지 않을 수가 있다.

학설 중에는 "매월 일정액을 일정한 기관에 지급하고 근로자가 이직한 경우에는 이직 사유에 관계없이 해당 기관으로부터 지급받는 법정 퇴직금과 같은 제도도 검토할 만하다"는 견해도 있다(小西 2014, 90면). 이에 고용보험제도도 이러한 새로운 관점에서 재검토할 필요가 있다.

어느 경우든지 오늘날에는 고용유동화에 대비하여 이직자의 기능을 향상시키기 위한 직업훈련정책과 연계하고, 또한 도덕적 해이를 회피하면서 어떻게 하면 적절한 소득을 보장할 것인가를 검토하는 것이 중요한 과제라고 할 수 있다.

도표 5-2 두 가지의 고용대책의 대비

	고용유지형 정책	고용유동형 정책
목적	고용안정·실업회피	해고 후의 전직지원·적극적 전직지원
대상	내부 노동시장	외부 노동시장
인재의 재배치	기업 내(배치전환)	기업 간·산업 간(이적)
직업훈련	기업 내 훈련	기업외 훈련(공적훈련기관, 교육기관, 스스로 학습)
해고규제	엄격한 해고규제	해고의 금전해결
조성금	고용조정조성금	노동이동지원조성금

2. 고용조정을 둘러싼 문제 – 해고법제의 재검토 –

(1) 기능의 진부화와 해고

정규직 제도에서 장기고용을 지탱하는 법적 룰로서 핵심은 노동계약법 제16조(해고권 남용법리)이다. 즉 해고는 객관적 합리적인 이유·사회적 상당성이 없으면 권리남용으로서 무효가 된다.

정규직은 장기고용을 기대하고, 해고권 남용법리는 법적으로도 장기고용의 기대를 보호해 왔다. 그런데, 기술의 발달로 기존 기능의 진부화(陳腐化, 새로움이 없어짐)가 발생하면 해고의 발생이 일반적이다.

이러한 점을 보면, 근로자의 직무를 근로계약에서 한정했는지를 구분해 고찰할 필요가 있다.

대부분의 정규직은 직무를 한정하지 않고 있다. 이 경우에 기업은 배치전환 명령에 따라 직무를 변경할 권리를 가지기 때문에 어떠한 직무에 능력이 부족한 것이 명확해지면 다른 직무로의 배치전환 등의 해고회피 조치를 취할 필요가 있다. 정규직이 가지는 정년까지 장기고용에 대한 기대는 법적으로도 보호할 만하다. 이 때문에 기업은 이를 실현할 수 있으면 노력을 다할 필요가 있다.

하급심 판례이지만, 취업규칙에 "노동 능률이 뒤떨어지고 향상될 전망이 없다"는 해고사유에 의한 경우에 이에 해당하는 것만으로 해고할 수는 없고, 교육훈련 등 성적을 향상시키는 해고회피 노력을 충분하게 하지 않으면 해고사유에 해당하지 않는다고 판시하고 있다(セガ·エンタープライゼス事件·東京地決 1999.10.15. [最重判 49 事件]).

그러나 이러한 하급심 판례는 반대로 '능력이 부족한 것'을 이유로 해고한 경우 기업이 해고회피조치를 충분하게 행한 후라면 인정한다고도 해석된다. 예를 들어 기업이 근로자에게 충분한 교육훈련을 하고 본인이 능력을 발휘할 수 있는 부서에 배치전환을 하였다. 그런데, 결국 근로자가 어느 부서에서도 능력을 발휘할 수 없었던 경우 등이 있다. 이러한 경우에 그 기업 내에서 근로자를 활용할 수 없다면 이론상 해고할 수가 있다.

또한 근로자가 종사하는 직무가 기술의 발달하면서 필요 없게 된 경우에 해고의 원인은 근로자 본인의 사정이 아니라 기업의 경영상 이유가 되기 때문에(이러한 해고는 일반적으로 '정리해고'[경영상해고]라고 한다) 해고의 유효성 판단은 보다 엄격한 것으로 본다. 이러한 경우에는 통상의 해고와는 달리 노동계약법 제16조의 적용상, 특히 4가지의 판단요소를 근거삼아 권리남용이 되는지를 판단한다(정리해고의 4가지 판단요소). 이 4가지 판단요소 중 하나가 '해고회피노력'(다른 3가지 판단요소는 경영상 필요성, 피해고자 선정기준의 상당성, 절차의 상당성)이다. 이에 기업은 여기에서도 다른 직무에 배치전환하는 해고회피 조치를 취할 필요가 있다. 이 해고회피 조치가 충분하지 않으면 해고는 무효가 될 가능성이 높다.

한편, 무기고용의 정규직이라도 채용 시점 혹은 근로계약의 전개 중에 직무를 한정하는 특약을 명시적 또는 묵시적으로 한 경우에는 다른 직무에 일방적으로로 배치전환이 될 걱정은 없다. 하지만 이러한 반면, 그 직무에 부적합한 인재라는 것이 판명되거나, 그 직무가 기업 내에서 필요 없게 되면 해고는 유효하게 될 가능성이 높다.

특히 일정한 능력이 있는 것을 전제로 특정한 직무에 채용된 근로자가 그 직무를 수행할 능력이 없는 것으로 판명되었다. 이러한 경우에 기업은 직무 한정계약에서는 다른 직무로 배치전환권이 처음부터 없다. 이 때문에 기업은 배치전환 등의 해고회피 조치가 없더라도 권리남용성을 근거지우는 다른 사정이 없으면 해고는 원칙적으로 유효하다(예를 들어 フォード自動車事件 · 東京高判 1984.3.30).

정리해고의 경우도 기업이 해고회피의 범위는 그 직무 범위에 원칙적으로 한정되기 때문에 역시 해고는 유효하다고 보기 쉽다(판례 분석은 勞働政策硏究 · 硏修機構 2014를 참조).

✎ 보론: 해고의 유효성 판단

해고 사유는 취업규칙의 '절대적 필요기재사항'(노동기준법 제89조 제3호)[5]이다. 그러므로 취업규칙의 작성의무가 있는 상시 10명 이상 근로자를 사용하고 있는 사업장에서는 취업규칙에 명기해야 한다. 그래서 기재된 해고사유 이외에서 해고가 인정되는지 논의가 있지만, 통설은 해고 사유를 명시하는 의의를 중시해 이를 부정하고 있다(한정 열거설).

이에 법원은 해고의 유효성을 판단하는데, 우선 기업이 해고사유로 든 사유가 취업규칙에 기재된 해고사유에 해당하는지 체크한다(취업규칙의 해당성). 취업규칙의 해고 사유가 추상적인 경우에는 법원이 취업규칙의 해고 사유를 적절하게 보충하거나 한정한다. 하지만, 통상 취업규칙의 해고 사유는 근로자에게 유리하게 좁게 해석하고 있다.

취업규칙에 해당한다고 인정되면, 이번에는 그 해고가 권리남용인지 구체적인 사안에 맞추어 체크한다(노동계약법 제16조). 본문에서 언급한 것처럼, 정리해고의 경우에 4가지의 판단요소를 들 수 있다.

---

5) <역자주> 일본의 취업규칙의 절대적 필요기재사항으로 '퇴직에 관한 사항'(임의퇴직, 합의해고, 해

요컨대, 직무가 한정되지 않은 통상의 정규직은 기술의 발달에 따라 기능이 진부화되어도 기업은 배치전환으로 고용을 유지해야 함으로 해고는 통상 발생하지 않는다. 또한 해고권 남용법리에서 요구되는 해고회피노력이 어디까지 인지는 결국 법원의 재량 판단으로 예측가능성이 낮다. 이에 현실에서는 본인의 새로운 기능의 습득이 잘 되지 않고 배치전환이 쉽지는 않아도, 기업은 해고를 망설이는 경우가 많을 것이다. 이 점은 일본의 기업이 신기술을 도입하는 데에 억제적으로 작용할 수가 있다.

한편, 직무가 한정된 근로자라면 기술의 발달로 요구되는 고도의 기능에 대응할 수 없거나 현재의 기능을 살릴 수 있는 직무가 사라진 경우에는 원칙적으로 해고할 수가 있다.

이상에서 알 수 있는 것은 IT, 인공지능, 로보틱스 등의 신기술이 급속하게 발달함으로 기업 내에서 근로자를 재배치하는 것이 어렵게 된 경우가 있다. 이러한 경우에 직무의 한정이 없는 전통적인 정규직에 대한 해고는 할 수 있다. 하지만 해고가 쉽지는 않고, 기업은 잉여인원을 유지해야 할 가능성이 높다. 이러한 상황은 일본 기업의 경쟁력을 잠재적으로 저하시키는 요인이 된다. 이 점을 고려하면, 고용유동형 정책(피해고자 지원형의 정책)을 충분하게 내실화하는 것이 조건이 되지만, 현행 해고규제의 완화를 정책의 선택에 추가하는 것은 중요하게 검토할 과제이다.

한편, 기업의 입장에서는 해고가 법적으로 어디까지 허용되는가에 관계없이 향후 인사전략으로 사업을 효율적으로 추진하려면 지금까지의 정규직에 일의 내용을 분석하고, 개개의 '직무'(job)나 그 구체적인 구성요소인 '작업'(task)으로 나누어(업무의 모듈화), 기계가 하는 작업과 인간이 하는 작업을 구분해 추진할 필요가 있다. 이와 아울러, 인간의 일도 '직무기술서'(job description)를 명확화해야 할 것이다.

고, 정년제, 휴직기간만료에 따른 퇴직 등)(노동기준법 제89조 3호)을 한국의 취업규칙에 동일한 규정을 두고 있다(근로기준법 제93조 3호).

일본 기업에서 신기술의 활용이 지연되는 것은 직무기술서가 명확하지 않기 때문이다. 일본에서 정규직이 인공지능에 따른 고용 대체화의 이야기에 낙관적인 것은 자신의 직무 자체가 명확하지 않아 기계에 의한 직무의 대체에 둔감하고, 유럽과 미국과 마찬가지로 위험 의식이 없기 때문이다.

하지만 신기술을 활용한 생산성의 향상은 글로벌하게 전개해 간다. 해외의 기업이 신기술을 도입하여 경쟁력을 키우는 시기에 일본 기업만 독자적으로 세계에서 생존할 수가 없다. 또한 외국의 유능한 인재를 스카우트할 때에는 이러한 인재가 직무형으로 일한다면 이에 대응해야 한다. 일본 기업이 해외로 진출할 때에도 마찬가지이다. 이것도 '글로벌화의 영향'이다.

이렇게 보면, 향후 일본 기업에서도 유럽과 미국과 같은 '직무형의 근무방식'이 늘어나고, 임금도 '직무급'이 늘어날 것으로 예상된다. 직무형으로 일하는 근로자가 증가하면, 기술의 발달에 따른 새로운 기능에 대한 수요는 기업 내 재배치로 대응할 수가 없다. 이에 옛날부터 내려오던 기능만을 가진 근로자의 '해고'와 새로운 기능을 가진 근로자의 '채용'이라는 방법으로 대응하게 될 것이다. 이러한 기업과 관련된 환경 변화가 고용을 가능하면 유지하려는 종래의 기업 행동을 더 이상 존속할 수 없는 것을 예상한다면, 정부는 해고를 전제로 '고용유동형 정책'을 선택할 필요가 있다.

✎ **보론: 정규직 제도를 지탱하는 또 다른 하나의 구조 - 준(準)내부 노동시장 -**
기업 내 재배치가 어려운 경우에도 기업 그룹 내 재배치를 할 수 있으면, 근로자의 입장에서는 완전하게 외부 노동시장으로 방출하는 것보다도 고용의 안정도는 높아지게 된다. 일본의 기업은 정규직을 '출향'(出向)이나 '전적'(轉籍, 또는 이적)으로 우선 원래의 기업에서 다른 기업으로 이동시킨다. 하지만, 이것은 그룹 기업 내에서 자주 고용을 보장해 왔고, 이것도 정규직 제도의 일부였다.
먼저 '출향'(出向)은 원래의 기업과의 근로계약 관계를 유지한 채 다른 기업의 지휘명령을 받고 일하는 것이다.[6] 또한 '전적'(轉籍)은 원래의 기업과의 근로계약 관계를 종료하고 다른 기업과 근로계약 관계를 체결하는 것이다. 양자의 차이는 원래의 기업을 완전히 퇴직(근로계약 관계를 종료)하는지 여부이다. 출향은 「노동계약법」

제14조(출향)[7]에서 그 권리남용이 되는 경우를 규정하는데, 법률상 규제는 그것뿐이다[8](전적은 노동계약법에서 아무런 규정도 없다).

그런데, 새로운 기술이 출현하고, 이에 대응 방안이 필요한 경우에 기업은 전문기업에게 아웃소싱하는 방법, 동일한 기업에서 전문기능을 가진 근로자를 활용하는 방법(근로자파견 등의 간접고용도 있고, 기간제의 직접고용도 있다) 등이 있다. 하지만, 그룹 내에서 새로운 기업을 설립하여 그 기업에 출향 및 전적의 형태로 근로자를 이동시켜서 대응하는 경우도 많다(園 2013). 이것은 형식상 **기업 간 재배치**이지만, 실질상 **기업 내 재배치**와 같은 것이다.

법적으로는 동일한 기업 내 이동인 '배치전환'은 취업규칙에 근거 규정이 있으면 기업은 명령할 수 있다. 반면에, '전적'은 원래의 기업을 완전히 퇴직하는 것으로 대상 근로자의 개별적인 동의가 필요하다. 그런데 '출향'은 배치전환과 전적의 중간에 있어 개별적인 동의까지 필요 없지만, 취업규칙에 단순한 근거 규정만으로는 불충분하고 해석된다(다만, 학설은 다툼이 있다).

하지만 출향 중에서도 기업 그룹 내 인사이동의 성격이 강한 경우에는 실질적으로는 배치전환이기 때문에 배치전환과 동일한 요건이어야 한다는 견해도 유력하다(판례(新日本製鐵事件 · 最2小判 2003.4.18. [最重判 39])[9]는 기업 내 업무를 관련된 기업에 아웃소싱함으로 지금까지 그 업무에 종사하던 근로자가 출향을 명령받은 사례에서 개별 근로자의 동의가 필요 없다고 판시하였다).

---

6) <역자주> '출향'은 자회사 및 관련 회사에 대한 경영·기술지도, 종업원의 능력개발/커리어 형성, 구조조정, 중고연령자의 처우 등의 목적을 위하여 활발하게 이루어지고 있다. 출향은 근로자가 자신이 고용된 기업에 재적한 채로 다른 기업의 종업원(내지 임원)이 되어 상당히 장기간에 걸쳐 해당 다른 기업의 업무에 종사하는 것을 말한다(재적출향, 장기출향, 사외근무, 응원파견, 휴직파견 등).

7) <역자주> 노동계약법 제14조(출향) 사용자가 근로자에게 출향을 명할 수 있는 경우에 그 출향명령이 필요성, 대상근로자의 선정에 관한 사정, 그 밖의 사정에 비추어 그 권리를 남용한 것이라고 인정되는 경우에는 그 명령은 무효로 한다.

8) <역자주> 출향의 권리남용법리에 의한 제약: 출향명령의 업무상 필요성(출향명령의 필요성, 대상근로자의 선정에 관계되는 사정)과 출향자의 근로조건상 및 생활상의 불이익을 비교형량하게 된다. 그래서 근로조건이 크게 악화되는 출향과 복귀가 예정되지 않는 출향은 정리해고 회피나 관리직 자리의 부족 등 이를 수긍할 만한 기업경영상의 사정이 인정되지 않는 한 권리남용이 될 수 있다. 또한 근로자에게 현저한 생활상의 불이익을 주는 경우에도 권리남용으로 될 수 있다.

9) <역자주> 본 판례는 취업규칙상의 출향조항에 첨가하여 사외근무협정(단체협약)에서 출향기간, 출향 중의 사원의 지위, 임금, 퇴직금, 수당 등의 처우에 관해 출향근로자의 이익에 배려한 상세한 규

(2) 사업조직의 재편과 고용보장

신기술의 발달에 따른 산업구조의 변화에 대응하기 위하여 기업이 경영 자원을 성장 부문에 집중시키고 쇠퇴 부문을 분리하기로 한 경우에 쇠퇴 부문에서 일하는 근로자를 성장 부문으로 이행시키는 기업 내 재배치에 성공할 수 없으면, 인원이 넘쳐나게 된다. 하지만, 위의 (1) [기능의 진부화와 해고]에서 살펴본 것처럼, 직무의 한정이 없는 정규직의 해고는 어렵기 때문에 기업은 쇠퇴 부문을 통째로 독립해 분리하는 경우도 있다. 이를 위한 법적 수단은 새로운 기업(자회사 등)을 설립하고, 그 기업에 쇠퇴 부문의 사업을 양도하는 방법, 혹은 회사법이 규정하는 회사분할의 방법 등을 생각할 수 있다(또한, 회사를 신규로 설립하지 않고, 기존의 기업에 쇠퇴 부문을 양도하거나 회사분할로 승계시키는 방법도 있다. 하지만, 이러한 방법은 교섭력에 큰 차이가 없으면 실현할 수 없을 것이다).

주주의 방침에 따라 성장 부문을 다른 기업으로 양도해 이익을 얻은 후에 쇠퇴 부문만이 남은 기업을 해산하는 경우도 있다(여기서도 '사업양도의 방법'과 '회사분할의 방법'이 있다).

'회사분할'은 2000년 5월 개정 「상법」에서 도입하였다(현재에는 회사법상 제도). 회사분할은 회사가 그 '권리나 의무의 전부 또는 일부'[10]를 다른 회사 또는 분할로 신설 회사에 승계시키는 제도이다. 다른 회사에 승계시키는 분할방법을 '흡수분할', 새롭게 설립하는 회사에 승계시키는 분할방법을 '신설분할'이라고 한다. 권리나 의무의 어느 부분을 승계시킬 것인지는 분할계약(흡수분할의 경우), 분할계획(신설분할의 경우)으로 결정한다(회사법 제757조 이하).

정이 마련되어 있는 것을 언급함으로 실제로는 출향명령의 유효성 판단의 전제로 포괄적 규정에 의한 출향명령권의 요건으로 보아서 출향명령의 유효성을 긍정하고 있다. 나아가 노동조합과의 협의에 의하여 출향근로조건이나 직무내용에 관하여 충분한 배려를 한 경우에는 권리남용을 부정하고 있다.

10) <역자주> 분할의 승계대상은 당초에는 '영업의 전부 또는 일부'로 되어 있었는데, 2005년 회사법 제정 시에 '그 사업에 관하여 가지는 권리의무의 전부 또는 일부'로 개정되었다(회사법 제2조 29호, 30호).

회사분할의 체계(scheme)를 이용하면, 원래 회사의 권리의무를 포괄적으로 한꺼번에 승계시킬 수 있다. 다만 근로관계는 그 특수성을 고려해 「노동계약승계법」(勞動契約承繼法, 2000)[11]이라는 법률을 제정하여, 특별한 룰을 적용하고 있다. 이에 따르면, '승계되는 사업에 주로 종사하는 근로자'는 분할계약 또는 분할계획으로 승계 대상이 되면 당연히 분할 후의 회사에 승계되고(제3조), 승계대상이 되지 못하면 본인이 이의를 제기하면 승계된다(제4조). 또한 '승계되는 사업에 주로 종사하지 않는 근로자'는 분할계약 또는 분할계획에서 승계대상으로 된 경우 이의를 제기하면 승계대상에서 제외되고 원래의 회사에 남을 수 있다(제5조).

즉, 회사분할의 체계를 이용하여 다른 회사나 신설회사에 사업을 승계시키면, 그 부문에 주로 종사하고 있는 근로자를 분할하는 회사에 강제적으로 승계시킬 수 있다. 근로자는 사전의 협의 절차에 하자가 있는 경우(日本アイ・ビー・エム 事件·最2小判 2010.7.12. [最重判 74 事件]) 이외에는, 특히 회사분할 절차에 하자가 없다면 근로계약의 승계를 다툴 수 없다.

한편, '사업양도'[12]는 법률상 규제가 없기 때문에 근로자를 양도하는 기업에 승계되는지 여부는 양도 기업과 양수 기업의 합의를 통하여 결정할 수 있다. 승계의 대상이라면 근로자의 동의가 필요하다(민법 제625조 제1항[13])는 점이 회사

---

11) <역자주> 노동계약승계법: 2000년 5월 회사분할제도의 창설과 동시에 성립된 노동계약승계법(「회사분할에 동반되는 노동계약의 승계 등에 관한 법률」)에서는 근로자의 직장 변동이 가능하면 일어나지 않도록 근로계약에 관한 부분적 포괄승계의 범위를 정하고 있다. 우리나라는 상법상 회사분할제도는 있지만, 노동계약승계법은 창설되지 않았다.
12) <역자주> 사업양도: 기업조직 재편성의 중요한 수단으로 영업목적을 위하여 조직된 유기적인 일체성이 있는 재산으로서의 '사업'(2005년 제정된 회사법 이전에는 '영업'이라고 불렀다)을 양도하는 것을 말한다. 여기서 '사업'이란 영업용 재산 및 권리, 거래처 관계, 구입처 관계, 판매의 기회, 영업상의 비결, 경영의 조직 등 경제적 가치가 있는 사실관계, 일정한 영업목적을 위해 조직화되고 유기적인 일체로서 기능하는 재산'을 말한다.
13) <역자주> 일본 민법 제625조(사용자의 권리 양도의 제한 등) 제1항에서는 "사용자는 근로자의 승낙을 얻지 아니하면 그 권리를 제3자에게 양도할 수 없다"고 규정하고, 반면에 한국 민법 제657조(권리의무의 전속성) 제1항에서는 "사용자는 노무자의 동의없이 그 권리를 제삼자에게 양도하지 못한다"고 규정하고 있다.

분할과의 차이점이다(2016년에 제정된 사업양도 등 지침에 따르면, 양도 기업의 과반수 대표와의 사전 협의도 노력의무로 되어 있다). 즉, 근로자는 승계하는 기업으로 전적을 거부할 권리가 있다. 쇠퇴 부문의 사업양도에 따라 근로자에게 전적을 강제할 수는 없다.

반대로 말하면, 성장 부문이 사업 양도가 되는 경우에 근로자는 승계 대상에서 배제되어도 승계를 요구할 권리는 없다. 그 후에 회사가 해산되고, 이 때문에 근로자는 해고되어도 원칙적으로 그 유효성을 다툴 수가 없다.

요컨대, 기업에는 쇠퇴 부문에서 성장 부문으로 사업 재편에 따라 필요 없는 인재를 방출하는 방법이 있다. 하지만, 사업양도를 한 후 회사 해산에 따른 해고 등의 사례에서는 이것이 노동계약법 제16조의 해고 규제를 잠탈(潛脫, 어떤 규제를 탈법적인 방법으로 회피하는 것)할 목적으로 행해진 사례로 판단되면, 다양한 법률론('법인격 부인의 법리'14) 등)을 구사해 근로계약의 계속을 인정할 수가 있다(예를 들어 新関西通信システム事件·大阪地決 1994.5). 또한 회사를 해산한 회사의 경영자가 손해배상책임을 질 수도 있다(회사법 제429조 등을 참조).

(3) 해고의 금전해결 - 입법론 -

기업의 입장에서 기술혁신에 대응하려면, 특히 쇠퇴 부문에서 성장 부문으로 업종을 전환하기 위해서는 성장 부문을 지탱하는 기능을 가진 근로자를 어떻게 확보할 것인지가 중요한 포인트이다. 이미 살펴본 것처럼, 기업 내 재배치가 어렵다면 인재를 교체하는 것이 아무래도 필요하게 되지만, 이것이 현행 해고 규제에서는 쉽지는 않다.

---

14) <역자주> 법인격 부인의 법리(法人格否認法理): 회사의 법인격을 부분적으로 벗어나 회사와 그 배후에 있는 사원을 동일시하는 법리를 말한다. 회사는 법인이므로 이를 구성하는 사원과는 별개의 인격체이지만 회사의 법인격 인정에 따른 형식적 독립성을 관철하는 것이 정의·형평에 반한다고 인정되는 경우 회사의 법인격을 부분적으로 박탈하여 회사와 사원은 별개의 인격이라는 대원칙을 부인하는 법리이다. 문제가 된 당해 구체적 사건 또는 당해 특정한 당사자 사이에서만은 회사의 법인격을 부정하여 회사와 주주를 법률상 동일시하는 법리를 말한다.

그렇다고 해서 해고규제를 즉시 철폐하고, 미국과 같은 '해고자유원칙'(임의 고용원칙[employment at will])의 국가가 되는 것은 지금까지의 '일본적 경영'(日本的 經營)과 정반대의 방향으로 선회하는 매우 진보적인(radical) 개혁이 된다. 이것은 제2의 노동법인 정규직 제도를 갑자기 포기하는 것이고, 그 부작용도 우려된다. 특히 경영자에게 인재를 중시하지 않는 경영을 해도 좋다는 잘못된 메시지를 주는 것이 우려된다. 인재를 소중하게 여기는 것이 노동시장정책 및 기업경영에서 중요한 것은 말할 필요도 없다.

✎ 칼럼: 해고규제와 격차문제

정규직 제도를 포기하는 것에는 부작용이 있다고 해도, 본서에서 반복해 언급하듯이, 정규직 제도를 계속 유지하는 것 자체도 더 이상 어렵기 때문에 정책은 고용유동형으로 방향을 선회할 필요가 있다. 아울러 정규직 제도를 유지하는 것에 대한 부작용도 고려할 필요가 있다. 이것은 정규직에게 고용보장이 있기 때문에 완충재고로서 비정규직이 필요하게 되고, 오늘날에 '격차문제'(隔差問題)가 발생하고 있다는 점이다. 만약 정규직의 해고규제가 완화되면, 비정규직의 존재 의의는 적어지고, 격차 문제는 저절로 해결될 것이다.

해고규제의 완화는 생산성이 낮은 비정규직을 해고하고, 비정규직을 등용하는 기회를 확대하는 의미도 있다. 장기 고용관행은 우선 정규직이 된 근로자에게 고용안정을 주지만, 그 밖의 근로자에게 기회를 빼앗는 것이다. 이것도 격차의 원인이다. '해고규제의 완화'는 인재를 교체할 수 있다는 점에서 근로자 사이의 **공평성**을 실현하는 데에 공헌하고 격차문제를 해결하기 위한 유력한 처방전이다.

그렇지만, 현행 해고규제를 그대로 유지하는 것도 더 이상 현실적이지 않다. 이러한 사실인식에서 해고규제를 재검토할 필요성이 논의되고 있다. 다만, 재검토할 대상이 해고에 '객관적 합리성'과 '사회적 상당성'을 요구하는 점에 없다는 점을 유념해야 한다. 유럽에서도 표현은 다르지만, 마찬가지의 '정당한 이유'를 요구하는 국가가 많다. 재검토할 문제로 일본의 특징은 부당해고 시 법적 효과로

무효(無效)뿐이라는 점이다. 이러한 국가는 현재 선진국에서는 일본뿐이다.

일본 노동법이 모델로 삼는 것의 대부분은 '독일 노동법'이다. 독일법에서는 부당해고는 원칙적으로 무효이지만, 기업 또는 근로자가 신청해 일정한 요건을 충족하면 법원의 판결에 따라 금전해고를 할 수 있다. 여기에서 '금전해결'(金錢解決)이란 법원이 기업에게 일정한 보상금의 지급을 명령한 후에 근로계약 관계의 해소를 인정하는 것을 말한다.

다른 국가에서도 방식에 약간의 차이가 있다고는 하나, 해고가 부당하다고 간주되어도 기업이 근로자를 원직으로 복귀시키지 않는다면 일정한 금전보상으로 근로계약이 해소되는 구조를 가지고 있다. 특히, 이탈리아의 경우 2012년 법 개정까지는 소규모 기업을 제외하고, 부당해고가 행해진 경우 근로자에게 해고무효(원직복귀) 또는 금전보상을 선택할 권리가 인정되고 있고, 해고무효만을 규정한 일본의 경우보다도 엄격하게 규제하는 내용이었다. 하지만 2011년에 발발한 이탈리아의 재정위기에서 국가의 신용력을 높이기 위해서는 '노동시장의 개혁'이 필요하게 되었다. 그중에서도 해고규제의 경직성(硬直性)을 개정해야 한다는 논의가 있었다. 그리고 마침내 종전의 규제 완화에 강고하게 반대하던 '노동조합'이나 '좌파의 정치세력'도 태도를 누그러뜨려 금전해결을 원칙으로 하는 법제도를 도입하게 되었다.

이렇게 해고규제가 있는 유럽에서도 부당해고의 효과로서 금전해결의 구조를 가지고 있는 것을 고려하면, 일본만이 현행법 규제를 유지하기 위하여 일본이 매우 경직된 법규제를 한다는 인상을 줄지도 모른다. 이것은 외국의 투자가에게 일본기업의 매력을 감쇄시키는 효과를 줄 것이다.

실제로는 일본 기업은 정말로 필요한 인원정리는 퇴직금의 추가지급 등을 제시하면서 '희망퇴직'을 모집하고, 마지막에는 근로자의 퇴직에 대한 동의를 받는 등의 방법을 행하고 있다. 이것은 해고의 금전해결과 비슷한 효과를 가진다고 할 수 있다. 그렇기 때문에 굳이 법제도로 해고의 금전해결을 도입할 필요가 없다고 논의할 수도 있다. 하지만, 이 논의는 다음의 2가지 점에서 타당하지 않다.

첫째는 실태에서 고용조정이 있다면, 그 실태를 법규제에도 반영하는 것이 좋다는 점이다. 외국의 투자 등 대외적인 것을 고려하면, 법규제가 경직적이라면 일본 기업이 고용조정을 하기 어려운 법 환경이라고 이해된다. 실태가 그렇지 않다면 법제도도 실태에 맞추는 편이 좋다.

2006년부터 시행된 간이 신속한 개별 노동분쟁의 해결절차인 '노동심판'(勞動審判)이 있다.[15] 노동심판의 목적은 (조정에 의한 해결에 이르지 않은 때에는) '당사자 사이의 권리 관계를 바탕으로 하면서 사안의 실정에 따라 해결을 하기 위한 심판을 내리는 것'이다(노동심판법 제1조).[16] 여기에는 해고분쟁에서 부당한 해고를 확인한 후에 실정을 바탕으로 굳이 노동계약법 제16조에 의한 '원직복귀'(해고무효)를 명령하지 않고, '금전해결'을 명령하는 것이 대부분이다(동법 제20조 제2항[17] 참조. 노동심판에 대해서는 菅野 2013을 참조). 즉, 노동분쟁 처리의 최전선에서는 해고의 금전해결이 일반화되어 있다. 노동심판에서 금전해결을 행하고 있어 굳이 현행법을 개정할 필요가 없다는 유력한 견해도 있다. 하지만, 금전해결이 당사자의 니

---

15) <역자주> 일본 '노동심판제도'의 특징은 (i) 개별노동관계분쟁의 해결절차인 점, (ii) 법원에서의 분쟁해결절차인 점, (iii) 근로관계에 관한 전문적인 지식경험을 보유한 자가 참가하는 절차인 점, (iv) 비송사건절차인 점, (v) 간이신속한 심리를 행하는 절차인 점, (vi) 소송과의 연계가 고안되어 있는 점 등을 들 수가 있다.

16) <역자주> 노동심판법의 목적은 근로계약의 존부 그 밖의 근로계약에 관한 사항에 관하여 개개 근로자와 사업주 사이에 생긴 민사에 관한 분쟁을 노동심판의 대상으로 하고 있다(제1조). 이 심판을 당사자가 수락하면 분쟁은 해결된다(심판은 재판상 화해와 동일한 효력을 가짐, 제21조 제4항). 다만, 당사자가 수락할 수 없는 경우는 2주 이내에 이의를 신청해야 한다(제21조 제1항). 당사자로부터 이의신청이 있으면 노동심판은 효력을 잃고(제21조 제3항), 노동심판을 신청한 시점으로 소급되어 소송의 제기가 있었던 것으로 간주된다(제22조 제1항).

17) <역자주> 노동심판법 제20조 제2항에서는 "노동심판을 내릴 때에는 당사자 간 권리관계를 확인하고, 금전의 지급, 물건의 인도 그 밖의 재산상 급부를 명하며, 그 밖에 개별노동관계 민사분쟁의 해결을 위해 상당하다고 인정되는 사항을 정할 수 있다"고 규정하고 있다. 예를 들어 근로자가 사용자의 해고처분 효력을 다투면서 '근로계약관계의 존재 및 임금 상당의 금원 지급'을 구하는 내용의 노동심판을 신청한 경우, 심리 결과 사용자의 해고가 실체법상 무효로 판단되는 경우라도 당사자 쌍방의 의사가 근로계약 존속을 원하지 않고 일정 금원의 지급으로써 분쟁을 해결하고자 하는 취지라면, 노동심판위원회로서는 상대방의 해고 철회 및 쌍방 합의 하에 퇴직하였음을 확인하고, 신청인의 상대방에게 금전(이른바 해결금)의 지급을 명하는 내용의 노동심판을 내리게 된다. 물론 해고의 실체적 효력 유무는 해결금의 액수에 크게 영향을 미친다.

즈(욕구)라고 한다면, 이것을 법제도에 반영하는 것이 정도(正道)일 것이다.

용어해설: 원직 복귀

해고가 무효가 되면, 근로계약은 해고할 당시로 소급해 존재하게 되고, 근로자는 원래의 직장으로 복귀(원직 복귀)를 할 수 있게 된다. 하지만 근로자는 실제로 복직시키도록 요구할 권리는 없다. 취업(就業)은 근로자의 의무이기는 해도 권리는 아니다. 이로 인하여 실제로 취업시키는 것(근로자의 노무를 수령하는 것)은 기업의 의무는 아니다. 근로자 측에서 보면 '취업청구권'은 없는 것이다.

실제로 법원에서 해고가 무효라고 판단해도, 기업은 우선 해고한 근로자를 복직시키고 싶지 않다고 생각한다. 하지만 복직시키지 않아도 임금의 지급의무는 남는다. 기업의 책임으로 노무의 제공을 할 수 없게 된 이상 근로자의 '임금청구권'은 상실되지 않는다(민법 제536조 제2항18)). 이렇게 되면, 기업은 일을 시키지 않고 있는데 임금만 계속 지급해야 하면, 이른바 '적자(赤字)의 방류'가 된다.

그렇기 때문에 실제로는 해고가 무효가 된 때에는 원직 복귀가 아니라, 근로계약의 해소를 위한 교섭이 이루어져 최종적으로는 기업이 일정한 보상금을 지급한 후에 합의로 퇴직하는 것이 일반적이다. 이것도 일종의 '금전해결'이라고 할 수 있다.

근로자의 입장에서도 자신을 해고한 기업에 매달리는 이른바 '한직에서 허송 세월을 보내는 상황'을 계속하는 것보다도 일정한 금전을 받고 재취직을 목표로 하는 쪽이 건설적이다. 다만, 근로자는 복직의 의사가 없어도 우선은 소송을 제기할 가능성이 높다. 처음부터 보상금을 교섭하는 것보다도 노동계약법 제16조가 정하는 해고무효를 쟁취하면 그것만큼 교섭력이 높아지기 때문이다.

그러나 이것이 노동계약법 제16조의 본래 기능으로 이해해서는 안 된다.

---

18) <역자주> 일본 민법 제536조(채무자의 위험부담) 제2항 채권자의 책임이 될 만한 사유에 의하여 채무를 이행할 수 없게 된 때에는 채무자는 반대급부를 받을 권리를 잃지 아니한다. 이 경우에 있어서 자기 채무를 면한 것에 의하여 이익을 얻을 때에는 이를 채권자에게 상환하여야 한다.

둘째는 실태에서 고용조정이 있어도 이것이 기업과 근로자 사이의 교섭(이것은 반드시 원활하게 되지는 않는다)으로 된다면, 법률상 구조를 마련해 그 틀에서 금전해결을 추진하는 편이 효율적이라는 점이다. 또한 현행 '희망퇴직'은 우수한 인재라면 여기에 지원하는 경향이 있기 때문에 기업의 입장에서 반드시 상황이 좋은 것은 아니다. 오히려 기업이 필요 없다고 생각하는 인재에 목표를 두어 쓸데없는 고용조정을 피하려면 희망퇴직보다도 해고하는 것이 바람직하다. 물론 해고 근로자의 소득보장을 배려해야 하는 것은 말할 필요도 없다. 이러한 점에서 금전해결을 법정화하고, 교섭이 아닌 보상금의 청구권을 인정하는 것은 근로자의 입장에서도 장점이다.

해고의 금전해결과 관련해, ① 금전을 지급하면 해고가 유효하다는 '사전형'(事前形)과 법원이 부당한 해고로 판단해 금전을 지급하는 것으로써 근로계약을 해소할 수 있다는 '사후형'(事後形)의 어느 쪽을 취할 것인가(법학자 중에는 사후형이 유력), ② 금전해결을 근로자가 신청할 수 있도록 하는 것에는 이견은 적지만, 기업이 신청하는 것도 인정해야 하는가(기업의 신청을 인정하면, 이 책에서 주장하는 금전해결제도를 도입하는 장점은 작다), ③ 금전해결을 인정하는 위법 해고의 범위(차별적 해고 등 일정한 악질적인 해고에 대해서는 현행 법대로 해고무효로 좋다는 견해는 금전해결제도의 추진론자 사이에서도 유력), ④ 보상액을 누가(법원의 재량인가, 노사의 합의 존중인가), 어떻게 결정하는가(상한 설정형, 하한 설정형, 영역[range]형), ⑤ 퇴직에 따라 지급되는 기존의 급여(해고예고수당, 퇴직금, 고용보험급여 등)와의 관계를 어떻게 정리하는가 등의 논점이 있다. 정부가 검토를 진행하고 있지만, 출구를 좀처럼 찾지 못하는 상황이다.

특히, 위의 ④의 보상액에 대해서는 보상액이 높으면 근로자는 수용하기 쉽지만, 중소기업 등은 반대할 것이다. 또한 법원의 재량에 보상액을 맡긴다면 예측 가능성이 떨어진다는 문제가 있다.

어느 경우든 적어도 사후형 해고의 금전해결 구조는 부당한 해고를 금지하는 원칙을 유지하면서 근로자의 소득보장도 하고, 기업의 입장에서 필요한 고용조정 수단을 인정하고 해고의 유동화를 도모하려는 것이다.

특히, 기업의 신청을 통하여 해고의 '금전해결제도'를 도입하면, 기업 또는 산업 사이에서 인재의 재배치는 금전적인 비용의 문제가 되고, 정부의 지원 등의 개입도 한층 더 하기 쉽게 된다. 부당한 해고는 무효라는 경직된 법 구조를 전환하는 것은 제4차 산업혁명이 진행하는 과정에서 발생하는 '산업구조의 대전환'에 대응하기 위해서도 무엇보다도 필요한 정책이다.

📝 보론: 가이드라인 방식

기업이 채용이나 육성에 비용을 들인 정규직을 해고하려면 그 나름대로의 이유가 있는 것이다. 현행 해고규제(노동계약법 제16조)도 앞에서 언급한 것처럼 해고가 어렵다고 하는 것은 아니다. 문제는 '기업의 입장'에서 이유가 있어 행한 해고와 '법원'이 법적으로 유효하다고 판단하는 해고 사이에 차이가 있다는 점이다. 그 차이가 많기 때문에 해고규제가 경직적이라고 비판을 쉽게 받는다. 본래 해고의 요건이 명확하면 이러한 차이는 발생하기 어려울 것이다. 하지만, 해고의 요건이 객관적 합리성, 사회적 상당성 등의 추상적인 것이기 때문에 현재 상황에서는 어떠한 경우에 해고가 유효한지에 대한 예측가능성이 떨어지고 있다(특히 판사가 개별 사례에서 기업에 어디까지 해고회피 노력을 요구하는지를 예상하기 어렵다).

이러한 문제를 해결하려면 어떠한 경우에 해고가 유효한 것인지를 법령에서 상세한 요건을 명문화하는 것도 생각할 수 있다. 하지만, 현실에서 해고 사례는 다양하기 때문에 이것을 법령으로 미리 명문화하는 것은 현실적으로 어렵다. 그래서 생각할 수 있는 것은 우선 법령에 어떠한 해고가 정당한 것인가에 대한 '일반적인 가이드라인'(지침)을 규정하는 것이다(이때에는 기존의 판례를 고려한다). 또한 이 가이드라인에 입각해 개별 기업에서 '해고의 사유'나 '해고의 절차' 등 해고의 룰을 구체적으로 규정해 둔다. 그리고 실제로 해고한 사례가 이것에 입각한 것이라면 법원은 유효한 해고라고 판단해야 한다. 이러한 방식을 도입하는 것이다. 이에 따르면, 법원은 기업이 마련한 해고 룰이 가이드라인에 입각한 것인지 여부와, 실제로 해고한 것이 기업이 마련한 해고 룰에 입각한 것인지 여부만을 체크하게 되고, 예측 가능성은 매우 높아질 것이다(大内 2013, 175면 이하)

3. 직업훈련정책

(1) 그동안 직업훈련정책

이미 살펴본 것처럼, 직무형의 근무방식이라면 직무 무한정의 전통적인 정규직보다도 능력의 부족에 따른 해고나 정리해고를 행할 가능성이 커진다. 또한 금전해결 등의 고용의 유동화를 추진하는 정책이 도입되면, 기업 간 또는 산업 간의 인재의 재배치(노동이동)가 쉽게 일어난다.

하지만 이러한 노동이동이 기술 발전과 기술 진부화로 발생하면, 노동이동이 제대로 진행될지 여부는 어떻게 이동대상이 된 근로자가 새로운 기능의 습득에 성공하는지에 달려 있다. 이러한 점에서 정책을 추진하는 것이 신기술에 영향받는 근로자에게 진정한 '사회안전망'이라고도 할 수 있다.

이미 살펴본 것처럼, 일본의 직업훈련은 (사업주에 의한 직업훈련으로 근로자의 업무 수행의 과정 내에서의) '기업내 훈련'(특히 OJT[on-the-job-training])이 중심이다. 이러한 훈련을 통하여 기능을 축적할 수 있다는 장점이 정규직 제도의 기초에 있었다. 특히 장기고용에서 직무 무한정의 정규직에게 요구되는 기능의 습득은 개별 기업에 특유한 것의 중점이 크다. 이것은 '기업외 훈련'(Off-JT)에서는 부적합한 부분도 있었다.

하지만 급속한 기술의 발달과 요구되는 기능의 변화는 정규직 제도를 점차 변용시켜서 기업이 시간을 들여 훈련시키는 것을 어렵게 만들고 있다. 인공지능이나 로보틱스의 발달은 기계와의 대체가능성을 시야에 넣은 직무편성을 필요로 하고, 인간의 근무방식도 직무형이 되어 간다. 이렇게 지금까지 주류였던 기업 내 훈련과는 다른 직업훈련의 양상이 필요하게 된 것이다.

물론 일본의 직업훈련정책은 일관적으로 기능의 습득을 중시해 온 것도 사실이다. 「노동기준법」 제7장의 표제가 '기능자의 양성'으로 되어 있다. 그 중심이 되는 노동기준법 제70조(직업훈련에 관한 특례)[19]를 제정할 당초에는 "장기의 교습을 필요로 하는 특정한 기능자를 노동의 과정에서 양성하기 위해서 필요가 있는 경우에는 그 교습의 방법, 사용자의 자격, 계약기간, 근로시간 및 임금에 관한 규정은 명령에서 정한다"는 내용이었다. 이 규정에 근거로 '기능자의 양성 규정'을 제정하고 '직종훈련'(職種訓練)을 지정하고 있다.

1958년에 제정한 「직업훈련법」(職業訓練法)의 목적은 "근로자에게 필요한 기능을 습득 및 향상시키기 위해서 … 공업, 그 밖의 산업에 필요한 기능근로자를 양성"하는 것으로 규정하였다(제1조). 1969년 개정 직업훈련법의 목적은 "기능근로자의 직업에 필요한 능력을 개발 및 향상시키는 것"이라고 표현을 개정하였다. 이것이 1978년 개정 직업훈련법의 목적은 "직업에 필요한 근로자의 능력을 개발 및 향상시키는 것"(제1조)으로 개정하였다. 법 목적의 규정에서 '기능'이라는 단어를 삭제하였다(1985년에 제정한 「직업능력개발촉진법」(職業能力開發促進法)에서도 이 문언을 계승하고 있다)[20]. 여기에서 직업훈련정책의 목적이 특정한 직무를 수행하기 위한 '기능'의 형성에서 보다 넓은 '직업 능력'의 개발·향상으로 전환한 것을

---

19) <역자주> 일본 노동기준법 제70조(직업훈련에 관한 특례) 직업능력개발촉진법(1969년 법률 제64호) 제24조 제1항(동법 제27조의2 제2항에 대하여 준용하는 경우를 포함)의 인정을 받아서 행하는 직업훈련을 받는 근로자에 대하여 필요한 경우에는 그 필요한 한도에서 제14조의 계약기간, 제62조 및 제64조의5 연소자 및 임산부 등의 위험유해업무의 취업제한과 제63조 및 제64조의4 연소자 및 자녀의 갱내근로의 금지에 관한 규정에 대하여 명령으로 따로 정할 수 있다. 다만 제63조의 연소자의 갱내근로의 금지에 관한 규정에 대해서는 만 16세 미만자에 관하여는 예외로 한다. 이 규정은 종래 노동기준법 체계 하에 규제되어 온 사업 내의 직업훈련(기능자 양성)과 직업안정법 체계하에 규제되어온 사업외의 직업훈련(직업보도)과 합쳐서 일체화되어 종합적으로 추진되는 것으로 되었으나 사업 내의 직업훈련에 관한 훈련 면의 규제에 대해서는 직업훈련법에 양보하고 보호 면만을 노동기준법에 의한 것으로 하였다(1958.7.3. 基發 416). 또한 직업훈련에 관한 법의 특례가 인정되는 것은 훈련법 제15조 또는 제16조(현행 직업능력개발촉진법 제24조 제1항)의 규정에 의한 도도부현지사의 인정을 받은 사용자가 행하는 것에 한다(1958.7.3. 基發 416); 한국의 노동기준법 제7장 '기능습득', 그리고 일본의 기능공 양성에 대한 특례 규정은 없다.

20) <역자주> 일본의 「직업능력개발촉진법」은 1985년에 직업훈련법의 대폭적인 개정에 의해 성립된 것이다. 동법은 노동이동을 지원하는 견지에서 2001년 고용대책법 등이 개정될 때에 근로자의 자발적인 직업능력개발을 촉진하기 위하여 근로자가 장기적으로 직업에 관한 목적을 정하고 직업선택 및 직업능력의 개발·향상을 계획적으로 행할 것(직업생활설계)에 대한 이념과 시책을 마련하였다. 이 개정은 '커리어권'을 지도이념으로 하고 있다고 볼 수 있다; 한국은 「직업능력개발법」(2004)은 「직업훈련법」(1967)에서 출발해 「직업훈련기본법」(1976), 「근로자직업훈련 촉진법」(1997)을 거쳐서 제정된 법률이 있다.

알 수 있다. 직무 무한정의 정규직이 중심인 정규직 제도가 정착할 수 있도록 반영을 한 것이다.

이러한 한편으로, 기능에 착안한 시책이 여전히 남아 있다. '기능검정제도'를 계속 유지하고, 2015년 개정 「직업능력개발촉진법」에서는 더욱 확충하였다. 또한 같은 법 개정에서는 직무 경력 등 '직무기재서'(job card)를 제도화하였다(제15조의4 제1항). 이를 통하여 직무 경력에 착안한 고용정책을 전개하고자 하였다.

내부 노동시장에서 기업에 의한 직업훈련(그 중심은 '기업특수훈련')과는 달리, 외부 노동시장에서 직업훈련정책은 한정된 직무나 이것을 수행하려면 필요한 기능의 육성이라는 요소를 강하게 가져야 한다. 이러한 의미에서 직업훈련정책을 그 원점으로 복원하는 것이 필요하게 되었다.

(2) 노동시장정책의 새로운 이념인 커리어권

2000년대 이후의 직업훈련정책에 큰 영향을 미쳤던 것이 '커리어권'이라는 개념이다. 2001년에 개정된 「직업능력개발촉진법」 및 「고용대책법」에서 개별 근로자의 '직업생활'(커리어, 경력)을 지탱하는 것을 기본 이념으로 도입된 것도 커리어권의 영향이었다.

용어 해설: 커리어권

커리어권(キャリア權, career, 경력권)을 한 마디로 말하면, 사람들이 직업상 커리어를 평생 동안 전개할 수 있는 권리이다. 이러한 권리가 필요한 배경에는 다음과 같은 사정이 있었다(諏訪康雄 1999).

근로자에게 재산(財産)이 되는 것은 당초에는 '직무'(job, 職務), 그리고 '고용'(employment), '커리어'(career)로 바뀌어 갔다. 대부분의 근로자가 '직인'(職人, 직공)으로 자신의 전문적인 기능을 연마하려고 수행해 '장인'(親方)을 목표로 한 시대에는 '직무'만이 재산이었다. 이러한 직인은 자신의 재산을 지키기 위하여 '직능별 노동조합'(craft union)을 결성하기도 했다.

그런데 기술이 혁신되면 종래의 기능은 쓸모없게 된다. 처음에는 새로운 기술에 저항

한다고 해도(러다이트 운동[Luddite Movement] 등) 시대의 파도에 저항할 수는 없었다. 거기에서 나온 것이 '**고용이 재산**'이라는 견해이다. 직무가 바뀌어도 지금 있는 고용은 재산으로 보장된다. 이 견해에 따라 일본에서 종신고용으로 불리는 '**장기고용의 관행**'이 형성되어 온 것이다.[21] 종신고용에서는 근로자는 다양한 직무를 경험함으로 특정한 직무는 재산으로써 보호되지 못하지만, 직무가 바뀌어도 고용은 보장된다. 근로자에게 재산은 '직무'가 아니라 '고용'인 것이다.

그런데 최근에 와서 종신고용이 점차적으로 무너지고 있다. 한 기업(내지 복수[double] 기업) 내에서 직업의 인생을 마치는 것이 어려워지면 근로자에게 고용이 중요한 것이 아니고, 전직(轉職)도 상정한 후에 '직업커리어'를 계속해 발전시켜 가는 것이다.

이러한 고찰을 근거로 커리어만이 재산이라는 견해를 법적 권리론으로 높인 것이 '**커리어권론**'(キャリア權論)이다.

노동시장정책이나 노동법의 이념은 '고용의 안정'에서 '커리어의 안정'으로, 혹은 '고용의 보장'에서 '커리어의 보장'으로 이행해야 한다는 '**커리어권론**'은 본서가 제시하는 노동법 개혁의 밑바탕에 있는 기본 개념이라고 할 수 있다.

---

21) <역자주> 일본의 장기고용시스템은 학교를 졸업함과 동시에 입사한 뒤 한 기업 내지는 그 기업이 속한 그룹 내에서 정년까지 고용되어 커리어를 발전시켜 가는 관계를 전형으로 하면서 실제로는 다양한 베리에이션(variation)으로서의 고용관계를 병용하게 된다. 장기고용시스템에서의 커리어는 교육훈련(인재교육) 및 인사이동을 동반하면서 전개된다. 특히 교육훈련은 커리어의 장기적인 전개과정에서 주로 사용자가 주도해 그 기업 내의 필요에 따라 기업 내의 다양한 제도에 의하여 이루어진다. 보다 구체적으로는 채용내정자 교육, 신입사원교육(도입교육, 실지연수, 팔로우업 교육), 특정업무연수(영업사원연수 등), 현장감독자연수(안전관리, 작업수행방법 등), 관리직연수(일정 관리직이 된 자에 대한 도입연수, 장기 관리직의 매니지먼트 향상 연수), 중고령자의 능력재개발연수, 정년준비교육(세미나) 등 다양하다. 이것은 기업의 인재육성(교육훈련) 및 활용(인사이동＝채용[사용 포함], 배치전환, 출향·전적, 승진·승격·강등)에 있어서 사용자가 주도권을 쥐고 결정권을 장악하는 체제에서 행해져 왔다. 즉 종업원의 직업훈련의 형성·발전, 인재의 조달·조정, 모럴의 유지·향상을 위한 인사이동이 중요한 수단으로 되고 있으며, 기업의 포괄적인 권한(인사권)이 필요하다고 의식되고 있기 때문이다. 이러한 교육훈련을 실시할 권리는 사용자가 근로계약에 의하여 취득하는 노동력의 이용권에서 파생한다. 나아가 교육훈련에 관한 정부의 행정시책도 공공 직업훈련 이외에는 기업이 일정한 기준을 충족한 경우에 사업주가 행하는 교육훈련의 '조성금'을 지원하는 쪽에 주안을 두어

예를 들어, 그 개정으로 「직업능력개발촉진법」은 '직업능력개발촉진의 기본이념'이라는 표제 하에 "근로자가 그 직업생활의 전체 기간을 통하여 가지는 능력을 유효하게 발휘할 수 있도록 하는 것이 직업의 안정 및 근로자의 지위 향상을 위하여 불가결하다. 아울러, 경제 및 사회의 발전에 기초가 되는 점에 비추어 보아, 이 법률 규정에 따른 직업능력의 개발 및 향상의 촉진은 <산업구조의 변화, 기술의 진보, 그 밖의 경제적 환경의 변화에 따른 업무 내용의 변화에 대한 근로자의 적응성을 증대시키고, 전직에서 원활한 재취직에 이바지하도록> 근로자의 직업생활을 설계하도록 배려하면서, 그 직업 생활의 전체 기간을 통하여 단계적이고 체계적으로 이루어지는 것을 기본이념으로 한다"(<>안의 내용은 필자)는 규정을 두었다(제3조).[22]

왔다.

한편, 기업이 명령할 수 없는 교육훈련의 사례로는 순전히 일반교양·문화·취미교육이나 사상 및 신조교육과 같이 업무수행과는 관계없는 것, 과도한 정신적 및 육체적 고통을 동반하는 등 그 형태나 방법이 적절하지 않은 것, 반노동조합교육이나 근로시간이 법적 한계를 넘는 등 법령에 저촉하는 것, 신규 해외유학 등 그 내용과 실시장소 등이 근로계약상 예정되어 있지 않다고 인정되는 경우에 근로자의 동의가 없는 것 등을 들 수 있다(菅野和夫, 勞働法, 676-678면).

[22] <역자주> (교육훈련의 현대적 중요성) 이 법 규정은 교육훈련의 현대적 의의에 입각한 것이다. 현대는 기술혁신, 업종전환 및 다각화, 소비자의 요구 변화가 빠른 속도로 생겨나는 시대이며, 새로운 기술 및 업무 등에 적응하기 위한 학습과 교육이 끊임없이 이루어질 필요가 있는 시대라고 할 수 있다. 또 고령화에 의한 직업생애의 신장에 의하여 근로자도 제2, 제3의 직업생활을 준비하는 것을 염두에 둘 필요가 있는 시대이기도 하다(菅野和夫, 勞働法, 676면). 나아가 세계경제가 글로벌화되면서 기업은 향후 독창적인 상품 및 기술 개발이 더 요구되고, 근로자의 개성과 자발성에 의존하는 전문적·창조적 능력을 활용할 필요성이 커지고 있다. 게다가 세계경제발전에 따른 산업구조의 전환과 고용시스템과 근로자의 의식변화로 기업 간 및 산업 간의 노동력 이동(전직)이 가속화될 것으로 예상된다. 중고령 근로자의 커리어전환도 증가되고 자유로운 취업형태를 원하는 전문직 근로자도 늘어날 것이다. 이에 직업생활의 기본이념과 인사관리의 개별화를 배경으로 능력개발을 위한 교육훈련을 받을 권리를 중시하고 인사이동이나 인사고과에서 권리남용 판단에 반영시키는 시도가 나오고 있다. 이러한 상황에서 향후 근로자 자산이 주도하는 개인적인 교육훈련에 대한 니즈와 필요성이 늘어나며 이를 지원하는 것이 중요한 과제가 될 것이다. 그 구체적인 예로서는 개인적 교육훈련을 위한 커리어 브레이크제도의 정비, 직장인 대학원 등의 고등 직업교육기관의 정비, 교육훈련비용의 자기부담에 대한 면세 및 금융상의 지원, 개인적 교육훈련으로 직업능력을 향상시킨 자에 대한 기업 내에서의 처

또한 「고용대책법」은 고용정책 전체의 기본이념으로서 "근로자는 그 직업생활을 적절하게 설계되고, 그 설계에 입각한 능력의 개발 및 향상과 전직(轉職)에서 재취직의 원활한 촉진, 그 밖의 조치를 효과적으로 실시해 직업생활의 전체 기간을 통하여 그 직업의 안정을 도모하도록 배려하는 것으로 한다.'는 규정을 두었다(제3조).

이러한 규정에서 이용된 '직업생활설계'(커리어권)의 개념은 "근로자가 스스로 장기간에 걸친 직업생활에서는 직업에 관한 목적을 정함과 동시에, 그 목적의 실현을 도모하기 위하여 그 적성, 직업경험, 그 밖의 실정에 따라 직업의 선택, 직업능력의 개발 및 향상을 위한 노력, 그 밖의 사항에 대하여 스스로 설계하는 것"이라고 정의하고 있다(직업능력개발촉진법 제2조 제4항).

이러한 법 규정에서는 '커리어권'의 단어만을 사용하는 것이 아니지만, 근로자의 직업생활 전체에 끊임없이 기술의 혁신에 적용하고, 그 때에는 정부가 전직·재취직도 있을 수 있다는 것을 상정한 정책을 펼칠 것을 제시하였다. 이것이 바로 '커리어권의 이념'을 도입한 것이다.

그리고 이것은 근로자의 직업생활을 전개하는 데 기본이 되는 '능력개발'을 정규직 제도에 의존해 기업에게 맡길 것이 아니라, 정부도 적극적으로 노력해야 함을 재확인한 것이다. 이러한 방향성 자체는 긍정적이라고 평가할 수 있다. 하지만 보다 중요한 것은 '구체적인 정책의 내용'이다. 이 점에 대해서는 커리어권의 '창시자'인 연구자가 "최근에 도입된 '직업생활'(職業生活)의 개념을 충분하게 활용하지 못하고, 어중간한 존재로 그치고 있다는 현상을 재검토하고, 이것을 중심으로 하는 제도의 설계와 운동을 재편하는 것이 바람직하다"고 평가한 의미는 무겁다(諏訪 2012, 13면). 현재의 상황은 여전히 고용정책에 '커리어권'을 충분하게 활용하지 못하고 있다.

우 등이 있다(菅野和夫(이정 편역), 고용사회와 노동법, 박영사, 2001, 114−118면).

(3) 향후 직업훈련정책

향후 노동시장정책은 '커리어권의 이념'을 어떻게 구체적인 정책으로 전환할 것인지가 포인트이다. 커리어권의 이념을 살린 노동시장정책의 최종 목적은 개개의 국민이 적합한 직업을 가지고, 직업의 인생에서 행복을 추구할 수 있도록(헌법 제13조[23])도 참조) 정부가 지원하는 것에 있다. 하지만, 특히 현재 3가지의 구체적인 정책목표에 우선해 노력해야 한다.

첫째, 국민이 기술의 발전에 대응할 수 있을 정도의 적응력(adaptability)을 높인다.

둘째, 국민이 이러한 적응력을 숙달함으로써 자신의 기능을 가능하면 높게 평가하는 직장을 찾는 취업능력(또는 전직력[轉職力, employability]을 높인다.

셋째, 이것의 지원정책으로 '노동시장 서비스'(직업소개 또는 근로자파견 등)를 정비한다(大內 2015a, 85면).

위의 셋째의 과제인 '노동시장 서비스'에 대해서는 후술하고, 첫째와 둘째의 과제에 대해서는 현재의 정규직 층의 직업전환에는 즉시 해당되지 않는다. 중장년 층인 근로자는 새로운 기능을 습득하는 형태에서 직업의 전환은 어렵기 때문에 적응력이나 취업능력을 향상하는 정책은 근로자의 니즈에 맞지 않을 가능성이 크다.

하지만, 향후에는 ICT나 인공지능(AI) 등의 활용으로 직무를 단순화해 새로운 기능을 습득 하지 않아도 직무를 전환할 수 있거나 로봇의 지원을 받아 신체적인 부담이 줄어든 직무가 늘어날 것이다. 이 때문에 이러한 직무로 유연하게 전환하기 위한 정책으로 유도하는 것(특히 즉시 효력이 있는 직업훈련, 가능하면 본인의 종전의 직업 경험을 살릴 수 있는 직업소개)이 필요하다(다만, 이러한 단순화·경이화[輕易

---

23) <역자주> 일본 헌법 제13조에서 "모든 국민은 개인으로서 존중된다. 생명, 자유 및 행복추구에 대한 국민의 권리에 관하여는 공공의 복직에 반하지 않는 한 입법, 그 밖의 국정상 최대한 존중을 필요로 한다"고 규정하고 있다; 반면에 한국 헌법 제10조에서 "모든 국민은 인간으로서의 존엄과 가치를 가지며, 행복을 추구할 권리를 가진다. 국가는 개인이 가지는 불가침의 기본적 인권을 확인하고 이를 보장할 의무를 진다"고 규정하고 있다.

化)된 직무도 기술의 발달로 기계가 점차 대체할 수 있다). 단순화·경이화된 직무로 임금을 감소시킬 수 있지만, 고용보험 등을 활용하여 가능하면 종전의 소득을 유지하도록 하고, 사회의 불안이 생기지 않아야 한다. 이렇게 현재의 '중장년층'에게는 '적절한 직업전환 정책'과 '소득보장'을 혼합한 '사회안전망'을 강구할 필요가 있다.

한편, 새로운 기술을 활용해 향후 고용사회를 극복해야 하는 '청년층'에게는 다른 정책이 필요하다. 고용의 대체는 단계적으로 일어나지만, 그 속도는 매우 빨라질 것으로 예상된다. 10년 후 일만을 고려해 준비해도 이것으로 충분하지 않을 가능성이 높다. 이러한 고용의 신진대사에 대한 정보를 입수·분석·전달하는 것이 정부의 역할이다. 이것에 대하여 정부가 역할을 정확하게 하려면 산업 현장에서 기술을 혁신하기 위하여 노력 중인 '민간기업'과 연계할 필요가 있다. 또한 동시에 정규직이 되는 것이 옳다고 생각하는 입장을 전환시키기 위한 '의식 개혁'도 필요하다(大內 2014a).

어느 경우든 산업구조의 급속한 전개에 대응할 수 있도록 장래의 직무나 기능에 착안한 훈련은 그 효과를 내기까지 시간이 걸리기 때문에 가능하면 조속하게 노력할 필요가 있다.

✏️ **칼럼: 산업구조의 전환에 따른 직업훈련**

일본의 석탄산업은 1955년 「석탄광업합리화임시조치법」(石炭鑛業合理化臨時措置法)을 제정한 후에 정책적으로 추진한 에너지산업의 구조전환에 대한 영향으로 석탄을 산출하는 데 종사하던 탄광근로자는 직업을 잃어버렸다. 그래서 석탄산업의 사양화와 합리화에 대처하고 이러한 근로자(탄광이직자)를 지원하기 위하여 1959년 「탄광이직자임시조치법」(炭鑛離職者臨時措置法)을 제정하였다.

같은 법은 노동대신(한국의 고용노동부장관)에 대하여 "탄광 이직자가 탄광근로자 이외의 직업을 쉽게 가질 수 있도록 필요한 직업훈련의 실시에 관하여 특별한 조치를 강구해야 한다"(제5조 제1항)고 하여 '특별한 직업훈련조치'의 규정을 두었다(그 밖에도 노동대신에 의한 주거지역 밖에서 취직을 촉진하기 위한 직업소개계획의 작성이나 탄광이직자 긴급취업대책사업에 관한 계획의 작성, '탄광 이직자 원호회'의 설립 등의 규정을 두었다).

어느 연구에 따르면, "탄광 이직자의 재취직은 대체로 사회의 큰 혼란 없이 행해졌다" 하지만 여기서 교훈은 "산업구조의 전환기에 산업의 전환을 요구받은 근로자에게 일시적이고 응급적인 실업대책이 아니라, '종합적인 지원'이 필수적이고, 또한 개별 사정에 따른 개인적인 지원·알선이 효과적이다"라고 한다(嶋崎 2013, 4면). 제4차 산업혁명에 따른 산업구조의 전환도 이 때의 경험을 살릴 필요가 있다. 하지만, 전환은 산업 전반에 대규모로 발생할 것이 예상됨으로 어디까지 **정책적인 자원**(사람, 자본, 아이디어, 정보 등)을 시의적절하고 전략적으로 투입할 수 있을 것인지가 중요한 과제이다.

4. 노동시장 서비스

(1) 공적 독점에서 민간에 대한 개방으로

기업 간 및 산업 간에 인재의 재배치를 적극적으로 추진해야 할 경우에 '직업훈련'(직업능력개발)정책과 함께 다양한 '노동시장 서비스'(매칭서비스)를 효율적으로 행하는 것이 중요하다.

노동시장 서비스는 오랫동안 '공공 직업안정소'가 독점적으로 행하고(공적 독점), 민간의 사업자에 의한 것은 유료 및 무료를 불문하고 「직업안정법」[24]에서

---

24) <역자주> 일본 직업안정법의 연혁: 일본에서는 19세기 말의 제사(製絲) 및 방적업의 여공의 취직에서 전형적으로 볼 수 있는 것처럼 민간의 사적 직업소개업이 인신매매, 강제근로, 중간착취 등의 폐해를 동반하여 규제의 필요성을 인식하게 되었다. 또한, 국제적으로 1919년 ILO(국제노동기구)의 총회에서 '노동은 상품이 아니다'(ILO의 설치를 강조한 1919년 베르사이유 평화조약 제13편 제1관)라는 기본이념에 근거하여 '실업에 관한 협약'(제2호) 및 '실업에 관한 권고'가 채택되었다. 이들은 근로자의 취직과 구직에 개입하여 이익을 얻는 사업을 원칙으로 허용하지 않고 직업소개에 대해서는 국가의 서비스체제를 정비하여 사적 영리사업을 금지할 것을 강조한 것이다(일본도 1922년 비준). 이에 1921년에는 시정촌(市町村)에서 직업소개소의 설치와 영리직업소개사업의 금지를 내용으로 한 직업소개법(1921)이 제정되고, 1938년는 직업소개사업과 국영화와 노무공급·근로자 모집업의 허가제를 정한 새로운 직업소개법이 제정되었다. 이것이 직업안정법의 전신이다(菅野和夫, 労働法, 59면); 한국의 「직업안정법」도 제정되었다.

강력하게 규제해 왔다(직업소개, 근로자 모집(제40조-모집자의 보수수령의 금지), 근로자 공급(제44조-근로자 공급사업 금지)이 규제의 대상이었다).[25] 이 중에서도 무료의 노동시장 서비스에 대해서는 「노동기준법」에서 '누구든지 법률에 근거로 하여 허용되는 경우 외에 업(業)으로 타인의 취업에 개입하여 이익을 얻어서는 안 된다'(제6조)는 '중간착취의 배제'의 규정[26]에서 상징하는 것처럼, 과거의 '인신매매'(人身賣買)와 같은 봉건적인 노동관행을 반성하는 차원에서 엄격하게 규제해 왔다.

하지만, 이러한 상황은 점차 시대에 뒤쳐진 것으로 파악하게 되었다. 기업은 전문적인 기능을 가진 근로자를 필요한 경우에 쉽게 구인할 수 없다. 이에 기업(구인자)은 신뢰할 수 있는 소개서비스에 대한 수요가 있다. 근로자(구직자)도 자신의 전문적인 기능을 살릴 수 있는 기업에 대한 좀 더 상세한 정보로 소개서비스가 있으면 적절한 직장을 찾는 것이 쉬워진다. 즉, 근로자의 입장에서도 노동시장 서비스는 '인권의 침해'를 초래하기보다도 적절한 직장을 찾기 위한 정보나 기회를 획득할 수 있는 공간의 의미가 크다.

뒷 부분에서 살펴보듯이, 1985년에는 근로자공급사업의 금지 예외로서 '근로자파견'이 '해금'(解禁)되었다. 1999년에는 근로자 파견사업이 가능한 업무 및 유료 직업소개사업이 가능한 업무로서 원칙 자유화가 이루어졌다(포지티브 리스트[positive list, 한정열거]에서 네거티브 리스트[negative list, 원칙적 자유]로 전환됨). 이로서 민간기업이 참여할 수 있는 영역이 확대되었다. 이것은 노동시장을 규제의 대상으로 보기보다는 폐해를 적절하게 억제하면서 오히려 시장의 매칭 기능 활용이 정책 목표라는 큰 가치전환이 생겼기 때문이다(1997년 ILO 제181호 협약(중개사업소

---

25) <역자주> 다만, 일본 직업안정법 후생노동대신의 허가를 얻어 실시하는 유료직업소개업(제30조), 위탁사업(이에 대한 보상금 수령, 제36조), 근로자공급사업은 '법률에 근거하여 허가받은 경우'(제45조)에 해당하며 위법한 중간착취로는 되지 않는다.

26) <역자주> 중간착취의 배제는 제3자가 노동관계의 개시 혹은 존속에 관여하고 중간착취를 하는 것을 금지하는 것이다. 특히 노동관계의 존속에 대한 관여로는 취업알선업자, 노무담당 등에 의한 임금의 가로채기이다; 한국 근로기준법 제9조(중간착취의 배제)에서 "누구든지 법률에 따르지 아니하고는 영리로 다른 사람의 취업에 개입하거나 중간인으로서 이익을 취득하지 못한다"고 하여 일본과 같은 규정을 두고 있다.

에 관한 협약)[27]이 민간 노동시장 서비스의 역할에 대하여 종래의 입장을 바꿔서 긍정적으로 파악한 영향도 크다).

오늘날 대표적인 노동시장 서비스는 '직업소개'와 '근로자파견'이 있다. 양자의 차이는 먼저 '직업소개'는 기업과 소개받는 근로자 사이에 직접적인 근로계약을 성립시키는 것을 목적으로 한다. 반면에, '근로자파견'은 파견기업에 고용된 근로자를 사용기업(user)에 취업시킨다는 간접고용형태라는 부분에 있다.

일반적으로는 정규직으로 채용되면 직업소개가 이용된다. 반면에, 전문적 직무이든 단순한 직무이든 특정한 직무에 대한 노동력이 되면 직접고용이라면 비정규직의 직업소개가 된다. 하지만 기업 내 교육훈련을 행하는 정규직 제도가 무너져가고, 산업구조가 급변하면서 가능하면 그때마다 전문적인 기능의 노동력을 얻으려는 기업은 간접고용인 근로자파견에 대한 수요를 더 확대하려고 할 것이다. 간접고용은 현행법에서는 유기고용이라고 해도 그 규제를 강화하려는 동향이 있고, 개별적으로 변화하는 기업의 전문적인 노동력에 대한 니즈에 적합하게 맞추는 것이 어렵기 때문이다.

---

27) <역자주> ILO 제181호 협약(파견근로자보호를 위한 협약, 1997): 종래의 ILO 제96호(개정 유료직업소개협약, 1949)은 제2차 세계대전 후 채택되었는데, 공공직업안정기관을 직업소개기관의 기본으로 하는 사고를 유지하여 회원국에 대하여 민간의 유료직업소개소를 점진적으로 폐지하든지(제2부), 일정한 규제 하에 두도록 요구하여(제3부), 일본은 1956년에 완화된 제3부를 선택해 협약을 비준하였다.

   그리고 1997년 6월 ILO 제181호 협약은 ILO 제96호를 대신하여 채택되었다. 즉 노동시장기능에 있어서 유연성의 중요성이 인식되어 민간직업안정기구를 허용하는 태도를 취하면서 파견근로제도를 인정하였다. 이 협약은 민간직업소개사업 외에 근로자파견사업, 그 밖의 고용관련 서비스를 포함한 '민간직업사업소'(private employment agency)를 공공직업소개소와 함께 노동력수급조정기관으로 위치시키고 회원국이 그 운영을 규율하는 조건을 결정함과 동시에, 이것에 의한 노동력수급조정 서비스의 원칙(근로자의 균형대우, 근로자의 개인정보의 보호, 근로자로부터의 수수료 등의 원천적 징수의 불허 등)을 수립해야 할 것을 강조하였다(菅野和夫, 勞働法, 58−59면).

(2) 근로자파견

근로자파견은 전문적인 기능을 가진 노동력을 조달하는 방법이다. 근로자파견은 1985년 「근로자파견법」[28]을 제정함으로 「직업안정법」상 근로자공급사업의 금지(후생노동대신[한국의 보건복지부장관＋고용노동부장관에 해당함]에 대하여 '허가'(許可)를 얻어 노동조합이 행하는 무료의 사업만 가능)의 예외로서 해금되었다. 근로자파견이 값싼 노동력으로서 정규직의 고용을 침식하는 일(상용대체)이 일어나지 않도록 하기 위하여 정규직으로는 활용하기 어려운 전문적인 업무에 한정하여 근로자파견은 해금되었다(파견가능업무는 당초 13개 업무로, 그 후 26개 업무까지 확대되었다. 다만, 파일링이나 건물의 유지관리와 같이 엄밀하게 말하면 전문적인 업무로 보기 어려운 것도 포함되어 있었다).

즉, 근로자파견이란 본래 '전문업무의 파견'을 말한다. 하지만 이 특징은 1999년 법 개정으로 크게 수정되었다. 이 법 개정에서 근로자파견은 일부의 파견금지업무(건설, 항만운송, 경비)를 제외하고, 원칙적으로 모든 업무를 해금하였다.[29] 새롭게 해금된 업무(자유화 업무)에는 이미 파견이 인정되고 있던 전문 업무

---

28) <역자주> 일본 파견법의 정식명칭은 제정 시(1985)에는 '노동자파견사업의 적정한 운영의 확보 및 파견노동자의 취업조건의 정비 등에 관한 법률'이었지만, 민주당 정권으로 교체된 후 2012년 3월에 개정된 법에서는 파견근로자의 보호를 도모하기 위한 법률이라는 법의 성격을 명확히 하기 위한 '파견노동자의 취업조건의 정비 등'의 부분이 '파견노동자의 보호'로 바뀌었다; 한국 파견법은 정부가 1993년에 '근로자파견사업의 규제 및 파견근로자의 보호에 관한 법률안'을 입법추진했으나 좌절된 바 있고, 1998년 2월 '파견근로자보호 등에 관한 법률'을 제정하였다(시행 1998년 7월 시행). 다른 외국은 독일(1972), 벨기에(1967), 덴마크(1971), 프랑스(1972), 영국(1973), 아일랜드(1971), 그리고 유럽연합에서는 2008년 11월 파견근로자에 대한 균등대우원칙의 준수를 통한 파견근로자의 보호와 유연한 인력운영을 위한 '파견근로관계에 관한 입법지침'을 채택하였다.
29) <역자주> 한국 파견법의 '대상업무'와 관련해, 1998년 제정 시 근로자파견사업은 '제조업의 직접생산 공정업무'를 제외하고 전문지식, 기술, 경험 또는 업무의 성질 등을 고려하여 적합하다고 판단되는 업무로서 '대통령령'이 정하는 업무를 대상으로 한다(제5조 제1항). 그 후 2006년 11월 법개정 시 대상업무 열거방식(한정열거)을 유지하되, 현실에 맞게 확대, 조정하도록 요건의 일부를 수정 및 보완하였다(차별시정절차 마련함). 그리고 2012년 2월에는 파견근로자의 보호를 더욱 강화하기 위하여 불법파견(파견대상업무 위반, 파견기간 위반 또는 무허가파견의 경우)이 발생한 경우에는 2년을

와는 달리, 파견가능기간이 엄격하게 제한되는 등의 규제는 있었다. 하지만, 이 개정으로 전문 업무에 대하여 노동력을 매칭하는 수단이라는 파견의 성격이 옅어졌다. 특히 2004년 '제조업무 파견'이 잠정적인 금지대상에서 제외되어 해금되자, 기업의 저임금 노동(cheap labor)의 이용 수단으로서의 성격이 강해졌다. 이 점은 파견의 이미지를 악화시키게 되어, 특히 2008년 가을의 리먼 브라더스 쇼크 후에 이른바 '파견 중단의 현상'이 사회문제가 되었다. 그 후에는 파견은 거기서 일하는 인원수는 결코 많지는 않지만, 열악한 비정규직의 근무방식의 전형으로 여겨지게 되었다.

그렇기 때문에 2012년 개정 파견법에서 규제가 강화되었다. 2015년 개정 파견법에서는 지금까지 유지해 온 전문업무 파견과 그 밖의 자유화 업무의 파견이라는 구별을 철폐하고, 새로운 규제를 도입하였다. 파견회사에서 고용기간은 유기(유기고용파견) 또는 무기(무기고용파견)로 구분하고, 유기만이 규제의 대상으로 되었다. 구체적으로는 파견기간의 상한이 개인 단위에서는 동일한 조직에서 3년으로 하고, 사업장 단위에서는 3년(사용사업주의 근로자의 과반수 대표의 의견청취에 따라 갱신할 수 있음)이 되었다.30) 이로 인하여 지금까지는 파견기간의 상한이 없었던 전문업무 파견에서도 유기고용파견은 위의 기간을 제한받게 되었다.

기다리지 아니하고 즉시 사용사업주의 직접고용의무를 부과하도록 하였다(제6조의2).
30) 한국 파견법의 파견기간은 원칙적으로 최고 1년으로 제한하며, 3 당사자의 합의가 있음을 전제로 1년을 더 연장할 수 있다(제6조 제1항, 제2항). 입법론적으로 대상기간을 3년, 고령자 및 신규 창업회사의 경우는 기간을 유연화하는 방안을 고려해 볼 만하다.

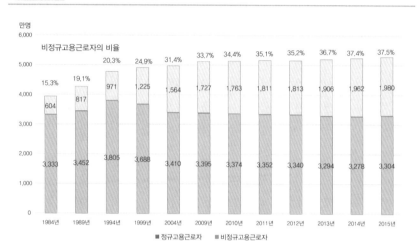

도표 5-3   정규고용과 비정규고용근로자의 추이

주1) 2005-2010년의 수치는 2010년 국세조사의 확정인구에 기초로 한 추계 인구(신기준)의 전환에 따른 소
   급 집계한 수치(비율은 제외)
주2) 2011년의 수치, 비율은 피재를 입은 3개 현의 보완추계치를 이용해 집계한 값(2010년 국세조사 기준).
주3) 고용형태의 구분은 근무처의 '호칭'에 따른다.
주4) 정규고용근로자: 근무처의 호칭이 '정규의 직원·종업원'인 자.
주5) 비정규고용근로자: 근무처의 호칭이 '파트', '아르바이트', '근로자파견사업장의 파견사원', '계약사원', '촉탁',
   '기타'인 자.
주6) 비율은 정규고용근로자와 비정규고용근로자의 합계에서 차지하는 비율
출처: 1999년까지는 総務省「労働力調査(特別調査)」(2月 調査), 2004년 이후는 総務省「労働力調査(詳細
   集計)」(年平均).

    이렇게, 파견법상 규제에 대해서는 '불규칙하게'(迷走) 보이지만, 파견은 본래
는 전문업무 파견으로 전문 기능을 가진 근로자와 그러한 근로자가 필요한 기업
과 매칭하기 위한 수단이다. 적어도 그러한 파견은 파견가능 기간을 제한할 필요
는 없다.
    직무형의 근무방식이 늘어나고, 산업구조의 변화가 예상되면서 신기술에 대
응한 전문 기능을 가진 노동력을 매칭하는 수단으로 근로자파견에 거는 기대는

크다. 정부는 그 기능이 저해되는 일이 없도록 2015년 개정 파견법에서 도입된 규제는 즉시 재검토해야 한다. 물론 파견에는 문제 사례도 많다. 하지만, 이것은 그러한 남용된 파견의 활용만을 규제하는 접근으로 임해야 할 것이다(島田 2013, 35면).

✎ 칼럼: 독일의 하르츠 개혁

최근 일본에서 주목받고 있는 것이 독일에서 2002년 이후에 진행된 '노동시장의 개혁'(이른바 하르츠[Hartz] 개혁)이다.[31] 그 주요한 내용은 ① 직업소개의 효율성 강화, ② 액티베이션(Artivierung) 내지 실업예방에 대한 자기책임 강화, ③ 노동시장의 유연화(해고, 유기고용, 근로자파견 등에 관한 규제완화)이다. 노동시장의 기능을 강화함으로 사회안전망을 향상시키는 방향성을 엿볼 수 있다. 현재 이 개혁을 되돌아보면, 실업은 감소했지만 불안정 고용이 증가했다는 지적도 있다(橋本 2014). 하르츠 개혁은 목전의 실업문제에 자기책임을 강화하면서 노동시장의 매칭 기능을 강화해 대응하려고 하였다. 하지만, 적극적인 고용유동형 정책을 채택하지는 않았다. 유럽의 고용전략으로 '적극적 노동시장정책'(Active Labor Market Policy)은 실업자에 대한 소득보장이 중심인 종래형의 노동시장 정책과 구별하여 근로자의 재취업을 촉진하며 실업기간을 단축하기 위한 정책을 말하는 경우가 많다. 예를 들어 취업능력(employability)의 향상, 노동시장의 매칭 강화, 고용창출, 기업촉진 등을 포함한다. 하지만 이러한 정책과 고용유동형 정책은 반드시 동일하지는 않다. 적극적 노동시장정책은 고용유지형 정책에서도 전개할 수 있기 때문이다.

---

31) <역자주> 하르츠 개혁의 배경에는 당시 사민당에 대한 노동조합 진영의 지지 감소는 1998년 사민/녹색당 연합정부(적녹연정 1998-2005)에서 슈뢰더 총리가 '아젠다(Agenda) 2010'을 추진하면서 촉발되었다. 2003년 아젠다 2010 개혁안은 제2차 세계대전 이후 독일의 최대 구조개혁 프로그램으로 세계화에 따른 불가피한 정책으로 (ⅰ) '하르츠 Ⅳ'(실업보조금과 사회보조금의 통합=실업급여 Ⅱ=기본필요액+월세+추가필요액+사회급여, 실업급여 기간을 3년에서 1년-1년 6개월로 단축), (ⅱ) 해고제한법의 적용 완화를 통한 노동시장의 유연성 제고(5인 이상 기업에서 10인 이상 기업), (ⅲ) 연금수령시기 조정(65세에서 67세로 연장) 등 복지혜택의 축소, (ⅳ) 세율 인하 및 세제개혁,

5. 소결

제4차 산업혁명의 진행은 일본형 고용시스템의 핵심으로 '제2의 노동법'이기도 했던 정규직 제도의 유지를 어렵게 하고 있다.

새로운 기술이 진보하는 속도는 기업 내 교육훈련에 따른 재배치로 대응할수가 없다. 물론 직무 한정이 없는 종래의 정규직을 해고하는 것이 법상 간단하지가 않다. 하지만 인공지능이나 로보틱스의 발달로 기업은 인간과 기계 사이의 직무를 보다 상세하게 분할하게 될 것이다. 인간에게 할당되는 직무는 기계에 시키는 것이 부적합한 직무로 한정되고, 그렇게 되면 직무형의 근무방식이 늘어나게될 것이다. 또한 글로벌화가 심화되면서 근무방식 자체를 국제기준의 직무형으로바꾸는 추진력이 된다. 게다가 기업 내 훈련의 필요성이 낮아지면, 오히려 개별직무에 전문 인재를 모집하는 편이 경영의 효율성이 좋아진다. 이러한 다양한 요인에서 직무형의 근무방식이 확대되게 된다. 직무형의 경우에 근로자가 종사하는특정한 직무가 필요 없게 되면, 현행 해고 규제를 전제로 해도 고용을 유지하는것은 어렵게 될 것이다.

한편, 직무 무한정의 종래형 정규직을 떠맡아야 하는 기업도 당분간은 많을것이다. 이러한 정규직을 직무 한정형으로 갑자기 변경하는 것은 적어도 근로자의 동의가 없으면 어렵다. 거기에 응하지 않는 것을 이유로 하는 해고(일종의 '변경해지고지')도 법적으로는 어렵다. 하지만, 이것을 그대로 방치하는 것은 기업

(ⅴ) 관료주의적 규제철폐 등의 내용이었다.

이 정책은 사민당 외에 연방상원, 노동계(독일노총) 등에 반발이 있었다. 특히 진보진영의 상당수는 근로자의 실질소득이 감소하고, 가계의 실질소득 증대에도 효과가 없었다는 이유로 좌파당을 지지하게 되었다. 하지만 그 후 독일 경제는 유럽연합의 확산에 따른 시장의 확대, 유로화의 도입에 따른 독일 마르크화(DM)의 강세, 임금삭감과 유연한 고용형태를 수용하면서 기업과 근로자가 타협한 점, 유럽연합 회원국의 경제상황의 악화와 그에 따른 실업률의 증가, 독일 기업의 경쟁력의 강화 등으로 이른바 '유럽의 병자'에서 벗어나 독일 경제가 부흥하게 되었다. 그런데 2005년 총선에서 슈뢰더 총리의 사민당은 패배하였다. 역사의 아이러니로 그 후 기민당의 메르켈 총리가 이 정책을 승계해 지속시켰고, 세계 금융위기와 유럽의 재정위기에도 불구하고 2009년 및 2013년 총선에서 연이어 승리하였다.

의 경쟁력을 약화시키고, 산업정책에서 보면 큰 문제이다. 해고 규제는 원래 경제적 합리성도 바탕으로 전개해 온 점을 고려한다면, 기업의 쇠퇴 부문에서 성장 부문으로 전환하는 것이 해고 규제로 어렵다면, 해고 규제 쪽을 새로운 환경에 적합하게 만들 필요가 있다.

여기에서 검토해야 할 점은 '해고의 금전해결'이다. 해고의 금전해결은 해고가 법적으로 보아 부당하다고 간주되는 경우에도 기업이 근로자에게 일정한 보상금을 지급함으로써 근로계약의 해소를 인정하는 제도이다.

어느 경우든 정규직 제도 및 그 핵심에 있는 해고 규제를 현 상태로 유지하는 것은 어렵다. 종래의 노동시장 정책은 특정한 기업에서 고용의 유지를 중시하는 것이었다. 하지만, 일본의 노사가 더 이상 이것을 유지하려고 해도 기술혁신이나 글로벌화 등의 객관적인 상황이 이것을 어렵게 만들고 있다.

국가의 고용정책도 지금까지의 정규직 제도를 축으로 한 '고용유지형 정책'을 재검토하고, 어떻게 하여 이직한 근로자가 적절한 직업을 찾아 이적할 수 있는가에 중점을 둔 '고용유동형 정책'으로 방향을 대전환할 필요가 있다.

이를 위한 정책의 기본이념은 '커리어권'이다. 이 권리는 근로자가 자신의 직업 커리어의 전개를 특정한 기업에 의지하지 않고, 직업생활을 통하여 주체적으로 커리어를 전개할 수 있도록 정부가 이것을 지원하는 것을 요구하는 권리이다. 기업을 통하지 않고, 국가가 직접적으로 개개의 국민이 직업생활의 전체를 통하여 행복을 추구할 수 있도록 권리로 보장하는 것이 커리어권이다.

그래서 정부에 구체적인 요구사항이 새로운 기능을 습득해 '직무전환이 가능한 인재'와 '그렇지 않은 인재'를 구별하고, 각각에 알맞은 노동시장정책을 추진하는 것이다. 후자는 신기술에 따른 작업의 단순화나 경이화의 장점을 최대한 살릴 수 있도록 배치전환을 시한적이든 추진해 신기술에 따른 고용 대체의 영향을 가능하면 억제할 필요가 있다.32) 한편, 전자의 인재(주로 청년층)에게는 제4차 산

---

32) <역자주> 향후 장기고용시스템의 변화는 커리어의 복선화, 다양화, 개별화, 자기선택화의 방향으로 선회하고 있다. 향후의 판례법리는 종전에 포괄적 계약이론에 대한 개별적 계약이론의 혼입으로

업혁명의 담당자가 되면서 새로운 산업사회에서 적합한 직업을 찾을 수 있도록 정책을 전개할 필요가 있다.

변화할 것이다. 이에 커리어제도의 장기고용시스템의 유연성을 실현하고 현재의 진행형인 유동적인 변화로 실체적인 룰은 판례법리에 의존해야 한다. 이에 대한 대응책으로는 고용기회균등법(한국은 남녀고용평등법)을 강화하는 것, 커리어의 개시 및 전개에 관한 계약 내용을 보다 명확화하고, 취업 규칙을 보다 상세하게 규정할 것인지 여부, 노동시장의 변화에 따라 증가할 개별적 분쟁을 간이·신속하게 처리할 시스템을 어떻게 정리할 것인가 등의 '입법적 과제'를 생각할 수 있다(菅野和夫(이정 편역), 고용사회와 노동법, 박영사, 2001, 140-141면).

지적 창조적인
근무방식을 위한 개혁

제6장

지적 창조적인 근무방식을 위한 개혁

1. 지적 창조적인 근무방식과 근로시간의 규제

(1) 지적 창조적인 근무방식이란?

제4차 산업혁명의 영향으로 많은 산업에서 IoT(사물인터넷)를 진행하고, 빅데이터와 인공지능을 활용하고 있다. 이러한 가운데 근로자에게 중요한 것은 이러한 새로운 기술을 어떻게 활용해 일할 것인지가 문제된다. IoT로 모든 것을 인터넷으로 연결하는 것은 다양한 데이터를 대량으로 수집하는 것이다. 이러한 방대한 데이터는 인간의 손으로는 처리할 수 없고, 인공지능을 활용하여 분석해 나가야 한다. 하지만, 이것을 어떠한 목적으로 분석하고 그 분석결과를 어떻게 활용할 것인지는 인간이 자율적으로 생각해야 한다. 제4차 산업혁명이 진행되는 사회에서 인간이 적극적인 역할을 완수할 수 있다면, 이러한 분야이다. 즉 인간이 빅데이터와 인공지능을 어떻게 활용하고, 높은 부가가치를 실현할 것인지가 중요하다. 여기서 필요한 것이 인간의 '지적 창조성'이다.

노동법의 관점에서 이러한 지적 창조성을 발휘할 수 있는 근무방식을 생각할 필요가 있다. 이러한 경우에 우선 현행 노동법의 규제에서 '근무방식의 저해요인'은 무엇인지 검토할 필요가 있다.

　　노동법이 상정하는 근무방식은 기업의 지휘명령으로 시간적·장소적으로 구속되어 일한다는 것이다. 하지만 지적 창조성에 필요한 것은 기업의 물리적인 구속 아래에서 일하는 것이 아니다. 기업은 지적 활동에 노력하는 자에게 인센티브를 줄 필요가 있다. 노무수행 과정에서 근로자를 구속할 필요가 없고, 때로는 유해할 수도 있다.

　　전통적으로 구속되는 근무방식은 근로자가 근로계약의 의무로서 기업의 지휘명령 아래에서 근로에 종사하는 것이다. 이에 임금은 근로자에게 그러한 상태에 놓여진 양(시간)에 대하여 지급한다. 이에 대하여 '지적 창조적인 근무방식'은 지휘명령 아래에 있는 것에 의미는 없고, 임금은 어떠한 성과를 내었는가에 따라 지급한다. 즉 지적 창조적인 근무방식은 구속성이 낮고(자유도가 높고), 성과에 따라 처우 받는 인센티브로 일하는 것이 특징이다. 이러한 근무방식을 현행 노동법의 규제로 대응할 수 있는지가 문제된다. 특히 '근로시간의 규제'가 문제이다.

　　오늘날 근로시간은 장시간근로의 시정 등 다양한 관점에서 논의되고 있다. 하지만, 본서에서는 조금 더 미래를 내다보아, 지적 창조적인 근무방식과 근로시간제도를 어떻게 정합적으로 조정할 것인지를 살펴보고자 한다.

✎ 보론: 장시간근로의 시정

근로시간제도와 관련해 정부는 본서에서 살펴보는 '규제의 탄력화'와 병행해 '규제의 강화'를 목표로 검토해 왔다.

현행 근로시간의 규제는 후술하는 것처럼, '36협정'과 '할증임금의 지급의무'를 통하여 장시간근로를 억제해 왔다. 일본의 경우 실제로 근로자의 장시간근로에 따른 건강장애 문제는 개선되지 않았다. 여기에는 '36협정'에 따른 체크시스템이 불완전하게 기능하고, 또한 '할증임금제도'는 오히려 근로자를 장시간근로로 유도하는 기능을 가지고 있다는 문제가 있었다.

그래서 이것과는 다른 새로운 근로시간의 규제를 주목할 필요가 있다. 이것이 「EU(유럽연합)[1]법」을 참고로 한 '근로시간의 절대적인 상한을 정하는 규제'와 '1일 단위에서 휴식시간의 확보를 정하는 근무간 인터벌'(interval, 연속휴식시간)이다(EU법에서는 할증임금제도는 없다[다만, 회원국에서 임의로 도입할 수 있다]). 이것은 실제로 '고도 프로페셔널(professional)제도'의 적용대상자에 대한 건강을 확보하는 조치의 하나의 선택지로 열거하고 있다. 하지만, 오히려 일반 근로자에 대한 신근로시간의 규제로서 도입할 필요가 있다(뒷 부분의 (6) **근로시간제도** 개혁에서 살펴본 것처럼, 자유로운 근무방식의 근로자에게는 이러한 조치를 의무화할 필요가 없다). 구속적인 근무방식의 근로자에 대한 보다 효과적인 근로시간의 규제는 근로자의 '생산성의 향상'과 '일 가정의 양립(work-life balance)의 실현'에 이바지한다는 의미에서 조속히 도입할 필요가 있다. 장시간근로의 시정은 2016년 8월 3일에 출범한 제3차 아베신조 제2차 개조된 내각의 중요한 정책과제로 되어 있다.

(2) 현행 근로시간의 규제

근로시간은 법률의 명문으로 정의하고 있지 않다. 하지만, 일본의 최고재판소 판례는 '근로자가 사용자의 지휘명령 아래에 놓여져 있는 시간'으로 정의하고 있다(三菱重工長崎造船所事件·最1小判 2000.3.9. [最重判 98 사건]).

이 근로시간에 대하여 노동기준법에서는 1주의 상한은 40시간, 1일의 상한은 8시간이라고 규제하고 있다(법정 근로시간[노동기준법 제32조]).[2] 기업은 이것을 초과하는 '시간외 근로'(연장근로)를 시키는 경우에는 근로자의 과반수 대표와의 '36협정'의 체결과 '노동기준감독서'에 대한 신고가 조건이 된다(동법 제36

---

1) <역자주> 유럽연합: 제2차 세계대전 이후 서유럽의 정치구조가 변화하는 과정의 일환으로 1958년 유럽경제공동체가 설립되었다. 유럽의 통합을 위해서는 민족주의를 지양하는 게 중요했다. 서독은 프랑스의 양보 요구를 기꺼이 받아들임으로써 애초 계획대로 프랑스를 다시 영입하는 데 성공했다. 시간이 흐르면서 유럽경제공동체의 회원국은 늘어났고 포부도 커졌다. 일례로 1992년 마스트리히트에서 결의된 유럽연합 조약을 통해 취지가 달라진 만큼 이름도 새로워진 '유럽연합'이 탄생했다. 또한 1999년에는 유럽연합 회원국 대부분의 무역 통화로서 공용 화폐 유로가 탄생했다. 게다가 공산주의 이후 신질서에 편입되는 방법으로 더 많은 동유럽국가들이 유럽연합에 가입했다.
2) <역자주> 일본의 '법정 근로시간'은 주 40시간 원칙을 노동기준법에서 명확화하였다(제32조). 우리도 동일한 형태로 규정을 두고 있다. 즉 근로기준법 제50조(근로시간) 제1항(1주간의 근로시간은 휴게시간을 제외하고 40시간을 초과할 수 없다), 제2항(1일의 근로시간은 휴게시간을 제외하고 8시간을 초과할 수 없다).

조).3) 또한, 시간외 근로의 시간수에 따라 할증임금의 지급이 의무화된다(동법 제 37조).4)

노동기준법은 법률에서 근로시간을 상세하게 규제하지 않고 있다. 오히려 시간외 근로를 인정할 것인지의 여부, 인정한다고 하면 어떠한 경우에 몇 시간까지 인가(후생노동대신의 고시에 따른 상한시간을 설정하고 있다)를 노사가 체결한 '36협정'에 위임하고 있다. 그러면서 할증임금을 의무화해 시간외 근로의 비용을 높여서 장시간 근로를 억제하려고 한다.

현실에서는 '36협정'은 장시간 근로를 억제하는 기능을 충분히 이행하지 못했기 때문에(大内 2015, 117면 이하), 일본의 시간외 근로를 규제하는 중심은 할증임금이라고 할 수 있다.

노동기준법상 근로시간의 규제는 근로자가 동의하고 있어도, 법률의 기준을 밑도는 내용이라면 무효이다(강행 법규성). 이러한 의미에서 계약의 자유를 제한하고 있다. 근로계약은 근로자와 기업 사이에 비대등성을 전제하기에 법정 기준보다도 근로자에게 불리한 합의는 허용되지 않는다.

따라서 시간외 근로에 대한 할증임금을 법 소정의 25%(1개월의 시간외 근로자 60시간을 초과하는 경우에는 추가로 25%의 인상 또는 노사협정에 근거로 하는 대체휴가의

---

3) <역자주> 일본의 '36협정'이란 연장근로의 사유를 제한없이 어떠한 경우에 어느 범위까지 연장근 로를 인정하는가에 대하여 36협정의 '노사협정'에 위임하고 있다(면벌적 효력). 노동기준법 제36조 에 규정해 '36협정'이라 한다. 36협정을 체결한 주체인 과반수대표란 그 사업장에서 근로자의 과반 수로 조직된 노동조합이 있으면 그 노동조합(과반수 노동조합), 또한 그러한 노동조합이 없는 경우 에는 근로자의 과반수를 대표하는 자(과반수대표자)를 말한다. 반면에 우리 근로기준법 제53조(연장 근로의 제한) 제1항에서 "당사자 간에 합의하면 1주 간에 12시간 한도로 제50조의 근로시간을 연장 할 수 있다"고 두고 있다.

4) <역자주> 일본의 연장근로의 가산임금은 25%(제37조 제1항)(야간근로(22:00－05:00) 25%[제37조 제4항], 휴일근로 35%[제37조 제1항], 위반 시 징역 6개월 이하 또는 30만엔 이하의 벌금[제119조 1호]). 반면에 한국 근로기준법 제56조(연장/야간 및 휴일근로) 제1항에서는 사용자는 연장근로에 대하여 통상임금의 50% 이상을 가산해 근로자에게 지급하여야 한다(야간근로[22:00－06:00] 50% 가산임금, 다만 휴일근로의 경우 8시간 이내의 휴일근로는 50% 가산임금[제2항], 8시간을 초과한 휴일근로 100% 가산임금[제3항]).

부여[노동기준법 제37조 제1항·제3항])보다도 낮은 20%로 하는 것이나, 할증임금의 산정기초액에 대하여 법령에서 제외해도 좋다고 규정한 것(노동기준법 제37조 제5항, 노동기준법 시행규칙 제21조)과는 다른 사항을 제외하는 것 등은 허용되지 않는다.

그 밖에도 할증임금은 법률에서는 기업에 실제로 시간외 근로시간에 따른 지급을 요구하기에 당사자 합의로 실제로 시간외 근로시간에 관계없이 '정액제'로 하는 것도 허용되지 않는다. 나아가 할증임금을 기본급 중에 편입하는 합의도 할증임금의 산정기초가 되는 기본급 부분과 할증임금으로 지급되고 있는 부분을 판별할 수 없는 한 법률 소정의 할증임금을 지급했는지 여부를 확인할 수 없기 때문에 위법이 되고, 그 기본급의 전체를 할증임금의 산정기초로 재산정해야 한다는 것이 판례의 입장이다(デックジャパン事件·最1小判 2012.3.8. [最重判 104사건]).

이렇게 법정 근로시간을 초과하는 시간외 근로에 대해서는 시간 비례로 할증임금이 결정되고, 이것에 대하여 당사자 사이에 독자적인 합의(법 소정의 할증임금액을 인하하는 합의)를 할 수 없다는 것이 현행 법제도이다. 즉, 시간과 임금을 분리할 수 없다. 이 점이 구속성이 낮고(자유도가 높고), 성과에 따라 처우하는 것에 적합한 지적 창조적인 근무방식과는 양립하지 못하는 부분이다.

용어해설: 노동법의 강행 법규성

법령에는 당사자의 합의로 일탈할 수 없는 '**강행 법규**'(당사자의 합의에 관계없이 강제적으로 적용되는 규정)와, 당사자의 합의가 있으면 그 합의가 우선되는 '**임의 법규**'(당사자의 합의로 변경하는 것이 인정되는 규정)가 있다. 대부분은 각각의 법규가 강행법규 또는 임의법규인지는 법조문상 명확하지 않고, 법규정의 취지 등에 비추어 판단된다. 민법은 공공질서에 관계하지 않는 규정은 임의법규로 하고 있기 때문에(제91조[5]), 강행법규는 공공 질서 규정으로 이해할 수 있다(공공질서에 반하는 합의는 무효가 된다[제90조[6]]).

그런데, 노동기준법에서 "이 법률에서 정하는 기준에 미치지 못하는 근로조건을 정한 근로계약은 그 부분에 한해서는 무효로 한다"고 규정하고 있다(제13조 제1문=한국 근로기준법 제15조 제1항). 즉 강행법규로 명시된 드문 법률이다. 하지만, 노동기준법이 정하는 기준보다도 근로자에게 유리한 합의는 무효가 아니기 때문에 노동기준법의 강행 법규성은 편면적인 것이다.

또한, 노동기준법 제13조는 위의 법규에 계속하여 "이 경우에 무효로 된 부분은 이 법률에서 정한 기준에 따른다"는 규정도 두고 있다(=한국 근로기준법 제15조 제2항). 법률이 정하는 기준이 근로계약의 내용을 직접 규율한다는 효력(직률적 효력)까지 가지는 점에서 노동기준법은 어떠한 경우에도 최저한 적용되는 기준이 된다(최저 기준효). 이에 25%의 할증임금도 기업이 근로자와 어느 정도 이것보다 유리하게 합의해도 법상 의미가 없다.

비슷한 효력은 「최저임금법」이 정하는 최저임금에도 명문 규정을 두고 있다(제4조 제2항).[7]

(3) 근로시간 규제의 탄력화

노동기준법은 공장 근로자의 근무방식(상급자의 지휘명령으로 시간적, 장소적으로 구속된 근무방식)을 규제 모델로 하고 있다. 이에 공장근로자 이외의 근로자가 늘어나면, 이러한 근로자의 근무방식에 적합하게 규제할 필요가 있다. 이것은 위의 심플한 규제에 예외를 마련하는 것을 의미한다. 대표적인 법제로는 '플렉스타임

---

5) <역자주> 일본 민법 제91조(임의규정과 다른 의사표시) 법률행위의 당사자가 법령 중의 공공의 질서에 관하지 아니하는 규정에 다른 의사를 표시한 때에는 그 의사에 따른다; 한국 민법 제105조(임의규정) 법률행위의 당사자가 법령 중의 선량한 풍속 기타 사회질서에 관계없는 규정과 다른 의사를 표시한 때에는 그 의사에 의한다.

6) <역자주> 일본 민법 제90조(공서양속) 공공의 질서 또는 선량한 풍속에 반하는 사항을 목적으로 하는 법률행위는 무효로 한다; 한국 민법 제103조(반사회질서의 법률행위) 선량한 풍속 기타 사회질서에 위반한 사항을 내용으로 하는 법률행위는 무효로 한다.

7) <역자주> 일본 최저임금법 제4조(최저임금의 효력) 제2항 최저임금의 적용을 받는 근로자와 사용자 사이의 근로계약 중 최저임금액에 미치지 못하는 금액을 임금으로 정한 부분은 무효로 하며, 이 경우 무효로 된 부분은 이 법으로 정한 최저임금액과 동일한 임금을 지급하기로 한 것으로 본다(= 한국 최저임금법 제6조[최저임금의 효력] 제3항).

(flex-time)제'(한국은 '선택적 근로시간제' 또는 '자유출퇴근제'라 함)가 있다.

'플렉스타임제'는 원래는 '변형 근로시간제'(한국은 '탄력적 근로시간제')의 일종으로 자리매김하고 있다. 그런데 1987년 개정 노동기준법에서 법률상 제도로 되었다(제32조의 3).[8] 이 제도를 적용받는 근로자는 스스로 시업시각과 종업시각을 결정할 수 있다. 하지만 실근로시간의 상한 규제(1개월 내에서 설정되는 정산기간의 범위에서 1주 평균 40시간으로 함)로 근로시간의 양적 면에서는 자신이 조정할 수 있는 근무방식은 아니다.

용어해설: 변형 근로시간제

'변형(탄력적) 근로시간제'란 일정한 기간에서의 총근로시간의 1주의 근로시간 평균이 40시간 내로 되어 있으면, 특정한 주 또는 일에 법정 근로시간을 초과해도 시간외 근로로 취급하지 않는 제도이다. '1개월 단위'(노동기준법 제32조의 2)[9]와 '1년 단위'(동법 제34조의 4)의 변형 근로시간제가 있다.[10] 또, 소매업, 여관, 요리점 및 음식점의 사업에서는 1주 40시간의 법정 근로시간은 적용되지만, 1일 10시간까지는 시간외 근로가 되지 않는다고 하는 (비정형) 변형 근로시간제도 있다(동법 제32조의 5).[11]

---

8) <역자주> 일본의 '플렉스타임제'는 원래는 4주 단위의 변형근로시간제의 한 형태였지만, 1987년 노동기준법의 개정을 통하여 독립한 제도이다. 다만, 플렉스타임제는 대상 근로자(전문직, 도급근로자 및 임신 중인 여성근로자)의 개성과 편의에 따라 자유롭게 출퇴근을 허용하는 유연한 근무형태의 일종이다. 한국의 '선택적 근로시간제'도 동일한 법체계를 가지고 있다(근로기준법 제52조). 그리고 플렉스 타임제에 비해 변형근로시간제는 사용자 측의 사정 및 필요에 따라 근로시간을 획일적으로 배분한다는 점에서 양자는 구별된다.

9) <역자주> 일본의 1개월 단위 변형제는 은행(완전한 주2일 휴일제), 택시, 트럭(장거리편), 항공기 등의 승무원들의 장시간근로(1일 주야 교대근무제 등)도 가능하다.

10) <역자주> 한국의 탄력적 근로시간제는 '2주 단위'(48시간 한도, 취업규칙) 및 '3개월 단위'(52시간 한도, 근로자대표와의 서면합의)가 있다(근로기준법 제51조 제1항, 제2항).

최근 「근로기준법」 개정(2018.2.28. 통과, 18.3.20. 공포)에서 연장근로를 포함해 주 52시간(40＋12)을 기업 규모별로 단계적으로 감축하였다. 단계적 적용시점은 300인 이상: 2018.7.1(특례업종에서 제외된 21개 업종은 2019.7.1.부터 시행), 50－300인 미만: 2020.1.1, 5－50인 미만:

(4) 재량근로제와 그 문제점

근로시간의 양적 면에서도 근로자가 조절할 수 있는 자유로운 근무방식이 '재량근로제'(=재량 근로의 간주근로시간제)이다.[12] 재량근로제에는 1987년 개정 노동기준법에서 도입한 '전문업무형 재량근로제'와 1998년 개정 노동기준법에서 도입한 '기획업무형 재량근로제'가 있다.

재량근로제에는 업무의 수행방법을 근로자의 재량에 맡길 필요가 있고 사용자가 구체적인 지시를 하는 것이 곤란한 업무(전문업무)나, 업무의 성질상 업무의 수행방법을 근로자의 재량에 맡기는 편이 좋고 사용자가 구체적인 지시를 하지 않기로 하는 업무(기획업무)가 있다. 이들에 대해서는 전문업무형에서는 '노사협

2021.7.1.이다.

다만, 탄력적 근로시간제에 대해서는 고용노동부장관이 준비행위를 '근기법 부칙'에 명시한 바가 있다(2022.12. 제도개선방안 검토의무)(제3조). 그 후 경제상황의 변화에 따라 탄력적 근로시간제 개선을 대한 현장의 요구를 고려, 실태조사 및 노사 의견수렴 등을 통해 개선방안을 마련해 추진하였다(2018.下−2019. 상반기). (보완대책 마련) ICT업종, 계절산업, 수출기업 중심 탄력적 근로시간제 단위기간 확대 요구 → 실태조사(2018.下) → 전문가, 노·사단체 의견수렴 등 제도개선 방안 마련 → 경사노위 노동시간 제도개선위원회 활동(2018.12.20.−2019.2.19.)을 통해 합의를 도출하였다(최대 단위기간 6개월, 연속휴식제도(11시간), 임금보전 방안(미신고 시 과태료), 근로시간 단축에 따른 단계적 적용, 후속조치 3년 후에 시행). 이후 제20대 국회에 제출한 후 환경노동위원회에 계류 중에 있다.

11) <역자주> 일본의 경우 노동기준법에는 업무의 성수기·비수기의 차이가 심한 영세규모의 일부 서비스업, 즉 30인 미만의 소매업이나 여관, 요리점, 음식점만이 이용할 수 있는 1주일 단위의 '비정형 변형근로시간제'(제32조의5 제1항, 노기칙 제12조의5 제1항, 제2항)가 있다. 하지만 노사협정의 체결이나 신고, 그리고 서면을 통한 변형제의 내용에 관한 사전명시 등의 요건이 번거롭기 때문에 실제적으로 거의 이용되고 있지 않다.

12) <역자주> 근로시간 간주제에는 '사업장 외 근로간주제도'로 신문기자나 외근 영업사원, 출장, 직행직귀(直行直歸) 등 사업장 외에서의 근로로 근로시간의 산정이 어려운 경우에 원칙적으로 소정근로시간을 일한 것으로 간주한다, 다만, 당해 업무를 수행하기 위하여 통상 소정근로시간을 초과하여 근로할 필요가 있는 경우에는 '당해 업무의 수행에 필요한 시간' 또는 '노사협정으로 정한 시간'을 일한 것으로 간주한다(제38조의2 제1항−제3항). 이 제도는 간주근로시간수를 가능한 한 실제의 근로시간수에 근접하게 하도록 간주하는 방법이 규정되어 있으며, 사업장의 노사협정에 의한 간주를 하는 경우에도 간주근로시간수는 실제의 근로시간수에 근접하게 하여 협정하는 것이 요청된다; 한국의 사업장 밖(외근) 근로시간 간주제와 동일한 내용이다(근로기준법 제58조 제1항).

정', 기획업무형에서는 '노사위원회의 결의'로 근로시간을 결정할 수 있다('근로시간 간주제', 노동기준법 제38조의 3 및 제38조의 4).[13]

재량근로제가 적용되면 실근로시간에 따른 규제는 받지 않게 되고, 간주 근로시간을 법정 근로시간 내로 하고 있으면 36협정이나 할증임금의 규정은 적용되지 않게 된다. 재량근로제를 잘 활용하면, 지적 창조적인 근무방식에 적합한 근로시간을 관리할 수 있게 될 것 같다.

그러나 휴게(제34조), 심야업(제35조), 시간외·휴일(제35조)에 관한 규정의 적용은 배제할 수 없다. 이에 이러한 점에서는 완전하게 시간적으로 자유로운 근무방식이 가능한 것은 아니다.[14] 또한 재량근로제는 실근로시간에 따른 근로조건의 규제라는 '원칙의 예외'를 설정하는 것이기 때문에 도입하는 요건이 엄격하다. 예를 들어 (ⅰ) '전문업무형'에서는 적용할 수 있는 전문업무의 범위가 법령 등에서 한정하고 있다. (ⅱ) '기획업무형'에서는 사업 운영 사항에 대한 기획, 입안, 조사 및 분석 업무만이 대상으로 노사동수로 구성되는 노사위원회의 5분의 4 이상 동의에 따른 결의라는 요건도 있다.

---

13) <역자주> 한국에서는 '재량근로 간주시간제'라고 한다(근로기준법 제58조 제3항). 서면합의의 내용은 '1. 대상 업무, 2. 사용자가 업무의 수행 수단 및 시간 배분 등에 관하여 근로자에게 구체적인 지시를 하지 아니한다는 내용, 3. 근로시간의 산정은 그 서면 합의로 정하는 바에 따른다는 내용'을 규정하고 있다.

14) <역자주> 일본의 재량근로제의 전형적인 타입은 연봉제, 직무등급제 등의 성과·능력주의 임금제도 하에서 해당 근로자들이 실제로 근무하는 시간을 문제삼지 않고 해당 사업장의 소정근로시간만 근로한 것으로 간주하는 것이다. 이것이 타당하기 위해서는 해당 업무가 고도로 전문적/기획적인 것으로 근로시간을 구속하는 것이 근로자의 능력발휘의 방해가 될 것, 해당 업무수행 시 고도의 자율성이 보장되는 점, 그러한 근로자그룹이 할증임금 부지급을 보충해 여유가 있는 경제적 대우를 부여받을 것, 해당 직장에서 연차휴가가 거의 완전히 소화될 것 등이다. 특히 창조적 근로를 위한 재량성을 본질로 하는 것이고 자유(자율성)로 해야 한다. 회의에 대한 출석 등 해당 근로자가 제자리에 없어도 상사는 불평할 수 없다. 이러한 재량 근로제도 향후 산업사회의 고도화·정보화가 진전되면서 지적 업무에 종사하는 근로자가 충분한 능력을 발휘하기 위해서는 현재의 간주제를 자율적인 근무방식에 의하여 적합적인 적용제외제도로 재편하는 과제가 생기고 있다. 물론 심산의 건강문제와 일과 생활의 조화가 의식되는 상황에서 우선 절도없는 장시간근로의 만연을 없애는 것이 전제조건이 될 것이다(菅野和夫, 勞動法, 320-321면).

실제로 후생노동성의 「2015년 취업조건종합조사」(平成27年就勞条件総合調査)에 따르면, (ⅰ) 전문업무형 재량근로제는 적용대상 근로자는 1.1%, 적용대상기업은 2.3%, (ⅱ) 기획업무형 재량근로제는 적용대상근로자는 0.25%, 적용대상기업은 0.6%이다. 이를 적용한 상황은 매우 낮다고 할 수 있다.

이 숫자에서 시사점은 아주 명확하지는 않다. 일본에서는 아직 재량근로제에 적합한 근무방식이 적은 것으로 해석할 수 있다. 하지만 잠재적으로는 재량근로제에 적합한 근무방식이 있음에도 불구하고, 절차가 매우 엄격해 제도의 적용을 확대하지 못하였다고 해석할 수도 있다.

전문업무형은 그 적용대상이 한정 열거로 산업이 '정보화'하면서 새롭게 발생한 직무에 대하여 적절하게 법령을 개정해 추가해야 한다. 하지만, 이것은 어려울 것이다. IT 계열이나 빅데이터 계열의 새로운 업무 분야에서는 기업의 현장에 있는 근로자가 아니면, 실근로시간의 규제를 벗어나는 것에 적합한 지적 창조적인 근무방식인지를 판단하는 것이 어려울 것이다.

기획업무형에서는 제189회 국회에 제출된 노동기준법 개정안에서 현행 대상업무에 추가하여 '사업의 운영 사항에 반복해 기획, 입안, 조사 및 분석을 하고, 또한 이러한 성과를 활용해 그 사항의 실시를 관리하면서 그 실시 상황을 평가하는 업무'(재량으로 PDCA15)를 돌리는 업무), '법인 고객의 사업 운영 사항에 대한 기획, 입안, 조사 및 분석을 하고, 또한 이러한 성과를 활용한 상품의 판매 또는 역무의 제공에 관계되는 그 고객과의 계약의 체결 권유 또는 체결하는 업무'(과제 해결형의 제안 영업)가 추가되지만, 여전히 그 범위는 한정적이다.16)

---

15) <역자주> PDCA(Plan Do Check Action): 계획 → 실천 → 확인 → 조치를 반복해서 실행하여 목표를 달성하고자 하는 데 사용하는 기법.

16) <역자주> 하지만, 한국에서의 재량근로의 대상업무는 "1. 신상품 또는 신기술의 연구개발이나 인문사회과학 또는 자연과학분야의 연구 업무 2. 정보처리시스템의 설계 또는 분석 업무 3. 신문, 방송 또는 출판 사업에서의 기사의 취재, 편성 또는 편집 업무 4. 의복·실내장식·공업제품·광고 등의 디자인 또는 고안 업무 5. 방송 프로그램·영화 등의 제작 사업에서의 프로듀서나 감독 업무 6. 그 밖에 고용노동부장관이 정하는 업무"를 규정하고 있다(시행령 제31조. <개정 2010.7.12.>)(재량근로의 대상 업무[시행 2011.9.23.] [고용노동부고시 제2011-44호, 2011.9.23., 일부개정])

이에 재량근로제를 근본적으로 재검토하고, 그 적용대상을 지적 창조적인 근무방식에 보다 적합한 것으로 하기 위한 법적 수용을 도입하는 것을 검토할 필요가 있다.

▌ **전문업무형 재량근로제의 대상업무(노동기준법시행규칙 제24조의 2의 제2항, 2003.10.22. 후생노동성고시 제354호)**

- 신상품 · 신기술의 연구개발 업무
- 인문과학 · 자연과학의 연구 업무
- 정보처리시스템의 분석 · 설계의 업무17)
- 신문 · 출판의 사업에서의 기사의 취재 · 편집 업무
- 방송프로그램의 제작을 위한 취재 · 편집 업무
- 의복 · 실내장식 · 공업제품 · 광고 등의 새로운 디자인의 고안 업무
- 방송프로그램 · 영화 등의 제작 사업에서의 프로듀서 · 디렉터 업무(이벤트 프로듀서 포함)
- 카피라이터의 업무
- 시스템 컨설턴트 업무
- 인테리어 코디네이터 업무
- 게임용 소프트웨어 창작 업무
- 증권 분석 업무
- 금융공학 등의 지식을 이용하여 행하는 금융상품의 개발 업무
- 대학의 교수연구 업무
- 공인회계사, 변호사, 건축사, 부동산감정사, 변리사, 세무사, 중소기업진단사의 업무

---

17) <역자주> 프로그래밍은 해당하지 않는다는 판례가 있다(京都地判 1998.10.31.)

(5) 관리감독자에 대한 적용제외

노동기준법에서는 일정한 근로자에 대하여 근로시간과 관련된 규정의 적용제외를 규정하고 있다(제41조). 그 대표적인 것이 '감독 혹은 관리의 지위에 있는 자'(관리감독자)이다(제41조 제2호).18) 관리감독자는 근로시간을 규제받지 않고 자신의 재량으로 노무를 행할 수 있다.

그러나 관리감독자의 범위는 명확하지 않고, 재량근로제의 적용대상자와 달리, 사전에 적용범위를 한정하는 절차가 없다. 법률에도 관리감독자의 정의 규정이 없고, 통달에 따른 규정은 있기는 하지만, 보다 구속력이 있는 법원의 판단은 반드시 통일되지 않으며, 실무상 관리감독자의 범위는 명확하지 않다.

2008년에 일본 맥도널드의 점장은 관리감독자에 해당하지 않는다고 도쿄지방법원의 판결이 나왔다.19) 여기서 할증임금의 적용을 면하기 위한 '이름뿐인 관리직'(名ばかり管理職)이 사회문제가 되었다(日本マクドナルド事件 · 東京地判 2008. 1.28. [最重判 106 사건]). 하지만, 애당초 법률상 정의나 판단기준이 없는 것이 실무에 혼란을 초래한 원인이다.

관리감독자와 마찬가지로 근로시간과 관련된 규정의 적용제외 대상자인 '감시 또는 단속적 근로에 종사하는 자'(감시근로자 · 단속근로자)는 사전에 노동기준

---

18) <역자주> 한국에서도 '관리직'은 공장장, 부장 등 근로조건의 결정이나 그 밖에 인사노무관리에 관하여 경영자와 일체적 지위에 있으면서 출퇴근 등에 엄격한 제한을 받지 않는 자를 말한다. 다만, 일정한 직급이나 직책에 따라 일률적으로 관리자가 되는 것은 아니다.

19) <역자주> 많은 기업에서 관리직(과장, 점장 등)이 된 근로자를 관리감독자로 취급하고, 가산임금의 지급대상에서 제외해 운용하고 있다. 그런데, 재판을 하면 이러한 취급은 대부분의 사례에서 위법한 것으로 판단한다. 유명한 일본 맥도널드 사건에서 점장(店長)이 관리감독자였는데, 법원은 이러한 취급은 위법하기 때문에 기업에게 연장근로나 휴일근로에 대한 가산임금을 지급하라고 판단하였다. 즉 ① 직무내용, 권한 및 책임에 비추어 노무관리를 포함해 기업 전체의 사업 경영에 관한 중요한 사항에 관여하는 것, ② 그 근무 양태가 근로시간 등에 대한 규제에 어울리지 않는 것, ③ 급여(기본급, 임무수당 등) 및 일시금으로 관리감독자에게 적합한 대우를 관리감독자에 해당하는 데에 판단기준으로 삼아야 한다고 판시하였다.

감독서장의 허가를 받는 절차가 있고(제41조 제3호),[20] 적용대상자는 사전에 명확
하다는 것과 대조적이다.

　　관리감독자로 상정된 것은 이른바 '중역(重役)출근'을 할 수 있는 경영자에
가까운 근로자로 원래 그 범위는 어느 정도 명확하였다. 하지만 오늘날 관리직의
범위는 크게 확대해 버렸고, 기업 내에서 관리직으로 취급받는 층의 어디부터 관
리감독자인지 명확한 구분이 매우 어렵다. 대부분의 판례는 관리감독자의 해당성
이 부정되지만, 앞에서 언급한 법문(통달은 제외)상 정의나 기준이 없기 때문에 사
전에 예측할 가능성이 낮다. 그렇기 때문에, 적어도 감시·단속근로자와 같이 사
전허가제로 하거나, 재량근로제와 같이 법령에 근거해 기업 내 노사에서 그 적용
대상자를 특정하는 구조의 도입을 검토할 필요가 있다(大內 2008).

관리감독자의 범위에 관한 통달

통달(1947.9.13. 基発 제17호, 1988.3.14. 基発 150호)에 따르면, '관리감독자'란
근로조건의 결정, 그 밖에 노무관리에 대하여 경영자와 일체적인 입장에 있는 자로 근
로시간, 휴게 및 휴일 규제의 범위를 넘어선 활동이 요청되는 중요한 직무와 책임을
가지고, 현실의 근무양태, 근로시간 등의 규제에 어울리지 않는 입장에 있는지를 (역자
추가: 자격이나 직위의 명칭에 얽매이지 않고) 직무 내용, 책임과 권한, 근무 양태 및
임금 등의 대우를 근거로 종합적으로 판단할 필요가 있다.

---

20) <역자주> 한국 근로기준법 제63조(적용의 제외) 이 장과 제5장에서 정한 근로시간, 휴게와 휴일에
　　관한 규정은 다음 각 호의 어느 하나에 해당하는 근로자에 대하여는 적용하지 아니 한다. <개정
　　2010.6.4. >
　　1. 토지의 경작·개간, 식물의 재식(栽植)·재배·채취 사업, 그 밖의 농림 사업
　　2. 동물의 사육, 수산 동식물의 채포(採捕)·양식 사업, 그 밖의 축산, 양잠, 수산 사업
　　3. 감시(監視) 또는 단속적(斷續的)으로 근로에 종사하는 자로서 사용자가 고용노동부장관의 승인을
　　　받은 자
　　4. 대통령령으로 정하는 업무에 종사하는 근로자(사업의 종류에 관계없이 관리·감독 업무 또는 기밀
　　　을 취급하는 업무, 시행령 제34조).

후생노동성은 일본 **맥도널드** 사건의 도쿄지방재판소 판결에서 소매업이나 음식업 등에서 체인점 형태로 사업활동을 하는 기업의 비교적 소규모 점포에서 많은 아르바이트 · 파트타임 등으로 운영되는 점포의 점장 등이 충분한 권한, 상응하는 대우 등을 받지 않음에도 불구하고, 관리감독자로서 취급 등의 부적절한 사안이 있어 새로운 통달을 내리고 있다(2008.9.9. 基発 0909001호).

(6) 근로시간 제도개혁

'지적 창조적인 근무방식'의 관점에서 보면, 실근로시간에 의한 근로시간 규제(특히 할증임금제도)는 앞에서 언급한 것처럼 법정 근로시간을 초과하면, 시간과 임금과의 관계를 전달할 수 없다는 점에서 매우 경직적이다. 원래 법의 취지는 법정 근로시간의 준수가 우선적으로, 시간외 근로는 어디까지나 예외적으로 허용하는 것에 불과하다. 이러한 견해에 따른 근로시간 규제는 근로자 스스로 근로의 수행방법을 시간도 포함해 결정하는 쪽이 좋은 지적 창조적인 근무방식과는 궁합이 나쁘다. 기업이 법령을 준수하여 법정 근로시간 내에서 일을 종료시키고자 하는 것은 법적으로는 바람직해도, 지적 창조적인 근무방식에는 오히려 유해하다. 원래 현행 근로시간 규제가 공장 근로자의 근무방식을 상정한 것이라는 점도 고려하면, 지적 창조적인 근무방식에 근로시간 규제를 적용하는 자체를 재고할 필요가 있다.

물론 현행 법에서도 앞에서 언급한 것처럼 이러한 근무방식에 대응할 수 있는 제도는 있다. 하지만 이러한 제도를 대표하는 재량근로제는 현행 근로시간 규제의 어디까지나 예외라는 위치를 가지고, 도입 요건이 엄격하기 때문에 향후 취업구조의 변화에 시의적절하게 대응할 수 있는 것은 아니다. 또한 관리감독자에 대한 적용제외제도는 관리감독 업무를 하고 있는 근로자를 대상으로 한 것이고, 적용 범위의 사전 예측 가능성이 낮은 등의 문제도 있다. 감시단속근로자와 마찬가지로, 행정기관에 의한 허가제로 하는 것은 하나의 해결방법이다. 하지만, 취업구조의 변화에 기민하게 대응할 수 있는 허가 기준을 마련할 수 있는지가 큰 의문이다.

이러한 점에서 이러한 제도를 한꺼번에 재검토하고, 지적 창조적인 근무방식에도 대응할 수 있는 제도로 수용할 것을 기대한다. 여기서 나온 것이 '화이트칼라 이그젬션'의 구상이다(大内 2015, 201면 이하). 이것은 미국 법에도 있지만, 여기에서는 일본 법의 근로시간 규제에 따른 이그젬션(적용 제외)을 고려하고 있다.

화이트칼라 이그젬션을 구성하는 중요한 내용은 근로시간 규제를 철폐하여(할증임금제도를 없애는 것이 가장 중요), 근로시간과 임금을 분리하고, 근로자의 임금은 모두(최저임금법이나 차별금지 규정의 제약은 제외한다), 노사가 독자적으로 결정해도 좋다는 것이다. 현행 근로시간 규제는 기본급을 성과형 임금으로 하고 있어도, 법정 근로시간을 초과하면 시간급의 요소가 들어간다. 이러한 제약을 제거하고, 몇 시간 일을 했는지에 관계없이 성과를 근거로 임금의 지급을 관철시킬 수 있도록 하는 것이 '화이트칼라 이그젬션 제도'이다. 이것이야말로 지적 창조적인 근무방식에 적합한 것이다('성과형 임금체계'와 '화이트칼라 이그젬션'은 종래형의 정규직과는 달리, 시장 가치에 입각한 처우를 바라는 근로자[특히 '고도의 외국인재']에게 적합하다).

이러한 제도에 대해서는 근로시간의 규제가 가지는 '건강의 확보'라는 취지에 반한다는 비판도 있다. 그러나 근로시간의 상한 강제나 휴식의 강제는 근로자가 구속적인 근무방식을 하고 있기 때문에 요청되는 것이다. 아울러 이러한 방법으로 건강을 확보하는 것이 노동력의 마모를 방지하고 생산성의 향상에 도움이 된다는 면도 있었다. 지적 창조적인 근무방식에는 근로시간의 상한을 강제하거나 휴식의 부여를 강제하는 것은 자유로운 근무방식을 저해하고, 생산성을 떨어뜨릴 수가 있기 때문에 근로자를 위한 것이 아니다.

지적 창조적인 근로에 적합한 자유로운 근무방식에서는 근로자에게는 일정한 휴식권, 특히 '연차유급휴가의 권리'를 부여한 후에 그것을 행사하는지 여부, 언제 행사하는지를 근로자에게 맡기는 것이 바람직하다.[21] 연차유급휴가의 권리

---

21) <역자주> '연차휴가'와 관련해, (i) 일본의 경우 그 발생 요건은 고용일부터 기산해 6개월간 계속

는 노동기준법에서 근로자에게 '시계지정권'(時期指定權, 한국에서는 시기지정권(時期指定權))을 주고, 사용자에게 구체적으로 부여하는 의무가 발생하는 구조이다(노동기준법 제39조).[22] 이 점이 연차 유급휴가의 사용 촉진을 방해함으로 일반 근로자에 대하여 사용자에게 적극적으로 연차유급휴가를 부여할 의무를 인정하는 것이다. 2015년에 나온 노동기준법 개정안에서는 10일 이상의 연차 유급휴가권을 가지는 근로자에 대하여 근로자가 연차유급휴가를 사용하지 않는 경우에 사용자는 5일까지는 시계지정권을 주어야 한다고 규정하고 있다. 하지만 자유로운 근무

근무하고, 전체 근로일의 80% 이상 출근해야 한다. 이 요건을 충족하면 그 고용일로부터 6개월 경과한 시점에서 그로부터 1년 중에 10일(근로일)의 유급휴가를 사용할 수 있다(노동기준법 제39조 1항). 근속기간이 길어짐에 따라 최대 20일까지 사용가능한 연차휴가일수는 늘어난다(제39조 2항). '단시간근로자'와 같이 소정의 근로일수가 짧은 자도 연차휴가권이 있다. 1주간의 소정 근로시간이 30시간 이상인 근로자에게는 통상의 근로자와 동일하게 연차휴가를 사용할 수 있다. 그 밖의 근로자도 소정의 근로일수에 비례한 연차휴가일수를 사용할 수 있다(제39조 3항, 노동기준법 시행규칙 제24조의 3). 반면에, (ⅱ) 한국의 경우는 근로자가 1년간 전체 근로일을 80% 이상 출근한 경우에는 15일의 연차유급휴가권이 발생한다(근로기준법 제60조 제1항). 다만, 계속근로기간이 1년 미만인 근로자 또는 1년간 80% 미만 출근한 근로자에 대해서도 1개월 개근시 다음 달 첫날에 1일의 연차휴가가 발생한다(제60조 제2항). 사용자는 3년 이상 계속 근로한 근로자에 대하여는 최초 1년을 초과하는 계속 근로연수 매 2년에 대하여 1일을 가산한 유급휴가를 주어야 한다. 이 경우 가산휴가를 포함한 총휴가일수는 25일을 한도로 한다(근로기준법 제60조 제4항). '초단시간근로자'(1주의 소정 근로시간이 15시간 미만인 근로자, 근로기준법 제18조 제3항)에 대해서는 연차휴가와 주휴일이 적용되지 않는다. 나아가 최근 「근로기준법」 개정(2018.2.28. 통과, 2018.3.20. 공포)에서 관공서 공휴일의 유급휴일화, 민간기업에 2022년까지 단계적 적용, 즉 단계적 적용시점은 ▲300인 이상: 2020.1. ▲50−300인 미만: 2021.1. ▲5−50인 미만: 2022.1.로 하고 있다. 추가해 1년 미만 근로자에게 연차휴가 부여 내용의 「근기법」의 개정이 있었다(2017.11.28. 개정·공포, 2018.5.29. 시행).

22) <역자주> '연차휴가'와 관련해, (ⅰ) 일본의 경우 연차휴가의 시기지정권(時季指定權)근로자가 시계(時季)를 지정해 사용한다 (노동기준법 제39조 제5항 본문). 예외로서 '시기변경권'(時季變更權)으로 근로자의 "청구된 시기에 유급휴가를 부여하는 것이 사업의 정상적인 운영을 방해하는 경우에는 다른 시기에 이것을 부여할 수 있다"(제39조 제5항 단서). 반면에, (ⅱ) 한국의 경우는 연차휴가의 시기지정권은 근로자가 청구한 시기에 주어야 한다(근로기준법 제60조 제5항 본문 전단). 또한 구체적인 시기지정에 대한 사용자의 시기변경권의 행사는 의사표시로서 행해지고, '사업운영에 막대한 지장이 있음'을 이유로 하는 것이 충분하며, 이때 사용자는 대체가능한 날을 제시할 필요는 없다(제60조 제5항 단서).

방식에서는 오히려 현행 규정대로 시기를 지정할 것인지, 어느 시기에 지정할 것인지를 근로자에게 맡기는 편이 좋다.

📝 **보론: 노동안전위생법상 건강관리**

장시간 근로로 건강 장애에 대한 대처는 실제로는 노동기준법보다도 '노동안전위생법'(한국은 '산업안전보건법')에서 직접 다루고 있다. 특히 핵심은 2005년 법개정에서 도입한 '의사의 면접지도제도'이다. 사업자는 시간외 근로가 1개월에 100시간을 초과하고, 피로의 축적이 인정되는 근로자에게는 의사에 의한 면접지도를 해야 한다(제60조의8 제1항, 노동안전위생규칙 제52조의2). 이 면접지도는 "근로자는 … 받아야 한다"고 법 규정이 있지만(제60조의8 제2항), 실제의 절차로는 근로자가 신청하고(노동안전위생규칙 제52조의3 제1항), 사업자는 신청하도록 권장할 수 있지만(동조 제4항), 그 이상 강제할 수는 없다. 즉, 노동안전위생법에서는 근로자의 장시간 근로에 따른 건강을 확보하는 제도를 두었지만, 그 이용은 결국 근로자의 의사에 맡기고 있다.

또한 노동안전위생법을 개정해 2015년 12월부터 시행되는 '스트레스 체크제도'(제66조의10)에서는 의사의 면접지도를 받을지 여부는 스트레스 체크의 결과를 통지받은 근로자의 희망에 따른다(제66조의10 제3항).

이렇게 일반 근로자도 건강을 확보하는데 근로자의 의향이 중시되는 점을 기초로 자유로운 근무방식을 취하는 근로자의 경우에는 더욱 본인의 의향을 중시해야 한다.

또한 새로운 제도는 그 대상자를 확대하고, 실제로 구속적인 근무방식을 하고 있는 근로자에게도 적용한다는 우려도 있다. 이러한 우려는 어떻게 보면 당연하다. 하지만, 적용대상자를 법령에서 정하는 것은 현행 전문업무형 재량근로제의 문제와 같이 급변하는 산업구조나 취업조의 변화에 따라 시의적절하게 적절한 대상자를 획정할 수 있는지 의문이 든다. 오히려 법령에서 적용대상업무의 가이드라인(지침)을 마련하고, 구체적인 적용대상업무는 기업(내지 사업장)별로 노사 간의 합의로 결정해야 한다(근로자의 자율적인 근무방식과 관련해 대상근로자 본인의 동의

도 필요하다).

✎ 보론: 고도의 프로페셔널

2015년 제189회 국회에서는 개정 노동기준법안에서 '화이트칼라 이그젬션'(white-collar exemption)과 유사한 '고도의 프로페셔널 제도'(高度プロフェッショナル制度)의 신설이 주목받았다(현행 적용제외 규정인 노동기준법 제41조 뒤에, 제41조의2를 추가한다).[23]

여기서 '고도의 전문적 지식 등을 필요로 하고, 그 성질상 종사한 시간과 종사해 얻은 성과의 관련성이 통상 높지 않다고 인정되어 후생노동성령에서 정한 업무 중 근로자에게 취업하도록 하는 업무'에 대하여 노사위원회의 5분의 4 이상의 다수에 의한 의결(그 결의는 행정관청에 신고해야 한다)로 적용대상자(직무가 명확하고 일정 이상의 연수입이 있을 것), 건강관리 파악 조치, 건강확보 조치(① 종업에서 시업까지 휴식시간[근무 간 인터벌]의 확보·심야업의 제한, ② 건강관리 시간의 상한 설정, ③ 연간 104일 이상, 또한 4주에 4일 이상의 휴일을 확보하는 중의 어느 하나의 조치를 강구하는 것)를 정한 경우에, 또한 적용대상자의 서면 등에 의한 동의가 있는 경우에 근로시간과 관련된 규정(근로시간, 휴게, 휴일, 심야의 할증임금에 관한 규정)은 적용하지 않는다는 것이다.

고도의 프로페셔널 제도는 도입 요건이 엄격하고, 건강관리나 건강확보 조치의 사용자에 대한 의무화 등의 규제가 강하고, 자유로운 근무방식에는 적합하지 않는 것이 문제이다. 또한 이 제도는 기존의 '관리감독자제도'나 '재량근로제'를 존치하면서 신설하기에는 제도가 더욱 복잡해질 우려도 있다.[24] 이 제도의 도입은 백지 철회할 필요가 있다(大內 2015, 178면 이하를 참조).

---

23) <역자주> 일본에서는 미국의 '화이트칼라 이그젬션 제도'와는 구별하기로 했기 때문에 '새로운 자율적인 근로시간제도'는 이른바 '일본식으로 조정된(일본판) 화이트칼라 이그젬션'이라고 할 수 있다. 논의과정 중에서 '잔업비 제로'를 초래한다는 비판이 워낙 커서 실현되지 못하였다. 2007년 이후에 화이트칼라의 근로시간문제 등과 관련한 근로시간제도의 개혁론은 거의 논의되지 않았다.
그 후 고용분야에서는 규제강화를 중시하는 '민주당 정권'이 2009년 9월에 탄생했기에 우선 단절되었다. 다시 정부는 2014년 6월 24일 '일본재흥전략'을 각의 결정하고, 이것이 현재의 가장 새로운 정부의

2. 장소적 · 시간적으로 자유로운 근무방식으로서의 텔레워크

(1) 텔레워크란?

ICT(정보통신기술)의 발달은 장소와 시간에 관계없이 근무방식을 행할 수 있다. 이러한 근무방식의 대표적인 사례가 '텔레워크'(Telework)이다(원격근무, remote work). 텔레워크에는 근로계약을 체결하고 있는 고용근로자가 종사하는 '고용형'과, 업무도급계약 등 근로계약이 아닌 계약을 체결하고 있는 자가 종사하는 '자영(비고용)형'이 있다. 또한 광의의 텔레워크에는 '재택근무'(재택형)과, 스마트폰 등을 활용해 '사업장 밖의 근무'(모바일형)가 있다. 전자가 재택근무이다(그 밖에 '새틀라이트[satellite]형'과 같이 본사와 달리 '새틀라이트 오피스에서 일하는 유형'도 있다).

2013년 6월 14일에 정부는 '세계 최첨단 IT국가 창조선언'을 발표했다. 그

정책요강이다. 여기에서는 '시간이 아니라 성과로 평가하는 제도로의 개혁'으로서 "시간이 아니라 성과로 평가하는 근무방식을 희망하는 일꾼의 니즈에 응하기 위하여 일정한 연수입 요건(예, 적어도 연수입 1,000만 엔 이상)을 충족시키고, 직무범위가 명확하며 고도의 직업능력을 가진 근로자를 대상으로 건강의 확보나 일과 생활의 조화를 도모하면서 근로시간의 길이와 임금의 연계를 분리한 '새로운 근로시간제도'를 창설하기로 하고, '노동정책심의회'에서 검토하여 결론을 내린 후 차기 통상국회를 목표로 필요한 법적 조치를 강구한다"고 하였다. 화이트칼라 이그젬션이 드디어 입법화하기 위하여 본격적으로 시작한 것은 분명하다. 정부가 화이트칼라 이그젬션을 재량근로제와 다른 제도로 검토할 것인지는 의문도 있다. 근로시간 규제의 핵심 부분인 가산임금의 규제를 적용제외로 한다는 점에서는 화이트칼라 이그젬션, 재량근로제, 관리감독자도 하나로 통합할 수 있다. 이러한 제도들은 모두 같은 적용제외제도로 통합하는 편이 알기 쉽고, 제도의 명확성이라는 점에서도 바람직하다. 다만, 화이트칼라 이그젬션은 적용된 때의 효과로서 '야간할증임금'이나 '휴일할증임금'도 적용제외로 하는 완전한 이그젬션으로 하는 점에서 재량근로제와 구별된다.

24) <역자주> 일본에서는 2018년 6월 29일 아베노믹스 고용개혁의 핵심사항으로 '일하는 방식 개혁을 추진하기 위한 관계 법률 정비에 관한 법률안'이 정기국회를 통과하였다. 이른바 '고도 프로페셔널제도'(고프로제도)는 그 대상근로자는 연간 1,075만 엔(한화 1억 2천만 원 정도) 이상의 연봉을 받는 고도의 전문직(증권 애널리스트, 연구개발 종사자, 컨설턴트 등)이다. 다만, 제도의 실시를 위해서는 연간 104일의 휴일을 의무화함, 인터벌 조치, 1개월 또는 3개월의 회사 체류기간 등의 상한 조치, 2주간 연속휴일 확보 조치, 임시 건강진단 등의 건강 확보 조치를 취한 후 본인의 동의 및 위원회의 의결 등을 거쳐야만 한다.

중의 '고용형태의 다양화와 일과 생활의 조화(work-life balance)의 실현'의 항목에 다음과 같은 기술이 있다.

> "청년이나 여성, 고령자, 돌봄자, 장애인을 비롯한 개개인의 사정이나 업무의 내용에 따라, 클라우드 등의 IT서비스를 활용하여 외출한 곳이나 자택, 나아가 산간지역 등을 포함한 원격지 등 장소에 구애 없이 취업할 수 있게 하고, 다양하고 유연한 근무방식을 선택할 수 있는 사회를 실현하면서, 텔레워크를 사회 전체로 파급시키는 노력을 추진해 근로자의 일과 생활의 조화를 실현한다.
>
> 이를 위하여, 특히 취업 계속이 어렵게 되는 자녀 양육기의 여성이나 육아에 참가하는 남성, 돌봄을 하고 있는 근로자 등을 대상으로 주 1회 이상 종일 재택에서 취업하는 '고용형 재택형 텔레워크'에서의 근로자에게 친절한 텔레워크 추진 모델을 산업계와 연계해 지원한다. 2016년까지 그 본격적인 구축하고 보급해 여성의 사회진출이나 저출산·고령화 사회에서 노동력의 확보, 남성의 육아 참가, 일과 돌봄의 양립 등을 촉진한다.
>
> 또한 행정기관도 계속해 텔레워크를 추진하는 등 워크스타일의 변혁을 추진하는 것이 중요하다.
>
> 이러한 노력 등으로 2020년에는 텔레워크를 도입한 기업을 2012년도와 비교해 3배, 주 1일 이상 종일 재택으로 취업하는 고용형 재택형 텔레워커 수를 전체 근로자 수의 10% 이상으로 한다. 또한 이러한 노력도 포함한 여성의 취업지원 등으로 첫째 자녀를 출산한 전후의 여성의 계속 취업률을 55%(2009년에는 38.0%), 25세-44세의 여성 취업률을 73%(2011년에 66.8%)까지 높인다."

정부는 텔레워크의 효용과 보급을 위하여 강한 의욕을 보였다(2016.6.2. 각의 결정된 "일본재흥전략 2016 -제4차 산업혁명을 위하여-"(日本再興戦略2016-第4次産業革命に向けて-)'에서도 텔레워크의 추진에 대하여 언급하고 있다.

텔레워크의 현상

현상은 텔레워크가 널리 보급되고 있지 않다. 2015년 3월에 발표된 국토교통성의 「2014년도 텔레워크 인구 실태조사」(平成24年度テレワーク人口実態調査)에 따르면, 재택형 텔레워크(주에 1분 이상 자택에서 일하는 사람)는 (i) '고용형'은 2008년부터 순서대로 270만 명, 270만 명, 260만 명, 360만 명, 710만 명, 570만 명으로, 2014년에는 480만 명, (ii) '자영형'은 2008년부터 순서로 70만 명, 70만 명, 60만 명, 130만 명, 220만 명, 150만 명으로, 2014년은 70만 명이 되었다. 재택형 텔레워크는 2014년은 고용형과 자영형을 합치면 550만 명(전년의 720만 명보다 24% 감소)이다. 주 1일 이상 종일 재택으로 취업하는 고용형 재택형 텔레워크 수는 2014년은 220만 명(전년도보다 약 40만 명 감소)으로, 노동력 인구(총무성의 「노동력조사」에 따르면, 약 6,555만 명)의 약 3.4%에 그친다.

(2) 텔레워크가 가지는 가능성

텔레워크에는 일과 생활의 조화(work-life balance)의 실현, 장소의 이동이 곤란한 사람(고령자, 신체장애인, 육아나 돌봄 등 가정책임의 담당자, 지방 거주자 등)의 고용기회를 늘릴 수 있다는 장점이 있다(돌봄 이직의 방지 등의 인재의 유지[retention]로서의 효과도 기대할 수 있다). 또한 '동일본 대지진[25]의 경험'(2011.3.11.)에서 큰 자연재해시 사업의 계속 수단(BCP[Business Continuity Plan], 사업계속 계획)으로서도 텔레워크가 기대되고 있다.

아울러 텔레워크에는 근로자가 스스로 선택한 장소와 시간에서 일할 수 있다는 점에서 넓게 근로자의 근무방식에 영향을 미칠 수가 있다. 특히 산업의 정보화로 정보를 이용·활용한 지적 창조적인 일이 중요하게 되면, 근로자는 반드시 한 사업장에 모일 필요성은 없어진다. 일을 한 후에 필요한 정보 자체는 태블릿

---

25) <역자주> 동일본대지진: 2011년 3월 11일 14시 46분 일본 도호쿠(東北) 지방에서 발생한 일본 관측 사상 최대인 리히터 규모 9.0의 지진.

(tablet)이나 노트형 컴퓨터를 통하여 클라우드로의 접속으로 찾을 수 있다. 필요한 커뮤니케이션은 메일을 이용하는 것으로 충분하고, 아무래도 직접적인 대화가 필요하면 웹(WEB, World Wide Web) 회의 등을 활용하면 된다. 정보 인프라의 정비나 하드 면의 정보 기기의 생활필수품(commodity)화 등이 이러한 근무방식을 가능하게 하고 있다.

이렇게 지적 창조적인 일을 한 후에 물리적인 제약이 매우 적어지고 있는 현재 근로자에게 자신의 지적 활동을 가장 활성화할 수 있는 장소를 선택한 쪽이 생산성이 높아진다. 물론 직장에 모여서 인적으로 접촉하는 쪽이 새로운 아이디어가 넘쳐나서 창조적인 일을 할 수 있는 경우도 있다. 하지만, 이것도 이미 가상현실(VR, virtual reality)이란 기술 발전으로 해소할 가능성이 높다(가상현실[VR] 회의).

그래도 텔레워크가 보급되지 않는 배경에는 텔레워크가 시키는 일을 개발할 수 없는 기업 측의 체제가 있다. 이미 살펴본 것처럼, 일본 근로자의 전통적인 근무방식은 직무형이 아니기 때문에 직무를 분석해 어느 직무가 텔레워크에 맞는지 검토하는 작업이 늦어졌다. 하지만 앞으로는 인공지능 등의 기계와 인간 사이에서 일을 재편성하고, 일본의 정규직 중에서도 직무형의 근무방식을 행할 것이다. 이와 병행해 인간의 직무 중에서 실제의 직장과 텔레워크로 행하는 것으로 구분하는 작업을 진행할 가능성이 높다.

텔레워크를 하는 근로자는 모니터링이 곤란하고 노무관리가 어렵다는 점을 지적하는 경우도 많다. 하지만 이것도 기술의 발달로 해결할 수가 있다. 예를 들어 웹(Web)[26) 근태관리와 같이 기술은 이미 실용화되어 있다. 원래 지적 창조적인 일이라면 성과로 처우하면 된다. 이것이 근로자에 대한 규율로서 기능하기 때문에 기업이 직접 모니터링할 필요는 적어질 것이다.

텔레워크는 제4차 산업혁명 후의 사회에서는 '표준적인 근무방식'이 될 필요성이 높다. 기술적으로는 텔레워크는 이미 가능하기 때문에 후에는 '경영자의

---

26) <역자주> 웹(Web): 웹의 원래 의미는 「거미집」으로 하나의 사이트나 또는 다른 사이트와의 관계가 거미집처럼 복잡하게 얽혀 있기 때문에 웹이라고 부른다.[네이버 지식백과]

도표   일의 재편성(3) - 직장이 중앙집권형에서 분산형으로 -

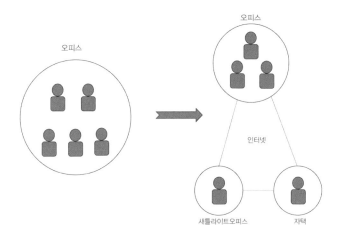

의식개혁'에 달려 있다.

(3) 텔레워크와 노동법

텔레워크라는 새로운 근무방식과 노동법은 어떠한 관계인가? 적어도 노동법이 탄생한 요인이었던 근로자의 종속성은 텔레워크에는 희박하다. 기업이 지휘감독하는 정도가 약하게 되고, 장소적 구속성이나 시간적 구속성도 약하다. 이러한 특징을 가진 텔레워크는 노동법의 역사에서 보면, 이상적인 근무방식이다. 텔레워크를 적극적으로 추진해야 할 이유는 충분히 있다.

노동법 연구자가 텔레워크에 관심이 크지 않았다. 왜냐하면 텔레워크는 비고용형 형태가 많았던 점과도 밀접한 관련이 있다. 가계보조적으로 내적 근무방식을 연결하는 이미지가 있고(제정법이라면 가공업 등의 영세사업자에 대한 적용을 상정한 「가내노동법」의 이미지이다),[27] 대규모 공장에서 종속근로에 종사하는 전형적인 근로자와 관련이 적은 존재로 중요한 연구의 대상이 되지 않았다.

하지만 향후 앞에서 언급한 것처럼 텔레워크가 표준적인 근무방식이 될 것이다. 즉 네트워크를 활용해 장소에서도 자유롭게 지적 창조의 일에 종사한다는 근무방식이 주류가 된다. 여기서는 비고용형의 텔레워크가 중심이 될 것이며, 노동법학에서도 이제는 무관심할 수가 없다.

한편, 고용형의 텔레워크에 노동법의 규제를 전면적으로 적용하지만, 이 근무방식에 특성을 고려해야 한다.

특히 재택형의 텔레워크와 근로시간 규제의 관계가 문제된다. 이미 후생노동성은 "사업주가 근로자의 사생활에 함부로 개입해서는 안 되는 자택에서 근무를 하고, 근로자의 근무 시간대와 일상생활 시간대가 혼재하는 근무방식이어서 일정한 경우에는 근로시간을 산정하기 어려운 근무방식으로 노동기준법 제38조의2에서 규정하고 있는 사업장 밖의 간주근로시간제… 를 적용할 수 있다"고 한다 (「정보통신기기를 활용한 재택근무의 적절한 도입 및 실시를 위한 가이드라인」(情報通信機器を活用した在宅勤務の適切な導入及び実施のためのガイドライン).

노동기준법 제38조의2(사업장 밖의 근로간주제)란 업무의 성질상 취업 장소가 고정되지 않은 외근의 영업이나 취재 등의 사업장 밖의 근로(혹은 통상 취업 장소가 고정되어 있지만, 출장 등으로 일시적으로 사업장 밖에서 일하는 경우도 포함된다)에 대하여 실근로시간에 의하지 않고, 근로시간 간주제를 적용한다(마찬가지의 특별한 룰은 본장 1.(4)에서 살펴본 '재량근로제'에서도 적용된다).[28]

---

27) <역자주> 「가내노동법」의 적용을 받는 '가내근로자'는 타인(제조업자 또는 소개인)으로부터 도구와 원자재 등을 제공받고 그 작업지침에 따라 자기 집 또는 자기가 선택한 작업장에서 자기가 선택한 시간에 작업을 하고 그 실적에 따라 보수(가공임)를 받는 자를 말한다. 대개는 가정 내의 노인, 주부, 연소자 등에 의하여 가계 보조적으로 이루어지는데, 이는 일반적으로 저임금과 장시간 근로를 초래할 수 있어 이에 대한 법적 보호가 필요하다는 입장도 있다. 일본은 「가내노동법」이 있지만, 한국은 없다.

28) <역자주> 사업장이 근로간주제도는 취재기자, 외근영업사원, 출장 등의 경우이다. 이 제도는 근로시간의 산정이 어려운 사업장 외 근로에 대하여 그 산정의 편의를 도모하는 것으로 재량근로제와는 별개의 독자적인 간주제이다. 가능하면 간주근로시간수를 실제의 근로시간수에 근접하게 하도록 간주하는 방법이 규정되어 있으며, 사업장의 노사협정에 의한 간주를 하는 경우에도 간주근로시간수는 실제의 근로시간수에 근접하게 하여 협정하는 것이 필요하다. 실제로는 해당 간주제를 취하게 된 근로자의 경제적 대우의 균형에서 판단한다.

노동기준법 제38조의2에서는 "근로자가 근로시간의 전부 또는 일부를 사업장 밖에서 업무에 종사한 경우에 근로시간을 산정하기 어려운 경우에는 소정 근로시간을 근로한 것으로 본다"(제1항)고 규정하고, 그 업무를 수행하기 위하여 통상적으로 소정 근로시간을 초과하여 근로할 필요가 있는 경우에는 그 업무의 수행에 통상 필요한 시간을 근로한 것으로 본다(제2항).²⁹⁾ 이 후자의 간주시간은 근로자의 '과반수대표'와 사용자와의 '노사협정'에서 결정할 수 있다.³⁰⁾

즉, 사업장 밖 근로에 따라 '근로시간을 산정하기 어려운 경우'에는 실근로시간과는 다른 간주근로시간을 적용할 수가 있다.

이 규정의 적용상 하나의 문제점은 자택을 사업장의 내부인지 외부인지가 문제된다. 행정해석에서는 '사업'이란 "공장, 광산, 사무소, 점포 등과 같은 일정한 장소에서 서로 관련되는 조직 하에서 업(業)으로 계속적으로 행해지는 모든 작업을 말한다."(1947.9.13. 基発 17호 등). 또한 장소적으로 분산되어 있어도 출장소나 지점 등에서 규모가 적고, 조직적 관련이나 사무능력을 고려해 하나의 사업이라는 정도의 독립성이 없는 경우는 직근 상위(直近上位, 바로 가까운 위)의 기구(機構)와 한꺼번에 하나의 사업으로 다룬다(같은 통달).

어느 경우든 자택을 독립 사업장으로 판단하는 것은 곤란하고, 사업장 밖으로 볼 것인지, 직근 상위의 사업장의 일부로 볼 것인지 어느 하나가 된다. 앞에서 언급한 가이드라인에서는 사업장 밖으로 보고 있는 것 같다(새틀라이트형의 텔레워크에서는 '새틀라이트 오피스'가 독립된 사업장으로 간주될 가능성도 있다).

문제는 사업장외 근로의 근로시간제를 적용하기 위해서는 '근로시간을 산정

---

29) <역자주> 한국 근로기준법 제58조(근로시간 계산의 특례) 제1항에서 "근로자가 출장이나 그 밖의 사유로 근로시간의 전부 또는 일부를 사업장 밖에서 근로하여 근로시간을 산정하기 어려운 경우에는 소정근로시간을 근로한 것으로 본다. 다만, 그 업무를 수행하기 위하여 통상적으로 소정근로시간을 초과하여 근로할 필요가 있는 경우에는 그 업무의 수행에 통상 필요한 시간을 근로한 것으로 본다"고 규정해, 같은 법규정을 가지고 있다.
30) <역자주> 한국 근로기준법 제58조(근로시간 계산의 특례) 제2항에서 "제1항의 단서에도 불구하고 그 업무에 관하여 근로자대표와의 서면 합의를 한 경우에는 그 합의에서 정하는 시간을 그 업무의 수행에 통상 필요한 시간으로 본다"고 규정하고 있다.

하기 어려운' 경우이어야 한다는 것이다. 통달에 따르면, ① 해당 업무가 기거침식(起居寢食)31) 등 사생활을 영위하는 자택에서 이루어질 것, ② 해당 정보통신기기가 사용자의 지시에 따라 상시 통신을 할 수 있는 상태에 두는 것으로 되어 있지 않을 것, ③ 해당 업무가 수시로 사용자의 구체적인 지시에 의하여 이루어지고 있지 않을 것 등의 요건을 충족하고 있으면, 간주근로시간제를 적용해도 좋다고 한다.

하지만, "근로계약에서 오전 중 9−12시를 근무시간으로 본 후, 근로자가 기거침식 등 사생활을 영위하는 자택 내에서 일을 전용으로 하는 개인실을 확보하는 등 근무시간대와 일상생활 시간대가 혼재하는 일이 없는 조치를 강구하는 취지의 재택근무에 관한 결정이 이루어지고, 해당 조치 하에서 수시로 사용자의 구체적인 지시에 따라 업무가 행하는 경우에 대해서는 근로시간을 산정하기 어렵다고는 말하기 어렵고, 사업장외 근로에 관한 간주근로시간제는 적용되지 않을 것이다."(2004.3.5. 基発 0305001호 '정보통신기기를 활용한 재택근무에 관한 노동기준법 제38조의 2의 적용에 대하여', '정보통신기기를 활용한 재택근무의 적절한 도입 및 실시를 위한 가이드라인'[2004.3.5. 基発 0305003호, 2008.7.28. 基発 0728001호에서 개정]도 참조).

원래 오늘날의 텔레워크에서는 앞에서 언급한 것처럼, 기업으로부터 웹(WEB)상 근태관리를 하는 것이나 업무의 진행상황을 수시로 파악하는 것이 기술적으로 가능하다. 그렇게 되면, '근로시간을 산정하기 어렵다'고 할 수 있는 경우는 매우 한정될 것이다. 요컨대, ICT(정보통신기술)의 발달은 재택에서 근무에 대해서도 기업의 컨트롤을 쉬운 것으로 만들고, 이에 간주근로시간제를 적용하기 어려운 상황이 발생하고 있다.

모바일형의 텔레워크는 전형적인 사업장외 근로일 것이지만, 역시 재택형과 비슷한 이유로 오늘날에는 '근로시간을 산정하기 어려운 경우'에는 거의 해당하지 않을 것이다.

---

31) <역자주> 먹고 자고 하는 따위의 일상적인 생활을 함, 잠자는 일과 먹는 일.

사업장 밖의 근로의 최근 판례

최고재판소는 '근로시간을 산정하기 어려운 경우'인지 여부는 업무의 성질, 내용이나 그 수행의 양태, 상황 등 기업과 근로자 사이의 업무에 관한 지시나 보고의 방법, 내용이나 그 실시 양태, 상황 등을 보아 판단하였다. 문제가 된 '해외투어의 안내가이드'(파견근로자)의 경우 여행 일정이 구체적으로 확정되어 가이드 일보(日報, 나날의 보고)에 따라 업무이행의 양태 등을 확인할 수 있어 '근로시간을 산정하기 어려운 경우'에 해당하지 않아 노동기준법 제38조의2(사업장외 근로간주제도)의 적용을 부정하였다(阪急トラベルサポート事件 · 最2小判 2014.1.24. [最重判 101 事件]).[32]

최고재판소의 판단에서 보면, 동조의 적용범위는 그렇게 넓지가 않다. 또한 객관적으로는 근로시간을 관리할 수 있지만, 기업 측이 스스로 근로시간을 관리하지 않으려고 해서 근로시간을 산정하기 어려운 경우에는 같은 조의 적용을 부인하는 것으로 해석해야 한다.

　앞에서 언급한 근로시간의 관리와의 관계에서 검토할 것은 ICT의 발달로 근로시간을 관리하기 쉽게 된다는 것은 '근로자의 프라이버시(사생활보호) 문제'도 발생한다는 것이다.

　근로시간 간주제가 적용되지 않을 경우에는 특히 실근로시간을 관리할 필요성이 높아진다(근로시간의 관리에 대해서는 「근로시간을 적정하게 파악하기 위해 사용자가 강구해야 할 조치에 관한 기준에 대하여」(労働事件の適正な把握のために使用者が構ずべき措置に関する基準について) 2001.4.6. 基発 339호를 참조). 예를 들어 법정근로

---

32) 당해 사건의 판례 내용을 보면, 여행회사의 기획 · 행사를 주최하는 국내 또는 해외여행을 위하여 파견업자로부터 파견된 투어가이드의 수행업무의 수행에 대하여 가이드는 여행회사로부터 각 투어의 출발에서 도착까지 상세한 여정과 그 관리 방법을 지시받고, 가능하면 준수하지 해야 하며, 실제 여정에 대해서도 수행보고서에 상세하게 기재해 제출해야 하는 점, 해외투어의 경우는 국제통화를 할 수 있는 휴대전화를 휴대하여 여정 변경 등에는 여행회사로의 연락 · 상담을 필요하다고 보여지는 점 등은 '근로시간을 산정하기 어려울 때'라고 할 수 없다고 판단하고 있다.

시간을 초과하는 시간외 근로에는 할증임금을 지급할 필요가 있고, 장시간 근로의 경우에는 '의사의 면접지도' 등의 제도도 적용하고 있다.

원래 향후 텔레워크를 보다 활용하도록 하려면 시간상 자유로운 근무방식의 취지를 살리고, 근로시간의 관리 자체가 필요한지 여부도 검토할 필요가 있다.

확실히 텔레워크를 단순히 근무장소를 자택만이라면, 오히려 근로가 장시간이 되거나 근로의 강화로 이어질 위험이 있다. 이러한 경우는 현재의 근로시간 규제를 적용하고, 장시간 근로 등으로 건강 장애가 일어나지 않도록 대책을 세울 필요가 있다.

그러나 텔레워크에서 단순히 장소만이 아니라, 시간상 자유로운 근무방식도 기대한다. 이러한 텔레워크라면, 그 근무방식에 적합한 근로시간 규제를 적용할 필요가 있다. 전문업무형이나 기획업무형의 재량근로제에 해당한다면, 또 다른 하나의 간주 근로시간을 적용할 수 있다(노동기준법 제38조의3, 제38조의4). 이때에는 심야근로 및 휴일근로의 할증임금을 적용한다(동법 제37조). 기업이 그 부담을 싫어해 심야 취업이나 휴일 취업을 금지하면, 오히려 텔레워커는 일하기 어려워질 것이다(예를 들어 점심시간에는 자녀를 보살펴야 함으로 밤에만 제대로 일을 하려고 생각하는 텔레워커도 있다).

텔레워크가 지적 창조적인 근무방식의 전형적인 사례라면, 이번 제6장 1.(지적 창조적인 근무방법과 근로시간규제)에서 살펴본 것처럼, '화이트칼라 이그젬션'이야 말로 가장 적절한 근로시간제도가 될 것이다.

✎ **보론: 고용형 텔레워크에 대한 노동법의 적용**

본문에서 언급한 것 이외에도 노동법규의 적용상 주의할 점이 있다.

첫째, 사용자는 근로계약을 체결할 경우에 근로조건을 명시해야 하고(노동기준법 제15조), 거기에서 명시해야 할 근로조건에는 취업 장소도 있다(노동기준법 시행규칙 제5조 제1항 1의 3호), 재택형 텔레워크라면 취업장소를 '**근로자의 자택**'으로 명시할 필요가 있다.

또한, 근로조건을 기재한 취업규칙에는 "상시 각 작업장의 보기 쉬운 장소에 게시하거나 비치할 것, 서면을 교부할 것, 그 밖의 후생노동성령에서 정하는 방법으로 근로자에게 주지시켜야 한다"(노동기준법 제106조 제1항). 하지만, 재택 텔레워커에 대한 그 주지방법을 연구할 필요가 있다.

둘째, 재택 근무자도 건강진단을 받아야 한다(노동안전위생법 제66조 제1항). 텔레워커의 건강을 유지하려면, 특히 「VDT[33]작업」에 있어 노동위생관리를 위한 가이드라인」(VDT作業における労働衛生管理のためのガイドライン)(2002.4.5. 基発 0405001호)을 제정하고 있다.

부상이나 질병이 있으면 산재보험을 적용하고(사적 행위가 원인인 경우는 제외), 기업은 안전배려의무도 지우고 있다(노동계약법 제5조.[34] 다만 기업의 시야가 미치기 어려운 장소에 취업함으로 근로자의 과실 등에 따라 기업 책임을 경감할 수 있다).

셋째, 최저임금은 사업장이 있는 지역의 것이 적용된다. 그러나 도도부현 최저임금은 '지역에서 근로자의 생활비'도 고려해 결정하기 때문에(최저임금법 제9조 제2항), 그 근로자가 생활하는 지역의 최저임금을 적용해야 할지도 모른다. 도쿄에 사업장이 있지만, 텔레워크의 장소가 지방인 경우에 물가수준이 크게 상이한 도쿄의 최저임금을 적용하는 것은 타당하지 않다. 이 점은 입법론으로 개선할 여지가 있다.

3. 소결

산업의 발전에 유명한 '페티 클라크 법칙'(Petty—Clark's law)[35]이 있고, 농

---

33) <역자주> video display terminal(영상 표시 단말기).

34) <역자주> 일본 노동계약법 제5조(근로자에 대한 안전배려) 사용자는 근로계약에 동반하여 근로자가 그 생명, 신체 등의 안전을 확보하면서 근로할 수 있도록 필요한 배려를 하여야 한다.

35) <역자주> 페티클라크의 법칙(Petty—Clark's law): 경제발전의 사다리 법칙, 농업 ·제조업 ·상업의 순서로 수익이 높다고 한 W.페티의 이론을 바탕으로 하여, C.G. 클라크가 국민소득의 국제비교 또는 시계열 비교를 통해 실증적으로 밝힌 노동력 구성비에 의한 산업구조 변화의 통계적 법칙. 통계학 및 경제학의 선구자인 영국의 페티는《정치산술 Political Arithmetic》(1690)을 통해 농업보다 제조업이, 또 제조업보다는 상업의 이득이 많다고 했다. 그 후 영국의 경제학자 클라크는《경제진보의 제조건 The Conditions of Economic Progress》(1940)에서 경제진보의 중요한 부수 현상으로서 노동력 인구가 농업에서 제조업으로, 다시 제조업에서 상업으로 이동하는 경향에 관해 서술하고, 그것은 시계열/크로스 섹션적으로 세계 대부분의 국가에 타당한 법칙이라고 논정하면서, 19세기 후

림·수산업 등으로 구성되는 제1차 산업에서 제조업이나 건설업 등으로 구성되는 제2차 산업, 상업이나 서비스업 등의 제3차 산업의 순서로 발전한다고 한다. 제1 차 산업혁명은 산업구조를 제1차 산업을 중심에서 제2차 산업을 중심으로 전환시 켰다. 오늘날에는 제3차 산업이 중심이다.

일본에서도 현재 산업의 중심은 제3차 산업이다. 제3차 산업은 GDP(국내총 생산)의 74%를 차지하고 있다. 또한 총무성의 「2010년 국세조사」(平成22年 国勢調 査)에 따르면, 제3차 산업은 노동력 인구의 70.6%를 차지하고 있다(제2차 산업은 25.2%).

제3차 산업(서비스 산업)의 특징은 제공된 서비스의 무형성과, 생산과 소비의 동시성에 있다. 일본은 제조업을 특기로 하여 고용시스템도 이에 적합한 정규직 제도를 구축해 제3차 산업이 중심이 됨으로 산업경쟁력을 잃어왔다.

이러한 중 제4차 산업혁명에서 발생하는 빅데이터와 인공지능을 활용한 새 로운 산업에서는 종전의 서비스산업과는 다르게 신기술을 어떻게 활용해 '이노베 이션'(혁신)과 '진전'(break through)를 도모하는 지적 창조성이 중요한 의미를 가 진다(예를 들어, 최근 유행한 '포켓몬GO'36)의 가치에 중요한 부분은 포켓몬이라는 애니메 이션의 캐릭터를 AR(증강현실, 확장현실) 등의 최신 기술로 편성한다는 창조적인 아이 디어에 있다).

반의 각국 통계를 수집하여 상세한 실증분석을 하였다. 그것은 농업의 상대 소득격차가 산업 간의 노동이동을 야기해 노동력 비율을 저하시키는 과정을 나타내고 있다고 할 수 있다. 또한 국제비교의 편의상 A.G.B.피셔가 처음 제시했던 산업을 제1차·제2차 및 제3차로 구분하는 방법은 그 후 널리 사용되고 있다.

36) <역자주> 포켓몬 고(Pokemon Go): 닌텐도 자회사인 포켓몬컴퍼니와 미국의 증강현실 소프트웨 어 개발사인 나이앤틱이 공동 제작하였다. 1996년 닌텐도가 출시한 게임 <포켓몬스터>에 구글맵 스와 위성위치확인시스템(GPS), 증강현실(AR)을 결합시킨 모바일 위치기반(LBS) 증강현실(AR) 게 임. 게임의 기반이 된 증강현실(AR, Augmented Reality)은 현실에 가상의 이미지나 정보를 덧입혀 보여주는 기술로, 은 기술을 이용해 실사 화면에 애니메이션 캐릭터인 포켓몬을 3차원으로 겹쳐 보 여 준다. 게임은 구글 지도와 GPS를 기반으로 하므로 거주하는 국가와 지역, 이동 경로 등이 게임에 그대로 적용된다.[네이버 지식백과]

이러한 새로운 산업에서 요구되는 근무방식은 종전의 노동법이 상정한 근무방식과는 매우 다른 것이다. 노동법은 원래 제2차 산업에서 기업의 지휘감독 하에서 시간적·장소적으로 구속된 근무방식을 하는 자의 종속 상황에 착안해, 이러한 근로자의 보호를 목적으로 탄생해 발전해 왔다. 반면에 새로운 근무방식은 지적 창조적인 성과를 올리기 위해 기업은 지휘감독을 하거나 시간적, 장소적으로 구속해 일하게 할 필요성이 없다.

이러한 근무방식에서는 근로자가 구속적인 근무방식을 전제로 법정근로시간을 초과하는 시간외 근로에 할증임금을 지급하도록 의무화하는 현행 근로시간 규제는 적합하지 않다. 근로자가 자유롭게 지적 창조적인 일에 종사하고, 보수는 성과에 의한 지급(그 구체적인 제도설계는 각 기업에서 연구해야 한다)을 관철시키려면 현행 근로시간 규제를 적용제외하고, 새로운 근로시간 규제로서 '화이트칼라 이그젬션'(white collar exemption, 근로시간 적용제외)[37]을 도입할 필요가 있다.

게다가 '텔레워크'는 이러한 자유로운 근무방식을 실시하는 방법으로 주목받고 있다. 텔레워크의 장점으로는 지적 창조적인 근무방식만이 아니라, 일가정의 양립(work-life balance)의 실현, 다양한 이동이 어려운 자에 대한 고용기회의 확대 등도 있다. 텔레워크의 도입으로 법적 장애는 거의 없고, 오히려 기업의 신기술을 이용해 텔레워크제도의 장점(생산성의 향상 등)을 충분하게 살리기 위한 '의식개혁'이야 말로 중요하다.

---

37) 오오우치 신야(大內伸哉)(이승길 역), 근로시간제도개혁, 박영사, 2017, 191-214면(제8장 새로운 근로시간제도를 위한 제언) 참조.

자영적 취업
- 노동법의 뉴 프런티어 -

제7장

자영적 취업 - 노동법의 뉴 프런티어 -

1. 자영적 취업은 왜 증가하는가?

본서에서 지금까지 살펴본 것처럼, 인공지능(AI)나 로보틱스의 발달은 종전의 인간의 노동이 지적노동이든 육체노동이든 정형적인 것이라면 점차 빼앗아 간다. 정규직의 일도 동일하다. 정형적인 일밖에 할 수 없는 정규직은 잠재적인 정리해고의 요원(이른바 '침묵의 해고'가 되는 상황)이고, 또한 완전히 기계로 대체하는일은 애당초 비정규직으로도 고용될 기회를 잃고 있다.

한편, 기업의 입장에서 중요한 것은 인간에게 시키는 일과 기계에게 시키는일을 정확하게 분리하는 것이다. 이것은 매니저 층에게 중요한 일이다(이러한 매니저의 일은 인공지능으로 대체하기 어려울 것이다).

이러한 일을 재편성한 결과, 인간의 일로 남는 것은 비정형적이면서 인공지능으로 대처할 수 없는 (혹은 인공지능으로도 할 수 있지만 인간이 보다 잘할 수 있는)일, 혹은 인공지능 등의 신기술을 활용하는 부분의 일이다. 비정형적이거나 신기술을 활용하는 일에서 고부가가치를 창출하기 위하여 필요한 것은 인간 한 사람한 사람의 '지적 창조성'이다. 지적 창조적인 근무방식에는 개개인이 자유롭게 그 지성을 활용하기 쉬운 환경이 필요하다. 시간이나 장소의 제약을 없앨 수 있는 ICT(정보통신기술)의 발달은 이러한 근무방식을 실현하는 것이다. 그 대표적인 근무방식이 앞의 제6장(지적 창조적인 근무방법을 향한 개혁)에서 살펴본 '텔레워크'(Telework)이다.

　이러한 근무방식에서는 직무를 특정하고, 그 직무에서 프로의 기능이 필요하게 된다. 이러한 인재는 더 이상 기업이 정규직으로 확보해 둘 존재가 아니다. 이 말은 정규직제도는 앞의 제4장(정규직론－제2의 노동법)에서 살펴본 것처럼, 기업 내 육성이나 교육훈련과 세트로 장기 근속을 전제한 것이었다. 그런데, 오늘날 기술 발달의 속도는 빠르다. 기업 내 교육훈련으로 대응하는 것보다도 외부 노동시장에서 기업이 필요에 따라 적시에 조달하는 편이 효율적이기 때문이다. 이렇게 기업은 일정한 업무에 대해서는 외부 인재를 일시적으로 활용하거나(전문적인 업무의 파견근로자 등), 기간을 한정해 내부화(고도 전문직의 유기고용근로자 등)함으로써 기업 내에 잉여 인원을 안고 있는 위험을 가능하면 회피해 왔다. 최근에는 업무 자체를 외부로 반출(외부화), 즉 '아웃소싱'[1]을 실시하고 있다.

　기업이 이러한 인사전략을 갖추게 되면, 기업에 고용되는 인재는 줄어들고(매니저 층도 위임계약이나 도급계약 등의 비고용계약을 체결할 가능성이 커질 것이다), 다양한 기능을 가지고 기업이나 개인과 계약을 체결하고, 자신의 전문가로서 기능을 제공하는 자영적 근무방식을 확대해 갈 것이다. 앞에서 언급한 것처럼, ICT(정보통신기술)의 발달은 이러한 근무방식의 환경을 급속하게 정비하고 있다. 그중에서도 최근에 '크라우드 워크'(crowd work)가 주목받고 있다.

---

1) <역자주> 아웃소싱(Outsourcing): 기업 내부의 프로젝트나 활동을 기업 외부의 제삼자에게 위탁하여 처리하는 일. 핵심 사업에 주력하고, 부수적인 업무는 외주(外注)에 의존해서 경쟁력을 높이고자 하는 데 있다.

도표 7-1   일의 재편성 (4) - 조직 내 거래에서 시장거래로 -

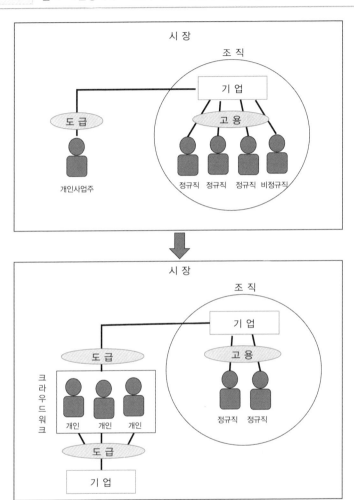

📝 보론: 조직과 시장

기업이 노동력을 이용하는 방법에는 (ⅰ) 외부시장으로부터 현장(spot)에서 계약을 체결하는 것(시장거래)과, (ⅱ) 기본계약을 맺어 내부에서 채용하고 나중에는 지휘명령으로 노무를 제공하는 것(조직 내 거래)이 있다. 전자는 도급계약(민법 제632조[2] 이하), 준위임계약(민법 제656조,[3] 제643조[4] 이하), 또는 이와 유사한 무명계약이 있다. 후자는 고용계약(민법 제623조[5] 이하) 내지 근로계약이다.

경제학에서 '코즈(Coase) 이론'[6]에 따르면, 거래 비용이 들지 않는다면, 시장거래에 맡겨 두면 효율을 달성할 수 있다. 하지만 실제로는 계약에는 불완비성이 있고, 계약시에 합의된 내용대로 계약을 시행(enforcement)하는 것이 어려운 등 거래비용(cost)이 들어 비효율이 생긴다. 그렇기 때문에 기업은 고용계약으로 근로자를 조직 내부에서 채용하려고 한다(江口 2007, 39면).

그러나 조직에 채용해 고용관계가 성립되면, 이에 동반하는 다양한 비용(할증임금, 사회보험의 비용 등)이 든다. 특히 일본형 고용시스템에서는 기업의 지휘명령으로 근로자를 활용한다고 해도 교육훈련비용이 들고, 끊임없는 기술 발전에 따른 대응을 기업 스스로 책임지는 위험이나, 경기 후퇴기에 잉여 인원을 안고 있을 위험도 있다.

따라서, 지금까지는 일본의 우수한 인재는 고용 안정을 찾아 정규직의 고용계약을 선호해 왔기 때문에 일본 기업은 노동력에 대해서는 시장거래를 거의 활용하지 않았다. 하지만 향후 일본의 청년도 종신고용의 붕괴에 직면해 정규직의 고용계약을 그 정도로 기대하지 않을 것이다. 그렇게 되면, 기업도 시장거래를 늘릴 필요가 있다.

---

2) <역자주> 일본 민법 제632조(도급) 도급은 당사자 일방이 어느 일을 완성할 것을 약정하고, 상대방이 그 일의 결과에 대하여 보수를 지급할 것을 약정함으로써 그 효력이 생긴다(=한국 민법 제664조[도급의 의의]).

3) <역자주> 일본 민법 제656조(준위임) 이 절의 규정은 법률행위가 아닌 사무의 위탁에 대하여 준용한다(=한국 민법 제680조 참조).

4) <역자주> 일본 민법 제643조(위임) 위임은 당사자 일방이 법률행위를 하는 것을 상대방에게 위탁하고 상대방이 이를 승낙함으로써 그 효력이 생긴다(=한국 민법 제680조[위임]) 위임은 당사자 일방이 상대방에 대하여 사무의 처리를 위탁하고 상대방이 이를 승낙함으로써 그 효력이 생긴다).

5) <역자주> 일본 민법 제623조(고용) 고용은 당사자 일방이 상대방에 대하여 노동에 종사할 것을 약

2. 크라우드 워크

(1) 크라우드 소싱

크라우드 워크(crowd work)는 비고용형의 텔레워크의 일종이다. 기업 측에서 본 '크라우드 소싱'(crowd sourcing)이라는 표현이 통상 자주 사용되고 있다.

크라우드 소싱은 인터넷을 통하여 불특정한 다수의 크라우드(대중)를 위하여 업무를 위탁하는 것이다. 이것의 특징은 특정한 사업자에 대한 외부위탁인 '아웃소싱'(outsourcing)과는 달리, 불특정한 다수에게 특정한 업무(직무)를 발주하는 점에 있다. 기업이나 개인이 불특정한 다수의 대중에게 업무를 주문하고, 거기에서 조건이 합치된 자(크라우드 워커)와 '업무위탁계약'을 맺는 것이 크라우드 소싱의 전형적인 패턴이다.

크라우드 소싱을 거래하는 무대인 '인터넷'에는 국경이 없기 때문에 노동력을 글로벌하게 거래할 수 있다. 특히 인공지능은 멀지 않은 미래에 기계번역 기술을 가질 것으로 예상된다. 이러한 기술을 활용하면 언어 차이에 의한 장애물도 극복할 수 있다. 기업은 세계로 발주를 하고, 가장 좋은 조건을 제시하는 크라우드

정하고, 상대방이 이에 대하여 보수를 줄 것을 약정함으로써 그 효력이 생긴다; 한국 민법 제656조 (고용의 의의) 고용은 당사자 일방이 상대방에 대하여 노무를 제공할 것을 약정하고, 상대방이 이에 대하여 보수를 줄 것을 약정함으로써 그 효력이 생긴다

6) <역자주> 코즈 이론(Coase Theorem): 이 이론은 미국 경제학자 로널드 코즈가 1937년 발표한 논문 '기업의 본성'(the nature of the firm)에서 처음으로 제기했다. 코즈의 정리는 부정적 외부 효과 외 긍정적 외부 효과도 작동하며, 협상 등에 필요한 거래비용이 크거나 이해 당사자가 많으면 협상이 이루어지기 힘들어진다. 또한 외부 효과를 일으키는 행위에 대한 법적 권리가 누구에게 있는지에 상관없이 협상을 통해 모든 사람이 이득을 얻을 수 있도록 진행되어 시장은 효율적인 결과에 도달할 수 있다. 이것은 이후 정부규제에 대한 내용으로 발전하여 '법경제학'의 발전에 큰 공헌을 세웠다. 소유권이 적절하게 확립돼 있다면 이해 당사자들 간의 거래를 통해 경제적으로 효율적인 해결책을 찾을 수 있다. 따라서 환경오염 등 외부성이 야기하는 문제나 공유 자원 관리 실패 등을 바로잡기 위해 정부가 나설 필요가 없다. 코즈의 정리가 가진 약점은 실현 가능성이다. 시장 실패가 발생하는 상황 가운데 상당수는 거래비용이 높거나 이해 당사자들 간의 정보가 불명확하다. 코즈는 이 이론을 정립한 것에 대한 공로를 인정받아 1991년 노벨경제학상을 받았다.[네이버 지식백과]

워커와 계약을 체결하고, 개인도 크라우드 워커로서 세계 속의 동업자와 경쟁하는 것이다.

크라우드 소싱이나 아웃소싱 등의 외부 노동력을 이용하는 사례에서는 발주기업이 근로자파견과 같이 직접 지휘명령할 수 없기 때문에 텔레워크에서도 지적한 것처럼 '모니터링 문제'가 있다고 보아 왔다. 하지만 크라우드 워크는 일의 결과(성과)에 따라 보수를 지급하는 계약이다. 이 때문에 지휘감독에 의한 규율은 필요 없고, 보수로 성과를 엄격하게 점검하면 충분하다. 반대로 말하면, 이러한 성과를 점검할 수 없는 업무나 직무는 크라우드 소싱에는 맞지 않는 것이다.

(2) 크라우드 워크를 둘러싼 법적 문제

법적으로는 업무위탁계약을 체결하고 있어도 당연히 노동법이 적용되지 않는 '비(非)근로자'로 보는 것이 아니고, 취업실태를 보고 사용종속관계가 확인되면 '근로자'로 본다(이른바 '위장자영업자'). 오늘날 크라우드 워크의 취업실태에서 문제점을 지적하는 경우가 늘어나고 있다. 하지만, 이러한 경우의 크라우드 워커는 실제로는 근로자로 노동법을 적용해 해결할 수 있는 경우도 많다.

크라우드 워크는 인터넷으로 업자(플랫포머[platform]라고도 한다)가 중개하는 경우도 많다. 중개해 기업에게 근로자를 소개하면 '직업소개'가 되고, 사업 허가가 없으면 '직업안정법 위반'이 된다.

용어해설: 플랫포머

'플랫포머'(platform)라는 단어는 통상 크라우드 워크분만 아니라 비즈니스 전반에 폭넓게 이용된다.

IT가 고도로 발달한 현대에 하나의 비즈니스 모델로서 아마존(Amazon)이나 구글(Google)과 같은 플랫폼형의 경영이 커다란 성공을 거두고 있다. 여기서 '**플랫폼**'(platform)이란 많은 기업이 모여서 비즈니스를 펼치는 '장소'를 말한다.[7] 예를 들어, 아마존은 자신은 제품을 팔지 않고, 인터넷상에 '판매 장소'를 개설할 뿐이다. 여기서 제품을 판매하는 기업과 구매하는 소비자가 찾아와서 많은 정보를 제공한다. 이 정보가 데이터로 가치를 가지고, 다음의 비즈니스를 전개하는데 참고가 된다. 정보에 가치가 있는 시대에는 정보를 어떻게 수집·분석하고, 새로운 제품이나 서비스를 전개할 것인지가 비즈니스에서 중요하다. 아마존이나 구글도 많은 기업이 참가하도록 인공지능의 기계학습 프로그램을 무상으로 제공하고 있다. 그런데, 정보를 수집할 수 있으면 수지가 충분하게 맞을 것이다.

플랫폼형 비즈니스가 확대되면, 영세한 개인사업자라도 플랫폼을 활용해 비즈니스를 전개할 가능성이 확대된다.[8] 이러한 한편으로 거대한 이익은 선행한 플랫포머가 독점하여 가로챈다는 구조도 생긴다(이러한 이유로 「독점금지법」[공정거래법] 문제 등도 생기고 있다).

플랫폼과 같은 인프라의 정비는 경제학에서 말하는 공공재의 요소가 있고, 민간 기업이 투자하는 것이 어렵다(투자를 하더라도 충분한 수익을 회수할 수 없다). 일본 경제를 위하여 어떠한 플랫폼 전략이 필요한 것인가는 민간과 함께 진지하게 검토할 필요가 있다(柳川 2016).

---

7) <역자주> 플랫폼: plat(평평한)+form(모습)의 합성어, 본래 기차역의 승강장, 무대, 놀이터, 그릇 등의 비유적 의미로 확대 사용하다가 특정한 행동이나 일을 하는 장(場)을 의미한다. 현재는 일반적으로 다양한 상품을 생산·소비하는 경제활동에 사용되는 제품·서비스·자산·기술·노하우 등의 모든 형태에 대한 일종의 '토대'를 의미한다.

8) <역자주> 긱 이코노미 부상 및 플랫폼 노동의 등장: (i) 긱 이코노미 부상: 긱(Gig)은 소규모 회장에서의 연주회를 의미한다. 긱은 1920년대 미국의 재즈 공연장 부근에서 단기계약으로 연주자를 필요에 따라 섭외해 공연한 데서 유래한다. 긱 이코노미는 기업이 필요에 따라 단기 계약직이나 임시직으로 인력을 충원하고 대가를 지불하는 형태의 경제를 말한다. 과거에는 프리랜서와 1인 자영업자를 포괄했지만, 최근에는 온라인 플랫폼 업체와 단기 계약형태로 서비스를 제공하는 공급자를 의미한다. 미국 상무부는 긱 이코노미란 모바일 앱이나 인터넷 접속이 가능한 IT기기를 활용한 P2P 거래, 플랫폼의 신뢰도 제고를 위해 공급자와 수요자를 상호 평가할 수 있는 시스템 보유, 서비스 공급자 자산이 일하고 싶은 시간 및 기간을 선택할 수 있는 시간적 유연성, 서비스 공급자가 소유한 도구와 자산을 이용해 서비스를 제공하는 것이라고 정의한다. (ii) 플랫폼 노동의 등장: 긱 이코노미에서는 종래와 달리 기업이 수요에 따라 초단기 계약형태로 공급자를 활용해 시장에 대응한다. 이러한 과정에서 플랫폼 노동(일자리)이 등장한다. 디지털 플랫폼으로 서비스를 공급하는 사람은 누군가에게 고용되어 있지 않고 필요할 때 원하는 시간에 원하는 만큼만 일시적으로 고용해 소비자가 원하는

크라우드 소싱에서 수주 및 발주를 하는 것은 반드시 고도로 전문적인 것이라고 할 수 없다. 앞에서 언급한 것과 같은 특정한 직무에 대하여 전문가로서 능력으로 승부하는 타입은 아직 소수일 것이다. 특히 기술의 발달로 과거에는 숙련기능이 필요했던 업무가 단순업무로 바뀌고, 인건비가 높은 종업원에게 맡기는 것이 적합하지 않아 외부로 발주하는 경우도 늘어날 것이다. 단순업무의 크라우드 워크는 저임금이고, 새로운 비정규직 문제가 될지도 모른다. 이러한 단순업무의 크라우드 워크도 향후에는 인공지능으로 대체할 가능성이 크지만, 그동안에는 어떠한 형태의 법적 대처를 할 필요가 있다. 물론 앞에서 언급한 것처럼, 근로자에 해당하면 노동법을 제대로 적용해야 하고, 근로자에 해당하지 않더라도 「가내노동법」을 적용할 수 없는지 체크할 필요가 있다.

하지만, 향후 주목할 점은 이러한 단순업무의 크라우드 워크나, 실태는 종속근로자인데 계약형식상 비고용계약을 맺고 있는 위장자영업자가 아니라, 정말로 독립해 일하는 순연한 '비고용형의 크라우드 워커'이다. 크라우드 워커는 보다 장소나 시간에서 자유이며, 일을 맡을 것인지 여부에서 이미 자유이다. 즉, 기업에 조직적으로 편입되지 않고, 자율적으로 일하는 사람들이다(이러한 점에서 '프리랜서'9)나 '노마드 워커'10)[nomad worker]라고도 한다). 크라우드 워크는 제4차 산

노동을 공급함으로써 수익을 창출한다. 예컨대, 차량공유업체인 '우버'이다. 전 세계에 300만 명에 이르는 기사를 직접 고용하는 것이 아니라 드라이브 파트너로 계약해 '독립 계약자'(independent contractor) 형태로 서비스를 제공하고 있다. 향후 기업들은 인사관리 측면에서 기존 노동력이 다양한 영역에서 디지털 노동으로 대체될 가능성을 염두에 두고 부상하는 플랫폼 노동의 트렌드에 대한 법제도적인 논의과정과 전개 양상을 주목할 필요가 있을 것이다.

9) <역자주> 프리랜서(Freelancer): 일정한 집단이나 기업에 전속되지 않은 자유기고가나 배우 또는 자유계약에 의하여 일을 하는 사람. 프리랜서는 어떤 영주에게도 소속되지 않은 자유로운(free) 창기병(槍騎兵: lance)이라는 뜻으로, 중세 서양의 용병단에서 유래한 말이다. 이들은 보수를 받고 이곳저곳의 영주와 계약을 맺고 그 고용주를 위하여 싸웠다. 이들은 대의명분이나 고용주가 어떤 사람이건 상관하지 않고 오로지 보수만을 위하여 여기저기로 옮겨 다녔다. 현재는 특정한 사항에 관하여 그 때 그때 계약을 맺고 일을 하는 자유계약 기자나 방송사 작가, 배우, 가수, 연출가, 카피라이터, 디자이너, 무소속의 정치가 등 집단이나 조직의 구속을 받지 않고 자기 자신의 판단에 따라 독자적으로 일을 하는 사람을 말한다. 어떤 특정 조직에 명확하게 소속하지 않고 또한 봉급을 받는 정식직원도

업혁명에서 필요한 새로운 전문적인 일, 특히 지적 창조적인 일에 적합한 것이
될 수도 있다.

용어해설: 근로자성, 가내노동법

계약에서 도급계약이나 (준)위임계약의 형식을 채택하고 있어도, 당연히 노동법의 적
용을 부정하지는 않는다. **노동기준법 제9조**[11])에서는 동법이 적용되는 '근로자'를 정의
하고 있는데, 그 구체적인 판단기준은 없다. 최고재판소도 이를 명확화하고 있지 않지
만(예를 들어, 横浜南労基署長[旭紙業] 事件 · 最1小判 1996.11.28. [最重判 86
事件]), 하급심의 어떤 판례는 근로자성의 판단은 사용종속관계 하에서 노무제공이라
고 할 수 있는지 여부라는 관점에서 행하고 있다. 그 판단은 고용과 도급 등의 법형식
에 관계없이 그 실태에 기초로 행해져야 한다. 그 구체적인 판단은 "업무수행상 지휘
감독관계의 존재 여부 및 내용, 지급되는 보수의 성격 및 금액, 사용자로 간주되는 자
와 근로자로 간주되는 자 사이의 구체적인 일의 의뢰, 업무지시 등에 대한 승낙 여부
의 자유 유무, 시간적 및 장소적 구속성의 유무 및 정도, 노무제공의 대체성의 유무,
업무용 기재 등 기계 및 기구의 부담관계, 전속성의 정도, 사용자의 복무규율의 적용
유무, 공조 등의 공적 부담관계, 그 밖의 제반 사정을 종합적으로 고려해 판단해야 한
다"고 언급하고 있다(新宿労基署長[映画撮影技師] 事件 · 東京高判 2002. 7. 11.
등).[12]) 현재에는 이 판시 내용이 근로자의 **표준적인 판단기준**이라고 생각해도 좋다.
어느 경우든 당사자가 계약 형식으로 근로계약이나 고용계약 이외의 것을 선택하든지,
또한 기업이 종업원으로 취급하지 않고 취업규칙을 적용하지 않거나, 보수를 세무상

아닌 저널리스트, 음악가, 작가 등도 포함된다. 외부의 구속 없이 창의적 작업 수행을 원하는 사람들
은 일부러 프리랜서를 자처하기도 한다. 세금은 연말에 정산을 하지 않고 그 다음 해 5월 31일 종합
소득세를 내는 직종이다.[네이버 지식백과]
10) <역자주> 노마드워커(Nomad Worker): 유목민이라는 노마드(nomad)에서 따온 신조어로, 핸드폰·
태블릿 PC 등 휴대용 기기를 이용해 시간과 장소에 구애받지 않고 이동하며 일하는 프리랜서를 일
컫는 말이다. 언제 어디서나 일할 수 있다는 장점 때문에 점차 하나의 트렌드로 되고 있다.[네이버
지식백과]
11) <역자주> 근로자: 일본 노동기준법상 '근로자'란 직업의 종류를 묻지 않고 사업 또는 사무소에 사

사업소득으로 취급하거나 노동보험(산재보험, 고용보험)이나 사회보험(후생연금보험, 건강보험)에 가입하고 있지 않아도, 이것이 노동법상 근로자성의 판단에는 직접 영향을 미치지 않는 것에는 이론은 없다.

또한 근로자에 해당하지 않아도 일정한 보호법을 적용할 수가 있다. 이것이 앞에서 언급한 「가내노동법」이다. 내직(內職)13)의 일에 종사하는 '영세 개인사업자'는 이 법률로 '최저공임(最低工賃)14)의 보장' 등의 보호가 있다.15)

용되는 자로서, 임금이 지급되는 자를 말한다(제9조). 참고로 노동계약법상 근로자란 사용자에게 사용되어 근로하고 임금을 지급받는 자를 말한다(제2조 제1항). 여기서 노동기준법상의 근로자의 정의와 노동계약법상의 근로자는 기본적으로 동일하며, 여기에 사업에 사용된다는 가중(한정) 요건을 부과한 것으로 해석할 수 있다. 반면에 한국 근로기준법상 '근로자'란 직업의 종류와 관계없이 임금을 목적으로 사업이나 사업장에 근로를 제공하는 자를 말한다(제2조 제1항 1호). 일본 노동기준법상 근로자와 동일한 규정을 두고 있다. 한국은 노동계약법이 없다.

12) <역자주> 한국에서는 근로기준법상 근로자의 개념과 관련해 '대입학원 종합반강사의 부산학원 사건'(대법원 2006.12.7. 선고 2004다29736 판결, 퇴직금)에서 근기법상의 근로자 여부의 판단은 계약의 형식보다는 그 실질에 있어 종속관계 여부를 판단함이 기본원칙이다. 여기서 종속관계 여부는 ① 업무내용을 사용자가 정하고 취업규칙 또는 복무규정 등의 적용을 받으며 업무수행과정에서 사용자가 상당한 지휘감독을 하는지, ② 사용자가 근무시간과 근무장소를 지정하고, 근로자가 이에 구속을 받는지(종속노동성), ③ 독립하여 자신의 계산으로 사업을 영위할 수 있는지, ④ 노무제공을 통한 이윤의 창출과 손실의 초래 등 위험을 스스로 안고 있는지(독립사업자성: 기술적/조직적/경제적독립성), ⑤ 보수의 성격이 근로자체의 대상적 성격인지(보수의 근로대가성), ⑥ 계약관계의 계속성과 전속성의 유무와 그 정도(계약관계의 계속성과 전속성), ⑦ 사회보장제도에 관한 법령에서 근로자로서 지위를 인정받는지 등의 경제적·사회적 여러 조건(기타 요소)를 종합하여 판단한다. 다만, 기본급이나 고정급이 정하여졌는지, 근로소득세를 원천징수하였는지, 사회보장제도에 관하여 근로자로 인정받는지 등의 사정은 사용자가 경제적으로 우월한 지위를 이용해 임의로 정할 여지가 크기 때문에, 그러한 점들이 인정되지 않는다는 것만으로 근로자성을 쉽게 부정해서는 안 된다.

13) <역자주> 내직(內職): ① 흔히 부녀자가 가사의 틈을 타서 하는 삯일. ② 본직(本職) 이외에 갖는 생업. ③ 직장에 나가지 않고 집에서 할 수 있는 직업.

14) <역자주> 최저공임: 일본 가내노동법상 (후생)노동장관 또는 광역지자체 노동기준국장은 일정한 지역 내의 일정한 업무에 종사하는 저렴한 공임(工賃, 직공의 품삯. 공전)의 가내근로자의 근로조건을 개선하기 이하여 필요한 때에는 가내노동심의회의 의견을 존중하여 최저공임을 정할 수 있다(제8조). 최저공임의 결정은 가내근로자의 제조 또는 가공 등에 관련된 물품의 일정한 단위에 의하여 정한다. 이에 품목별·공정별로 세분화하여 결정한다. 기업의 도산에 따른 공임의 확보는 위탁물품에

3. 개인의 기업(起業)

(1) 온디맨드 경제

텔레워크는 사람들이 '어디에서도 언제라도' 일할 수 있다는 것이다. ICT(정보통신기술)의 발전이 이것을 실현해 왔다. 이것의 소비 행동판이 '어디에서도 언제라도' 물자나 서비스를 구입할 수 있는 '온디맨드 경제'(on-demand Economy, 주문형 서비스)16)이다.

최근에 온디맨드 경제 모델이 된 것이 일본에서도 화제가 된 '우버'(Uber)이

대하여 유치권을 주장할 수 있다. 가내근로자가 실질적으로 고용근로자와 다름없는 근로자라면 이와 관련된 규정(일본 민법 제306조, 임금지급확보 등에 관한 법률 제7조)을 준용할 수 있는 입법적 해결이 필요하다.

15) <역자주> 가내노동법상 가내근로자에 대한 기본적인 태도는 최저공임의 개정으로 최저임금에 보조를 맞추어 나가며, 노동기준법에서 규정하고 있는 근로자의 모든 권리, 근로조건에 접근시키는 것에 있다. 하지만, 고용관계의 변화와 산업구조의 개편 등으로 가내노동법의 적용범위의 한계성에 의하여 새로운 개선방안을 모색하면서, 노동법상의 근로자의 '사용종속'이라는 원론적인 논의가 재등장할 수가 있다(제7장 4. (2) 자영적 취업에 대한 정책적 관여의 필요성-재택근로자 참조).

16) <역자주> 온디맨드(On-Demand) 경제 및 디지털 플랫폼 노동: 이용자의 요구에 따라 네트워크를 통하여 필요한 정보를 제공하는 식의 경제. 디지털 플랫폼을 통해 각종 제품이나 서비스를 요구하고 해당 수요를 적극 채워주는 주문형 서비스 경제이다. 주로 온라인으로 수요가 발생하면 오프라인으로 서비스를 공급하는 O2O(Online to Offline)의 형태로 서비스를 원하는 소비자와 제공자를 연결해 주고 있다. 예를 들어 교통(우버, 디디 추잉, 리프트, 그랩택시, 올라, 게트, 고젝, 카카오택시 등)과 음식배달(어러머, 요기요, 배탈통, 푸드플라이), 세탁(백의민족), 심부름 및 돌봄대행(명동, 다방, 직방, 데일리더홈), 청소, 숙박, 세차, 보험, 대출, 장보기, 애완견 돌보기(펫닥, 페팸), 물건파기 플랫폼(11번가, 쿠팡, 옥션), 자산임대 플랫폼(이지램스), 타이어 교환, 프리랜서(업워크), 전문가(MBO파트너스업, 로켓 로이어, 위시켓, 크몽) 등이다. 이에 서비스에 따라 노동 수요가 증가하면서 플랫폼 노동이 등장하게 된다. 디지털 플랫폼 노동은 모바일 어플리케이션 또는 웹사이트를 통해 특정 서비스의 수요와 공급이 연계된 시스템을 말한다. 이는 웹 기반(web-based) 플랫폼과 지역 기반(local-based) 플랫폼은 노동시장이 특정 지역에 국한하지 않고 글로벌하게 형성된다. 전자는 단순업무(데이터 입력, 인터넷 고객센터 등)에서 전문업무(IT개발, 디자인, 첨삭 등)까지 다양하고, 후자는 그 서비스가 제공되는 지역(오프라인)을 중심으로 운송, 배달, 청소, 심부름 등의 물리적 서비스를 수행함에 따라 수용자와의 직접적인 상호작용이 이루어진다.

다. 우버는 스마트폰 어플리케이션을 이용함으로써 어디에서도 언제라도 배차 서비스를 받을 수 있다. 스마트폰으로 자동차를 부를 수 있고, 요금은 카드결제로 현금이 필요없고(cashless), 요금 체계는 원칙적으로 고정으로 명료하고 차종도 선택할 수 있다(게다가 그 자동차는 장래에 자동운전차가 될 수도 있다).

이 우버를 모델로 한 온디맨드형의 비즈니스가 지금 계속 확대되고 있다. 특히 배달 계열의 서비스는 상당히 보급되어 있으며, 배송에 '드론'(drone, [무선 조종의] 소형 무인 비행기)의 활용이 진행되면 더 발전할 것이다.

이러한 비즈니스의 특징은 사업을 전개하는데 진입장벽이 낮다는 점이다. 이미 정보 인프라가 정비되어 누구라도 스마트폰을 가진 시대에는 고정자본에 거액을 투자할 필요성은 적고, 또한 자기 회사에서 새롭게 인프라에 개발해야 할 부분도 적어서, 가치를 창출할 비즈니스를 어떻게 구축할 것인지라는 지적 창조성이 승부처가 된다.

온디맨드 경제는 서비스의 라인업(line-up, 진용)의 주도권이 생산이나 유통 측에 있는 한 본질적으로 종래형의 경제와 큰 차이는 없다. 하지만, 이는 디맨드(주문)하는 소비자 측이 주도권을 가지게 되어, 주문을 받아 만든(customize, 개인의 희망에 맞추는) 서비스를 제공받게 되면, 상황은 크게 달라진다.

(2) 소비자가 생산자로

게다가 오늘날 소비자 측에서 이노베이션(혁신)이 계속 일어나고 있는 점도 주목할 수 있다. 제조업체가 지금까지 독점해 온 이노베이션의 행위를 IT의 진보 및 보급이나 생산기술의 발달로 소비자에게 폭넓게 개방하려고 한다(小川 2013도 참조). 이 중에서도 흥미로운 것이 '유저(User, 사용자) 기업가'이다. 소비자에 의한 이노베이션은 기업의 제품이나 서비스의 개발에 영향을 미치고 있을 뿐만 아니라, 오늘날에는 유저가 동시에 제조업체가 되는 경우도 생기고 있다. 이것을 실현한 것이 '3D 프린팅'(3차원 인쇄)의 발달과 보급이다. 소비자가 설계하고 생산한다. 그리고 인터넷에 공개해 판매까지 한다. 상품화가 가능한지 여부는 인터넷에서 평판(評判)으로 어느 정도 미리 추측할 수 있다.

대량생산된 기제품을 강요하는 것이 아니라, 자신이 원하는 것을 자신이 만든다. 그리고 이것이 타인에게도 평가를 받으면서 장사도 된다. 이러한 삶의 방식, 근무방식이 향후 라이프 스타일의 주류가 될 수가 있다. 새로운 산업혁명의 관건은 '아이디어', '컴퓨터', '3D 프린터'로 제조업이 바뀌는 것이다(アンダーソン 2012).

지금까지는 기업이 생산을 맡고 우리에게 고용을 제공하면서, 우리의 소비를 지탱해 주었다. 그러면 우리가 생산을 맡게 되면, 어떠한 변화가 일어날까? 일반적으로 생각하면, 종속적인 근로로서의 고용은 없어지는 것이다. 이것은 우리의 기업을 대신하는 존재가 되는 것, 즉 '기업(起業, 사업을 새로 일으킴, 창업)'을 의미한다. 이것을 '노동파괴'라고도 부른다(예를들어 本山 2015, 28면). 하지만, 이것을 '소비사회'에서 '생산사회'의 이행으로 보아 긍정적으로 파악하는 자도 있다(예를들어 長沼 2013, 161면).

(3) 공유경제

총무성의 2015년판 「정보통신백서(情報通信白書)」에 따르면, '공유경제'(sharing economy)는 다음과 같이 설명하고 있다.

"전형적으로는 개인이 보유하는 유휴 자산(기술과 같은 무형자산도 포함)의 대출을 중개하는 서비스이다. '대주'(貸主)는 유휴 자산의 활용에 따른 수입, '차주'(借主)는 소유하지 않고 이용할 수 있다는 장점이 있다. 대주가 성립하기 위해서는 신뢰관계를 담보하여야 한다. 하지만, 이를 위해서 소셜 미디어의 특성인 정보교환에 기초로 한 원만한 커뮤니티의 기능을 활용할 수 있다. 공유경제는 실리콘 밸리를 기점으로 글로벌하게 성장해왔다. 「PwC(프라이스워터하우스쿠퍼스)」[17)]에 따르면, 2013년에 약 150억 달러의 시장규모가 2025년에는 약 3,350억 달러 규모

---

17) <역자주> PwC(프라이스워터하우스쿠퍼스, Pricewaterhouse Coopers)는 1998년 프라이스워터하우스(PriceWaterhouse)와 쿠퍼스 앤 라이브랜드(Coopers & Lybrand)가 전세계적으로 대대적인 합병을 하면서 출범한 글로벌 회계컨설팅기업이다. 한국의 삼일회계법인이 PwC의 멤버펌이다.

로 성장할 전망이다.”

민박 '에어비앤비'(Airbnb)나 라이드 쉐어(ridesharing, 함께 타는)인 '우버'(Uber)
나 '리프트'(Lyft) 등이 이 업계의 대표자 격이다. 미국발이지만 일본에도 이미 밀
려오고 있다. 정부도 관심을 가지고 있고 대응에 적극적이고, 우선은 특구(特
區)18)를 설치해 시행하려고 한다.

---

18) <역자주> 특구(特區): 보통 '경제특구'(經濟特區, Special Economic Zone)를 말하는 것으로 외국
자본과 기술 도입을 목적으로 자국 내에 설치하는 특별지구. 특정 지역을 외국기업에 개방하고 각종
우대조치를 통해 자본과 기술을 적극 유치하기 위해 설치한 특수한 경제구역을 말한다. 경제특구는
중국이 개방에 앞서 1970년대 말부터 해안지역에 설치한 것으로 자본주의 국가의 자유무역지구와
유사한 지역이다. 저개발국 및 선진국에서도 해외 자본과 기술을 유치하기 위하여 경제특구 또는
그에 준하는 구역을 신설하고 있다.
일본의 경우는 한국과 같은 외국기업 투자유치를 위한 특별산업단지 지역 등을 특별히 지정하고 있
지는 않다. 일반적으로 지자체마다 공업단지나 산업단지를 조성해 국내외 기업을 특별히 구별하지
않고 유치하고 있는 상황이다. 한편 국가전략 특별구역 등은 존재한다.
먼저, '국가전략특구'는 아베 정권이 내세우는 경제정책「아베노믹스」의 세 번째 화살인 성장전략의
핵심을 담당하는 것이「국가전략 특별구역(이하, 국가전략특구)」이다. 해당 특구 한정으로 의료와
농업, 도시개발 등 규제를 완화해 신규 산업과 고용을 창출, 지역 활성화를 지향하는 제도이며 부처
및 업계 단체 등의 저항이 강한「암반규제」를 타파하는 핵심정책이다. 근거법인 '국가전략 특별구역
법'이다(2013.12. 성립, 2014.5. 6구역(1차 지정)이 선정된 후 2015.8. 추가로 3구역(2차 지정),
2016.1. 3구역(3차 지정)을 거쳐 2018년 기준 지정된 지구는 총 10구역이다(구역 추가시 통합 등
때문에 3차 지정 지역 수의 단순 합계와 다르다)). 규제개혁 분야로는 11개(도시재생, 창업, 외국 인
재, 관광, 의료, 간호, 보육, 고용, 교육, 농림 수산업, 가까운 미래 기술) 특구 중점 항목의 62개 사
항, 전국을 대상으로 하는 24개 사항 등으로 2018년 7월 기준 총 86개 사업이다. 규제개혁 사항 활
용 사업(구역 계획)을 구역회의에서 결정하고 자문회의를 거쳐, 내각총리대신이 인정하는 것이 기본
흐름이다(2018.7. 총 296개 인정).
반면에, 일본에는 아베 정권의 국가전략특구가 설치되기 이전부터「구조개혁특구」와「종합특구」라
는 기존의 특구가 있다. (ⅰ)「구조개혁특구」는 고이즈미 내각의 규제완화정책으로 도입되었다
(2003.4.1. 시행). 각 지역의 실정에 맞지 않는 나라의 규제에 대한 특례를 인정함으로써 지역사업
의 활성화를 지향하기 위한 제도로 2018년 7월 시점 구조개혁 특구 계획(인정된 것)은 1,309건(그
중 현재 진행 중인 안건 409개) 존재한다. 한편 (ⅱ)「종합특구」는 민주당 정권 때인 2011년에 시
작된 제도로 정부의 신성장 전략에 기초해 선진적 대처를 하는 구역에 정책자원을 집중시키는 제도
이다. 지역산업을 육성하고 지역의 힘을 향상시킬 목적의「지역활성화 종합특구」(41 지역)과 국제
경쟁력을 갖고 산업을 육성할 목적의「국제전략 종합특구」(7지역)의 2종류가 있다.

근무방식으로서 주목받는 것은 우버(Uber) 등의 라이드 쉐어(ride share)이다. 운전사는 택시회사에 고용되어 일하는 경우도 있으면, 빈 시간을 우버(Uber)로 일할 수도 있다. 견실한 고용근로자로서의 생활과, 시간적으로 자유로운 자영업자로서의 생활을 양립하는 것이다. 자신에 커리어의 복선화를 행하는 '병행 커리어'(parallel career)의 일종이다.

원래 일하는 것은 자신의 기능이라고 하는 자산의 활용으로 볼 수가 있다. 자신의 기능을 자신만이 사용하는 것이 아니라, 타인에게 대여하는 것이기 때문이다. 물건의 임대차라는 '인간판'(人間版)이다. 현재의 민법상 계약유형에서 보면, 물건을 임대하는 것이 '임대차'이고, 인간의 노동력을 임대하는 것이 '고용' 또는 '도급'[19]이다. 이러한 것을 떠올리면, '기능의 공유'라는 견해는 그만큼 예상 밖의 것은 아니다.

기능을 자신이 사용할 수 있으면 '자영업자', 타인과 공유하면 형태에 따라 '고용' 또는 '도급'이라고 한다. 같은 인간이 일하는 상황에 따라 노동법의 적용이 없는 '자영업'이나 '도급'이거나, 노동법의 적용이 있는 '고용'이라는 사례는 예를 들어 중소기업 등의 임원으로 종업원의 일도 겸하고 있는 사례(이른바 '종업원겸 이사')[20]에서도 나타난다. 이 경우에는 이사(理事)로서의 면에서는 노동법을

기존의 특구와 국가전략특구의 차이는 기존의 특구는 지정 대상이 모두 지방자치단체이지만, 국가전략특구는 구역이 대상이 되고 있다. 또한, 기존의 특구는 규제 완화나 배제가 각 지방자치단체로부터의 신청을 기반으로 이루어졌으나, 국가전략특구에서는 구역에서 나온 제안을 기반으로 정부 주도로 방침이 결정된다. 총리가 의장이 되는 자문회의의 설치도 국가 주도의 특구라는 색채를 반영하고 있다.[네이버 지식백과]

19) <역자주> 도급: 일본의 도급 즉, 청부(請負)는 계약의 내용에 대하여 일본 민법 제632조에서 "청부는 당사자 일방이 어느 일을 완성함을 약속하고 상대방이 그 일의 결과에 대하여 보수를 지급할 것을 약속함으로써 그 효력이 생긴다"라고 규정하고 있다. 한국 민법상 도급(都給)에 해당하는 계약유형이다(제664조).

20) <역자주> 일본의 종업원겸 이사=사용인을 겸한 이사의 급여 · 퇴직금: 회사 이사가 사용인(종업원)의 지위를 겸하는 경우, 그 보수는 이사보수와 종업원급여(임금)의 두 가지 부분으로 이루어진다(사용인 겸 이사의 문제에 대해서는 小林英明 · 使用人兼務取締役을 참조). 주식회사에 있어 이사의 보수는(정관에 정함이 없는 한) 주주총회의 결의에 근거할 것을 요하는데(상법 제269조, 유한회사에

적용받지 않지만(회사법을 적용받는 위임계약관계), 종업원으로서의 면에서는 노동법을 적용받게 된다(노동법을 적용받는 근로계약관계).

세간에는 라이드 쉐어로 자영적으로 일하는 자의 보호가 충분하지 않다는 우려도 있으며, 실제로 미국이나 영국 등에서는 소송도 있다. 하지만, 이러한 문제는 종업원과 동일한 구속성이 있는 근무방식을 강요받고 있는 '인적 종속성 문제', 자영적인 취업이지만 교섭력의 격차에 따라 불리한 계약조건을 강요받고 있는 '경제적 종속성 문제'가 혼재하고 있다. 전자는 '위장자영업자 문제'로서 노동법을 적용해 해결하면 좋다. 후자는 일반 '개인자영업자'에게 일어날 수 있는 문제로 규정하고, 여기서 적절한 해결책을 도모해 공유경제의 플러스 면(유휴자산의 활용, 일가정 양립, 자유로운 근무방식 등)이 크게 발휘할 필요가 있다.

✎ 보론: 부업 규제

'기능의 공유'의 관점에서 보면, 부업(副業) 규제가 있는 고용(통상 '정규직')으로 일하는 근로자는 공유가 아니라, 그 기업과 사이에서 자신의 기능을 '전속적 활용'으로 약정하고 있다고 볼 수 있다.

최근에 이러한 기업에 의한 기능의 전속적 활용에 대하여 우수한 인재를 대기업이 채용하고 있다는 관점에서 비판적으로 파악해 이를 금지해야 한다는 견해도 있다 (즉 부업 규제의 금지).

하지만 민간부문에서는 '공무원'과는 달리, 부업을 규제할 것인지 여부는 '기업의 자유'이다. 최근에는 적극적으로 부업을 주장하는 기업도 있다. 특히 고용의 유동화

의 준용-유한회사법 제32조), 그 결의에 의해 이사의 보수를 정한 다음, 사용인 겸 이사가 사용인으로서 받는 급여는 동보수액에는 포함되지 않는다는 뜻을 정하는 것도 적법하다(シチズン時計事件 -最三小判, 勞經速 1252호, 1985.3.26, 11면). 또 사용인 겸 이사가 회사를 퇴직하는(이사·사용인 쌍방의 지위를 잃는) 경우에는 주주총회의 결의가 있으면 이사로서 퇴직위로금을 지급하는 외에(상법 제269조), 종업원의 지위에 대해 지불하고 있던 급여액을 기초로 하여 종업원퇴직금규정에 따른 퇴직금을 청구할 수 있다(前田製菓事件-最二小判, 勞經速 1083호, 1981.5.11, 12면). 또한 합자회사의 유한책임사원으로 '전무이사'라는 명칭 하에 무한책임사원의 직무를 대행하고 있던 자도, 회사 대표자의 지휘명령 하에 노무를 제공했던 자로서 종업원퇴직금을 받을 수 있다(興榮社事件-最一小判, 判時 1523호, 1995.2.9, 149면).

가 진행되는 업종 등에서는 원래 장기고용을 상정하고 있지 않기 때문에 부업에 대해서도 관대한 부분이 많은 것 같다. 지금까지 많은 기업이 부업을 금지해 온 것은 정규직은 그 기업의 정식 멤버이고(濱口 2009), 다른 기업의 멤버도 겸한다는 것은 **배신행위**로 보았기 때문이다.21) 그뿐만이 아니라, 원래 정규직은 구속성이 높은 근무방식이므로 부업도 하게 되면, 본업에 영향을 미칠 수 있다. 특히 동업 타사에서 부업을 하면 그 배신성은 더 높고, 게다가 '비밀누설'22) 등의 위험도 있다는 이유도 있다. 그렇기 때문에 동업 타사에서 부업은 단순한 부업 규제가 아니고, 경영을 금지하는 '**경업금지의무**'23)로서 규정된 경우가 많다.

경업금지의무는 기업이 정규직에게 교육훈련 형태로 비용을 들이기 위한 전제이기도 하다. 언제 타사로 빼앗기는지도 모르면, 기업은 그 근로자에게 '**영업비밀**'24)과 관계된 중요한 일을 시키지 않으려고 할 것이다. 이 점은 근로자 본인에게도 기능을 형성할 기회가 적어진다는 단점이 있다. 일본에서는 기업이 국민의 직업훈련의 역할을 맡아온 점에서 보면, 국가경제의 점에서도 바람직하지 않다. 퇴직 후 경업 금지의무조차 일정한 조건이 필요하다고는 하나 인정되고 있는 것(フォセコ・ジャパン・リミット事件·奈良地判 1970.10.23.[最重例 9 事件] 등)은 이 때문이라고도 할 수 있다.

그러나 부업 규제는 근로자의 '사생활 자유'를 제약하는 것으로 법적으로도 바람직하지 않다(小川建設 事件·東京地決 1982.11.19. [最重判 31 事件]). 특히 '**자영형 부업**'(고용되어 있는 근로자가 자영의 부업을 하는 것)에 대해서는 경업에 관계없는 것이라면, 기업이 이를 규제하는 것을 정당화하는 것은 어려워진다. 게다가 자영형 부업은 개인이 축적한 기능을 이용해 개인의 남은 시간에 사업을 영위한다는 점에서는 '경제의 활성화'로 이어지고, '커리어의 복선화'나 '병행 커리어'(부업 → 복업[復業]25))로도 이어진다. 이것은 근로자의 커리어권에 기여하는 면도 있는 것이다. 그렇지만, 부업 규제를 금지하면, 이것은 지나친 일이다. 인재를 공유하지 않으면 처리할 수 없는 고기능 인재의 부족이 이 논의에 밑바닥에 깔려 있다. 그렇다면 이러한 인재의 육성에 힘을 쏟는 것이 조금 우회라고도 볼 수 있지만 올바른 조리(條理)있는 정책이다. 이러한 한편, 부업을 쉽게 하도록 법적 환경을 정비할 필요가 있다. 특히 '**고용형 부업**'(고용되어 있는 근로자가 다른 기업에 고용되는 것)에 대해서는 복수 기업에서 취업에 따른 노동법이나 사회보험의 적용을 둘러싼 법적 문제를 검토해 볼 만한 쟁점이 많다(예를 들어 **근로시간을 통산**하는지 가부[노동기준법 제38조 제1항26)도 참조], **근로시간의 관리책임, 안전배려의무**[노동계약법 제5조]27), 산재보험 보험료의 산정기초임금을 통산하는지 가부, 고용보험의 가입 요건이 되는 근로시간을 통산하는지 가부).

21) <역자주> 부업 금지: 부업금지, 겸직금지, 이중취직금지, 무허가겸직을 같은 용어에 대하여 일본에
    있어 취업규칙에서 "회사의 허가 없이 타인에게 고용되는 것"을 금지하고 그 위반 시 징계사유로 삼
    는 경우가 많다. 판례에서는 이러한 겸직(＝이중취직)허가제 위반 시 회사의 직장질서에 영향을 미
    치지 않고 또한 회사에 대한 노무제공에 특별한 지장을 초래하지 않는 정도·양상의 이중취직은 금
    지위반이 아니라면서 영향·지장이 있으면 징계처분의 대상이라고 해석된다(橋元 運輸 사건－名古屋
    地判 1973.4.28). 예를 들어 노무제공에 지장을 초래하는 정도의 장시간의 이중취직, 경쟁회사의 중
    역으로의 취임, 사용자가 종업원에 대하여 특별시간급을 지급하면서 잔업을 폐지하고, 피로회복·능
    률향상에 힘쓰고 있는 기간 중에 동업회사에서의 근로, 병으로 인한 휴직 중의 자영업 경영 등이 금
    지에 해당하는 이중취직으로 보고 있다. 이중취직도 기본적으로 사용자의 근로계약상 권한에 미칠
    수 없는 근로자의 사생활에서의 행위이므로 이에 대한 허가제의 규정을 위와 같이 한정해석하는 것
    은 정당하다(菅野和夫, 勞動法, 671－672면).
22) <역자주> 일본의 비밀의무(비밀준수의무＝비밀보지[保持]의무): 근로자가 근로관계의 존속하는 중
    에는 근로계약의 부수적 의무의 하나로서 사용자의 영업상 비밀을 준수해야 할 의무를 지고 있다는
    것은 오래 전부터 인정하고 있다. 또한 많은 기업에서는 취업규칙에 영업비밀의 준수의무를 강조하고
    있는데, 이러한 경우에는 당해 취업규칙 규정이 근로계약을 규율하게 된다. 그리고 근로자가 이러한
    비밀준수의무를 위반했을 때에는 취업규정이 정하는 바에 따라 징계처분에 처해질 수 있고(예를 들어
    古河鑛業事件－東京高判 1980.2.18) 해고이유로도 될 수 있다(三朝電氣事件－東京地判 1968.7.16).
    또한 사용자는 의무를 위반한 근로자에게 채무불이행과 불법행위에 근거한 손해배상을 청구할 수도
    있다(예를 들어 美濃窯業事件－名古屋地判 1986.9.29). 그리고 비밀준수의무가 채무로서 명확한 경우
    에는 이론적으로 이에 대한 이행청구로서의 중지청구도 가능하다(菅野和夫, 勞動法, 151－152면).
23) <역자주> 일본의 경업금지의무(競業禁止義務): 근로자는 근로계약 존속 중에는 일반적으로 근로계
    약의 성실·배려 요청으로부터 사용자의 이익에 현저하게 반하는 경업행위를 삼가할 의무가 있다(경
    업피지의무[競業避止義務]). 따라서 그러한 경업행위가 이루어진 경우에는 취업규칙상의 규정('회사
    의 이익에 반하는 부적절한 행위' 등)에 의한 징계처분 등에 처해질 수 있다. 하지만 근로자의 경업
    피지의무의 존재 여부는 실제로는 근로자가 퇴직한 후 동종업계의 다른 회사에 취직하거나 동종업계
    의 다른 회사를 개업하는 경우에 퇴직금의 감액·몰수, 손해배상청구, 경업행위의 중지청구 등의 가
    부와 관련하여 많은 문제가 되고 있다. 이러한 근로관계 종료 후의 문제에 대해서는 퇴직 근로자에게
    는 '직업선택의 자유'가 있으므로 노동관계가 계속 중인 경우와 같이 일반적으로 경업피지의무를 인
    정할 수 없고, 특별한 법적 근거의 유무를 각 문제와 사례별로 탐구하는 것이 필요하다. 단 최근의
    판례는 퇴직후의 경업피지의무에 관해서는 엄격한 태도를 보이는 경향이 있다(東京リーガルマイン
    ド事件―東京地決 1995.10.6.; キヨウシステム事件―大阪地判 2000.6.19. 등). (菅野和夫, 勞動法,
    153－154면).
24) <역자주> 일본의 영업비밀(營業秘密): 산업계의 영업비밀보호의 일환으로서 근로자가 사용자로부
    터 취득하거나 알게된 '영업비밀'에 대해서도 노동관계의 존속 중이나 종료 후 이에 대한 부정한 사
    용 및 개시에 대하여 중지를 청구할 수 있는 법적 규제가 정비되었다(부정경쟁방지법). 즉 근로자가

4. 자영적 취업과 노동법

(1) 자영적 취업자와 보호 필요성

크라우드 워크나 개인의 기업(起業, 창업)은 산업사회에서 노동력을 대량으로 투입해 생산하는 과거의 '노동집약형의 생산방식'에서 생산을 맡는 것이 개개인이 되는 '지식집약형 생산방식'이며 '노동분산형의 생산방식'으로 이행을 상징하는 사건이다. 새로운 생산방식에서는 기계화가 크게 진행된다. 그러면서 인간의 역할로서 개개인이 정보를 활용해 지적 창조성을 발휘하는 것이 요구된다. 이것이야말로 높은 부가가치를 낳는 것이다.

사업자로부터 습득한 '영업비밀'('비밀로 관리되고 있는 생산방법, 판매방법, 그 밖의 사업활동에 유용한 기술상 또는 영업상의 정보로서 공공연하게 알려져 있지 않은 것'이라고 정의하고 있다. 제2조 제6항)을 '부정한 경업, 그 밖의 부정한 이익을 얻을 목적으로 또는 그 보유자에게 손해를 주려는 목적으로' 사용 내지는 누설하는 행위는 영업비밀에 관한 부정행위의 한 유형으로 여기며(제2조 제1항 7호), 사용자는 그러한 취득·개시·사용행위에 대해 중지(제3조 제1항), 손해배상(제4조), 침해행위를 조성한 물건의 폐기 또는 침해행위에 제공된 설비의 제거(제3조 제2항), 신용회복조치(제14조) 등의 구제를 요구할 수 있다. 문제는 어떠한 경우가 '부정한 경업', '부정한 이익을 얻으려는 목적', '보유자에게 손해를 가하는 목적'에 해당하는지의 여부인데, 이에 대해서는 사례별로 판단하는 수밖에 없지만, 근로계약존속 중 비밀준수의무와 경업피지의무에 반하는 경우나 근로계약 종료 후에 이러한 의무를 정한 유효한 특약에 반하는 경우 그리고 이러한 특약이 없어도 신의칙상 현저하게 불공적한 목적·양상으로 이루어진 경우 등에는 이에 해당하게 된다. 종래의 사례로서는 특약에 의한 금지(フォセコ・ジャパン事件—奈良地判 1980.10.23) 내지는 불법행위에 의한 손해배상(美濃窯業事件——名古屋地判 1986.9.29.; アイ・シー・エス事件—東京地判 1987.3.10)이 인정된 적이 있으나, 이것은 위의 부정행위에 해당하는 사례이기도 하다(같은 법에 근거하는 금지·손해배상청구를 부정한 사례로는 西部商社事件—福岡地小倉支判 1994.4.19). 그 후 법개정이 되어, 재직 중인 임원 및 종업원이 부정경쟁목적으로 영업비밀관리의 임무에 위반하고 영업비밀을 사용·개시하거나 또는 개시의 신청을 하는 것, 임원 또는 종업원이었던 자가 청탁을 받고 영업비밀을 퇴직 후에 사용 또는 개시하는 것에 대하여 벌칙이 정비되었다(제21조 제1항). (菅野和夫, 勞動法, 151-152면).
25) <역자주> 복업(復業): 일단 그만 둔 사람이 다시 업무에 종사함.
26) <역자주> 일본 노동기준법 제38조(시간계산) 제1항 근로시간은 사업장을 달리하는 경우에 있어서도 근로시간에 관한 규정의 적용에 대해서는 통산(通算)한다.
27) <역자주> 일본 노동계약법 제5조(근로자의 안정배려) 사용자는 근로계약에 동반하여 근로자가 그 생명, 신체 등의 안정을 확보하면서 지급할 것에 대하여 근로자와 사용자가 합의함으로써 성립한다.

제1차 산업혁명 당시에 '자본가'는 생산에 필요한 토지, 공장, 기계를 가지고 있던 '유산자'(有産者)였고, '근로자'는 자신의 노동력을 팔 수 밖에 없는 '무산자'(無産者)였다. 유산자(브루주아지)와 무산자(프롤레타리아트) 사이에는 '마르크스'[28]가 계급적이라고 부르고 있던 결정적인 격차가 있었다. 그러한 무산자의 절망적인 상황이야 말로 '노동법의 탄생'을 낳는 에토스[29]였다.

그러나 향후 생산을 맡는 주체는 생산에 필요한 정보, 지식을 입수하고 활용할 수 있는 능력을 가진 자이다. 이러한 자의 근무방식에는 제1차 산업혁명 시에 보였던 것과 같은 '공장'(工場)이라는 물리적인 공간에 시간적으로도 구속되어, 직접적인 지휘명령을 받고 일한다는 인적 종속성은 더 이상 볼 수 없다. 노동에 따른 가치가 지휘명령 하에서의 취업이 아니고, 개인의 지적 활동을 중심으로 창출하면 인적 종속성이 적은 '자영적(비종속적 · 독립적) 취업'이 주류가 되는 것은 필연적이다.

이러한 자영적 취업은 개인이 행하는 경우도 있다(독립계약자, independent contractor). 그 밖에도 기업(起業, 창업)하여 법인화하는 경우도 있다. 다만 후자의 경우에도 수직적인 조직을 만드는 것이 아니라, 기업 자체는 날씬해지고, 오히려 수평적인 사업자간 네트워크(에코시스템)가 확대될 것으로 예상된다. 기업은 자립적인 개인의 집합이라는 성격을 농후하게 가진다. 예를 들어 크라우드 소싱 등도 활용하면서 특정 프로젝트를 수행하는 스타일을 취하게 된다. 그렇게 되면 역시

---

28) <역자주> 마르크스[Marx, Karl](1818.5.5.~1883.3.) 독일 라인주의 프리에르시 출생, 철학자, 국제노동운동 지도자, 과학적 사회주의-공산주의의 창시자, 변증법적 및 사적 유물론 그리고 과학적 경제학의 정립자. 마르크스는 경제학에 주요 노력을 기울이고 전 생애를 거쳐 「자본론」의 집필에 전념했다. 이 저작은 경제학에 관한 획기적인 저서로 공산주의를 기초짓는 과학적 성과일 뿐만 아니라 유물론과 변증법에 있어 철학적 의의를 지닌다. 「자본론」에 이르러 마르크스주의는 가설의 단계에서 과학적 단계로 확립된 것이다. 그 이전에 쓰여진 「경제학비판」 서문에서 사적 유물론의 기본적 입장이 요약되고 있는 것은 잘 알려져 있다. 마르크스가 남긴 성과는 그 동료 엥겔스와 이후 역사 발전에 큰 공헌을 하고 있다.[네이버 지식백과]

29) <역자주> 에토스(Ethos): ① 인간의 지속적인 성격 · 습성 따위 특성을 뜻하는 말. ② 민족이나 사회 집단의 도덕적인 관습이나 기풍.

중심이 되는 근무방식은 '자영적 취업'이다.

　개인이 자영적으로 취업하는 자(혹은 복수의 자영업자와 파트너 관계가 되어 사업을 공동으로 영위하는 자)는 '영세사업주'라고 해도 인적 종속성이 없기 때문에 법적으로는 근로자가 아니다. 노동법은 종속성(인적 종속성, 경제적 종속성)이 있는 상황에서 취업하는 근로자를 보호하는 것을 목적으로 한다. 노동보호 법규에서는 인적 종속성의 유무를 지표(merkmal, 징표)로서 보호하는 근로자의 범위를 확정하여 왔다. 따라서 자영적 취업자는 기본적으로는 노동법상 보호는 전혀 받지 못한다.

　물론, 「가내노동법」의 사례에서도 살펴보았듯이, 인적 종속성이 없더라도 경제적 종속성이 있는 경우에는 보호 필요성을 완전하게 부정하는 것은 적절하다고 생각하지 않는다. 노동법은 근로자의 개념 중에서 경제적 종속성을 정면에서는 판단 요소로 포함하지 못하였다. 하지만, 이것은 경제적 종속성을 경시하고 있었기 때문은 아니다.

　지금까지는 일반적으로 근로자는 충분한 교섭력이 없는 상황(경제적 종속성)에 있기 때문에 타인의 지휘명령 하에서 일할 수밖에 없는 상황(인적 종속성)에 있었다. 이렇기 때문에 어느 정도 판단기준을 명확히 할 수 있는 인적 종속성이 있는지 여부만 체크해 두면, 굳이 구체적인 판단기준에 반영하기 어려운 경제적 종속성을 불문하더라도 보호 필요성이 있는 근로자의 범위에 적절하게 포함할 수 있었다.

　그러나 오늘날에는 보호 필요성을 인적 종속성으로 체크하면 충분하다는 상황은 점차 맞지 않을 것이다. 타인의 지휘명령이 없이 (인적 종속성이 없이) 일하는 것을 일반화한다고 해도, 이러한 자 중에서도 경제적 격차가 생기는 것은 충분히 상정할 수 있다. 특히 특정한 기업과 전속적으로 거래함으로써 경제적 의존관계가 생기는 경우에 거기에 사회적인 보호 필요성이 생기는 경우가 있다(이하에서는 이러한 자영적 취업자를 '준(準)종속근로자'라고 한다).

　현재 판례에서도 '노동조합법상 근로자성'(제3조)[30]을 판단하는 데 자영적

---

30) <역자주> 일본 노동조합법 제3조 근로자는 직업의 종류를 불문하고 임금, 급료, 기타 이에 준하는

취업자에 대해서는 그 기업의 업무수행에 불가결한 노동력으로 그 조직에 편입되
는지 여부의 사정을 중시하고 있다(INAXメンテナンス事件·最3小判 2011.4.12. [最重
判例 138 事件]). 이 판례에서는 '준종속근로자'[31]가 노동조합을 결성하고, 경제적
지위의 향상을 도모하는 것을 인정한 것으로 볼 수도 있다.

또한 외국을 살펴보면, 독일에서는 '유사근로자'(arbeitnehmerähnliche Person)
라는 개념이 있고,[32] 경제적 종속성이 있어 보호 필요성이 있는 근로자에 대하여
「단체협약법」의 적용을 인정하고 있다(단체협약법 제12조a).[33] 유사근로자에게는

수입에 의하여 생활하는 자를 말한다(＝한국 노동조합 및 노동관계조정법 제2조[정의] 1호).

31) <역자주> '회사의 물주기 기기의 수리보수 업무를 위탁받은 기술자'에 대하여 (ⅰ) 회사가 해당 사
업수행에 불가결한 노동력으로서 회사의 조직에 편입되어 있었던 점, (ⅱ) 계약내용은 회사가 정한
각서에 의하여 일방적으로 규율되어 있었던 점, (ⅲ) 보수는 수리보수의 대상·내용이나 필요로 하는
시간에 따라 회사가 정한 기준에 의하여 지불되고 있어 노무제공의 대가라고 보이는 점을 우선 판단
하고 있다. 그리고 난 후에, (ⅳ) 계약당사자의 인식이나 계약운용의 실제에서는 개별의 수리보수의
의뢰에 응해야 하는 관계에 있었다고 보이는 점, (ⅴ) 회사가 지정하는 방법에 따라 그 지휘감독 하
에서 업무를 수행하고 있으며 또한 업무수행에 대하여 일정한 시간적·장소적 구속을 받고 있었다고
할 수 있는 것을 사실관계에 비추어 지적하고 있다.

32) <역자주> 유사근로자: 유럽에서는 유사근로자(quassi-employee), 유사사용자(quassi-self emplo-
yed), 외관자영업자(外觀自營業者, Scheinselbständige), 새로운 유형의 자영업자(neue Selbständige)
의 법적 지위의 논란이 있다. 독일의 경우에 일정한 사용료를 지급하고 특정 상품 또는 서비스의 고
유명칭과 상표 내지 그 판매기법 등에 대하여 배타적 사용권을 획득하는 프랜차이즈에서 그 가맹계
약자, 신문배달업무, 근로관계가 없으면서 정기적으로 일정 수의 사진 등을 제공하기로 한 카메라기
자, 방송 등 미디어업종에서 프로그램의 제작 종사자, 근거리 운송, 택배업종 종사자로서 소형운송
사업자로 등록하고 자기 차량을 지입해 업무 수행자, 자신이 선택한 장소나 사용자 또는 사업주에
의하여 장비가 갖추어진 장소에서 회사의 정보처리시설과 연결해 단순 또는 전문적인 업무를 수행
하거나 통신시설을 통해 사업주의 경영과 연결되어 업무를 수행하는 이른바 '통신근로'(Telearbeit)
에 종사하는 자, 종합적인 교양강좌를 개설하고 있는 학원이나 시민대학 그 밖에 음악학원의 교사나
강사, 보험분야에서 보험대리인, 그 밖에 유한회사의 출자사원이면서 일정한 업무 종사자 및 그 업
무집행사원 또는 법인의 대표기관의 구성원, 단체구성원의 신분에 기하여 그 규약에 따라 노무를 제
공하는 경우의 법적 지위문제이다. 독일상법 제84조에 의하여 대리상(代理商)의 법률관계에 있는 자
('그의 직업을 조직하고 그의 작업시간을 정함에 있어서 기본적으로 자유로운 자')는 일반적으로 근
로자가 아니다. 하지만 하급심 판례 중에는 사업상의 위험부담에 따른 경제적 기회가 보장되어 있지
않다는 이유로 근로자의 지위를 인정한 사례도 있다(김형배, 노동법[제26판], 박영사, 2017,
890-891면).

이 외에도 노동법원법(제5조), 연방연차휴가법(제2조 제2호) 등의 적용이 있다. 한편, 이탈리아에서도 인적 종속성은 없지만, 특정한 상대방과 계속적으로 연계하여 협동하는 '자영적 취업자'에 대하여 종속근로자에 준하는 보호를 제공해 왔다.[34]

어느 경우든 '준종속근로자'에 대해서는 그 경제적 종속성에 착안한 보호의 방법(종속근로자와 자영업자 사이에 '제3의 카테고리(범주)'[3주체론]를 마련해 규제하고 있다. 종속근로자에 관한 노동법의 규정을 일부 확대한다 등)을 외국법의 사례도 참고하면서 검토할 필요가 있다(大內 2016a).[35]

(2) 자영적 취업에 대한 정책적 관여의 필요성

제1차 산업혁명 후에 정부가 근로자 보호정책을 내세웠던 것은 대량의 종속근로자가 하나의 계층이 되어 정치적으로도 무시할 수 없는 존재가 되면서 정부의 경제정책으로서도 전략적으로 활용해가는 것이 필요했었기 때문이다.

그러면, 제4차 산업혁명 후에는 어떠할 것인가? 바로 앞의 (1) (자영적 취업자와 보호 필요성)에서도 언급했듯이, 자영적 근로자 중에서도 새로운 기술의 파

---

33) <역자주> 독일 「단체협약법」 제12a조: 유사근로자란 경제적으로 종속되어 근로자와 비교해 볼 때 사회적 보호를 할 필요가 있는 자로서 다음의 요건을 충족하는 자를 말한다. (ⅰ) 고용계약 또는 도급계약에 기하여 타인을 위하여 활동하며 채무적 급부를 원칙적으로 스스로 근로자의 협력 없이 제공하여야 할 것, (ⅱ) 자신의 노무가 주로 1인 또는 하나의 그룹을 위하여 제공되고, 그로 인한 보수가 자신의 총수입의 평균 50% 이상을 차지할 것.

34) 이탈리아 「민사소송법」 제409조 제3호("종속성이 없음에도 불구하고, 자신이 지배적으로 계속적으로 조율되는 사업을 스스로 운영함으로써 실현되는 협력적 관계"에 관한 분쟁에 대해서도 종속 근로관계와 마찬가지로 개별적 노동분쟁의 규정이 적용되었다).

35) <역자주> 최근 산업구조가 고도화되면서 노동법상 근로자와 자영업자의 구별이 문제되는 양자의 장점을 서로 결합시키는 이른바 '중간영역'에 속하는 취업집단의 규모가 확대되고 있다. 이는 일부 기업에서 이러한 인력관리정책이 시도되면서 새로운 고용형태에 관한 논의가 국제적으로도 일반화된 현상이다. 비록 노동법상 사용종속관계가 없기 때문에 근로자로서의 지위가 부인되지만, 노동법상의 보호 필요성이 현실적으로 요청되는 자영업자가 존재한다는 점에서 노동법적 적용문제가 논의되고 있다.(김형배, 노동법[제26판], 889-904면, 35-40면)

도를 타지 못하고 경제적으로 약자가 되고(종속근로를 하고자 해도 단순한 것은 이미 기계로 대체되어 버릴 것이다), 이러한 자가 하나의 계층이 되어 정치적으로도 무시할 수 없는 존재가 될 수 있다.

표 7-2   취업상태별 노동력인구 (단위: 만명)

	남녀 합계	남성	여성
노동력 인구	6,701	3,784	2,916
취업자	6,497	3,657	2,840
자영업자	540	404	136
가족종사자	159	29	130
고용자	5,771	3,210	2,561
완전실업자	204	127	77

출처: 총무성통계국, 노동력조사(総務省統計局 「労働力調査」) 2016년 9월분에서 발췌.

현재는 고용근로자는 아직 취업자의 90% 이상이나 존재하고, 자영적 취업자에게 정책적으로 대응할 필요성은 인식되기 어렵고, 또 어떠한 니즈(욕구)가 있는지도 명확하지 않다. 하지만 향후 산업에서는 ICT(정보통신기술)나 인공지능 등 기술의 발달로 자영적 취업이 늘어날 것으로 예상된다. 동시에 산업정책에서도 이러한 근무방식을 적극적으로 추진할 필요가 있다. 그렇다면 정부는 제1차 산업혁명시의 고용근로자에 대한 정책과 마찬가지로 자영적 취업에 대해서도 어떠한 형태라도 정책적으로 관여하는 것이 필요할 것이다.

그러면 구체적으로 어떠한 정책 방법을 취해야 할까? 적어도 종전 노동법을 규제하는 방법의 연장선상에서 생각하는 것은 적절하지 않다.

노동법의 규제방법은 근로계약을 체결해 근로자를 지배하는 기업(사용자)의 존재를 전제로, 그 기업의 엄청난 권한을 억제하기 위하여 근로자에게 권리를 주고, 기업(사용자)에게 의무를 부과하였다.

그러나 인적 종속성이 없는 자영적 취업자는 특정 기업에 인적 종속이 되지 않기 때문에 기존 노동법의 방법으로 보호하기란 어렵다. 경제적 종속성이라는 단어를 굳이 이용하면, (준종속근로자가 아닌 진정한) 자영적 취업자의 경제적 종속성은 이것이 생긴다고 해도, 특정 기업과의 관계가 아니라 개개의 취업자에게 속인적으로 생기는 경향이 강하다.

원래 자영적 취업은 개인의 선택을 중시한 자율적인 근무방식이다. 이것을 고려한다면, 경제적으로 자립할 수 없는 상황에 빠진 것은 본인의 자기책임이다. 이에 특정 기업에 종속해 일하는 근로자에 대한 것과 동일한 '온정주의'(paternalism)가 필요 없다는 의견이 나와도 이상한 것이 아니다.

하지만 종속근로자를 보호하기 위하여 종전의 노동법에서도 '사회질서의 안정'과 '경제적 합리성'이라는 고려가 있었다. 이를테면 자영적 취업의 경우에 온정주의가 필요 없다고 해도 사회정책, 경제정책 및 산업정책의 관점에서 국가의 전략으로서 자영적 취업자가 경제적으로 자립할 수 있도록 하기 위한 관여는 필요하다고 할 수 있다.

특히 자영적 취업자가 거래할 경우에 노동법이 개입하지 않는 상황이라고 생각하면, 향후 이 근무방식이 양호한 취업의 기회가 되기 위해서는 시장 환경을 정비하는 정책을 마련할 필요가 있다. 특히 중요한 것이 '계약의 적정화'이다. 이것은 내부 노동시장(조직) 내에서 노동력의 거래(지휘명령에 의한 노동력의 배치)를 규제하고, 종속근로자의 보호된 목적으로 해 온 지금까지 노동법과 유사한 부분도 있다. 하지만, 그 이념과 규제의 방향성은 크게 다르다. 자영적 취업에서는 개개인이 자립적인 거래로 직업의 수행을 정부가 직접적으로 지원하는 부분에 주된 목표가 있기 때문이다.

또한 노동성(현재의 후생노동성)은 비고용형의 텔레워크를 대상으로 하여 「재택워크의 적정한 실시를 위한 가이드라인」(在宅ワークの適正な実施のためのガイドライン)을 발표했다(2000년,[36] 2010년에 개정). 그 내용은 주문자에게 일정한 사항

---

36) <역자주> 일본은 2000년 3월 (후생)노동성의 '재택취업문제연구회'에서는 재택워크의 현상과 과제에 대하여 (ⅰ) 정보통신기기를 활용한 재택워커의 수는 20만 정도이고, (ⅱ) 재택워크의 70%는 여성으로 전체의 반수 이상이 자녀가 있는 여성이고, (ⅲ) 육아, 개호 등이 양립할 수 있도록 스스로의

의 준수를 요구한다는 것이다. 즉 「가내노동법」[37]과 마찬가지로 종속근로자의
보호의 연장선상에 있는 룰이다(이러한 의미에서 '준종속근로자'에 대한 보호의 한 사례
로 볼 수도 있다).[38] 그러나 향후 필요한 것은 그러한 '보호'의 논리를 넘어선 자율
에 대한 '지원'이라는 접근이다.

용어해설: 재택워크의 적정한 실시를 위한 가이드라인

이 가이드라인에서는 재택워크(在宅work)란 "(주로 컴퓨터 등의) 정보통신기기를 활
용하여 도급계약에 기초로 하여 서비스의 제공 등(예를 들어 테이프를 청취하고서 내
용을 기록하는 일, 데이터의 입력, 홈페이지의 작성, 설계 · 제도 등)을 행하는 재택형
태에서의 취업을 말한다(법인형태로 행하고 있는 경우나 타인을 사용하는 경우 등은
제외)" 가이드라인의 목적은 재택워크의 계약과 관계된 분쟁을 미연에 방지하고, 아울

페이스로 유연하고 탄력적으로 작업할 수 있는 취업형태이고, (iv) 재택워크는 향후 확대될 가능성
이 높으나 작업의 완성과 납기 등과 관련된 분쟁, 발주되는 작업과 재택워커의 기능수준의 불합치,
수급조정 시스템의 미정비 등이 장래의 과제로 보고되었다.
37) 독일의 가내근로자: 독일 「가내노동법」(Heimatarbeitsgesetz)이 적용되는 유사근로자의 특별유형이
다. 가내근로자란 혼자서 또는 가족 구성원의 도움을 받아 자신이 스스로 선택한 장소에서—그것이
아파트이든지 단독주택이든 그 밖의 일정한 장소이든 문제가 되지 않는다—타인을 위해서 근로하고,
근로결과의 사용을 당해 타인에게 맡기는 자를 말한다. 해고제한법, 근로시간법이 적용된다.
38) <역자주> 일본의 정보통신을 이용하는 네트워크상의 작업, 워드 프로세스, 데이터 입력, DTP
(desktop presentation)작업 등이 늘어나고 있다. 이러한 작업은 '물건'의 제조 및 가공에는 해당하
지 않아 '가내 노동법'은 적용되지 않는다. 그런데 통달(通達)에서는 원고를 워드프로세스에 입력하고
이것을 플로피 디스켓 등에 보존하는 작업은 가내노동법상의 '가공'에 해당하고, 그 플로피 디스켓은
'물품'에 해당함으로 컴퓨터 입력작업이 가내노동법이 적용된다고 한다. 그런데 동일한 입력작업을
하여 디스켓 등에 보존하지 않고 직접 전자메일 등으로 위탁자에게 전송하는 경우에 물건의 '제조'
및 '가공'의 실체가 없는 것이 되어 가내노동법의 적용에서 배제된다. 이에 '재택근로자'에 대하여 새
로운 입법이 필요하다는 견해 내지 정비할 필요가 있다. 이러한 조사연구를 바탕으로 2000년 6월 (후
생)노동성의 '재택워크의 적정한 실시를 위한 가이드라인'에서 계약내용의 명시, 계약조건의 적정화,
그 밖의 위탁자는 개인정보나 건강 확보, 고충처리에 노력할 것 등을 책정하여 실무상의 지침으로 제
시하였다.(노상헌, 가내근로에 관한 법제개선방안, 한국법제연구원, 2003, 53-54면).

러 재택워크를 양호한 취업형태로 하기 위하여 재택워크의 계약조건을 문서로 명시하거나 계약조건의 적정화 등에 대한 필요한 사항을 제시하는 것이다.

재택워크의 일을 주문하는 자는 계약을 체결할 때에는 재택워커와 협의한 후에 (i) '계약의 내용'을 결정함과 동시에 (ii) 계약조건의 문서 명시 및 그 보존, (iii) 계약조건의 적정화(보수의 지급[기일, 금액], 납기, 계속적인 주문의 중단의 경우의 사전예고, 계약조건의 변경, 손해의 부담 등), (iv) 재택워커의 개인정보의 보호, (v) 건강 확보 조치, (vi) 능력개발의 지원, (vii) 담당자의 명확화 등을 보호해야 한다.

(3) 자영적 취업의 계약의 적정화

자영적 취업자의 거래는 시장에서 거래인 이상 기본적으로는 '계약 자유의 원칙'이 적용된다. 노동법은 종속성이라는 보호 필요성을 근거로 한 개념을 창출하고, 계약의 자유를 수정하는 법원리를 확립했다. 하지만, 자영적 취업자의 근무 방식에는 종속성이 내재하고 있는 것이 아니기 때문에 계약 자유의 원칙으로 되돌아 갈 필요가 있었다. 즉, 노동기준법 등과 같이 근로조건의 내용에 직접적으로 개입하는 규제는 적절하지 않다.

그렇지만 계약 자유의 원칙도 절대적인 것은 아니다. 노동법이 탄생하기 조금 전에 이미 탄생했던 '시민법의 세계'에서는 계약 당사자는 자유롭고 대등한 관계에 있다고 상정되고 있었다. 그런데, 이것은 현실에서 자유롭고 대등한 것을 의미하지 않고, 오히려 이념으로서 신분관계에서 시민을 해방하고, 경제적인 자유를 준다는 부분에 의미가 있었던 것이다. 계약의 자유는 이러한 의미에서 이념인 이상 다른 이념이 해당되면 어쩔 수 없이 수정하게 된다. 그 대표적인 것이 노동법에서 종속노동론이지만, 민법의 세계에서도 임대차계약(賃貸借契約)이 '차지법'(借地法)이나 '차가법'(借家法)(현재에는 「차지차가법」[借地借家法])[39] 등으로 수정

---

39) <역자주> 한국의 임대차보호법과 유사한 법이다.

된 사례가 있다.

그중에서도 2000년에 제정된 「소비자계약법」은 "소비자와 사업자 사이의 정보의 질 및 양과 교섭력의 격차를 고려하여 … 소비자의 이익을 옹호하고, 이로서 국민생활의 안정 향상(安定向上)과 국민경제의 건전한 발전에 기여하는 것을 목적으로 하는" 법률(제1조)이다. 이것은 민법의 계약 자유를 정면으로 수정하고 있는 점이 중요하다(특정한 계약유형에서 소비자 보호에 대해서는 「특정 상거래에 관한 법률」[특상법]이 있다). 즉 계약 당사자 사이의 실질적인 비대등성이 계약의 자유를 수정하는 원리가 되는 것은 근로계약 이외의 계약이론에서도 인정되는 것이다.

자영적 취업자에 있어서도 기업과 거래하고, 정보나 교섭력에서 큰 격차가 있을 수가 있다. 자영적 취업자를 '소비자'로 보고, 소비자계약법이 적용되는지는 하나의 해석문제이다. 하지만, 입법론으로는 자영적 취업의 계약은 민법상 고용계약, 도급계약, 준위임계약 등으로 거칠 수 있는 특별한 역무제공계약의 일종으로 보고, 계약을 적정화하기 위하여 특별한 입법으로 대처하는 것이 바람직할 것이다(2016년 12월 현재 계속 심의로 되어 있는 민법 개정안에서도 당초는 역무제공계약[고용, 도급, 위임, 위탁에 해당되지 않는 것]에 관한 특별한 규정을 마련하는 제안이 있었다).

이 경우에는 「소비자계약법」을 참고 삼아 다음의 2가지 유형의 법적 룰을 마련할 필요가 있다.

첫째, 소비자계약법 제3조(사업자의 정보제공 노력의무와 소비자의 그 정보를 활용해 이해할 노력의무)를 참고로 한 계약체결 과정에서 정보공개의 룰이다. 즉, 자영적 취업자와 발주자 사이의 계약에서는 발주자 측에는 계약의 내용을 명확히 하면서 평이성(平易性)에 대한 배려나 계약의 내용에 대한 필요한 정보를 제공해야 한다는 법적 룰, 및 자영적 취업자 측도 발주자로부터 제공받은 정보를 활용해 계약의 내용을 이해하는 데 노력해야 한다는 룰이다.

둘째, 계약의 내용에 관한 법적 룰이다. 계약의 내용이 자영적 취업자에게 부당하게 불리한 경우에 그 계약을 무효로 하는 룰이다. 강행규정이나 공서양속(민법 제90조40))에 반하는 규정이 무효가 되는 것은 당연하다. 하지만, 이와 함께 소비자계약법 제10조(임의규정이 적용된 경우와 비교해 소비자의 권리를 제한하거나 의무를 가중하는 조항으로 신의칙에 반하여 소비자의 이익을 일방적으로 해하는 것을 무효로 하는 규정)와 같은 일반적인 규정을 둔 후, 일정한 전형적인 부당조항을 구체적으로 예시하여 규율하는 것을 검토하여도 좋을 것이다.

또한 자영적 취업자를 사업자로 본다고 해도, 「독점금지법」[41]상 '우월적 지위의 남용 규제'가 적용될 가능성도 있다(그 밖에 하청사업자의 보호에 관한 「하청법[下請法]」[42]도 참조)[43].

---

40) <역자주> 일본 민법 제90조(공서양속) 공공의 질서 또는 선량한 풍속에 반하는 사항을 목적으로 하는 법률행위는 무효로 한다; 한국 민법 제103조(반사회질서의 법률행위) 선량한 풍속 기타 사회질서에 위반한 사항을 내용으로 하는 법률행위는 무효로 한다.

41) <역자주> 독점금지법(獨占禁止法): 정식 명칭은 '사적독점의 금지 및 독점금지의 확보에 관한 법률'이다. 약칭해 '독점금지법' 또는 '독금법'이라고 한다. 우리 법령은 '독점규제 및 공정거래에 관한 법률' 또는 '공정거래법'이라 한다.

42) <역자주> 하청법(下請法): 정식 명칭은 '하청대금지불지연 등 방지법'이다. 약칭해 '하청법'이라고 한다. 우리 법령은 '하도급거래 공정화에 관한 법률' 또는 '하도급법'이라 한다.

43) <역자주> 민사법과 우월적 지위 남용 규제와 하청법: 근대 시민사회에스는 사인(私人)이 자유의사에 따라 자율적으로 법률관계를 형성할 수 있다는 사적자치(계약자유)의 원칙이 확립되어 있다. 이것은 일본 헌법상 영업의 자유(제22조 제1항) 또는 재산권(제29조)으로서 공공의 복지에 반하지 않는 범위 내에서 보장된다. 사적자치의 원칙은 일방 당사자가 상대방의 자유의사를 억압하고 상대방의 자율적인 판단을 방해하는 거래에 대해서는 사적자치 원칙의 수정이 허용될 여지가 있다. 독점금지법상의 우월적 지위남용 규제는 사인 간의 계약내용이 공공복리에 반한다는 이유로 공정거래위원회가 개입하는 것으로서 사적자치의 한계를 나타내는 것이다. 다만, 이러한 한계를 시정하는 것은 본래 민사법의 과제로서 행위능력 제한 제도, 착오, 사기, 공서양속 위반, 폭리행위론, 급부균등의 법리, 약관규제론 등에 의하여 사인간의 권리조정을 통한 민사적 구제조치가 강구되어 왔다. 이자제한법, 임대차보호법, 소비자계약법 등 민사적인 소비자 법제도도 마찬가지이다. 반면에 공정거래위원회의 행정조치를 전제로 하는 우월적 지위남용 규제는 사적 이익을 보호하는 것이 아니라 '공정한 경쟁질서'라는 공익을 보호하는 것이다. 물론 우월적 지위남용 규제의 도입 배경에는 대기업이 중소기업을 종속시켜 중소기업에서 근무하는 다수의 저임금 근로자들이 고통받는 현실 때문이다. 일반적으로 그 남용행위의 상대방은 민사법에 의한 구제를 받으려고 하지만, 현실적으로 사법적 구제는 충분하게 기대할 수 없기 때문에 공정거래법의 우월적 지위남용 규제에 따른 행정적인 수단이 필요하다고 인식되었다. 그리고 하청법(1956)에서는 신속하고 효과적으로 수급사업자를 보호하기 위하여 '자본금'이라는 객관적 기준으로 적용대상자를 명확화하고, 위반행위시 애매한 회색지대까지 규제범위를 획일적으로 확대하기 위하여 원칙적으로 위법이 되는 유형을 법정화하며 원사업자로 하여금 하도급거래의 발주내용을 서면으로 명확화하도록 의무화하였다(나가사와 데쓰야(최재원 역), 거래상 지위

용어해설: 우월적 지위의 남용44)

「독점금지법」은 우월적 지위의 남용을 동법에서의 사업자의 불공정한 거래방법의 하나로 들어서(제2조 제9항 5호) 이것을 금지하고 있다(제19조). 예를 들어 '자기의 거래상 지위가 상대방보다 우월하다는 점을 이용하여 정상적인 상관습(商慣習)에 비추어 부당하게', '거래의 상대방에게 불이익이 되도록 거래 조건을 설정'한 경우 등이 여기에 해당한다. 구체적으로는 '거래상 지위가 상대방보다 우월한 거래관행 사업자가 거래하는 상대방에 대하여 일방적으로 현저하게 낮은 대가 또는 현저하게 높은 대가에서의 거래를 요청하는 경우로, 해당 거래의 상대방이 향후 거래에 미치는 영향 등을 우려해 그 요청을 받아들일 수밖에 없는 경우에는 정상적인 상관습에 비추어 부당하게 불이익을 주게 되어 우월적 지위의 남용으로서 문제가 된다.'고 한다(공정거래위원회의 「우월적 지위의 남용에 관한 독점금지법상 견해」45) 참조).

또한, 공정거래위원회의 「역무의 위탁거래에서 우월적 지위의 남용에 관한 독점금지법상 지침」(1998.3.17.)에 따르면, 다음과 같은 경우에도 불공정 거래방법(불공정한 거래행위)에 해당해 위법이 된다.

① 수탁자가 역무의 위탁거래를 행할 경우에 새로이 설비 투자나 인원의 수배(手配)를 행할 필요가 있는 등, 이에 따라 해당 역무의 제공에 필요한 비용 등도 대폭적으로 증가하기 때문에 수탁자가 대가의 인상을 요구했음에도 불구하고, 소요 비용의 증가를 충분하게 고려하지 않고 현저하게 낮은 대가를 정한 경우, ② 수탁자에게 짧은 납기를 설정하고, 이에 따라 해당 역무의 제공에 필요한 비용 등은 크게 증가하기 때문에 수탁자가 대가의 인상을 요구했음에도 불구하고, 소요 비용의 증가를 충분하게 고려하지 않고 현저히 낮은 대가를 정한 경우, ③ 다량 내지 장기간 역무의 위탁거래를 전제로 수탁자에게 견적을 내게 하고, 그 견적에서 대가를 소량 내지 단기간만 거래하지 않는 경우의 대가로 정한 경우, ④ 특정한 수탁자에게 합리적인 이유가 없음에도 불구하고 다른 수탁자의 대가와 비교해 차별적으로 낮은 대가를 정한 경우.

심사 결과 「우월적 지위의 남용」(불공정거래행위)으로 판단되면, '공정거래위원회'는 그 위반행위의 중지, 계약조항의 삭제, 그 밖의 그 행위를 배제하기 위하여 필요한 조치의 명령(장래의 동일한 행위의 금지, 관계자에 대한 공지조치, 재발방지조치)(제20

남용 규제와 하도급법 해설과 분석, 박영사, 2018. 3-15면 참조).

조, 배제조치명령) 또는 과징금의 납부명령(제20조의 6, 당해 행위의 상대방에 대한 매출액 등의 100분의 1)을 내린다.

✏️ 보론: 자영적 취업자의 사업자성

자영적 취업자가 사업을 영위하는 데 기업과 다양한 계약을 체결하는 경우가 있다. 이것은 본래 기능(技能)의 거래라는 계약(본업의 계약)도 있고, 사업을 영위하는데 필요한 기기(機器)의 구입이나 임대, 인터넷에서 서비스 이용 등의 계약도 있다. 이러한 계약에서 자영적 취업자는 한 소비자로서 「소비자계약법」이나 「특상법」의 적용대상이 되는지가 문제된다.

소비자계약법은 사업자와 소비자 사이에 체결되는 계약에 적용된다고 한다(제2조 제3항). 여기에서 말하는 소비자에게는 '사업으로서 또는 사업을 위해서 계약의 당사자가 되는 경우에 있어서' 개인은 제외된다(제2조 제1항·제2항). 즉 개인이라고 해도 사업자라면 사업자 사이의 계약이 되고, 소비자계약법이 적용되지 않는다. 또한 특상법에서도 '도매계약 또는 역무제공계약으로, … 영업을 위하여 혹은 영업으로 체결하는 것'은 적용제외로 보고 있다(제26조 제1항 1호).

그러나 자영적 취업자가 본업의 계약을 하는 이외의 경우에는 일반 소비자와 본질적으로 다르지 않다고 볼 여지도 있고, 소비자계약법 등의 적용을 부정하는 것은 적절하지 않을 것이다. 게다가 본업의 계약이라고 해도 정보나 교섭력의 비대칭성이 있으면, 소비자계약법의 취지에 비추어 사업자가 아니라 **소비자**에 해당한다고 해석할 여지가 있다고 생각된다(또한 근로계약은 노동법의 특별한 보호가 있다는 이유에서 소비자계약법의 적용제외로 되어 있다[제48조]).

---

44) <역자주> 나가사와 데쓰야(최재원 역), 거래상 지위남용 규제와 하도급법 해설과 분석, 박영사, 2018 참조.

45) <역자주> 「우월적 지위의 남용에 관한 독점금지법상 견해(優越的な地位の濫用に関する独占禁止法上の考え方)」: 2009년 일본 독점금지법(공정거래법) 개정으로 우월적 지위남용이 과징금 부과대상이 되자 이에 대한 내용을 명확히 함으로써 법 운영이 투명성과 예견 가능성을 확보하기 위하여 의견수렴절차를 거쳐 2010년 제정되었다(원안). 위 원안에 대한 의견의 개요와 이에 대한 견해(2010.11.30. 공정거래위원회)이다(2017.6.16. 개정).

(4) 자영적 취업자와 커리어권

위의 (2)(자영적 취업에 대한 정책적 관여의 필요성)에서도 언급한 것처럼, 앞으로는 국가 전략으로서 제4차 산업혁명이 가져올 산업구조의 전환의 파도를 탈 수 있는 인재를 육성할 필요가 있다. 한편으로, 국민 1인마다도 커리어권의 관점에서 새로운 산업사회에 적합한 기능을 습득시킬 수 있는 환경을 정비하도록 정부에 요구할 권리가 있다고 해석해야 한다. 반복해 언급하듯이, 오늘날 주류의 근무방식인 종속적인 고용노동은 향후에는 축소되고, 자영적 취업을 확충할 것이 예상된다. 특히 '크라우드 소싱'과 같이 경쟁과 기회가 글로벌하게 확대되는 시대가 도래하는 것을 살펴보면, 국민이 자영적 근무방식 속에서 적직(適職)[46]을 발견하고, 그 직업생활이 충실하게 되도록 정부가 적절한 지원(여기에는 기업[起業]에 대한 지원도 포함한다)을 행하고, 국민의 커리어권에 부응하는 책무는 한층더 무겁게 될 것이다.

이 관점에서 특히 중요한 것은 직업인으로서의 기초적인 능력의 양성이다. 대부분의 일본인은 정규직을 목표로 해왔던 것인 정규직이 되어 기업 내에서 직업훈련을 받고, 그 기업 내에서 커리어라고는 하나, 직업인으로서 성정할 수 있다는 장점이 있었기 때문이다.

그러나 자영적 취업의 경우에는 기업 내 직업훈련을 생각할 수 없기 때문에 (기업 내 훈련을 받고서 독립하는 유형은 있다), 그 밖의 장소로 대학교, 직업전문학교, 공적기관 등에서 직업훈련이 필요하고, 보다 중요한 것은 자주적인 학습능력(자학[自学]능력)이다.

자신에게 적직(適職)은 결국 자신만이 안다. 종전의 정규직과 같이 기업에게 자신의 커리어 형성을 맡기고, 기업이 적직을 찾게 하는 수동적인 자세를 더 이상 취할 수 없다. 즉, 개개인이 주체적으로 적직을 찾을 수 밖에 없는 것이다. 현행 「직업능력개발촉진법」에서는 "근로자의 자발적인 직업능력의 개발 및 향상의

---

46) <역자주> 적직(適職): 능력이나 성격에 알맞은 직업.

촉진"도 기본이념에 포함하고 있다(제3조의2). 하지만, 거기에는 자영적 취업자의 자학능력(自學能力)은 포함되어 있지 않다. 향후 직업능력개발정책의 대상은 '근로자'(제2조 제1항)뿐만 아니라 더 넓게 '모든 국민'으로 하고, 자학능력의 양성을 중심 축으로 하도록 재편성해야 한다.

또한 종래 기업은 직업인의 기초능력을 교육시켜 왔다. 하지만, 앞으로는 국민이 표준으로 습득해야 하는 것으로 의무교육(義務敎育) 중에서도 편성할 필요가 있다. 의무교육을 수료한 시점에 이미 자영적 취업을 하기 위한 기초능력을 갖추어야 한다. 예를 들어, 스스로 계약서를 작성하거나 계약의 문언을 이해하는 능력이나, 법률지식을 가지고 준수(compliance)에 실패하지 않는 능력(legal literacy)이 포함된다. 정보나 컴퓨터 등과 관련된 기초적인 능력(정보 능력)도, 기업(起業)에 필요한 재정 지식(재정 능력) 등도 앞으로는 기초적인 능력에 포함될 것이다. 이러한 것들은 의무교육이나 적어도 고등학교에서는 습득하도록 해야 한다.

이러한 것은 '교양과목'(liberal arts)의 중요성을 경시하는 것이 아니다. 오랜 직업생활에 풍부한 발상을 기초로 하여 충실한 직업커리어를 실현하기 위하여 인간적인 소양이 필요하다. 이것은 세계나 자국 역사의 이해, 인류가 발전시켜 온 사상과 철학(철학을 배우면, 생물학, 뇌과학 등 인간이라는 생물에 대한 관심도 깊어진다) 등을 배움으로서 더 심화된다. 교양과목은 '사람을 자유롭게 하기 위한 기예'(技藝)이다. 이것은 지적으로 자유롭게 날갯짓을 하기 위한 기초교양이다. 향후 사회에서 요구하는 지적 독창성은 이러한 선인(先人)의 지혜인 교양을 음미하면서 생겨나는 것이다.

직업교육으로서 또 중요한 점은 직업인에게 필요한 지식이나 기능이 끊임없이 변하고, 아울러 지적 창조성이 존중되는 시대를 전망하고, 계속적·주체적으로 배우는 자세, 독창적인 발상을 지향하는 자세의 중요성을 가리킨다. 필요한 능력은 타자에게 받지 않고, 스스로 가져야 한다. 이것은 앞에서 언급한 자학(自學)의 중요성과도 연계된다.

그렇지만, 개인이 주체적으로 직업능력을 향상시키는 자세가 중요하더라도, 이 책에서도 자주 살펴본 것처럼, 인공지능이나 로보틱스의 발달 속에서 인간의 일 자체는 엄청나게 변해 간다. 현재는 정보의 활용 능력을 중시하고 있지만, 10년, 20년 후에는 내용이 달라질 수도 있다.

개인이 예측할 수 없는 변화를 정부가 정보를 정확하게 수집·분석하고, 국민에게 제공할 필요가 있다. 이러한 정부의 임무는 자영적 취업자를 지원하기보다는 개개의 국민이 자영적 취업, 종속근로에 관계없이 어떠한 적합한 직업을 찾아서 인생을 살 것인지를 주체적으로 선택하기 위한 것이다. 이것이 '커리어권'의 핵심에 있다.

📝 보론: 자영적 취업과 매칭

자영적 취업에서도 그 시장을 육성하려면 매칭 기능을 강화해야 한다. 실제로 이미 중개비즈니스는 크라우드 워크 등을 중심으로 전개되고 있다.

근로자의 직업소개라면, 「직업안정법」으로 규제한다. 하지만, 자영적 취업자의 중개사업을 법률로 규제하지 않고 있다. 사업의 참가를 규제하는 것은 부적절하다. 하지만, 적정한 사업을 운영하기 위하여 직업소개 사업자에게 부과하는 규제((i) 개인정보의 취급 의무, (ii) 비밀유지의무, (iii) 근로조건 등의 명시의무, (iv) 모집내용의 정확한 표시에 관련된 노력의무, (v) 모집 시 구직자에게 보수수령의 금지 등)는 자영적 취업의 중개 비즈니스에도 도입하도록 검토해야 한다.

그러나 오늘날에는 일자리 매칭 자체도 IT(정보기술)화하고 있다. 예를 들어 사업자의 홈페이지에 구인 정보나 구직자 정보를 열람할 수 있도록 하고, 그리고서 구직자와 구인자의 양방향의 의사소통을 중계하거나 구직 조건에 적합한 구인정보나 구인 조건에 알맞은 구직자 정보를 자동 송신하는 구조를 도입한 새로운 유형의 중개사업이 생기고 있다.

현행법상 이러한 '정보제공 행위'가 단순한 정보제공의 영역을 넘어서, 직업안정법 제4조 제1항의 직업소개(구인 및 구직을 신청받아 구인자와 구직자의 고용관계 성립을 알선하는 것)[47]의 정의에 해당하고, 직업안정법상 규제 대상인지가 문제된다. 하지만 핵심은 이러한 중개사업이 인공지능의 활용을 기대하는 분야로서 기계화·자동화가 엄청나게 진행될 것으로 예상된다.

고용근로자, 자영적 취업자에 한하지 않고, 인공지능으로 매칭하게 되면 중개서비스와 관련된 문제 상황도 크게 변화할 것이다. 규제의 필요성은 이 업계뿐만 아니라 대량 데이터를 다루는 일반 업자에게 공통된 문제(개인정보 보호, 비밀유지의무 등)로 다루게 될 것이다.

(5) 자영적 취업자의 사회안전망

자영적 취업자의 입장에서 사회안전망의 하나는 경제적 약자가 되지 않도록 기능을 습득하고, 이상(理想)은 그 기능을 활용한 적직(適職)을 찾아 행복한 직업 인생을 보낼 수 있는 지원체제가 있다. 위의 (4)(자영적 취업자와 커리어권)에서 살펴본 '커리어권'은 이를 위해서도 필요하다. 한편, 이와 함께 개인의 노력으로 는 지탱할 수 없는 위험에 대한 '사회안전망'도 필요하다.

예를 들어 질병·부상, 고령, 실업 등의 위험을 보장하는 문제가 있다. 이러 한 위험도 자기책임으로 본인에게 맡겨진 정책도 이론상 있을 수 있다(국가마다 사 회보장의 바람직한 방법은 다양하다). 하지만 일본에서는 적어도 고용(종속)근로자에게 는 특히 두터운 사회보장제도가 있으며, 자영적 취업자와의 격차에 대한 시비(是 非)는 검토해야 한다.

구체적으로는 (ⅰ) 질병·부상에 대해서는 고용근로자만 '산재보험'이 적 용되고, 게다가 보험료는 모두 사업주가 부담하는 점, 고용근로자의 '건강보험'과 자영적 취업자의 '국민건강보험' 사이에는 전자는 보험료는 노사 절반인 점이나, 전자에 있는 '상병수당금'이나 '출산수당금'이 후자에는 없다는 점 등의 격차가 있다. (ⅱ) 고령에 대해서도 고령근로자와 자영적 취업자 사이에는 후자는 기초 연금(국민연금)만인 것에 대하여, 전자는 또 후생연금(2층 부분)이 있고, 보험료는 노사 절반일 뿐만이 아니라, 배우자(제3호 피보험자)에 대한 보험료의 면제도 있다 는 격차가 있다. 또한 (ⅲ) 실업의 보장(고용보험)은 고용근로자에게만 있다. 이러 한 격차는 자영적 취업을 선택하여 일하는 것을 막는 요인이다. 고용근로자에 대 한 두터운 사회보장은 노동법상 보호와 함께 국민을 지나치게 종속근로로 유도하 였던 것이 아닌가라는 문제의식도 필요하다.

---

47) <역자주> 한국 직업안정법 제2조의2(정의) 2호에서 "직업소개"란 구인 또는 구직의 신청을 받아 구직자 또는 구인자(求人者)를 탐색하거나 구직자를 모집하여 구인자와 구직자 간에 고용계약이 성 립되도록 알선하는 것을 말한다.

특히 텔레워크 부분에서도 살펴보았듯이, 인적 종속성이 희박하고, 종속근로 또는 자영적 취업의 구분 자체가 애매하게 된 오늘날 공평함을 위해서도 근로자 인지 여부에 관계없이 국민 한 사람 한 사람이 직면하는 중요한 소득상실의 위험에 대하여 포괄적이고 종합적인 소득보장을 구상하는 대담한 제도설계('생활보호제도'[48]도 포함)도 필요하다.

한편, 앞으로는 인간의 노동이 감소하는 시대(노동 감소시대)가 도래하는 경우도 고려해야 한다. 즉 인공지능이 발전해 인간의 노동을 대체한다면, 인간이 노동을 통하여 수입을 얻을 기회가 줄어들고, 생활을 위한 수단이 상실된다. 그렇게 되면, 소득도 줄게 되고 경제가 제대로 돌아가지 않게 될 것이다. 이러한 사태를 피하려면 부(富)가 사회 속에서 잘 재분배되어야 한다. 예를 들어 국민에게 수입과 관계없이 일정한 소득을 보장하는 '기본소득'(basic income)[49]은 유력한 정책

---

48) <역자주> 한국의 生活保護制度(Livelihood Protection System): 노령·질병·신체장애 등으로 생활유지의 능력이 없거나 생활이 어려운 사람에게 국가가 필요한 보호를 행하여 이들의 최저생활을 보장하고 자활능력을 조성하기 위해 공공부조의 일환으로 실시한 제도이다. 2000년부터는 '국민기초생활보장 제도로 대체되었다. 이 제도는 종래의 대표적 공공부조 제도로서 1961년 12월에 최초로 '생활보호법'이다. 하지만 장기간 재정문제로 생계보호만이 실시되었다가 1984년 3월부터 의료·교육·자활·해산 등까지 확대 실시되었다. 하지만 이것은 생활이 어려운 사람에 대한 시혜적 차원의 공공부조 제도이지, 국민 모두가 보장받는 생존권적 권리가 아니었다. 공공부조로서 생활보호 제도의 내용은 나라마다 제각기 약간씩 차이가 있겠으나 그 기본원리는 민주주의 기본이념과 생존권 보장의 사상에 입각하여 생존권 보장, 국가책임, 최저생활보장, 무차별평등, 보족성(補足性), 자립 성장 등의 6개 원리로 운용되고 있다.[네이버 지식백과]

49) <역자주> 기본소득(Basic Income): 자산 조사를 하거나 근로 요구를 하지 않고 모든 개인에 무조건 주기적으로 지급하는 현금 급여를 의미. 자산조사를 않는다는 점에서 '공적 부조'와 다르고, 일하는 사람에게만 지급하지 않는 점에서 '사회보험'과 다르다. 거론하는 금액은 선진국 실험은 월 70-100만 원, 한국에서는 월 30-50만 원. 효과는 모두에게 먹고 살 만큼 지급함으로 복지 관리비용의 절감, 낙인효과의 방지가 있다. 반면에서 부작용은 막대한 세금부담, 근로의욕의 상실 우려, 복지제도 대폭적인 축소가 있다. 또한 기본소득제의 발상과 관련해 기존 복지제도를 유지하면서 기본소득을 얹자는 주장과 기존 복지제도 중 기초생활보장, 실업수당, 기초연금, 아동수당, 근로장려세제 등을 없애고 최저임금제도도 노사 자율에 맡기며, 장애인 정책 등 필요한 것은 남기고 기존 복지제도를 재건축해야 하는 주장이 있다. 이에 기본소득의 개념 자체가 복지국가도 성숙되지 않고 공동체 의식이 충분히 성숙하지 않아 시기상조라고 하거나, 장기적 관점에서 기본소득을 고려할 수 있지만

으로 검토할 필요가 있다(기본소득이 근로의욕을 꺾는다는 비판은 노동이 감소하는 시대에는 맞지 않기 때문이다).

동시에, 새로운 산업에서 창출되는 부가 그 이용에 성공한 일부의 사람에게 편중되는 문제에도 대처해야 한다. 예를 들어 플랫폼의 구축에 선행한 특정한 기업(아마존, 구글 등)과 그 경영자에게 막대한 부가 집중되는 현상은 이미 현실화되고 있다('스톡옵션'[50]을 받아 경영자가 막대한 자산을 보유한 사례도 많다). 정부는 신기술을 활용하여 부가 사회에 공평하게 분배되지 않는 사태도 역시 '경제적 격차문제'이기에 대처할 필요가 있다.

이렇게 노동이 감소하는 시대에는 사회를 안정시키기 위하여 '사회보장제도'나 다양한 '세금'을 이용한 '부의 재분배정책'이 더 중요하게 될 것이다.

(6) 국민 연대의 기반

자영적 취업은 자율적인 근무방식이다. 사회안전망의 양상을 고려한 후에도 기본적으로 개인이 경제적으로 독립해 약자가 되지 않도록 자조(自助)를 위한 지원이 중심이 되어야 한다. 하지만 그렇다고는 하나 새로운 연대의 기반도 필요할

사회서비스를 늘려 일자리를 늘리는 전략을 건너뛰고 기본소득을 논의하는 것은 성급하다는 입장도 있다(야마모리 도루(은혜 옮김), 기본소득이 알려주는 것들, 삼인, 2018.12.; 김교성/백승호/서정희/이승윤, 기본소득이 온다, 사회평론아카데미, 2018.2.; 복거일/김우택/이영환/박기성/변양규, 기본소득 논란의 두 얼굴, 한국경제신문, 2017.5.; 필리프 판 파레이스 등(홍기빈 옮김), 21세기 기본소득, 흐름출판, 2018.6.).

50) <역자주> 스톡옵션(Stock Option): 기업이 임직원에게 일정 기간이 지난 후에도 일정수량의 주식을 일정한 가격으로 살 수 있는 권한을 인정해 영업이익 확대나 상장 등으로 주식 값이 오르면 그 차익을 볼 수 있게 하는 보상제도. 채용 당시 많은 임금을 보장할 수는 없지만 사업성이 높은 벤처기업의 경우 인재를 모을 때 많이 사용하는 제도. 벤처기업의 경영실적이 호전돼 주가가 오를 경우 임직원들은 회사가 옵션을 제공할 때에 결정한 행사가격(exercise price)으로 주식을 취득한 뒤 시가대로 매도할 수 있다. 행사가격과 시가와의 차액에 대한 세금을 낸 뒤 나머지를 보상으로 챙기게 되는 것이다. '우리사주제도'와는 구분되는데 우리사주제도는 근속연수를, 스톡옵션 제도는 능력과 회사기여도를 각각 근간으로 삼는다. 우리 상법상 스톡옵션으로 부여할 수 있는 주식의 수량은 총발행 주식수의 10%다.[네이버 지식백과]

수 있다. 이것이 공조(共助)이다.

예를 들어, 인터넷 사회가 확대되면 될수록 아날로그의 휴먼터치가 더 필요
하게 될 것이다. 어떻게 가상현실(VR)의 기술을 사용해도 실현할 수 없는 온라인
에서 연계할 공간으로서 자신이 생활하는 가정과 지역(커뮤니티)이 클로즈업될 것
이다. 텔레워크 등의 자영적 취업은 일가정 양립(work-life balance)을 실현하기
쉬운 근무방식이다. 사람들이 시간, 장소를 선호해 선택하는 일(워크)을 하는 사회
가 도래하면, 자신의 생활(라이프)의 장이야 말로 연대 기반이 된다. 이러한 공조
가 개인이 활동(직업활동 외에도)하는 데에 기반이 될 것이다.

이와 함께 유사한 직업(사업)을 영위하는 자들이 네트워크를 형성해 정보를
교환하는 형태도 확대해 갈 것이다. 지금처럼 정규직 제도에서 기업에서 일하는
자가 기업별 노동조합을 만들어 특권적인 보장을 확보하는 구조는 무너지고 있
다. 기업 밖에서 새로운 소속과 연대의 기반이 필요할 수가 있다. 그 가능성의 하
나로 동업자들이 그 직업을 중심으로 단결하고 있다.

하지만 자영적 취업자 단체가 「독점금지법」상 '사업자단체'(제2조 제2항)[51]
로 간주되면, 독점금지법의 규제를 받을 수도 있다(제8조). 이 점이 '노동조합'과
차이가 있다. 보수에 대하여 담합하는 행위를 노동조합에게는 인정하고 있다(법적
으로도 조합원에 의한 임금 인하의 금지는 단체협약의 규범적 효력으로 승인되고 있지만[노
동조합법 제16조[52]]), 사업자단체라면 허용되지 않는다. 자영적 취업자의 사업자로

---

51) <역자주> 사업자단체: 그 형태 여하를 묻지 않고 2인 이상의 사업자가 공동의 이익을 증진할 목적
으로 조직한 결합체 또는 그 연합체를 말한다(독점규제법 제2조 4호). 사업자단체는 사업자들로 조
직된 단체이다. 여기서 '사업자'는 제조업, 서비스업, 기타 사업을 행하는 자를 말한다(제2조 1호 전
문). 이들이 법인, 조합, 회사이든 상관없다. 오늘날 사업자의 개념이 점차 확장되어 사업자단체의 개
념도 점차 확장되고 있다. 예를들어 의사, 약사, 변호사, 건축사 등의 전문적인 자유업이 사업자의 개
념에 포함됨에 따라 전국경제인연합회, 대한상공회의소, 변호사협회, 의사협회, 약사회, 건축사회 등
이 사업체단체이다. 결국 법원도 사단법인 대한약사협회(대법원 1995.5.12. 선고 94누13794 판결),
대한법무사회협회(대법원 1997.5.16. 선고 96누150 판결), 대한의사협회(대법원 2003.2.20. 선고
2001두5347 전원합의체 판결)를 사업자단체로 보아 독점규제법의 적용을 인정하고 있다. 하지만 학
술단체나 친목단체는 사업자단체가 아니다(권오승/서정, 독점규제법 제3판, 법문사, 2018, 371면).

서 단체의 성격은 이론상 어려운 문제이지만 노동조합과의 유사성을 기초로 검토할 필요가 있다.

하지만 동업자의 단체가 과거의 '길드'라고 불리고, 노동법의 탄생 전야, 개인의 직업활동에 억압적으로 기능했던 것을 유념해야 한다. 향후 자영적 취업자의 직업단체는 신분의 구속관계를 만들지 않아야 한다. 또한 노동조합이 집단우위의 사상이나 조직의 논리로 개별 조합원에게 억압적이 되기 쉬운 점(대표 사례로 기업이 노동조합에서 탈퇴 또는 제명된 조합원을 해고하도록 의무화하는 '유니온 숍 협정'이 있다)도 반성해야 한다. 공조는 자율적인 개인의 주체성을 가진 '연대'이어야 한다.

✒️ **칼럼: 지적 창조는 리얼한 회의에서**

텔레워크는 개인의 일을 효율적으로 실현하고 있다. 하지만, 타인과 접촉할 기회가 줄어들어 지적 자극을 받을 기회가 줄어들고, 이러한 점에서 설명할 수 있다. 텔레워크는 어디까지나 생산성을 향상시키는 수단의 하나에 불과하고, 창조성을 환기하는 자극책을 편성해 그 장점을 더 살릴 수 있다.

'토쿠시마현 카미야마마을'(德島県神山町)은 텔레워크로 선진화된 지역으로 유명하다. 하지만, 거기에는 많은 지적 크리에이터가 모여서 일을 하고 있다. 다른 분야에서 최첨단의 일을 하는 사람들과 협동은 매우 지적 창조성을 창출하기 쉬운 환경이다. 향후 '지역창생'(地域蒼生)의 모델로 삼을 필요가 있다.

---

52) <역자주> 일본 노동조합법 제16조(기준의 효력) 단체협약에 정한 근로조건 기타 근로자의 대우에 관한 기준에 위반하는 근로계약의 부분은 무효로 한다. 이 경우에 있어서 무효로 된 부분은 기준에 정한 바에 의한다. 근로계약에 규정되지 아니한 사항에 대해서도 마찬가지로 한다; 한국의 노동조합 및노동관계조정법 제33조(기준의 효력) ① 단체협약에 정한 근로조건 기타 근로자의 대우에 관한 기준에 위반하는 취업규칙 또는 근로계약의 부분은 무효로 한다. ② 근로계약에 규정되지 아니한 사항 또는 제1항의 규정에 의하여 무효로 된 부분은 다네협약에 정한 기준에 의한다.

5. 소결

현재 취업자의 90% 이상은 고용된 근로자이다. 고용된 근로자는 노동법을 적용받는다. 이에 일을 하는 데에는 보호가 있는 것이 상식이다. 이러한 관점에서 자영적 취업은 어딘지 의심스러운 근무방식이다. 그래서 크라우드 워크, 우버[53]의 자영 운전사 등에게도 엄격한 시선을 던지고 있다. 자영적 취업은 고용은 아니다. 하지만 자영적 취업은 기업이 직접 고용하지 않은 노동력을 활용하는 점에서 전통적인 노동법학에서 비판해 온 '간접고용'(특히 근로자파견)과 공통성이 있다.

특히 자영적 취업의 형식을 취하면서 실태에서 인적 종속관계(사용종속성)가 있는 '위장자영업자'는 문제가 있었다. 예를 들어 계약형식만 고용계약에서 업무위탁계약으로 변경하고, 취업 실태는 종전과 같은 근무방식은 자영적 취업을 남용하는 것이다. 기업에서 근무방식의 중심이 고용인 시대에 기업이 군이 자영적 취업을 활용하려는 경우에는 이러한 남용의 위험이 없는지를 체크해야 한다. 왜냐하면 이것이 종속노동론을 기초로 하는 노동법학의 사명이기도 하다.

그러나 정보통신기술(ICT)의 발달 등에 따라 자영적 취업은 기술적으로 할 수 있다. 또한 인공지능 등의 발달로 자유로운 지적이고 창조적인 근무방식이 필요해진다. 이러한 노동법의 보호와 규제가 필연적으로 따르는 고용은 반드시 생산성과 직결되지 않는 근무방식이 된다. 기업의 입장에서 자영적 취업을 활용하는 데에는 경제적 합리성이 충분하게 있기 때문이다.

---

53) <역자주> 공유경제의 그늘 - 거리로 나온 우버 기사들: 차량호출 서비스 우버 기사들이 2019년 미국 로스엔젤리스(LA) 국제공항 인근 한 공원에서 처우개선을 요구하는 시위를 벌이고 있다. 우버의 기업공개(IPO)를 앞두고 LA와 뉴욕 등 미국 주요 도시는 물론 영국과 호주 등지에서 진행된 동맹파업의 일부였다. 우버가 IPO를 통해 91억 달러의 자금을 조달할 것이라는 전망이 나오면서 박탈감을 느낀 이들이 거리로 나온 것이다. 우버 기사들은 회사에 수익금 25-30%에 달하는 수수료를 내야하는 등 사실상 근로자이지만, 독립계약자로 분류돼 노동법 적용을 받지 못한다. 우버 기사의 시간당임금은 9달러가 조금 넘는다. 우버는 IPO보상금과 스톡옵션 제공을 약속했다. 하지만 미국 외 지역의 기사에게는 보상금이 돌아가지 않아 불공평하다는 지적도 나온다.

물론, 자영적 취업은 인적 종속성이 없는 근무방식이어서 전혀 문제가 없는 것은 아니다. 자영적 취업은 인적 종속성이 없어도 경제적 종속성이 있으면, 거기에는 보호할 필요성이 인정된다. 경제적 종속성은 단순히 본인의 기능이 부족한 것이라기보다는, 어떠한 특정한 기업의 사업을 수행하는 체제에 계속해 편입할 경우에 발생한다. 이러한 준종속 근로자의 경우에 법적 의미에서는 조직 내에 편입되지 않고, 경제의 실태에서 보면, 시장거래를 하더라도 조직 내에 편입되어 있다고 평가할 수 있다. 외국도 경제적 종속성이 있으면 근로자와 유사한 보호를 일부 확장하는 사례도 참고할 만하다.

하지만 문제는 여기에만 있지 않다. 이를테면 경제적 종속성이 없더라도 자영적 취업이 그 본래의 자립성을 살릴 수 있는 좋은 취업의 기회가 되려면 자조(自助)를 지원하기 위하여 시장환경을 정비하거나 당연히 해야 할 공조(公助)로서 사회안전망이 필요하다. 게다가 이러한 근무방식은 앞에서 언급한 것처럼, 향후 경제 성장에 중요하다. 그러면, 인재 육성의 관점에서도 정부가 적극적으로 관여해야 한다. 커리어권에는 이러한 의미를 가진 내용도 포함하고 있다.

도표 7-3 **자영적 취업과 법**

자영적 취업자의 구분	종속성의 유무	노동법의 적용 유무
위장 자영적 취업자 (종속근로자)	인적 종속성 있음	노동법을 적용
준종속근로자	인적 종속성 없음, 경제적 종속성 있음	일부 노동법을 적용(?)
진정 자영적 취업자	종속성 없음	자조(自助)를 지원

노동법에 미래는 있는가?

제8장

노동법에 미래는 있는가?

1. 새로운 격차문제

인공지능(AI), 로보틱스(로봇기술), 3D프린팅, 나아가 유전학 연구, 나노 테크놀러지(과학기술), 바이오 테크놀러지 등을 활용해 진행되는 제4차 산업혁명은 인류가 지금까지 경험한 적이 없었던 속도와 규모로 소비, 생산 등 우리 생활의 모든 방면에서 향후 제도나 관행을 일시에 변화시킬 것이다.

노동이나 고용도 예외는 아니다. 인간의 육체 활동이나 지적 활동의 많은 부분이 인공지능이나 로보틱스 등의 신기술로 대체된다. 일의 내용도 바뀐다. 사라지는 일도 있고, 새롭게 생겨나는 일도 있다. 게다가 사람의 근무방식도 크게 바뀐다. 특히 중요한 점은 정보통신기술(ICT)을 사용해 어디에서라도 여러 제도(법제도도 포함)는 잇따라 적합하지 않게 될 것이다. 이러한 큰 환경의 변화는 인류의 역사에서 지금까지도 있었고, 그때마다 새로운 사회문제를 낳아왔다. 이것은 변화의 파도에 적합한 자와 부적합한 자 사이의 '격차 문제'이다.

일하는 자 사이에 격차는 어느 시대에나 있었다. 누가 승자와 패자인지 차이는 있다. 예를 들어 직인(職人)의 우위성은 항상 기계를 활용하는 자의 등장으로 위협을 받았다. 기계를 활용하는 자의 우위성은 더 우수한 기계를 활용하는 자의 등장으로 위협받았다. 이러한 반복을 피하기란 어려운 일이다.

승자와 패자가 대체되는 것은 사회 발전에 나쁜 일은 아니다. 재도전할 수 없는 사회는 생기가 막힌 느낌에 뒤덮일 것이다. 하지만 이것이 아주 급격하게 발생하면, 사회가 대혼란에 빠져버린다. 이러한 사태는 가능하면 피하는 편이 좋다.

현재 인공지능으로 빼앗길 가능성이 높은 것은 고용사회의 볼륨 존의 '화이트칼라의 일'이다(新井 2015). 어제까지 고용사회의 엘리트가 한꺼번에 사회적 약자로 전락할지도 모른다. 걱정스러운 일은 '그때'에 갖추어야 할 준비를 모두가 충분하게 준비할 수 있는가이다.

2. 노동법의 종언?

그러면, 이러한 중에 노동법은 어떻게 될 것인가? 제1차 산업혁명은 생산현장에 바로 혁명적인 변화를 초래하였다. 여기서 발생한 사회문제('종속근로'가 초래할 문제)를 해결하기 위하여 '노동법'이 탄생하였다. 그 후에도 기술혁신이 계속해 진화하는 산업사회에서 잇따라 일어난 '종속근로'문제가 있었다. 노동법은 종속근로문제를 해결하기 위하여 이론적인 시도를 계속하면서 하나의 확고한 법 분야가 되었다. 오늘날의 노동법은 전체 모습을 파악하기란 어려울 만큼 거대해져 버렸다(菅野 2017의 책 두께(1,222면)를 보기 바란다)[1]. 여기에서 노동법 역사의 무게를 느낄 수 있다.

이러한 한편으로, 현재 노동법의 기반은 계속해 크게 동요하는 것도 사실이다. 노동법이 규제하는 기반은 '사업장'이었다. 사업장이란 사업을 수행하는 장소

---

1) 스게노 가쯔오(菅野和夫)는 1943년 도쿄(東京) 출생, 도쿄대학 교수, 중앙노동위원회 회장(위원장), 현재-도쿄대학 명예교수, 일본 학사원(학술원) 회원, 일본노동정책연수기구 이사장, 일본 칸토(關東)지방 등 일본 노동법학계를 대표하는 학자이다. 대표적인 노동법 교과서로 菅野和夫, 勞働法(제11판 補正版), 弘文堂, 2017.2(1,222면)(菅野和夫(이정 번역), 일본 노동법, 박영사, 2015(제10판 번역)(943면)가 있음). 반면에, 한국의 대표적인 노동법 교과서로 김형배, 노동법(제26판), 박영사, 2018(1,440면); 임종률, 노동법(제17판), 박영사, 2019(685면)이 있다.

로, 여기에 근로자가 모여 상사의 지휘 하에서 노무에 종사하는 장소이다.[2] 그러
나 정보통신기술(ICT)이 발달하면서 사업을 수행하는 장소는 점차 현실에서 가상
으로, 또한 생산시스템은 집중에서 분산으로 변하고 있다. 이에 따라 근로자는 시
간이나 장소에서 자유를 되찾고, 제1차 산업혁명 당시의 종속적인 상황에서 벗어
나고 있다. 노동법이 탄생할 당시에 있었던 생산구조는 향후 크게 변화하고, 과거
의 노동법이 대처하려던 많은 문제는 해결할 방도를 찾은 것 같다. 오히려 기존
노동법의 구조는 근로자를 약자로 결정하고, 자조(自助)의길을 부정하여 가부장주
의의 규제로 꼼짝 못하게 해왔다. 이러한 구조는 특히 '근로시간 규제'나 '해고
규제'에서 전형적으로 보는 것처럼 기업이나 국민이 새로운 산업사회에 적응하는
데에 족쇄가 되고 있다.

우선 노동법은 그 사명을 마치고 있는 것이다.

---

2) <역자주> 사업(노동기준법 제9조): 노동기준법은 기업단위가 아니라 '사업단위별 적용'이 유지되
고 있다. 즉 '사업 또는 사업소'('사업'이라 총칭)에 사용되는 근로자의 근로관계를 근로자 보호의 견
지에서 규제하는 구조를 취해왔다. 이것은 국가의 노동주무관청의 지방출장기관으로서 전국에 배치
된 노동기준감독서가 관할 구역 내의 사업소를 물리적으로 파악하여 노동기준법의 근로조건기준을
준수하게 하게 한다는 노동기준감독행정의 체제에 대응한 구조이다. 어떤 규제를 받을 것인가는 노
무관리상 매우 중요하기 때문에 '사업'이 무엇을 의미하는지는 중요한 문제이다. 여기서 '사업'이란
"공장, 광산, 사무소, 점포 등과 같이 일정한 장소에서 서로 관련되는 조직 하에서 업(業)으로서 계속
적으로 행해지는 사업의 일체"를 말한다(1947.9.13. 發基 17호). 또한 어느 정도의 범위를 1개의 사
업으로 볼 것인가는 동일한 장소에 있는 것은 원칙적으로 1개의 사업으로 보며, 장소가 다를 경우에
는 원칙적으로 별개의 사업으로 본다. 하지만, 장소가 동일하더라도 업무 및 노무관리가 독립된 부분
(공장 내 진료소 등)은 별개의 사업으로 본다. 다만, 사업규모가 매우 영세해 독립성이 없는 경우(출
장소 등)에는 비록 분산되어 있더라도 가장 가까운 상부조직과 일괄해 1개의 사업으로 본다
(1947.9.13. 發基 17호). ; 한편, 한국의 '사업'(근로기준법 제2조 제1항 1호)이란 사회생활상의 지위
에서 하는 일('업'이라고 부르기도 함)로서 계속적으로 하는 작업조직(사업체)을 말한다. 판례는 하
나의 사업이란 경영상의 일체를 이루는 하나의 작업조직(법인 또는 개인사업체)을 말한다(대법원
1993.2.9. 선고 91다21381 판결). 또한 '사업장'이란 사업의 일부분으로서 업무, 노무관리, 회계를
독자적으로 수행하는 것(공장 내 진료소, 사업부 등) 또는 독자성은 없지만 장소적으로 분리되어 있
는 것(본사와 분리된 공장, 공사장, 지점, 출장소 등)을 말한다(임종률, 노동법[제17판], 2019,
33-34면).

3. 인재육성의 중요성

그러면, 노동법에 미래는 없는 것인가? 그러한 일은 없을 것이다. 노동법이 근로자 이외에 폭넓게 모든 일하는 사람까지 시야를 확대한다면 노동법의 미래를 새롭게 확대할 수가 있다.

기술의 혁신은 이에 대응할 수 있는 기능(技能)을 필요로 한다. 일하는 사람은 새로운 기능에 적응할 수 없으면 실업자가 된다. 국민이 필요한 일을 하는데 필요한 기능을 습득하고, 이것을 끊임없이 업데이트하는 힘이다.

지금까지는 기능을 습득하는 방법은 (업종이나 직종별로 차이가 있지만) 기업에 정규직으로 고용되는 것이었다. 기업은 정규직에게는 양질(quality)의 훈련을 실시하고, 이에 따라 정규직은 기능을 향상시켜 갔다. 결국 많은 사람은 정규직을 목표로 했고, 반대로 정규직이 못된 자의 직업훈련은 중요한 정책 과제가 되었다.

하지만 지금은 많은 기업에서 직업훈련을 행하고 있지 않다. 인재를 육성하려고 기업 내에서 시간을 투자한 교육의 효율성이 적기 때문이다. 이것은 급속한 기술혁신 또는 치열한 국제 경쟁에서 기업은 훈련 중인 반숙련 근로자를 많이 고용할 여유가 없기 때문이다. 이러한 경영환경에서 기업은 인재를 내부보다는 외부에서 고용하는 편이 효율성이 크다. 즉 새롭게 필요한 기능은 조직의 내부가 아니라 시장에서 조달하는 것이다. 이 점은 일하는 사람의 입장에서 보면, 그 대부분은 교육훈련을 제대로 받지 못한 채로 프로 세계로 던져져서 생존해야 함을 의미한다. 이것은 많은 국민에게 부담스러운 것이다.

이에 정부는 국민의 인재육성에 적극적으로 헌신할 필요가 있다. 국가의 산업정책도 제4차 산업혁명에 대응할 수 있는 인재육성이 중요한 정책 과제이다. 아울러 충실한 직업인생을 요구하는 국민의 권리(커리어권)에 따르기 위하여 국가가 정책으로 우선적으로 노력해야 할 사항이다.

정부는 신기술의 파도에 적응자와 부적응자의 격차를 고정함으로 사회가 불안해지는 것을 우려한다. 이러한 격차가 앞에서 언급한 것처럼, 종전의 엘리트와 비(非)엘리트의 역전으로 생기면 더욱 그렇다. 이를 회피하기 위해 필요한 조치는 진부하지만 역시 '교육'이다. 교육은 후진국이 선진국이 되려는 목표와 마찬가지로 생각되지만, 그렇다고 할 수 없다. 교육의 한 축은 '직업교육'이다. 그 내용은 시대에 따라 변화하고 선진국에서도 항상 필요하다고 본다. 장래를 목표로 한 정확한 '직업교육'과 그 기초인 '교양교육'은 국민을 실업의 위기와 격차의 고정화에서 벗어나게 하고, 생활을 안정시킨다. 일본 헌법이 우선 제25조에서 '생존권'[3]을, 이어서 제26조 제1항에서 '교육권'(교육을 받을 권리)[4]을, 제27조 제1항에서 '근로권'[5]을 각각 규정한 것은 필연이다.

　　물론, 인재의 육성만으로 일하는 사람의 격차를 근절할 수는 없다. 인재의 육성이 성공할지 여부는 개인의 노력에 달려 있다. 개인이 자조 의식을 향상시키는 것이 향후 일본 사회에서 가장 중요하다. 하지만 이러한 경우에도 개인의 노력으로 격차를 해소하거나 역전하는 것이 현실적인 가능성이 항상 있어야 한다. 정

---

3) <역자주> 일본 헌법 제25조(생존권, 국가의 사회적 사명) ① 모든 국민은 건강하고 문화적인 최저한도의 생활을 영위할 권리를 가진다. ② 국가는 모든 생활부분에 관하여 사회복지, 사회보장 및 공중위생의 향상 및 증진에 노력하여야 한다; 반면에, 한국 헌법 제34조 ① 모든 국민은 인간다운 생활을 할 권리를 가진다. ② 국가는 사회보장·사회복지의 증진에 노력할 의무를 진다.

4) <역자주> 일본 헌법 제26조(교육을 받을 권리, 교육의 의무) ① 모든 국민은 법률의 정하는 바에 의하여 능력에 따라 동등한 교육을 받을 권리를 가진다. ② 모든 국민은 법률의 정하는 바에 의하여 보호하는 자녀에게 보통교육을 받게 할 의무를 진다. 의무교육은 무상으로 한다; 반면에, 한국 제31조 ① 모든 국민은 능력에 따라 균등하게 교육을 받을 권리를 가진다. ② 모든 국민은 그 보호하는 자녀에게 적어도 초등교육과 법률이 정하는 교육을 받게 할 의무를 진다. ③ 의무교육은 무상으로 한다. ④ 교육의 자주성·전문성·정치적 중립성 및 대학의 자율성은 법률이 정하는 바에 의하여 보장된다. ⑤ 국가는 평생교육을 진흥하여야 한다. ⑥ 학교교육 및 평생교육을 포함한 교육제도와 그 운영, 교육재정 및 교원의 지위에 관한 기본적인 사항은 법률로 정한다.

5) <역자주> 일본 헌법 제27조(근로의 권리 및 의무, 근로조건의 기준, 아동혹사의 금지) ① 모든 국민은 근로의 권리를 가지고 의무를 진다. ② 임금, 취업시간, 휴식, 그밖의 근로조건에 간한 기준은 법률로 이를 정한다. ③ 아동을 혹사하여서는 아니 된다; 반면에 한국 제31조 ① 모든 국민은 능력에 따라 균등하게 교육을 받을 권리를 가진다. ② 모든 국민은 그 보호하는 자녀에게 적어도 초등교육과 법률이 정하는 교육을 받게 할 의무를 진다. ③ 의무교육은 무상으로 한다. ④ 교육의 자주성·전문성·정치적 중립성 및 대학의 자율성은 법률이 정하는 바에 의하여 보장된다. ⑤ 국가는 평생교육을 진흥하여야 한다. ⑥ 학교교육 및 평생교육을 포함한 교육제도와 그 운영, 교육재정 및 교원의 지위에 관한 기본적인 사항은 법률로 정한다.

부의 역할은 사회안전망을 제도로 마련하면서도 개인의 자조 노력을 환기시키는 것이다.

4. 노동법의 진실된 재생, 페이드아웃

노동법은 19세기에 탄생한 비교적 젊은 법 분야로 200년 동안에 급성장해 왔다. 노동법은 주로 산업사회의 부(負) 측면을 뒤쫓는 것이었다. 그 과정에서 금새 산업계의 니즈나 경제적 합리성을 관심 밖에 두고, 종속근로자의 보호를 논리만으로 스스로 완결하는 경향이 있었다.

하지만 노동법은 따지고 보면, 제1차 산업혁명 후 산업계의 니즈(당시의 자본가의 니즈)에 따라 경제적 합리성을 기반으로 탄생해 성장할 수 있었다. 또한 근로자의 보호 논리를 중시하는 발상의 근저에 있었던 부르주아지(bourgeoisie, 자본가 계급)와 프롤레타리아트(Proletariat, 무산[無産] 계급) 사이의 계급적 단절은 기술의 발달로 이미 사라지고 있다. 물적 자본이 없어도, 지성(知性)만으로 누구라도 경영자가 될 수 있는 시대가 되었다.

이러한 시대에는 노동법은 국민이 지성을 이용해(이것은 자신의 지성을 이용하거나, 인공지능 등을 잘 활용해 자신의 지성을 보완하는 것도 포함한다) 적성을 발견하고, 충실한 직업 인생을 꾸려서 행복을 추구하기 위한 법분야로 재구성할 필요가 있다. 여기에는 더 이상 근로자를 지배하는 기업을 규제하는 발상은 필요 없다. 정부가 국민을 위하여 기업의 매개 없이 직접 정책을 추진할 필요가 있다. 노동법은 종속노동론에서 벗어나서, 대등한 당사자의 계약을 규율하는 '민법'(고전적 계약론)에 근접하고, 또한 정부가 주체가 되어 국민의 생활상 니즈에 따른다는 의미에서는 '사회보장법'에도 근접할 필요가 있다.

또한 '인재 육성'이나 '기능 습득'이라는 점에서는 '교육정책'과도 밀접한 관계가 있다. 이것은 미래 산업의 양상과도 관련해 '산업정책'과도 밀접한 관계가 있다. 노동법은 다양한 정책이 교차하면서 존재한다.

하지만 이와 같이 하여 노동법의 재생을 할 수 있다고 해도 그 수명은 짧을 수도 있다. 인공지능과 로보틱스(로봇기계)의 발달은 디지털화(digitalization)하면서 인간의 노동에 의한 생산보다도 기계에 의한 생산의 효율이 높은 것으로 하여, 인간의 노동이 가진 경제사회의 중요성을 떨어뜨리기 때문이다. 또한 인간에게는 아직도 아날로그의 일(예, 종교적인 영위)은 매우 중요하지만, 더 이상 법(노동법)의 대상으로 삼는 것에는 부적절한지도 모른다.

5. 탈노동시대의 생활보호

인간의 노동이 크게 줄어드는 '탈(脫)노동시대'에 인간은 노동을 통하여 소득(고용에 의한 임금이나 자영에 의한 사업수입)을 받을 수 없게 되었다. 노동법은 국민의 소득 중심이 노동이던 때에 근로소득을 확대해 근로자의 생활을 유지하는 기능을 가지고 있었다(최저임금, 할증임금, 제2의 노동법인 정규직 제도에 의한 연공형 임금 등). 하지만 탈노동시대에는 이러한 근로소득과 밀접하게 관계된 제도를 유지하는 것이 어렵게 되었다. 노동법이 자영의 취업을 넓혀도, 이러한 점에는 변함은 없다.

이렇게 노동법이 과거에 완수해 왔던 근로자의 생활보장 기능을 국민이 근로소득을 가지지 않고, 이러한 이유로 근로소득을 기초로 한 사회보험료나 소득세도 없는 가운데 구축할 필요가 있다.

국민이 근로소득에 의존하지 않아도 이자, 배당, 임대료 등의 자본소득만으로 생활할 수 있는 사람은 일부로 한정될 것이다. 오히려 탈노동시대에는 일부 재치가 있는 자가 사업을 경영하고 스톡옵션으로 소득을 절반 독점하고, 기계에 의한 생산으로 생긴 부는 많은 국민에게 분배되지 않는다고 상정하는 편이 현실적이지 않을까?

이렇게 되면, 중요한 것은 '소득재분배 정책'이다. 정부의 사회보장 급여는 종전의 대표적인 재분배 정책이었다. 하지만, 탈노동시대에는 근로소득을 기준으로 한 사회보험에는 기대할 수 없다. 이렇게 되면 세금을 재원으로 한 사회보호 등의 복지적인 급여가 된다. 하지만 최근에는 지급 요건을 엄격하게 정하지 않고,

국민에게 최저보증액을 지급하는 '기본소득'(basic income)이 주목받고 있다. 기본소득은 현재 정책론에서는 국민 전체의 최저소득을 지급할 수 있는 재원은 있는 것인가, 노동에 대한 인센티브를 억제하는 것은 아닌가라는 우려가 있다. 하지만, 적어도 후자에 대한 우려는 탈노동시대에는 원래 노동할 기회가 줄어들고 있다면 틀린 것이다.[6]

정부의 입장은 어떠한 재분배의 방법을 선택해도 재원(財源)의 출처가 중요한 문제이다. 탈노동시대에는 이것은 근로소득이 아니라 자본소득에서 찾아야 한다. 자본소득이 만약 일부의 부유층에 집중되고 있다면, 피케티(Piketty)[7]가 제창

---

6) <역자주> 제7장 4. 자영적취로와 노동법 - (5) 자영적 취로자의 사회안전망 부분 참조.
7) <역자주> 토마 피케티(Thomas Piketty, 1971~): 경제적 불평등을 내재한 자본주의의 동학을 분석하고, 글로벌 자본세를 그 대안으로 제시한 「21세기 자본」으로 일약 세계적인 경제학자로 떠오른 프랑스의 소장 경제학자. 1971년 프랑스 파리 인근의 클리시에서 태어나, 프랑스 고등사범학교에서 수학과 경제학을 공부한 뒤 22세에 프랑스 사회과학 고등연구원과 런던 정경대에서 부의 재분배에 관한 연구로 박사학위를 받았다. 이후 미국으로 건너가 1993년부터 3년간 매사추세츠 공과대학에서 경제학을 가르쳤으며, 1995년 프랑스로 돌아와 프랑스 국립과학연구소 연구원을 지냈다. 2000년부터 파리경제대 교수로 재직 중이다. 그는 역사적이고 통계적인 접근을 통한 경제적 불평등 연구에 천착하고 있다. 주로 경제성장이 소득과 부의 분배와 어떠한 상관관계를 맺고 있는지에 관한 역사적이고 이론적인 작업을 수행해 왔으며, 특히 국민소득에서 최상위 소득의 비중이 장기간에 걸쳐 변화한 양상에 관심을 두고 연구하고 있다. 이러한 일련의 연구를 통해 그는 성장과 불평등 사이의 관계를 낙관적으로 조망한 쿠즈네츠의 이론에 근본적인 의문을 표하고, 소득과 부의 분배의 역사적인 변화 추이에 있어서 정치 제도와 재정 제도의 역할을 강조한다.
「21세기 자본」은 지난 3세기에 걸친 20개국 이상의 경제학적, 역사적 데이터를 수집해 자본소득이 노동소득보다 우위에 있음을 밝힌 참신하고 실증적인 연구로 세계적인 주목을 받고 있다. 아울러 경제적 불평등의 정책적 대안으로 제시한 글로벌 자본세는 그 대담함과 파격으로 숱한 화제를 낳고 있다. 그의 분석과 대안에 대한 동의 여부는 이미 '피케티 신드롬'의 본질이 아니다. 자본주의와 불평등에 관한 새로운 관점을 제시했다는 점에서 「21세기 자본」은 경제학을 비롯한 사회과학 전반에 하나의 이정표가 될 것이다.
「자본의 귀환: 1700~2010년 부유한 국가들에서의 부-소득 비율(Capital is Back: Wealth-Income Ratios in Rich Countries 1700-2010)」, 세계 최상위 소득계층 데이터베이스(World Top Incomes Database) 외 다수의 이론서와 논문을 집필했다.[네이버 지식백과]. 토마 피케티(장경덕 외 옮김), 21세기 자본, 글항아리, 2014; 토마 피케트 외 25명(유엔제이 옮김), 애프터 피케티, 율리시스, 2017; 유종일 외 3명, 피케티 어떻게 읽을 것인가, 한울, 2015.

하듯이, 개인의 총자산에 누진과세를 지우는 '부유세'[8]의 구상(ピケティ2014[원서
는 2013])도 고려할만한 가치가 있을지도 모른다.

어느 경우이든지, '노동법'이 나서야 할 순서는 이제는 없을 것 같다.

---

8) <역자주> 부유세(富裕稅, Net Wealth Tax): 일정액 이상의 자산 또는 소득을 지닌 사람에게 비례
적 또는 누진적으로 과세하는 조세제도를 말한다. 이는 인도, 아르헨티나, 우루과이 및 유럽의 프랑
스, 스페인, 노르웨이, 스웨덴, 핀란드, 스위스, 룩셈부르크, 아이슬란드가 시행한 적이 있거나 현재
시행하고 있다. 이는 재산의 해외도피를 초래하거나 실효성이 없다는 이유 등으로 폐지하는 국가가
점차 많아지고 있다. 한국에서는 소득불평등을 해소하고 양극화 문제를 극복하기 위해 부유세를 도
입해야 한다는 주장이 대두되는 반면에, 재산의 해외 도피, 기업의 투자의욕 상실, 이중과세 등을 이
유로 반대 견해도 많다. 부유세는 그 여부를 판단하는 절대적 기준이 없고, 각 사회의 조세 수준 등
을 반영해 규정된 상대적 개념이다. 즉 국가 간 비교에서 상대적으로 낮은 수준의 세율이 적용되는
조세 구간을 새로 설치하면서도 법령 제정 과정에서 '부유세'의 명칭을 사용해 부른다.[네이버 지식
백과]

에필로그

　아무리 인공지능이 발달해도, 인간만이 할 수 있는 일이나 인간이 하는 편이 좋은 일은 남을 것이라고 말한다. 정말로 그럴까? 공학적으로 인간의 뇌를 재생할 수 있다면, 언젠가 인간의 특유(特有, 특별히 소유함)라고 생각하는 것(예, 마음의 작용)도 인공지능으로 치환할 수 있을지도 모른다. 이것을 황당무계한 이야기라고 하는 '인공지능'을 연구하는 전문가도 있다. 하지만, 만약 그렇다면 이것을 아마추어(비전문가)인 우리에게 충분히 설명해 주기를 바라는 부분이지만, 아직 이해할 수 있도록 설명하는 사람을 만나보지 못하였다. 그렇다면 정책의 방향은 조금 비관주의 시나리오를 상정해 진행하는 편이 좋다(프롤로그에서 언급한 것처럼, '국민은 현실적인 낙관주의가 좋다').

　직장 상사가 인공지능(AI)이 된다면 어떠할 것인가라는 이야기도 있다. 이미 인사평가에 인공지능을 도입한 기업도 나타나고 있다. 인공지능 쪽이 편파 없이 공정하게 평가해 줄지도 모른다. 하지만 인공지능이란 기계를 통하여 저평가를 받은 경우에 인간은 이를 이해할 수 있을까(이를 끝까지 파고들면 '안드로이드[1]

---

1) <역자주> 안드로이드(Android): 휴대폰용 운영체제·미들웨어·응용프로그램을 한데 묶은 소프트웨어 플랫폼으로서 2007년 11월에 공개되었다. 실질적으로는 세계적 검색엔진 업체인 구글(Google)

판사'가 사형을 선고한 경우에 이해할 수 있을까라는 문제도 된다)? 아마 지금은 적어도 이해하지 못할 것이다. 하지만 그렇다고 해서 미래에는 바뀔 수 있다. 직장내 인사에서 무엇보다도 중요한 평가의 공정성이 객관적인 증거에 기초한 기계에 의하여 담보된다면, 오히려 기계의 평가 쪽을 이해하는 사람들이 정말 생각하도록 할 가능성도 있다. 여기에서 열쇠는 '신뢰성'이다.

'전자계산기'가 출현했을 당시에 그 계산한 결과를 신뢰할 수 없어 '주판'(珠板)으로 계산하는 사람도 있었다. 하지만 이러한 사람도 점차 사라졌다. 전자계산기에 틀린 부분이 없음이 분명해졌기 때문이다. 기계가 인간의 신뢰를 얻은 것이다(하지만 일본에서는 아직도 이메일을 신용하지 않고, 팩시밀리[FAX]만 이용하는 사람, 엑셀[Excel] 계산의 결과를 신용하지 않고 자신이 재계산하는 사람도 있지만).

어느 경우이든 인공지능이 우리가 일하는 경우를 급격히 변화시키는 것은 각오해 두는 편이 좋다. 이것은 우리의 희망과 관계없이 찾아오는 것이다. 오히려 우리가 정말로 걱정해야 할 일은 그 앞에 놓여 있다. 인공지능이나 로봇이 발달해 우리가 근로에서 해방하게 된다면 어떻게 될 것인가이다.

케인즈(Keynes)[2]는 '자녀세대의 경제적 가능성'에서 다음과 같이 언급하였다(ケインズ 2010[초판은 1930]).

> "결론적으로 큰 전쟁이 없고, 인간의 극단적인 증가가 없으면, 100년 내에 경제문제가 해결되던지, 적어도 가깝게 해결될 것으로 볼 수 있다. 이것은 장래를 보면, 경제문제가 인류에게 영원한 문제가 아니라는 것을

사가 작은 회사인 안드로이드사를 인수해 개발하였으며, 따라서 '구글 안드로이드'라고도 한다. 안드로이드는 리눅스(Linux) 2.6 커널을 기반으로 강력한 운영체제(OS ; operating system)와 포괄적 라이브러리 세트, 풍부한 멀티미디어 사용자 인터페이스, 폰 애플리케이션 등을 제공한다. 휴대폰에 안드로이드를 탑재해 인터넷과 메신저 등을 이용할 수 있으며, 휴대폰 외에 다양한 정보 가전기기에 적용할 수 있는 연동성도 갖추고 있다.[네이버 지식백과]

2) <역자주> 케인즈(John Maynard Keynes, 1883~1946): 영국의 금융 경제학자. 피구와 더불어 신고전 학파의 대표자.

의미한다."

"장래가 아니라 과거를 돌아보면, 경제문제 및 생존경쟁은 지금까지 언제나 인류에게 중요한 문제, 특히 절박한 문제였다. … 경제문제가 해결된다면, 인류가 탄생한 이후에 목적을 빼앗기게 될 것이다.""이것은 좋은 일인가?"(212면 이하).

"생각건대, 충분한 여가를 보내는 풍요로운 시대가 온다고 생각했던 때, 공포심이 없는 국가나 사람은 없을 것이다. 모든 사람은 장시간에 거쳐서 열심히 노력하도록 가르침을 받아 왔고, 즐기라고 길러지지 않았다. 특히 재능이 없는 평범한 인간은 한가한 시간을 어떻게 사용할 것인지가 두려운 문제이다"(214면).

그렇기 때문에 인간은 한가함이나 지루함에 어떻게 맞설 것인지를 생각해 왔다(国分 2011). 하지만 이것은 정말로는 그 정도로 두려운 문제가 아닐지도 모른다. 아렌트(Ardendt)3)는 「인간의 조건」이란 저서에서 인간의 활동적 생활(vita

---

3) <역자주> 한나 아렌트(Hannah Arendt, 1906~1975)는 현대의 대표적 정치철학자로 공공성의 문제를 탐구했다. 그녀는 1906년 독일 하노버에서 독일계 유태인으로 태어나 칸트의 고향인 쾨니히스베르크에서 자랐다. 칸트와 로자 룩셈브루크를 동경하는 유년기를 거쳐 독일 마부르크 대학교에 진학해 하이데거에게 수학했다. 평생 그의 사상에 지대한 영향을 미친 스승이자 연인인 하이데거를 만났지만 철학의 본질에 대한 의견과 나치라는 현실 앞에서 둘은 완전히 다른 길을 선택하게 된다. 그 후 현상학의 창시자인 후설을 거쳐, 최종 하이델베르크 대학교의 실존철학자 야스퍼스의 지도 아래 「사랑 개념과 성 아우구스티누스」(1929)로 박사학위를 받았다. 그 후 나치의 박해를 피해 독일을 떠나 프랑스 파리로 망명, 반나치 운동과 유대인 피난을 돕는다. 독일의 공격을 받은 프랑스가 유대인을 탄압하면서 수용소에 감혔다. 하지만 두 번째 남편 블뢰허(Heinrich Blucher)와 함께 극적으로 탈출해 1941년 5월 미국으로 망명한다. 뉴욕에 정착한 후 18년 동안 무국적자로서의 삶을 살게 된다. 「전체주의의 기원」(1951)을 발표하여 학계의 주목받는 정치사상가로 떠오르고, 1959년 프린스턴 대학 최초의 여자 정교수로 임명된다. 나치 전범인 아돌프 아이히만의 재판과정을 묘사한 「예루살렘의 아이히만」(1963)에서는 '악의 평범성'이라는 개념을 발전시켜 전세계에 큰 반향을 일으켰다.「인간의 조건」(1958)으로 정치철학자의 입지를 굳혔다. 그 밖에 「과거와 미래 사이」(1961), 「혁명론」(1963) 등 치열한 사유의 글들을 발표하면서 대학에서 학생들을 가르쳤다. 사유, 의지, 판단을 다룬 '정신의 삶' 중 '판단' 원고를 집필하던 1975년 12월 4일 심장마비로 사망하였다. 그녀는 폭력과 악

activa)을 인간의 생물학적 욕구에 응하는 labor(근로), 일정한 목적을 위하여 항구적인 것(법제도도 포함)을 제조하는 work(작업), 진실로 자유로운 인간끼리의 커뮤니케이션인 action(행위, 그 중심이 정치활동)으로 분류하였다(アレント1994[원서는 1958]).[4] 그런데, 인공지능을 탑재한 로봇이 labor도 work도 수행하게 되면, 인간은 action에 전념할 수도 있다. 바로 고대 그리스시대의 '시민'(市民)[5]과 함께 살아갈 수도 있다.

그렇지만, 나는 전혀 다른 예감도 있다. 인간은 향후 labor(근로)의 생활로 돌아갈 지도 모른다는 예감이 든다. 아무리 인공지능을 탑재한 로봇이 발달하더라도 인간에게 있고 로봇에게 없는 것이 있다. 이것은 '종(種)의 보존'이라는 본능이다. 부모, 조상, 인류의 시조에서 계승해 온 DNA를 남기고 싶어하는 본능이다.

인공지능의 발달은 인간을 하여 종을 남기기 위하여 필요한 행위(섭식[攝食]과 생식[生殖])에 전념할 수 있도록 한다. 이러한 행위는 아렌트적으로 말하면

의 본질, 인간다움에 대한 고민을 멈추지 않았다. 몇 번이나 목숨을 걸고 국경을 넘은 망명생활을 하면서도 정치적, 사회적 목소리를 내는 데 주저하지 않았던 그녀의 삶은 용기있는 여성 지식인이자 20세기 최고의 정치사상가의 표본이 되었다. 논쟁을 두려워하지 않는 용기와 뛰어난 지성, 통찰력으로 무장한 글은 지금도 우리에게 강력하고 시의적절한 질문을 던지고 있다.[네이버 지식백과 등]

4) <역자주> 한나 아렌트, 「인간의 조건」 - 사람이 실존하기 위해서는 생명, 세계성(직업세계=세계관), 다원성이 필요하며 그 각각의 고유한 활동양식으로 근로(labor), 작업(work), 행위(action)의 세 가지를 강조한다. 그러면서 생산의 자동화 과정과 같은 포드주의적 모델이나 근로의 절대화가 작업과 행위의 고유성을 없애고 그것을 근로로 전락시킨다고 지적한다. 또한 "생각하는 일은 … 정치적 자유가 있는 곳이라면 누구나 할 수 있는 일이며, 그렇게도 한다. 그러나 저명한 학자들이 보통 말하는 것과는 다르게, 참으로 불행히도 생각하도록 하는 힘은 인간의 다른 능력에 비해 가장 약하다. 폭정 아래에서는, 생각하는 일보다 (생각하지 않고) 행동하는 일이 훨씬 쉽다"

5) <역자주> 그리스의 시민: 고대 그리스의 역사는 폴리스의 성년 남자'시민'들이 움직였다. 폴리스의 주민은 시민 외에 처자, 재류외인(在留外人)과 해방노예(자유인), 자유가 없는 많은 노예가 있었다. 폴리스 생활을 통해 시민은 원숙한 그리스 문화와 민주정치를 확립하였다. 이는 시민의 경제적 번영에 수반되는 여가(餘暇) 없이는 바랄 수 없는 일이었다. 시민에게서 여가란 고도의 정신활동과 정치에 대한 직접참여를 가능케 한 시간적·정신적 여유를 의미한다. 이러한 여가를 시민에게 향락할 수 있도록 해준 것이 바로 노예였다. 그리스인의 빛나는 업적은 노예경제(奴隸經濟)라는 비옥한 토양에 뿌리를 박고서야 비로소 그 광채를 발휘할 수 있었다.[네이버 지식백과]

labor(근로)이지만, 그 동물적인 행위야 말로 인공지능을 탑재한 로봇과 비교하면, 묘하게도 인간(동물?)답게 생각되는 것이다.

이것이 '노동혁명'의 최종 목적이라면, 그렇게 나쁜 이야기는 아닐 것이다.

참고문헌

(진한 부분은 인용시의 약칭)

新井紀子『コンピュータが仕事を奪う』(日本経済新聞出版社, 2010)

新井紀子『ロボットは東大に入れるか』(イースト・プレス, 2014)

新井紀子「ロボットに代替されるホワイトカラー」NIRA総合研究開発機構『わたしの構想 No.14 人工知能と近未来』(2015)

荒木尚志『雇用システムと労働条件変更法理』(有斐閣, 2001)

荒木尚志=菅野和夫=山川隆一『詳説 労働契約法[第2版]』(弘文堂, 2014)

ハンナ・アレント(志水速雄訳)『人間の条件』(筑摩書房, 1994)

クリス・アンダーソン(関美和訳)『MAKERS－21世紀の産業革命が始まる』(NHK出版社, 2012)

池永肇恵 「労働市場の二極化－ITの導入と業務内容の変化について」 日本労働研究雑誌 584号 (2009)

石田眞『近代雇用契約法の形成』(日本評論社, 1994)

伊藤博義「ME化による雇用形態の変化とその法理情報処理産業における派遣労働をめぐって」日本労働法学会誌 66号 (1985)

今井亮一「労働移動支援政策の課題」日本労働研究雑誌 641号 (2013)

内田貴『契約の再生』(弘文堂, 1990)

江口匡太 「労働者性と不完備性一労働者が保護される必要性について」 日本労働研究雑誌 566号 (2007)

大内伸哉「変更解約告知」日本労働法学会編集『講座21世紀の労働法 第3巻 労働条件の決定と変更』(有斐閣, 2000)

大内伸哉『イタリアの労働と法－云統と改革のハーモニー』(日本労働研究機構, 2003)

大内伸哉「『名ばかり管理職』問題の問いかけるもの」Business Labor Trend 2008年8月号

大内伸哉『雇用社会の25の疑問―労働法再入門[第2版]』(弘文堂, 2010)

大内伸哉「非正社員に対する法政策のあり方に関する一私論－契約の自由と公正」ジュリスト1414号 (2011)

大内伸哉『解雇改革－日本型雇用の未来を考える』(中央経済社, 2013)

大内伸哉編『有期労働契約の法理と政策－法と経済・比較法の知見をいかして』(弘文堂, 2014)

大内伸哉『雇用改革の真実』(日本経済新聞出版社, 2014)

大内伸哉『君の働き方に未来はあるか? 労働法の限界と, これからの雇用社会』(光文社, 2014a)

大内伸哉「労働法は, 『成長戦略』にどのように向き合うべきか」季刊労働法 247号 (2014b)

大内伸哉『労働時間制度改革－ホワイトカラー・エグゼンプションはなぜ必要か』(中央経済社, 2015)

大内伸哉「ITからの挑戦技術革新に労働法はどう立ち向かうべきか」日本労働研究雑誌 663号 (2015a)

大内伸哉『勤勉は美徳か? － 幸福に働き, 生きるヒント』 (光文社, 2016)

大内伸哉『最新重要判例200労働法[第4版]』(弘文堂, 2016)

大内伸哉「労働法のニュ＿フロンティア?－高度ICT社会における自営的就労と労働法』季刊労働法 255号 (2016a)

大竹文雄＝大内伸哉＝山川隆一編 『解雇法制を考える－法学と経済学の視点[増補版]』(勁草書房, 2004)

小川進 『ユーザーイノベーション－消費者から始まるものづくりの未来』 (東洋経済新報社, 2013)

梶川敦子「賃金の弾力的調整をめぐる法的問題」日本労働研究雑誌 611号 (2011)

レイ・カーツワイル『シンギュラリティは近い－人類が生命を超越するとき』(NHK出版, 2016)

J.M.ケインズ(山岡洋一訳)『ケインズ説得論集』(日本経済新聞出版社, 2010)

小泉和子編『女中がいた昭和』(河出書房新社, 2012)

國分功一郎『暇と退屈の倫理学』(朝日出版社, 2011)

小西康之 「これからの雇用政策の理念と長期失業への対応」 日本労働研究雑誌 651号 (2014)

逆瀬川潔「職業訓練の変遷と課題」帝京経済学研究 37巻1＝2号 (2003)

嶋崎尚子「石炭産業の収束過程における離職者支援」日本労働研究雑誌 641号 (2013)

島田陽一「労働移動と雇用政策」日本労働研究雑誌 641号 (2013)

菅野和夫＝諏訪康雄 「労働市場の変化と労働法の課題－新たなサポ＿ト・システムを求めて」 日本労働研究雑誌 418号 (1994)

菅野和夫＝仁田道夫＝佐藤岩夫＝水町勇一郎 『労働審判制度の利用者調査－実証分析

と提言』(有斐閣, 2013)

菅野和夫『労働法[第11版]』(弘文堂, 2016)

諏訪康雄「キャリア権の構想をめぐる一試論」日本労働研究雑誌 468号 (1999)

諏訪康雄「職業能力開発をめぐる法的課題 －『職業生活』をどう位置づけるか?」日本
労働研究雑誌 618号 (2012)

Ｔ・Ｈ・ダベンポート＝Ｊ・カービー (山田美明訳)『AI時代の勝者と敗者』(日経BP社,
2016)

團泰雄 「日本企業の新規事業進出と準企業内労働市場」 日本労働研究雑誌 641号
(2013)

鶴光太郎『人材覚醒経済』(日本経済新聞出版社, 2016)

富田義典 「ME化―『ME革命』・『IT革命』とは労働にとって何であったか」 日本労働研
究雑誌 609号 (2011)

中田裕康『縦続的取引の研究』(有斐閣, 2001)

長沼博之『ワーク・デザイン―これからの＜働き方の設計図＞』(阪急コミュニク
ーションズ, 2013)

西谷敏「労働法学」日本労働研究雑誌 621号 (2012)

NIRA総研「NIRAオピニオ ンペーパー NO.25 AI時代の人間の強み・経営のあり方」
(柳川範之, 新井紀子, 大内伸裁) (2016)

野川忍 「労働法制から見た雇用保障政策－活力ある労働力移動の在り方」 日本労働研
究雑誌 647号 (2014)

橋本陽子「ハノレツ改革後のドイツの雇用政策」日本労働研究雑誌 647号 (2014)

濱口桂一郎『労働法政策』(ミネルヴァ書房, 2004)

濱口桂一郎『新しい労働社会―雇用システムの再構築へ』(岩波新書, 2009)

早川智津子 「外国人労働をめぐる法政策の展開と今後の課題」 日本労働研究雑誌 662
号 (2015)

比嘉邦彦＝井川甲作 『クラワドソーシングの衝撃－雇用流動化時代の働き方・雇い方
革命』(インプレスジャパン, 2014)

トマ・ピケティ(山形浩生ほか訳)『21世紀の資本』(みすず書房, 2014)

エレーヌ・フォックス(森内薫訳)『脳科学は人格を変えられるか?』(文藝春秋, 2014)

マーティン・フォード(松本剛史訳)『ロボットの脅威－人の仕事がなくなる日』(日本
経済新聞出版社, 2015)

エリック・プリニョルフソン＝アンドリュー・マカフィー(村井孝子訳)『機械との競争』
(日経BP社, 2013)

エリック・ブリニョノレフソン＝アンドリュ＿・マカフィ＿(村井章子訳)　『ザ・セカンド・マシン・エイジ』(日経BP社, 2015)

本庄淳志『労働市場における労働派遣法の現代的役割』(弘文堂, 2016)

松尾豊『人工知能は人間を超えるか－ディ＿プラ＿ニングの先にあるもの』(角川選書, 2015)

松尾豊「AIの技術革新の進展による社会への影響について」厚生労働省「働き方の未来2035」(2016年1月)でのプレゼン資料

守島基博＝大内仲裁『人事と法の対話－新たな融合を目指して』(有斐閣, 2013)

本山美彦『人工知能と21世紀の資本主義－サイバ＿空間と新自由主義』(明石書店, 2015)

八代尚宏『日本的雇用慣行を打ち破れ－働き方改革の進め方』(日本経済新聞出版社, 2015)

柳川範之「ITの進展, 投資にも変化」日本経済新聞 2016年7月12日 エコノミクストレンド (2016)

八幡成美『『技術革新と労働』に関する実証研究のレビュ＿」日本労働研究雑誌 467号 (1999)

山田久「個人業務請負の実態と将来的可能性－日米比較の観点から『インディペンデント・コントラクタ＿』を中心に」日本労働研究雑誌 566号 (2007)

山田久『失業なき雇用流動化－成長への新たな労働市場改革』(慶應義塾大学出版会, 2016)

労働政策研究・研修機構『労働政策研究報告書　NO.69　ドイツにおける労働市場改革＿その評価と展望』(2006)

労働政策研究・研修機構『JIPT資料シリ＿ズ NO.145 多様な正社員に関する解雇判例の分析』(2014)

사항색인

■ 저자

오오우치 신야 (大内伸哉) Shinya Ouchi

1963년 효고현(兵庫縣) 고베(神戸)시 출생
1995년 도쿄(東京)대학 대학원 법학정치학연구과 박사과정 수료(법학박사)
1996년 고베(神戸)대학 법학부 조교수
2001년 현재 고베(神戸)대학 대학원 법학연구과 교수

〈저서〉
『労働条件変更法理の再構成』(有斐閣, 1999)
『労働法実務講義』(日本法令, 2002, 第3版, 2015)
『イタリアの労働と法』(日本労働研究機構, 2003)
『雇用社会の25の疑問』(弘文堂, 2007, 第2版, 2010)
『君は雇用社会を生き延びられるか』(明石書店, 2011)
『最新重要判例200労働法』(弘文堂, 2009, 第4版, 2016)
『法と経済で読みとく雇用の世界』(共著, 有斐閣, 2012, 新版, 2014)
『人事と法の対話』(공저, 有斐閣, 2013)
『雇用改革』(中央経済社, 2013)
『有期労働契約の法理と政策』(編著, 弘文堂, 2014)
『雇用改革の真実』(日本経済新聞出版社, 2014)
『君の働き方に未来はあるか?』(光文社, 2014)
『労働時間制度改革－ホワイトカラ＿・エグゼンプションはなぜ必要か』(中央経済社, 2015)
『労働法で人事に新風を』(中央経済社, 2015)
『勤勉は美徳か?』(光文社, 2016)
『AI時代の働き方と法』(弘文堂, 2017) 외 다수

■ 역자

이승길 (李承吉, sglee79@ajou.ac.kr)

아주대학교 법학전문대학원 교수(노동법)
성균관대학교 법학과, 대학원 석사과정, 박사과정 졸업(법학박사)
경기지방노동위원회 공익위원(심판)
고용보험심사위원회 위원
서울중앙지방법원 조정위원
국가인권위원회(사회권) 전문위원

국무총리 행정심판위원회 위원
동경대학 사회과학연구소 객원연구원
동경대학 법정치학부 객원연구원
산업연구원 연구위원
한국노동법학회 회장(2016)
한국사회법학회 회장(2017-2019.6)
소셜아시아포럼(SAF) 한국 대표(2016-현재)
한국비교노동법학회 회장(2019.2-2020.1)

〈저서 및 논문〉
근로계약법제에 관한 연구
노동법의 제문제
성과주의인사와 임금법제
노동법의 기초연구(공동번역)(박영사, 2016)
노동법의 복권(공동번역)(중앙경제, 2017)
근로시간제도개혁(화이트칼라 이그젬션은 왜 필요한가)(번역)(박영사, 2017)
AI시대의 근무방식과 법(2035년의 노동법을 생각한다)(번역)(박영사, 2019)

AI시대의 근무방식과 법

초판발행   2019년 4월 30일

지은이   大內伸哉(Ouchi Shinya)
옮긴이   이승길
펴낸이   안종만·안상준

편 집   윤혜경
기획/마케팅   정연환
표지디자인   조아라
제 작   우인도·고철민

펴낸곳   (주) **박영사**
                 서울특별시 종로구 새문안로3길 36, 1601
                 등록 1959. 3. 11. 제300-1959-1호(倫)
전 화   02)733-6771
f a x   02)736-4818
e-mail   pys@pybook.co.kr
homepage   www.pybook.co.kr
ISBN   979-11-303-3430-1   93360

* 잘못된 책은 바꿔드립니다. 본서의 무단복제행위를 금합니다.
* 역자와 협의하여 인지첩부를 생략합니다.

정 가   40,000원